Życie i twórczość

# Gustav Klimt

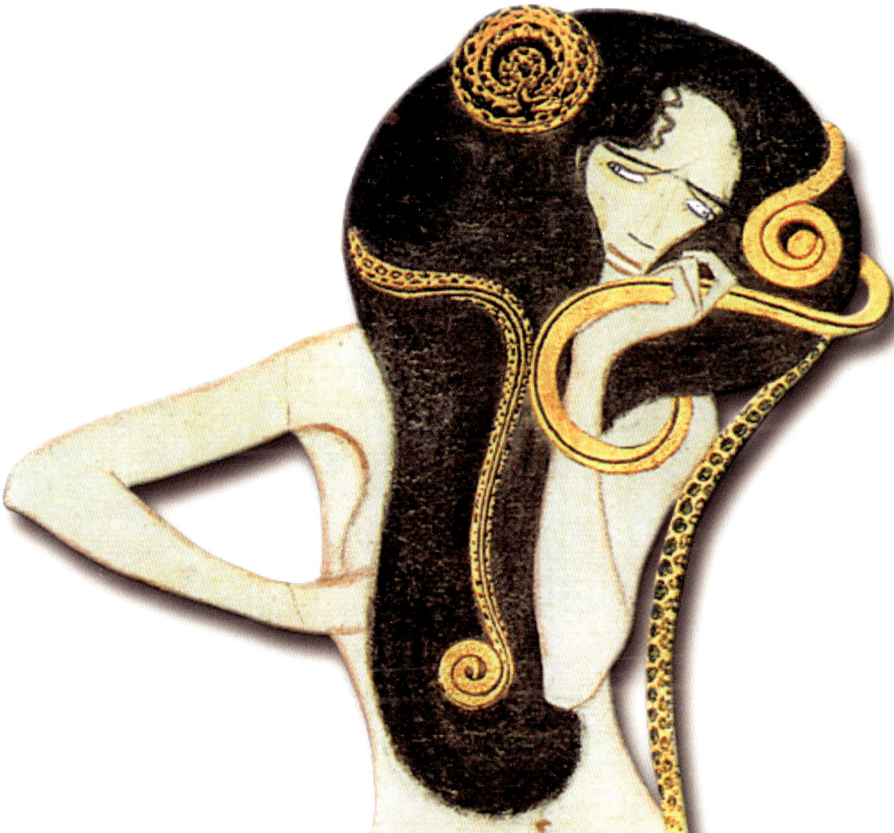

SOLIS
WARSZAWA
www.solis-koper.com

Tytuł oryginału *EL ARTISTA DEL ALMA*
Tłumaczenie z języka hiszpańskiego
*Katarzyna Golędzinowska-Smolińska*
Korekta merytoryczna *Katarzyna Liwak-Rybak*
Korekta stylistyczna *Ewa Stahnke*
Redakcja *SOLIS*


Warszawa, ul. Ludna 4/4
tel./faks: +48 22 632 68 55
www.solis-koper.com

Tekst *Constanza Nieto Yusta / Genoveva Tussell*
Zdjęcia *Archivo Libsa*

ISBN 978-83-63550-03-5



Skład i łamanie *Stop!Studio*
Druk i oprawa *Białostockie Zakłady Graficzne S. A.*

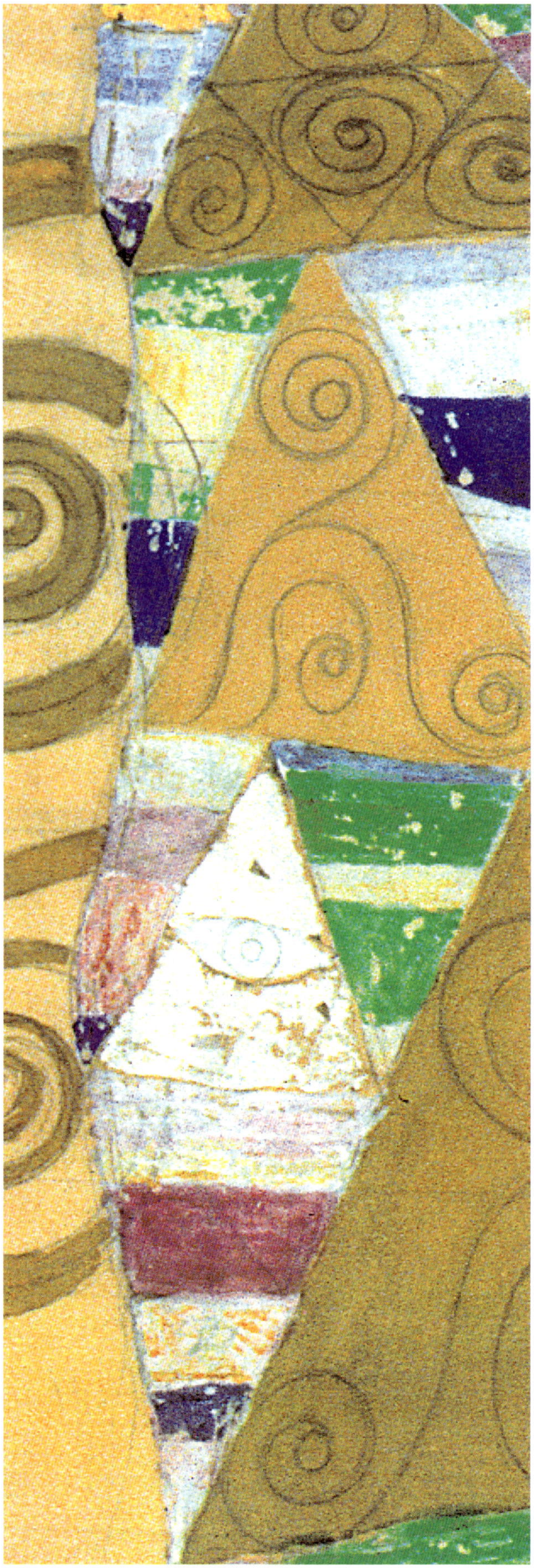

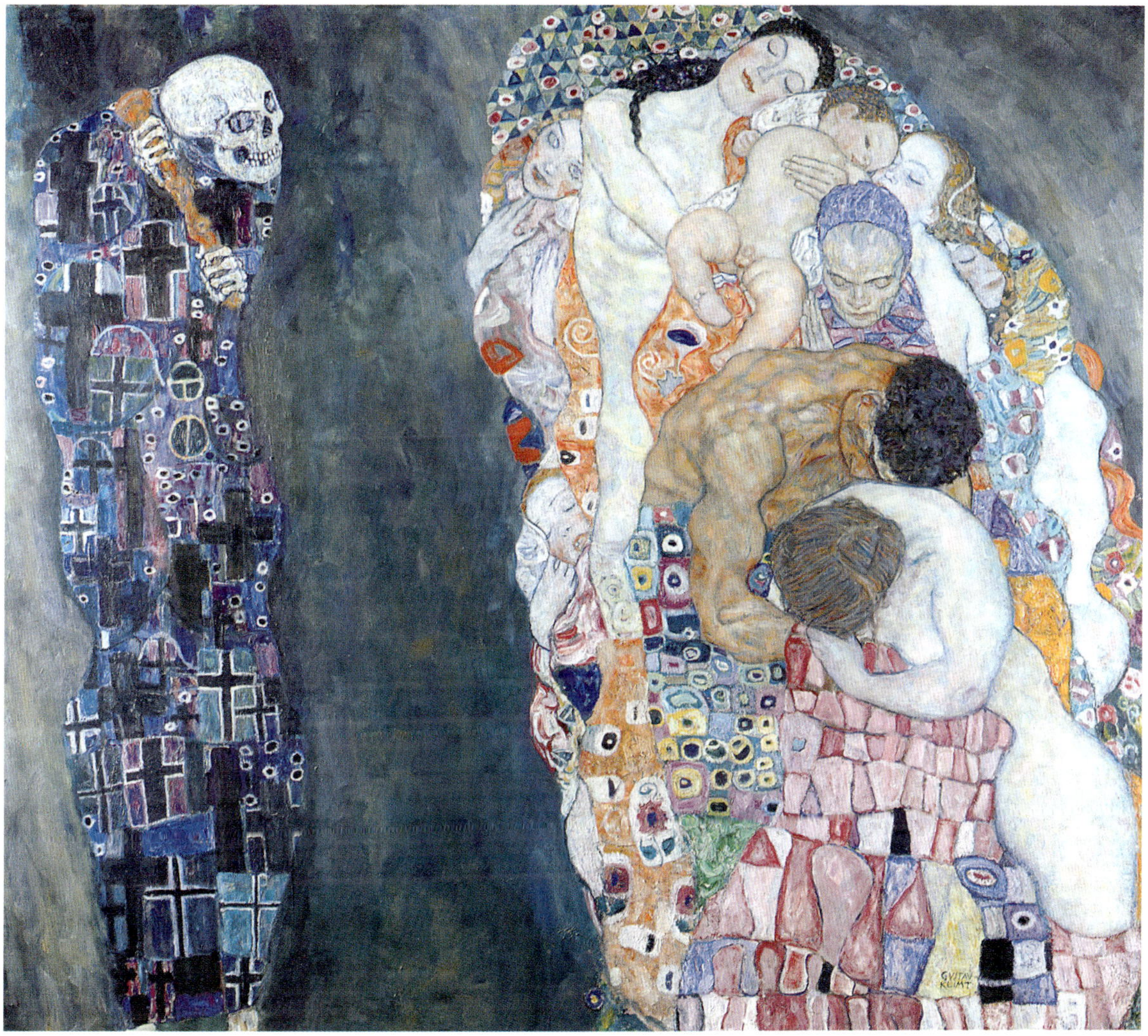

# Spis treści

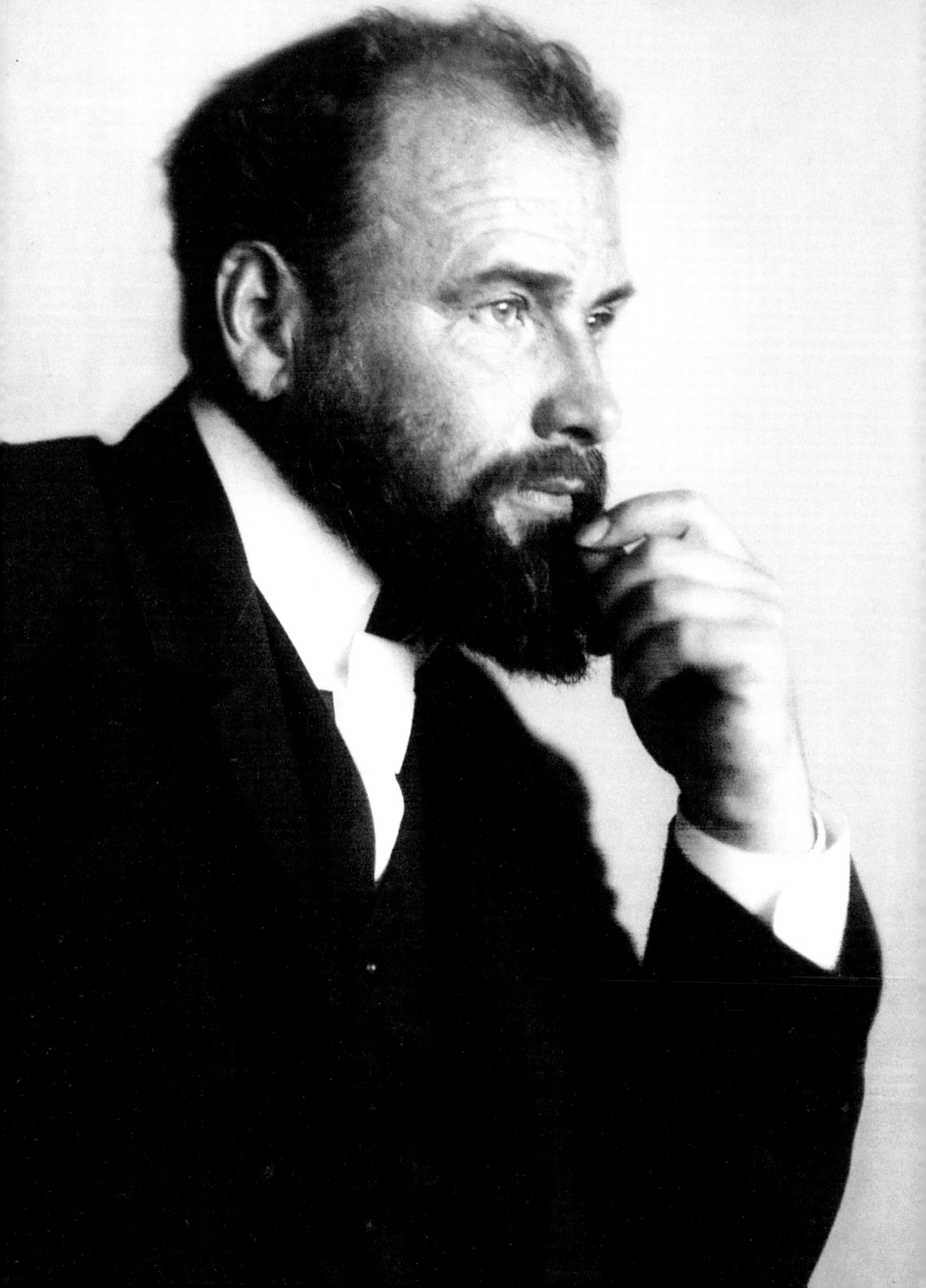

# Artysta i jego życie

W jednym z nielicznych tekstów autobiograficznych Gustav Klimt napisał: „Uważam, że nie jestem specjalnie interesujący. Nie ma we mnie nic szczególnego. Po prostu malarz, który dzień w dzień i od rana do nocy maluje. Postaci, pejzaże, czasami także portrety. Słowa, czy to mówione, czy pisane, przychodzą mi z trudem, zwłaszcza gdy mówię o sobie lub o swojej pracy (...). Ten, kto chce się czegoś o mnie dowiedzieć (...), powinien uważnie przyjrzeć się moim obrazom i na tej podstawie próbować się zorientować, kim jestem i czego chcę."

Wiele przekazów poświęconych Klimtowi i jego otoczeniu twórczemu dobitnie świadczy, jak trudno jest zgłębić proces kształcenia i rozwój artysty. To wyznanie odsłania introwertyczne usposobienie oraz upór i gorliwość, z którymi poświęcał się pracy i dzięki którym wpisał się w krajobraz kulturalny Wiednia końca XIX wieku. Stronił od życia towarzyskiego – angażował się tylko wtedy, gdy zmuszały go do tego zobowiązania wobec zleceniodawców. Choć sam postrzegał siebie jako osobę niezbyt interesującą, a własne życie wydawało mu się jednostajne, w krótkim czasie stał się jedną z najwybitniejszych postaci Wiednia – już w pierwszym dziesięcioleciu XX wieku zaliczano go do najbardziej oryginalnych twórców nowej sztuki.

**Początki**

Gustav Klimt przyszedł na świat 14 lipca 1862 roku w Baumgarten, na ubogim przedmieściu Wiednia – dziś będącym częścią Penzing, czyli 14. dzielnicy. Jego ojciec Ernst Klimt (1834–1892) był grawerem i złotnikiem pochodzącym z chłopskiej rodziny z Czech. Matka Anna Finster (1836–1915), niespełniona i najprawdopodobniej dlatego neurotyczna śpiewaczka, wywodziła się ze skromnej wiedeńskiej rodziny. Urodziła mężowi siedmioro dzieci: Klarę, Gustava, Ernsta, Herminę, Georga, Annę oraz Johannę. Klimtowie należeli do jednej z wielu wiedeńskich rodzin, które zostały dotknięte problemami ekonomicznymi mocarstwa austro-węgierskiego, pogrążonego w głębokim kryzysie wskutek krachu na giełdzie. Kłopoty z opłatą czynszu zmuszały rodzinę do częstych zmian miejsca zamieszkania. Choć Gustava Klimta wkrótce uznano za wielkiego malarza, losy jego i rodziny odzwierciedlały wyraźnie przepaść między wysublimowanym blichtrem, którym chełpiło się upadające mocarstwo, a ubóstwem społeczeństwa ukrywanym pod płaszczykiem dekadencji. Tradycja i nowoczesność ścierały się w walce, w której pogrążył się Wiedeń u schyłku XIX wieku – to miasto odwrócone ku przeszłości za wszelką cenę usiłowało sprostać wyzwaniom nowych czasów.

Portret Gustava Klimta wykonany w studiu fotograficznym Madame d'Ora
1908
Österreichische Nationalbibliothek, Wiedeń

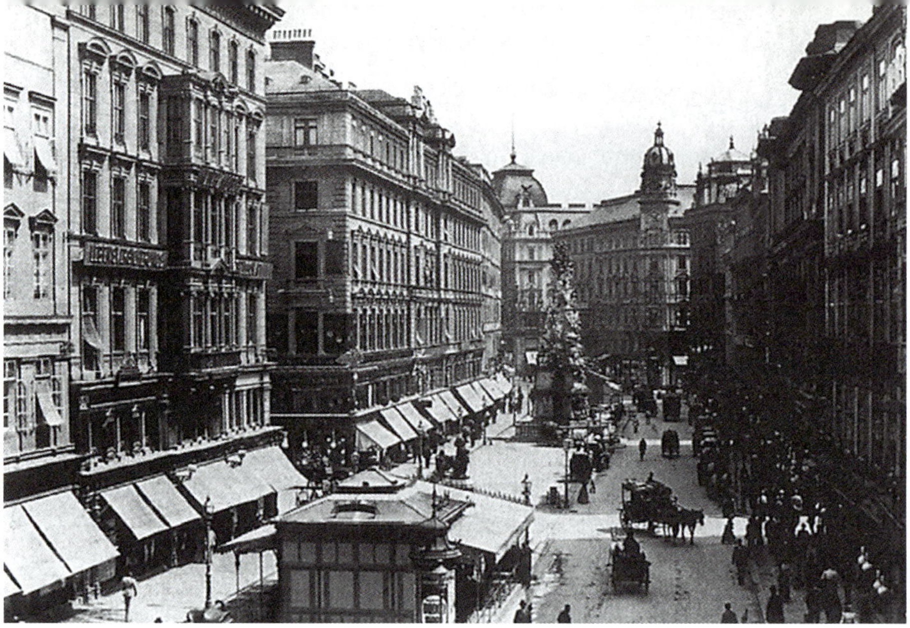

**Wiedeń**
ok. 1900
Historische Museum, Wiedeń

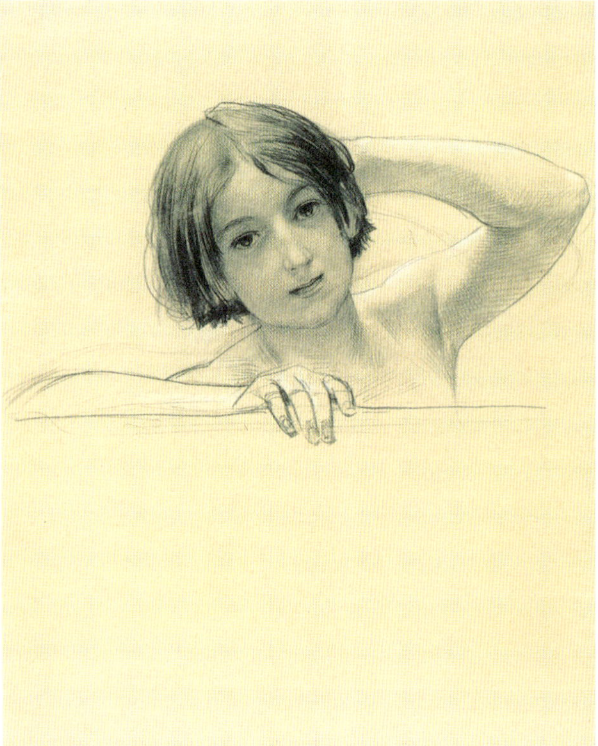

**Portret dziecka**
ok. 1885–1886
Ołówek i węgiel z białym wzmocnieniem na papierze
45 x 31,3 cm
Kolekcja Saborsky'ego, Nowy Jork

Gustav Klimt rozpoczął naukę jako sześciolatek. Świadectwo ukończenia szkoły publicznej uzyskał w wieku lat czternastu. Ponieważ wcześnie przejawiał zdolności plastyczne, nauczyciele doradzili rodzicom wysłanie chłopca do Szkoły Rzemiosł Artystycznych. Wówczas zwana Kunstgewerbeschule była ostoją konserwatywnego środowiska twórczego, a pod jego wpływem pozostawała znaczna część wiedeńskich artystów. Szkoła funkcjonująca pod egidą Austriackiego Muzeum Sztuki i Przemysłu (Österreichischen Museum für Kunst und Industrie) prowadziła liberalną politykę, dążąc do rozwoju kultury, której apogeum przypadło na lata siedemdziesiąte XIX wieku. Na egzaminie wstępnym Gustav wykonał rysunek głowy kobiecej w stylu antycznym, otrzymał ocenę pozytywną i został przyjęty.

Przez dwa lata Klimt uczestniczył w obowiązkowym kursie Szkoły Rzemiosł Artystycznych; jego mistrzami byli Michael Rieser, Ludwig Minnigerodey i Karl Hrachowina. Uczył się ornamentacji – kopiował rzeźby, tworzył płaskorzeźby dekoracyjne i przedmioty codziennego użytku – oraz rysunku wzorowanego na gipsowych modelach i katalogach uznanych dzieł. Zajęcia praktyczne uzupełniano wiedzą z zakresu projektowania, wykreślania perspektywy, stylu oraz innych zagadnień. Klimt brał także udział w specjalnych szkoleniach malarskich pod okiem Ferdinanda Laufbergera, a po jego śmierci (1881)

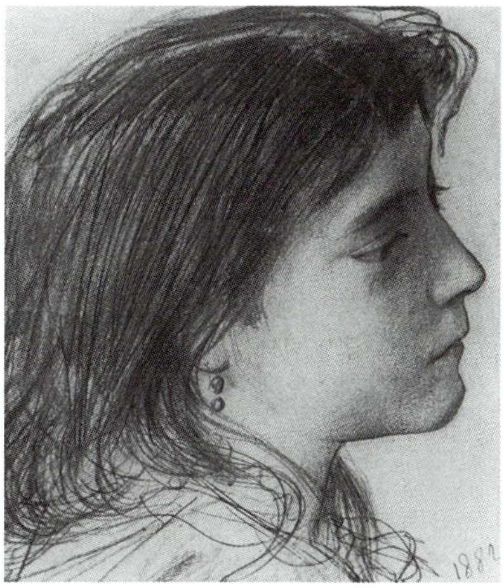

Portret siostry Klimta Johanny
1882
Czarna kredka
i ołówek na papierze
Zbiory prywatne

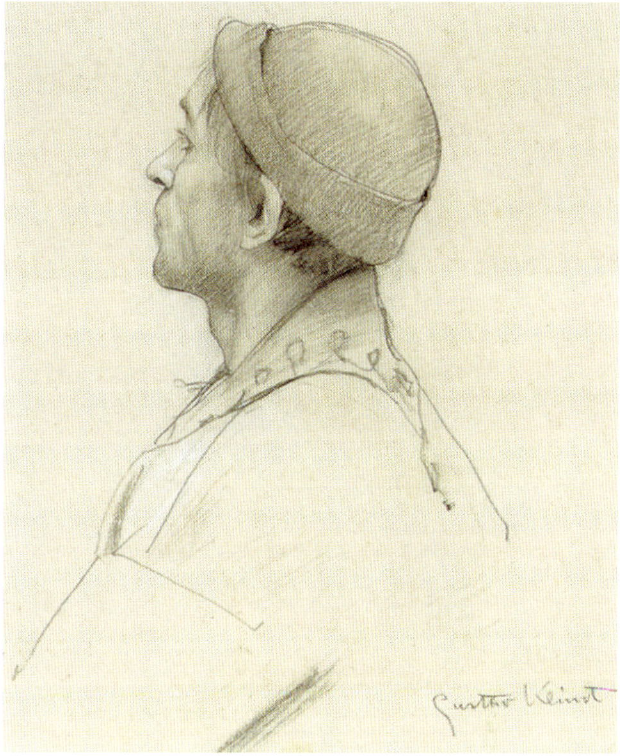

Mężczyzna w kapeluszu
ok. 1886–1887
Kredka woskowa z białym
wzmocnieniem na papierze
42,6 x 29 cm
Graphische Sammlung Albertina, Wiedeń

kontynuował naukę u Juliusa Victora Bergera. Ukończył szkołę w 1883 roku.

W pierwszych latach edukacji Gustava otaczali najbliżsi, to znaczy bracia: Ernst, rzeźbiarz, oraz Georg, rytownik. Ponieważ kształcili się w tym samym ośrodku, ten ostatni częstokroć wykonywał obramowania do prac brata malarza. Gustav był jednak silniej związany z Ernstem. W wolnych chwilach obaj szlifowali umiejętności, rysując siostry oraz wykonując niekiedy na zamówienie portrety ze zdjęć, za które płacono im 6 guldenów. Oprócz zarobków za drobne zlecenia w późniejszych latach nauki otrzymywali także stypendium, co w pewnym stopniu wpłynęło na poprawę rodzinnej sytuacji finansowej, która jako się rzekło, nigdy nie była nadzwyczajna. Okazją do podreperowania budżetu okazała się też współpraca w wykonaniu witraży w Kościele Wotywnym przy bulwarze Ringstrasse w Wiedniu, którą Michael Rieser zaproponował Gustavowi. W projekcie uczestniczyli również jego kolega Franz Matsch oraz brat Ernst Klimt.

Do czasu reformy przeprowadzonej przez zaprzysięgłego zwolennika secesji, barona Feliciana Myrbacha, w Szkole Rzemiosł Artystycznych obowiązywała doktryna akademizmu. Nauczanie ograniczało się do zgłębiania historii sztuki i rzetelnego odwzorowywania wcześniejszych arcydzieł. Jednak ten system edukacyjny spotykał się z coraz większą krytyką, a zgodnie z nowymi trendami przyznawano artystom niczym nieskrępowaną inicjatywę twórczą. Reformy z lat nauki Klimta w Szkole Rzemiosł Artystycznych wdrożono dopiero wtedy, gdy szkołę przejęli zwolennicy secesji. Ci zerwali ostatecznie zarówno z eklektyzmem, jak i z odwzorowaniem arcydzieł ograniczającym wolność twórcy. Założenia reformy, którą zainicjowano już w czasie studiów Klimta, wówczas nie zostały w pełni zrealizowane. Także zmiany w edukacji nie mogły się dokonać, dopóki zwolennicy secesji nie zawładnęli środowiskiem artystycznym, kładąc kres odwzorowywaniu dzieł sztuki i pozostawiając twórcom całkowitą swobodę.

Nauka oparta na naśladownictwie miała jednak pozytywny wpływ na rozwój Klimta: dzięki kopiowaniu obrazów Tycjana i innych klasycznych dzieł nauczył się rysować jak wielcy mistrzowie. Wkrótce po ukończeniu edukacji akademickiej przestał kopiować dzieła innych i zabrał się intensywnie za wielce obiecującą i bardzo osobistą twórczość malarską. W przyszłości utorowała ona drogę zmianom postulowanym przez zwolenników secesji.

### Pierwsze kroki malarza
### Spółka artystyczna

Gustav Klimt był jedynym absolwentem Szkoły Rzemiosł Artystycznych, który odniósł sukces. Duża w tym zasługa profesora Rudolfa Eitelbergera von Edelberg, dyrektora i fundatora Austriackiego Muzeum Sztuki i Przemysłu. Po trzech latach przepracowanych w Kościele Wotywnym przy bulwarze Ringstrasse w Wiedniu z mistrzem Michaelem Rieserem na tworzeniu witraży Klimt, jego brat Ernst oraz Franz Matsch opanowali sztukę malowania gipsowych odlewów i klasycznych postaci – co w tamtych czasach uznawano za istotę kunsztu artystycznego – i wszyscy trzej zamierzali przystąpić do egzaminów na stanowiska nauczycieli rysunku w szkole średniej. Ale Eitelberger, archeolog i historyk, zachęcił młodzieńców do kontynuowania kariery malarskiej i polecił im zajęcia u profesora Ferdinanda Laufbergera, co stało się możliwe po otrzymaniu stypendium w wysokości 30 guldenów miesięcznie. W roku 1879 cała trójka współpracowała więc z Laufbergerem, tworząc dekoracje techniką *sgraffitto* na wewnętrznym dziedzińcu Cesarskiego Muzeum Historii Sztuki, czyli dzisiejszego Kunsthistorisches Museum. Po śmierci Laufbergera w roku 1881 jego następcą został Julius Victor Berger.

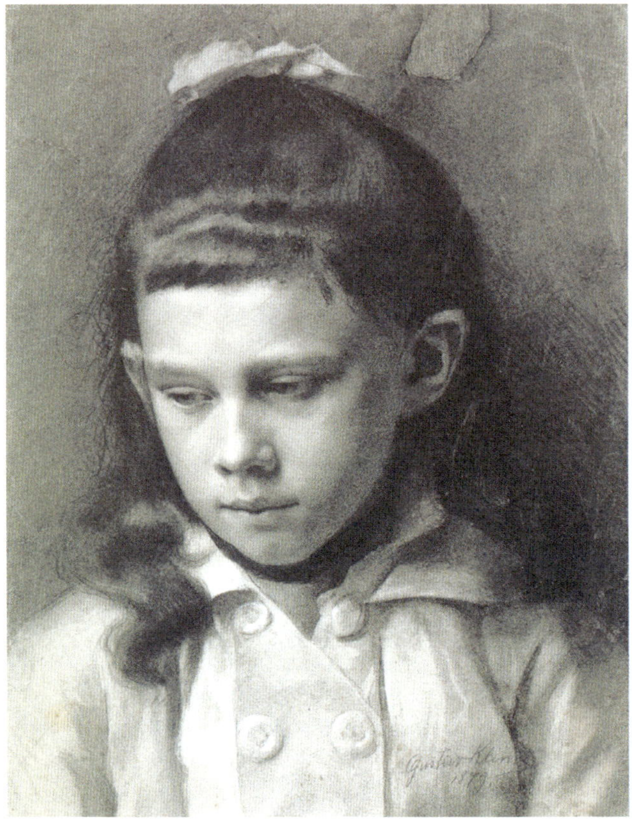

Popiersie dziewczynki
1879
Czarna kredka z białym wzmocnieniem na papierze
36,5 x 26,5 cm
Kolekcja Saborsky'ego, Nowy Jork

Wykładał on w Wyższej Szkole Rzemiosł Artystycznych do roku 1883.

Tymczasem pierwsze dokonania młodych artystów nie pozostały bez echa – zaczęły napływać zlecenia. W 1880 roku trójce malarzy zlecono realizację wielu projektów: wykonanie dekoracji sklepienia Sali Zgromadzeń w wiedeńskim Pałacu Sturany (były to cztery obrazy alegoryczne: *Poezja*, *Muzyka*, *Taniec* i *Teatr*), malowideł w wiedeńskim Pałacu Zierera w Wiedniu oraz sceny głównej (*Muzyka narodów*) na suficie kąpieliska w Karlovych Varach. Laufberger pomógł im nawiązać współpracę z najlepszymi wówczas architektami projektującymi teatry – Hermannem Helmerem i Ferdinandem Fellnerem. Był to najcenniejszy spadek, jaki mógł swoim uczniom zostawić mistrz, umierając rok później. Młodzi twórcy zyskali kontakty w świecie artystycznym Wiednia w okresie gwałtownego rozwoju kultury oraz

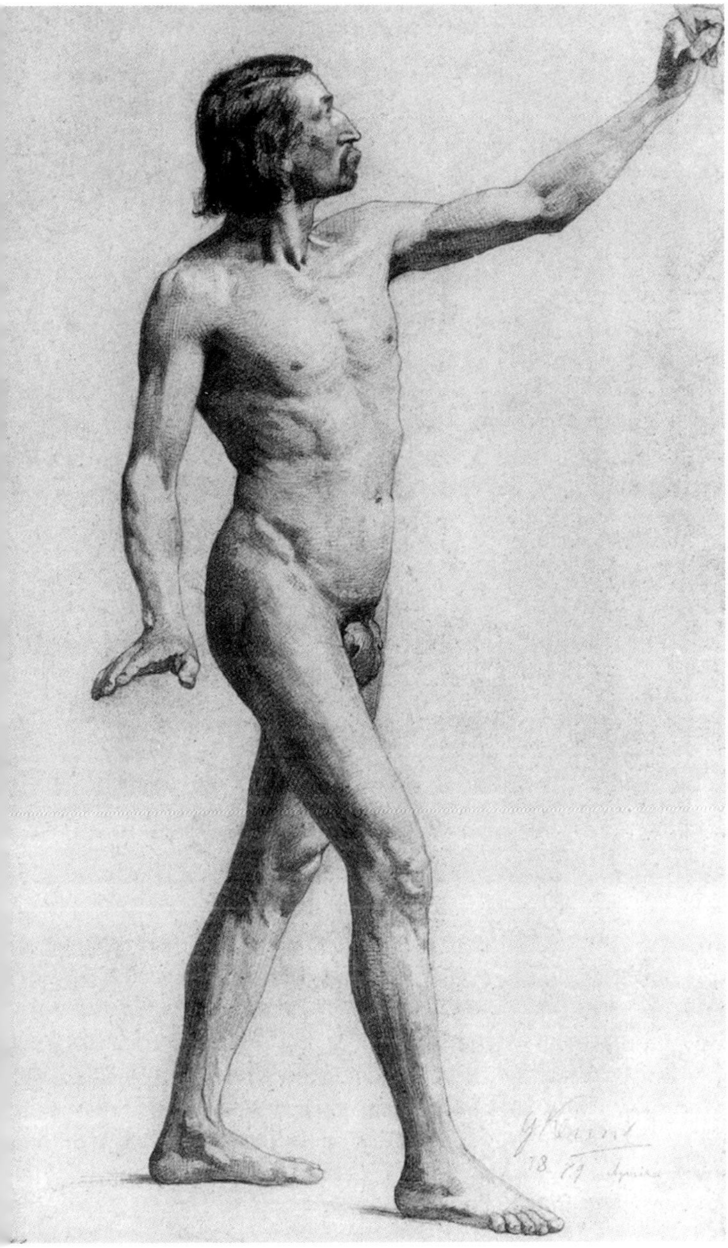

AKT MĘŻCZYZNY W RUCHU
1877–1879
Czarny ołówek z białym
wzmocnieniem na papierze
43 x 27 cm
Historisches Museum, Wiedeń

intensywnej przebudowy miasta wspieranej przez cesarza Franciszka Józefa I Habsburga od chwili dojścia do władzy w 1848 roku. Powstały wówczas tak wspaniałe budowle, jak Opera i Teatr Miejski (Burgtheather). W roku 1881 Franz Matsch oraz Gustav i Ernst Klimtowie zawiązali Spółkę Artystyczną (Künstlercompagnie). Chcieli być autorytetem dla innych malarzy oraz przejąć *gros* zleceń na prace dekoracyjne w nowo powstających budowlach, których wiele wznoszono wówczas w Wiedniu. Spółka Artystyczna zaczęła od razu przynosić profity, ponieważ praca kolektywna pozwalała na szybsze i bardziej efektywne realizowanie zleceń, niż możliwe by to było, gdyby pracę podejmował samodzielnie każdy z artystów. Jednakże ani kolektywizacja, ani zasada demokracji obowiązująca w spółce nie przeszkodziły Gustavowi Klimtowi w rozwijaniu własnego talentu – został on dostrzeżony przez współczesnych. W 1881 roku, tuż po zawiązaniu Spółki Artystycznnej, wydawca Martin Gerlach zatrudnił Klimta oraz Maxa Klingera i Franza von Stucka, uznanych już artystów, jako ilustratorów tekstów Alberta Ilga w cyklu „Alegorie i Emblematy" (*Allegorien und Emblemen*). Ilustracje ukazały się w dwóch publikacjach znacznie późniejszych, niż wynikałoby z dat zamówienia (lata 1882 i 1900). Było w nich 11 symbolicznych i alegorycznych prac Klimta w stylu akademizmu (w tym *Bajka*, *Idylla*, *Młodość*, *Pory dnia*, *Opera*, *Baśń*), świadczących o niezwykłym opanowaniu warsztatu.

Dzięki znajomości z architektami Helmerem i Fellnerem rok 1882 przyniósł Spółce Artystycznej zamówienie czterech malowideł na sklepienie Teatru Miejskiego w Reichenbergu (obecnie Liberec w Czechach), z których dwa przypisywane są Klimtowi, oraz zaproszenie do wykończenia zespołu budynków przy wiedeńskiej Ringstrasse. W roku 1883 trójka artystów otworzyła pracownię przy ulicy Sandwirthgasse 8. Oferowali usługi w duchu akademizmu, którego uczono ich w szkole. Wspólnie zamierzali podołać wielkim zamówieniom, utrzymując ceny na konkurencyjnym poziomie. Efekty pracy Spółki Artystów w teatrze w Reichenbergu zostały ocenione tak wysoko, że król Rumunii zlecił im stworzenie galerii antenatów na klatce schodowej na tylnym patio Zamku Królewskiego w Peleş w Alpach Transylwańskich.

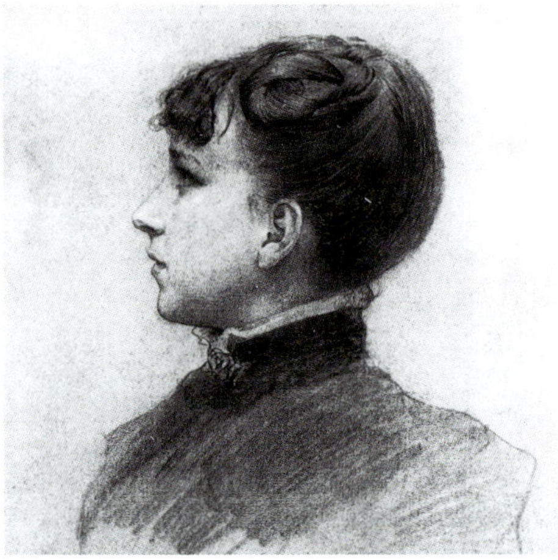

PORTRET SIOSTRY KLIMTA KLARY (FRAGMENT)
1887–1888
Kredka woskowa czarna i biała
47 × 33 cm
Historisches Museum, Wiedeń

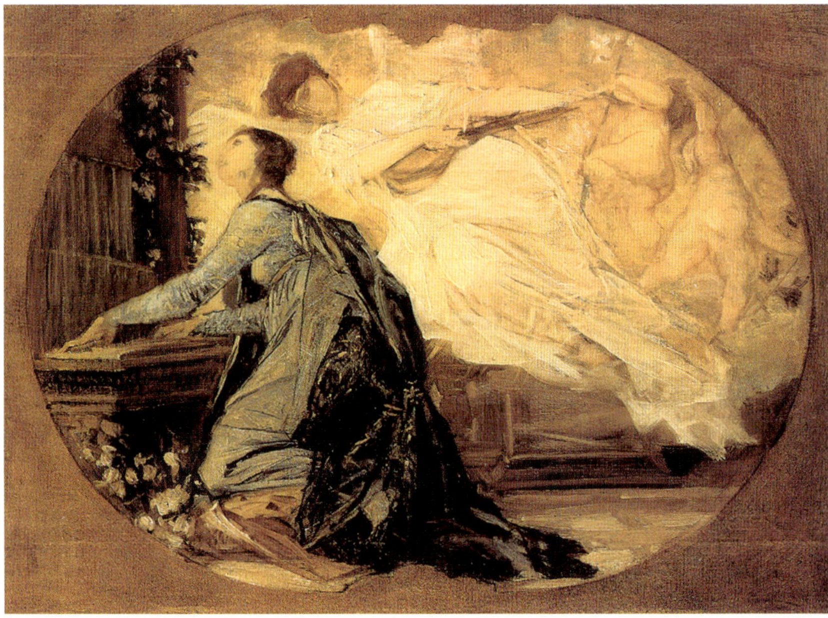

ORGANISTA
1885
Olej na płótnie
38 × 50 cm
Österreichische Galerie,
Wiedeń

Klimt skopiował *Portret Izabeli d'Este* Tycjana, a także zaprojektował z Ernstem serię gobelinów mających ozdobić rezydencję monarchy. Jednocześnie studiował dzieła włoskiego Quattrocento i Michała Anioła oraz tworzył, m.in. *Portret siostry Klimta Klary*; dla wydawcy cyklu „Alegorie i Emblematy" wykonał też kolejne ilustracje (*Bajka*).

W roku 1885 Spółka Artystyczna zaangażowana była jednocześnie w trzy duże projekty dotyczące prac dekoracyjnych w trzech wiedeńskich budowlach. Pierwszą z nich była położona na przedmieściu Lainz willa Hermesa, ulubione miejsce wypoczynku cesarzowej Elżbiety. Spółce zlecono wykonanie dekoracji w tym budynku. Drugi projekt obejmował wykonanie serii owalnych kompozycji na sklepienie sali Teatru Narodowego w Bukareszcie. Były to oczywiście alegorie związane z muzyką (*Amor ofiarujący laur śpiewakowi* i *Organista*). Podobne malowidła powstały w trzecim dużym zleceniu otrzymanym przez spółkę tego roku. Było to sześć dekoracyjnych owali na sklepienie Teatru Miejskiego w Fiume (dzisiejsza Rijeka): sceny z *opera seria* i *opera buffa*, muzyka sakralna, oratorium, piosenka ludowa oraz taniec. Te niemal samodzielne projekty były odmienne od prac innych artystów. Wtedy właśnie Klimt zaczął umieszczać na płótnach złote aplikacje, które później stały się wyróżnikiem jego twórczości. W roku 1886 spółka pracowała nad panelami dekoracyjnymi sklepienia Teatru Państwowego w Karlovych Varach. Budynek powstał w latach 1884–1886 i był dziełem wspomnianych wcześniej Helmera i Fellnera, z którymi kontakt Spółka Artystyczna zawdzięczała profesorowi Eitelbergerowi. Mimo przemożnego wpływu Hansa Makarta dostrzegalnego w każdym elemencie tego projektu panele wykonane przez Gustava Klimta (*Rozkosze podniebienia* i *Taniec*) wyraźnie odbiegają od prac Franza Matscha oraz Ernsta Klimta – są bardziej wytworne. Te formalne różnice były zapowiedzią mającego nastąpić rozłamu stylistycznego w grupie. Dał się on zauważyć podczas realizacji następnego dużego zlecenia, które otrzymali jeszcze w tym samym roku.

Renomę w Wiedniu członkowie Spółki Artystycznej zawdzięczali baronowi Karlowi Freiherrowi von Hasenauer, projektantowi willi Hermesa, który zadowolony ze współpracy zlecił im wykonanie malowideł sufitowych nad wejściami oraz na klatkach schodowych w Burgtheater. Był to najokazalszy budynek nie tylko przy Ringstrasse, ale w całym ówczesnym Wiedniu, który stał się pod rządami Franciszka Józefa I symbolem kosmopolityzmu. Teatr, zaprojektowany i wzniesiony przez architektów Sempera i Hasenauera, wymagał ikonografii odpowiedniej do roli symbolu, którą miał odgrywać przez długie lata. To właśnie było zadaniem Spółki Artystycznej. W latach 1886–1888 wykonali dekoracje zgodne z zasadami akademizmu, dzieląc między siebie poszczególne części projektu. Rozłam stylistyczny zapoczątkowany w Karlovych Varach stał się faktem. Gustav Klimt wykonał malowidła *Wóz Tespisa*, *Globe Theater w Londynie*, *Ołtarz Dionizosa*, *Teatr w Taorminie* i *Ołtarz Wenus*; były to sceny mitologiczne, ale także niezwykle interesujące kompozycyjnie i realistyczne wnętrza teatrów, co stanowiło *novum* w twórczości artysty.

W 1888 roku Klimt otrzymał z rąk cesarza Franciszka Józefa Złoty Krzyż Zasługi za dokonania na polu artystycznym. W owym czasie był już malarzem cenionym w kręgach liberalnej wiedeńskiej burżuazji, do czego w dużej mierze przyczyniło się zamówienie z ratusza w 1887 roku na wykonanie malowidła przedstawiającego wnętrze starego Burgtheater – ostatnie przedstawienie przed jego wyburzeniem odbyło się 12 października 1888 roku. Franz Matsch oraz Gustav Klimt przedstawili dwa różne projekty; mimo odmiennej koncepcji przestrzennej obydwa zyskały uznanie zarówno ekspertów, jak i miłośników sztuki. Klimt przedstawił widownię Burgtheater z fotograficznym niemal realizmem, wiernie obrazując detale oraz uwieczniając osobistości z wyższych sfer ówczesnego Wiednia, czym zaskarbił sobie przychylność burżuazji. Pozyskał dzięki temu możnych mecenasów, a także liczne zlecenia w przyszłości. Rok później (1890) sukces Klimta i Matscha przypieczętowała Wielka Nagroda Królewska w wysokości 400 guldenów. Ewolucja artystyczna Klimta stała się widoczna jeszcze przed przyjęciem wspólnej nagrody z rąk cesarza Franciszka Józefa. Wiązała się ona z podróżami artysty do Wenecji, Triestu, Monachium

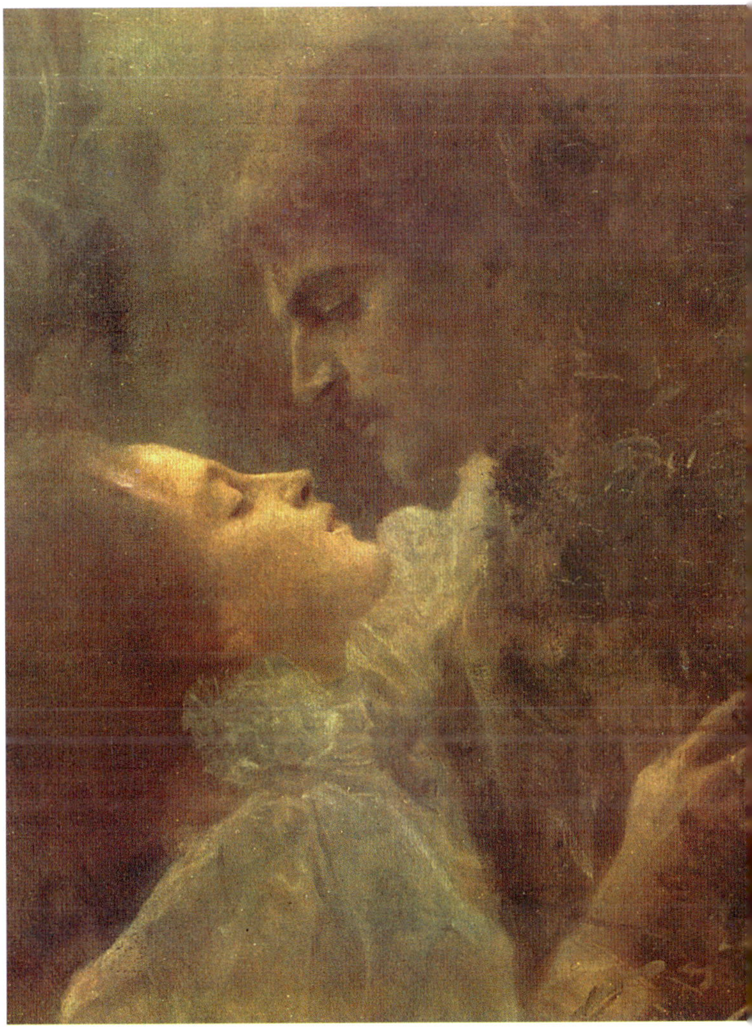

**Miłość (fragment)**
1895
Olej na płótnie
60 × 44 cm
Historisches Museum, Wiedeń

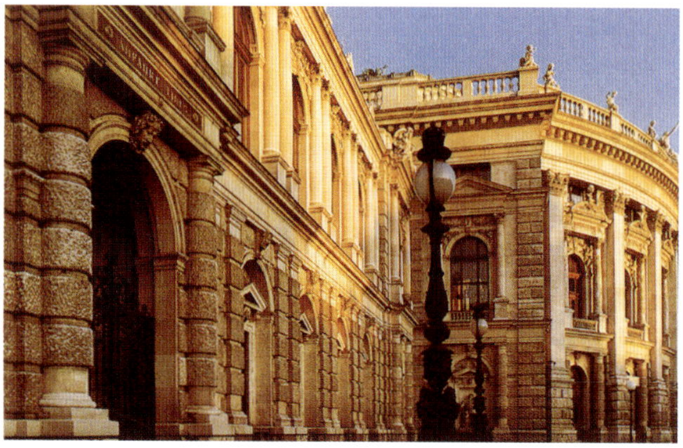

Fasada Burgtheater, Wiedeń
Projekt Carla Hasenauera i Gottfrieda Sempera

i Krakowa; nieustająca ciekawość świata oraz umiłowanie wiedzy przez całe życie wiodły Klimta w przeróżne zakątki Europy.

Najważniejszym zamówieniem, które w tamtym czasie otrzymali Klimt i współpracownicy, było wykończenie dekoracji w wiedeńskim Muzeum Historii Sztuki (Kunsthistorisches Museum) projektu Sempera i Hausenauera. Dekoracje lunet oraz sklepień nad schodami muzeum zostały rozpoczęte przez Hansa Makarta oraz Mihály'a Munkácsy'ego; Franzowi Matschowi i Gustavowi Klimtowi zlecono ukończenie ich prac. Malowidła wzdłuż schodów miały sławić królewskich mecenasów oraz przedstawicieli wiedeńskiej burżuazji. Spółce Artystycznej powierzono także wykonanie dekoracji w interkolumniach i pendentywach klatki schodowej.

Gustav Klimt wykonał 13 malowideł przedstawiających alegoryczne sceny z dziejów sztuki egipskiej (*Akt dziewczyny*, *Mumia i rzeźby*), greckiego antyku (*Dziewczyna z Tanagry*, *Minerwa i Gorgona* oraz *Skrzydlata Victoria*), włoskiego Quattrocento, weneckiego Quattrocento, florenckiego Quattrocento (*Dziewczyna z książką*, *David*), florenckiego Cinquecento (*Wenus*) oraz włoskiego renesansu (*Dziewczyna z cherubinem*, *Dziecko z popiersiem Dantego*). Franz Matsch podjął się wykonania 14 obrazów, a Ernst Klimt 13. W tych realizacjach uwidoczniły się różnice między członkami jeszcze istniejącej spółki. Wszyscy trzej czerpali natchnienie z historycznych wzorów, a jednak Klimt wyraźnie poszukiwał własnych środków wyrazu, zrywając z tradycją i przekraczając formalnie oraz koncepcyjnie dotychczas obowiązujące granice. Również tym razem wykonane przezeń prace różniły się od pozostałych i spotkały z uznaniem krytyki oraz publiczności.

W 1891 roku, kończąc prace nad dekoracjami Kunsthistorisches Museum, Gustav oraz pozostali dwaj członkowie spółki wstąpili do Stowarzyszenia Artystów Sztuk Pięknych Wiednia – Domu Artystów (Künstlerhaus). Potem Klimt kandydował na profesora jednej z katedr akademickich, nie otrzymał jednak stanowiska. W marcu tegoż roku Ministerstwo Kultury i Oświaty zleciło młodemu malarzowi wykonanie wstępnych szkiców do projektu, który stał się najważniejszym, a jednocześnie najbardziej kontrowersyjnym dziełem w jego karierze artystycznej – chodziło o dekorację auli Uniwersytetu Wiedeńskiego. Projekt ten, zapoczątkowany w 1891, ukończony został dopiero w 1907 roku.

Po 12 latach wspólnej pracy w 1892 roku Spółka Artystyczna przeniosła siedzibę na Josefstädterstrasse 21 (później stała się ona pracownią wyłącznie Gustava Klimta). Wtedy właśnie zostali wyróżnieni przez Ministerstwo Kultury i Oświaty, które ostatecznie zleciło Gustavowi Klimtowi oraz Franzowi Matschowi namalowanie fresków na sklepieniu auli uniwersytetu; w tym też roku Gustav Klimt z bratem wykonali plakat Międzynarodowego Festiwalu Muzyki i Teatru.

Jednakże w tym samym 1892, niezwykle ważnym w karierze artysty roku zmarli jego ojciec, a niedługo po nim brat Ernst. Podwójna osobista tragedia spowolniła nieco pracę twórczą Klimta, który mimo to nie przestał się cieszyć powszechnym uznaniem.

Rok 1893 przyniósł potwierdzenie sukcesu Klimta jako indywidualnego artysty, a także całej Spółki Artystycznej. Franz Matsch i Gustav Klimt przygotowali liczne rysunki malowideł do auli Uniwersytetu Wiedeńskiego. Mimo wielkiego zaangażowania w te projekty Klimt znalazł czas na podróż do Totis na Węgrzech, gdzie namalował *Wnętrze teatru na Zamku Eszterházy* w konwencji realizmu fotograficznego (tak entuzjastycznie przyjętego wcześniej w *Widowni starego Burgtheater w Wiedniu*,1888). Otrzymał za to złoty medal XXII wystawy Domu Artystów w Wiedniu oraz główną nagrodę na wystawie w Antwerpii (1895).

Wielki sukces nie pozostał niezauważony; ówczesne władze w 1893 roku wystawiły kandydaturę Klimta do objęcia Katedry Malarstwa Historycznego w wiedeńskiej Akademii Sztuk Pięknych. Ostatecznie jednak stanowisko na wyraźne życzenie domu cesarskiego powierzono Kasimirowi Pochwalskiemu. Już po raz drugi Klimt był o krok od kariery akademickiej i jak miało się okazać, nie ostatni: w 1901 roku ponownie ubiegał się o posadę – również bezskutecznie.

W stosunkach Gustava Klimta z prestiżowymi instytucjami wiedeńskimi zawsze istniało napięcie, co było spowodowane ścieraniem się dwóch światów: tradycyjnego i nowoczesnego. Dorobek artysty balansował na ich granicy.

Dwa wydarzenia zamykające rok 1893 potwierdziły wielki wkład Spółki Artystycznej w przebudowę Wiednia, czyniącą ze stolicy Austro-Węgier centrum artystyczno-kulturalne Europy na przełomie XIX i XX wieku. Było to wydanie przez Alberta Ilga albumu malowideł dekorujących klatkę schodową Kunsthistorisches Museum oraz opracowanie planu urbanistycznej regulacji Wiednia przez wybitnego architekta Otto Wagnera.

Rok 1894 zapowiadał się więc dla artystów obiecująco. Spośród stołecznych wydarzeń, świadczących o niepohamowanym rozwoju wiedeńskiej kultury, na szczególne wyróżnienie zasłużyła wystawa sztuki egipskiej oraz III Wystawa Stowarzyszenia Malarzy (Künstlerhausgenossenschaft), w której udział brały tak wielkie osobistości, jak Liebermann, Israëls, Stuck, Egger-Lienz czy Khnopff. Zdobywcą złotego medalu został Fernand Khnopff, którego twórczość odegrała zasadniczą rolę w ewolucji stylu Gustava Klimta ku symbolizmowi, widocznemu w jego obrazach kobiet z lat 1895–1898.

Podczas podróży do Monachium Klimt miał okazję zapoznać się z twórczością Fernanda Khnopffa, którą charakteryzują przede wszystkim mitologiczne stwory, takie jak Sfinks czy Chimera. Wystawa sztuki egipskiej również wywarła

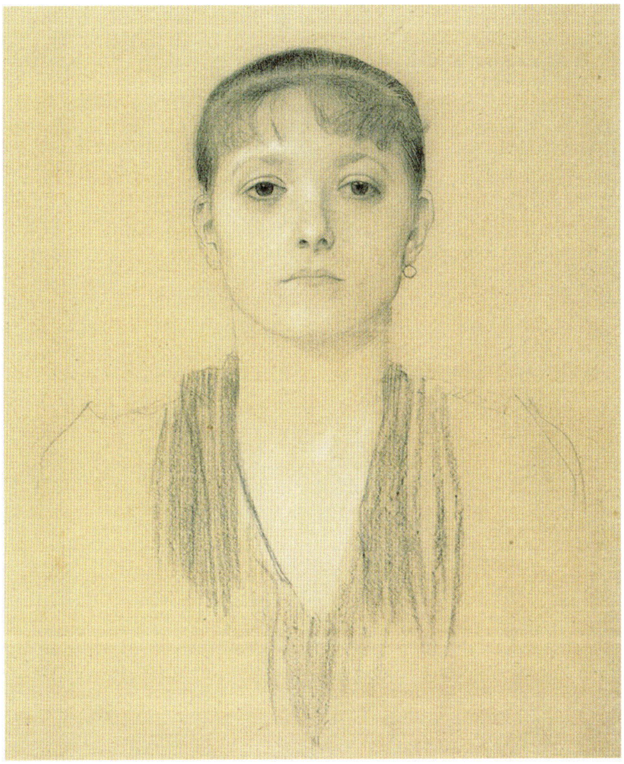

PORTRET DZIEWCZYNY
1890–1891
Czarny ołówek na papierze
43,8 x 30,8 cm
Kolekcja Sabarsky'ego, Nowy Jork

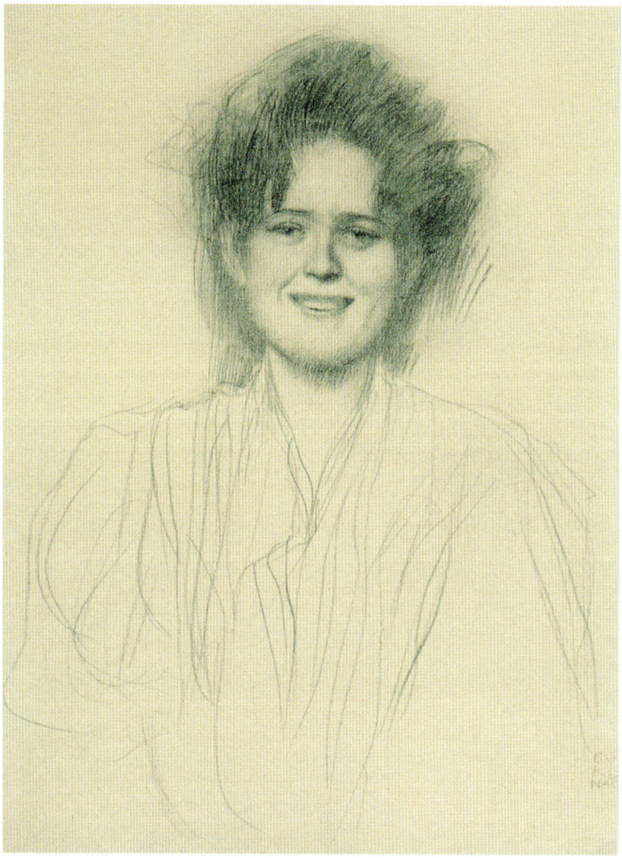

**Popiersie roześmianej dziewczyny**
1896
Czarna kredka na papierze
44,8 × 31,7 cm
Kolekcja Sabarsky'ego, Nowy Jork

na artystę wielki wpływ: widać to wyraźnie w przepychu tkanin na obrazach i zastosowaniu złota.

Spółka Artystyczna, osierocona przez Ernsta i zmierzająca do rozłamu z powodu odmienności stylu Gustava Klimta i Franza Matscha, rozpoczęła pracę nad szkicami do malowideł mających ozdobić aulę Uniwersytetu Wiedeńskiego. Waga zamówienia oraz hojne wynagrodzenie motywowały artystów do kontynuowania współpracy mimo dzielących ich różnic. Od 1894 roku w stylu Klimta zaczął uwidaczniać się coraz bardziej wpływ sztuki starożytnego Egiptu oraz ezoterycznej symboliki Fernanda Khnopffa. Gustav Klimt wkroczył na drogę symbolizmu, za którego pierwsze oznaki oficjalnie uznano płótna *Miłość* oraz *Muzyka I*.

W 1896 roku, ostatnim w działalności Spółki Artystycznej i poprzedzającym najbardziej intensywny okres twórczości Klimta związany z grupą Secesji Wiedeńskiej (Wiener Sezession), Franz i Gustav kontynuowali prace nad dekoracjami do auli uniwersyteckiej. Matsch podjął się namalowania sceny *Teologia* oraz centralnego obrazu przedstawiającego *Zwycięstwo światła nad ciemnością*, Klimtowi natomiast przypadło w udziale wykonanie w pomieszczeniu sztukaterii oraz pendentywów, a także alegorycznych wyobrażeń *Filozofii, Prawoznawstwa oraz Medycyny* jako części kompozycji. Szkice artystów miały ujrzeć światło dzienne w 1898 roku, lecz krytyczne opinie, z którymi się spotkały (dotyczące zwłaszcza dzieł autorstwa Klimta) przeciągnęły prace nad dekoracją auli na pierwsze lata XX wieku. Powstające malowidła także wzbudzały liczne kontrowersje, co znacznie opóźniało ich realizację; w efekcie dekoracja auli uniwersyteckiej pochłonęła aż dziesięć lat twórczego życia Klimta.

Jeszcze w roku 1896, kiedy modernizowany Wiedeń niepostrzeżenie stawał się pionierem nowej estetyki, w Siebener Club Klimt poznał Josefa Hoffmanna, architekta i w przyszłości jednego z najznakomitszych przedstawicieli Secesji Wiedeńskiej. Ponadto po długiej podróży po Ameryce Północnej powrócił wówczas do stolicy Adolf Loos. Architekt ostro piętnował charakterystyczny dla szkoły historyzmu i rozpowszechniony w mieście ornamentalizm, będący w jego mniemaniu oznaką społecznego i kulturalnego wstecznictwa.

Rok 1896 był dla Klimta ważny również ze względu na rozwój osobistego języka malarskiego – do rysunku *Junius* po raz pierwszy wybrał format kwadratu, tak charakterystyczną dla jego późniejszej twórczości. Gustav Klimt powoli zmierzał ku swemu przeznaczeniu: nowe podejście do misji malarstwa uczyniło z niego mistrza światowej klasy.

## SECESJA WIEDEŃSKA

Krach na giełdzie w 1873 roku oznaczał kres piastowania władzy przez burżuazję, która kompensowała sobie utratę znaczenia politycznego, przenosząc wpływy na naukę, literaturę i sztukę. Dzięki temu stała się siłą napędową rewolucji kulturalnej, umożliwiając powstanie grupy literackiej Jung Wien (Młody Wiedeń). Było to pierwsze z ugrupowań secesyjnych, które przeciwstawiało się tradycyjnym kanonom artystycznym i obyczajowym starego Wiednia.

Klimt przyłączył się do Stowarzyszenia Artystów Sztuk Pięknych Wiednia, bardziej znanego jako Dom Artystów. Utworzone w 1861 roku przez liberalnych twórców przejęło od władz reprezentowanie interesów środowiska na forum państwowym.

W 1894 roku stowarzyszenie zaprosiło do współpracy powstałą dwa lata wcześniej Secesję Monachijską. Jednak oba ugrupowania dzieliła ideologiczna przepaść. Grupa 40 artystów, między nimi Klimt, Carl Moll, Josef Engelhart, Koloman Moser oraz Alfred Roller, postanowiła więc powołać odrębny twór, początkowo działający w stowarzyszeniu.
I tak właśnie 27 marca 1897 roku wyłoniła się Secesja Wiedeńska, inaczej Zrzeszenie Artystów Sztuk Pięknych Austrii (Vereinigung bildender Künstler Österreichs). Grupa skupiona wokół malarza Rudolfa von Alta, honorowego przewodniczącego, oprócz wymienionych wyżej artystów obejmowała również architektów Ottona Wagnera, Josefa Hoffmanna oraz Josefa Marię Olbricha. Gustav Klimt został ich samozwańczym przywódcą.

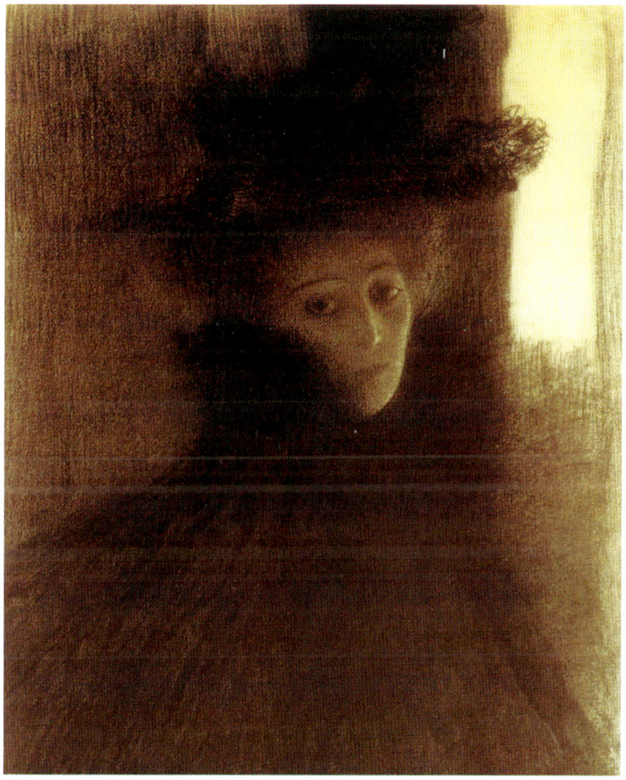

DAMA W KAPELUSZU
1897–1898
Kredka czarna i czerwona
45 × 32 cm
Graphische Sammlung Albertina, Wiedeń

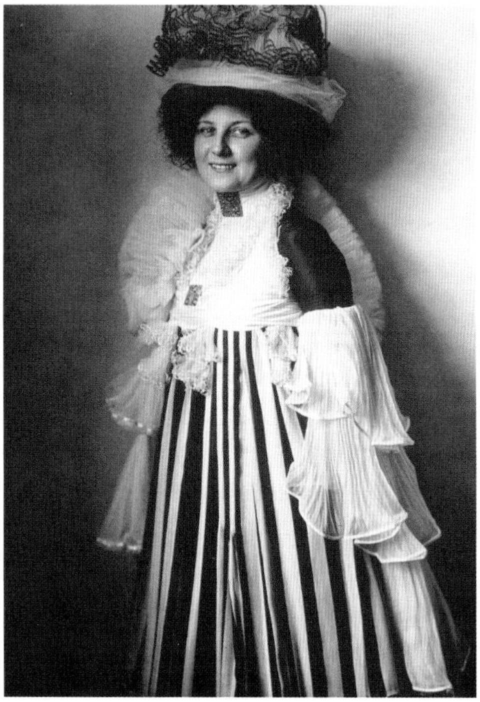

Emilie Flöge w zaprojektowanej przez siebie i Klimta sukni i biżuterii z Wiener Werkstätte. Zdjęcie wykonane w studiu Madame d'Ora, 1908.

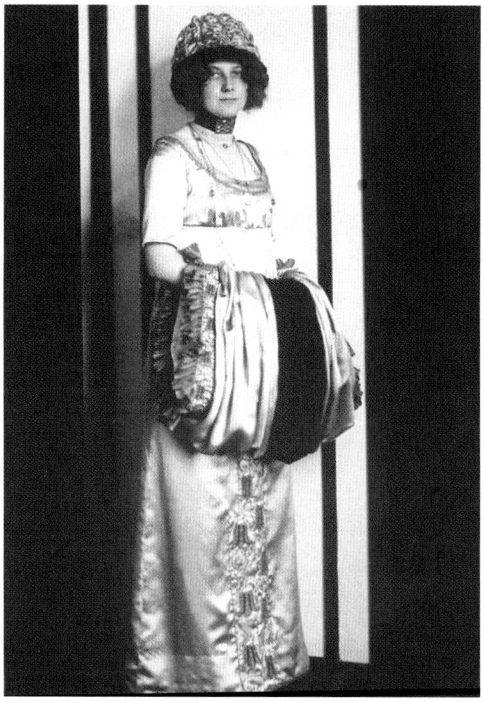

Portret Emilie Flöge
1910
Zbiory prywatne

Stowarzyszenie Artystów Sztuk Pięknych Wiednia podchodziło do nowo powstałego odłamu nieufnie, a nawet z obawą. Do konfrontacji doszło 22 maja 1897 roku, kiedy to Klimt i pozostali artyści pierwszej Secesji Wiedeńskiej ostatecznie opuścili szeregi Domu Artystów. Od tej pory Secesja Wiedeńska działała niezależnie. 21 czerwca 1897 roku odbyło się pierwsze walne zgromadzenie, na którym podjęto decyzję o wydawaniu czasopisma poświęconego sztuce „Ver Sacrum" – organu ideologicznego. Nad przygotowaniem wydawnictwa pieczę sprawowali Koloman Moser, Alfred Roller oraz baron Felician von Myrbach, dyrektor Szkoły Rzemiosł Artystycznych pod egidą Muzeum Sztuki i Przemysłu, później zastąpiony przez Josefa Hoffmanna. Klimt wchodził w skład zarządu gazety do roku 1900, był także ilustratorem tekstów. Statut nowo powstałego ugrupowania, opublikowany w pierwszym numerze „Ver Sacrum", zwięźle określał jego cele: *1) Zadaniem Zrzeszenia Artystów Sztuk Pięknych Austrii jest wspieranie zainteresowań o charakterze czysto artystycznym, przede wszystkim kształtowanie gustu artystycznego w Austrii. 2) Zrzeszenie dąży do skonsolidowania wszystkich artystów austriackich w kraju i poza jego granicami; dokłada wszelkich starań, by nawiązać kontakt z najwybitniejszymi twórcami zagranicznymi; promuje na krajowych wystawach sztukę niezależną, uwolnioną od czynników ekonomicznych; popularyzuje sztukę austriacką na wystawach zagranicznych oraz prezentuje najważniejsze krajowe osiągnięcia artystyczne; zachęca twórców narodowych do uprawiania nowej sztuki, a także wyjaśnia publiczności dokonujące się na tym polu przemiany.*

Rok 1897 był dla Klimta przełomowy. Malarz spędził wakacje poza Wiedniem, w miejscowości Kammer. Od tamtego czasu letnie wyprawy stały się jego zwyczajem; wyjeżdżał m.in. do Weissenbach oraz nad jeziora Atter (Attersee) i Wolfgang (Wolfgansee). Często towarzyszyła mu w tych wycieczkach rodzina Flöge, z którą Klimt pozostawał w bliskich stosunkach, odkąd jego brat Ernst związał się z Helene Flöge, na rok przed śmiercią biorąc z nią ślub (1891).

Emilie Louise Flöge (1874–1952), siostra Helene i szwagierka Ernsta, wkrótce stała się towarzyszką i muzą Gustava. Obdarzał ją uczuciem tak intensywnym, że mimo aury tajemniczości, którą Klimt otaczał swoje życie osobiste, tej zażyłości nie udało mu się ukryć przed światem. A jednak dwaj synowie artysty: Gustav i Otto, pochodzili z jego związku z Mizzi Zimmermann (lata 1899–1903). Informacje dotyczące życia prywatnego Klimta są wielce niepełne i pewnie dlatego obfitują w anegdoty. Według jednej z nich po śmierci artysty aż 14 kobiet twierdziło, że był ojcem ich dziecka. Jedynie związek z Emilie Flöge pozostawił ślad w zachowanej korespondencji, wymienianej od 1898 aż do śmierci artysty w 1917 roku. Emilie była właścicielką Casa Piccola, salonu *haute couture* przy Mariahilfstrasse w Wiedniu, silnie związanego z Secesją Wiedeńską. Ich przyjaźń oraz wspólna fascynacja nowoczesną sztuką sprawiły, że Klimt projektował z Emilie tkaniny, a nawet całe stroje. Łączący ich związek miał więc charakter zarówno prywatny, jak i twórczy.

Podczas pierwszego pobytu w Kammer latem 1897 roku Klimt, zauroczony krajobrazem oraz panującym tam spokojem, zaczął malować pejzaże. Od tamtej pory były stałym elementem jego twórczości, odrębnym od reszty pod względem formalnym oraz koncepcyjnym. W ten krąg zainteresowań artystycznych wpisują się także zrywające stylistycznie z kanonem akademickim malowidła *Filozofia* i *Medycyna*, które wywołały jeden z największych skandali artystycznych w Wiedniu u progu XX wieku.

Na rok 1898 przypada najintensywniejsza działalność Secesji Wiedeńskiej: wydawano „Ver Sacrum", rozpoczęto budowę siedziby zrzeszenia i zorganizowano pierwszą wystawę nowej sztuki w ogrodach zimowych Parkring. Gustav Klimt odegrał istotną rolę w pierwszym roku działalności wiedeńskiej formacji: czuwał nad wydawaniem czasopisma oraz wykonał na wystawę plakat *Tezeusz i Minotaur*, uznany za dzieło ponadczasowe. Pracując nad szkicami do malowideł *Prawoznawstwo* i *Filozofia*, stworzył też wybitne płótna, takie jak *Portret Sonji Knips*

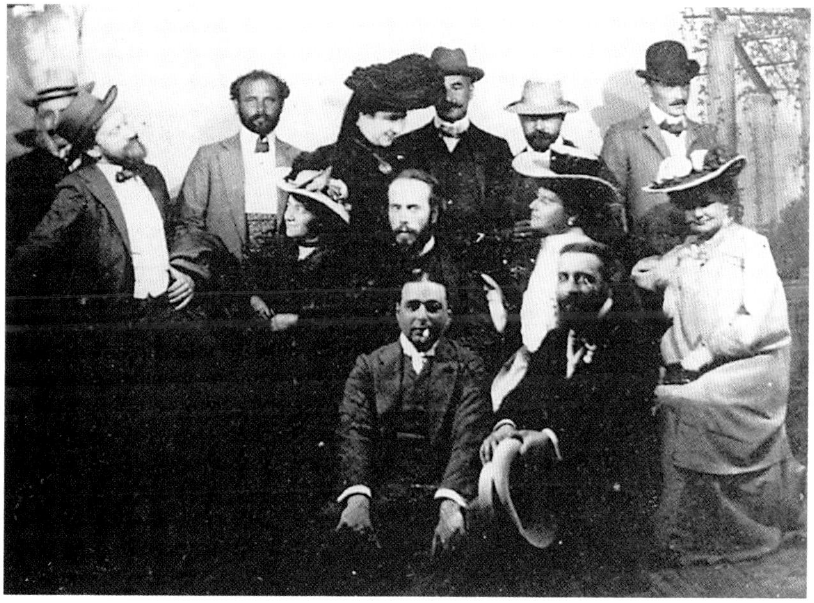

GRUPA ZAŁOŻYCIELSKA SECESJI WIEDEŃSKIEJ, ok. 1897–1898. Na zdjęciu trzeci od lewej Gustav Klimt

czy *Pallas Atena*. Ponadto przemysłowiec Nikolaus Dumba zlecił Klimtowi urządzenie sali muzycznej i wykonanie malowideł naściennych oraz dekoracji (*Muzyka II* oraz *Schubert przy fortepianie*) nad wejściem do swojego pałacu w Wiedniu. Realizując ten projekt, Klimt dołożył starań, aby wszystkie elementy tworzyły całość zgodnie z koncepcją sztuki integralnej, bardzo zbliżonej w założeniach do secesji. Każde pomieszczenie miało być podporządkowane jednej idei, opracowanej w najdrobniejszych szczegółach. W dziełach tych wyraźnie uwidoczniła się głęboka przemiana artystyczna Klimta. Niestety, nie przetrwały one do dzisiaj; w maju 1945 roku oddział nazistów spalił Pałac Immendorf, aby uniemożliwić wojskom sowieckim przejęcie dzieł sztuki przewiezionych tam z Wiednia w obawie przed bombardowaniami. Sława Klimta przekroczyła granice: artysta został przyjęty w poczet *International Society of Painters, Sculptors and Engravers* z siedzibą w Londynie i w 1898 dołączył do Secesji Monachijskiej.

Secesja Wiedeńska wkraczała w 1899 rok z takim samym impetem i dążeniem do odnowy, jakie charakteryzowały ją od momentu powstania: w styczniu odbyła się trzecia wystawa zrzeszenia, a zaledwie dwa miesiące później czwarta. Podczas marcowej ekspozycji prace Klimta spotkały się z entuzjastycznym przyjęciem; powodzenie zawdzięczał głównie wystawieniu świeżo ukończonego malowidła *Schubert przy fortepianie*, a *Portret Sereny Lederer* przyniósł mu oprócz sławy również hojne wynagrodzenie.

W styczniu 1900 roku Gustav Klimt zaprezentował podczas szóstej wystawy Secesji Wiedeńskiej, poświęconej sztuce japońskiej, niektóre swoje pejzaże oraz jeszcze nieukończoną *Filozofię*. Dzieło to wzbudziło ogromne kontrowersje, podobnie jak później *Prawoznawstwo* oraz *Medycyna*, także stworzone do dekoracji auli Uniwersytetu: zewsząd posypały się zarówno słowa krytyki, jak i zachwytu.

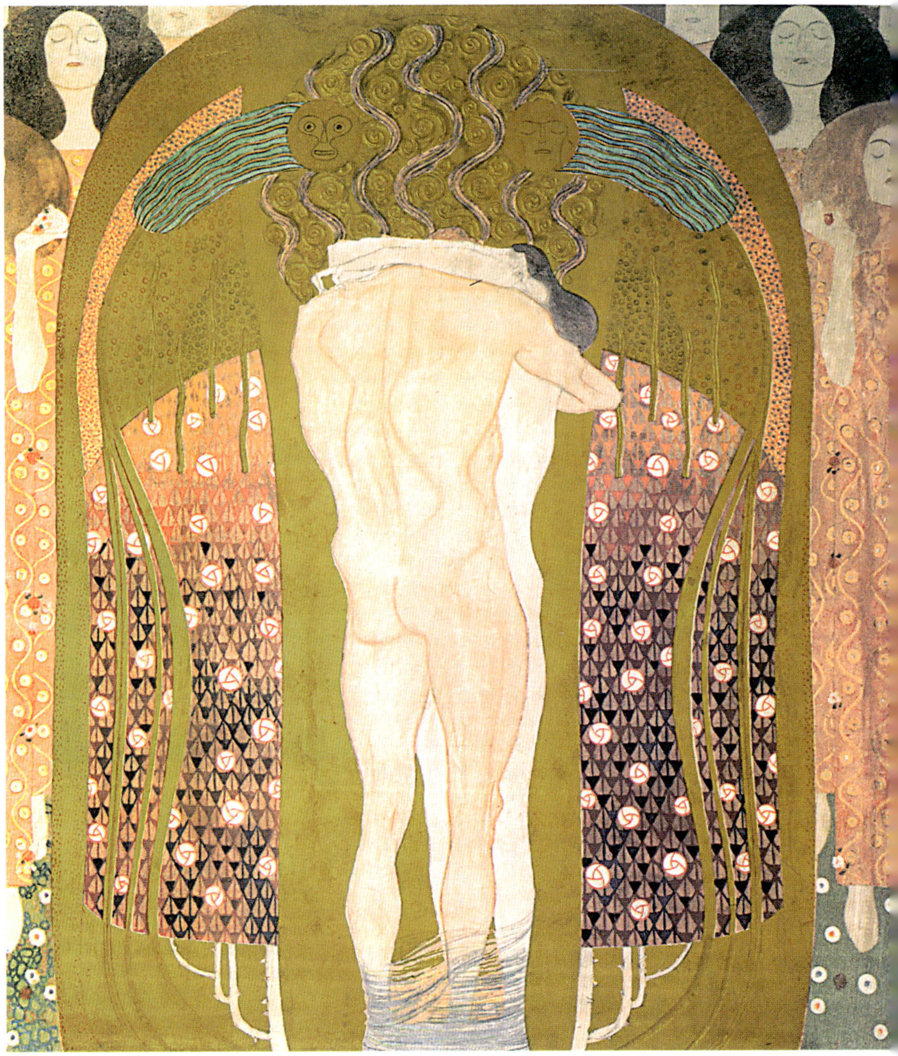

Fryz Beethovena (fragment)
1902
Technika mieszana
2,20 × 13,78 m (całość)
Österreichische Galerie, Wiedeń

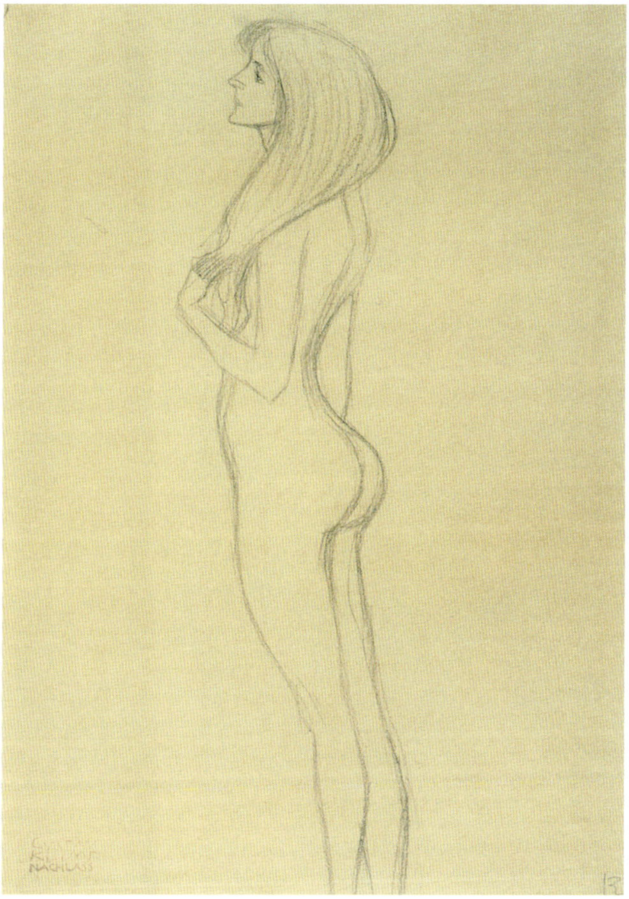

**Akt z profilu**
1902
Czarny ołówek na papierze
45,1 × 32,4 cm
Kolekcja Sabarsky'ego, Nowy Jork

Brak przychylności spotkał Klimta ze strony praktycznie wszystkich wiedeńskich instytucji (prasy, wykładowców uniwersyteckich, członków akademii); zarzucano mu zbyt frywolne podejście do alegorii, zasługujących według krytyków na powagę, oraz niedostosowanie do obowiązujących nadal zasad akademizmu. Te opinie pozostawały w kontrze do entuzjastycznego przyjęcia przez publiczność zagraniczną: spośród 42 prac wystawionych przez Secesję Wiedeńską na Wystawie Światowej w Paryżu szczególne uznanie zyskała *Filozofia*, nagrodzona Złotym Medalem dla najlepszego obrazu niefrancuskiego. Kontrowersje wokół dzieł Klimta najdobitniej obrazują walkę tradycji z nowoczesnością w ówczesnej stolicy Austrii: władze państwowe wbrew panującym w Europie liberalnym i postępowym trendom cenzurowały sztukę pod pretekstem walki z „niemoralnością".

Cytat z Schillera: „Swoimi postępkami i swoją sztuką nie możesz spodobać się wszystkim, przypadnij do gustu niewielu. Źle jest podobać się wielu", świetnie komponował się z tytułem obrazu, na którym został zamieszczony: *Nuda Veritas* (Naga prawda). Zaiste, prawdę należy przedstawiać taką, jaka jest, bez przybrania czy masek. I choć prawda zwykle bulwersuje, jej obnażenie niekiedy bywa docenione. Dowodziło tego mianowanie Klimta honorowym członkiem Secesji Berlińskiej w 1900 roku oraz zgłoszenie jego kandydatury na następcę Eduarda Liechtenfelda w Radzie Artystycznej Akademii Sztuk Pięknych w Wiedniu w 1901 roku. Mimo wciąż rosnącego uznania dla jego artystycznego talentu posada i tym razem mu się wymknęła, a rok 1902 upłynął pod znakiem kontrowersji, które wzbudzały namalowane przezeń obrazy. Grupa secesjonistów zorganizowała w tym roku XIV (i jedną z najważniejszych) wystawę sztuki przygotowaną przez architekta Josefa Hoffmanna i w całości poświęconą postaci Ludwiga van Beethovena, którego rzeźbę wykonał Max Klinger. Na tę specjalną okazję Klimt namalował jeden ze swoich najznamienitszych obrazów: *Fryz Beethovena*. Całość składała się z siedmiu paneli i zajmowała trzy ściany jednej z sal ekspozycyjnych. Jak było do przewidzenia, dzieło wywołało falę krytyki w prasie oraz wśród wiedeńskich notabli, a jednocześnie wzbudziło podziw wybitnych postaci świata sztuki, m.in. Auguste'a Rodina. Obaj artyści spotkali się w tym samym jeszcze roku i z miejsca zapałali wzajemną sympatią. Choć reprezentowali tak różne dziedziny sztuki, jak malarstwo i rzeźba, mieli ze sobą wiele wspólnego: stosowane przez obu formy były innowacyjne i zdecydowanie odcinały się od tradycji.

To właśnie w 1902 roku Klimt ostatecznie ogłosił swoje życiowe *credo*: „Moje królestwo nie jest z tego świata." Choć jeszcze niedawno wzbudzał niechęć władz państwowych, ponownie stał się ich pupilem: w Wiedniu, z którym twórczość artysty związana była od początku, mówiło się o objęciu przez Klimta Katedry Malarstwa w Akademii Sztuk Pięknych po Liechtenfeldzie, a stołeczne Zbiory Graficzne Albertina (Graphische Sammlung Albertina) nabyły niektóre z jego rysunków.

W 1903 roku w siedzibie Secesji Wiedeńskiej wystawiono 80 prac Gustava Klimta; było to pierwsze podsumowanie jego twórczości. Malarz odbył też przełomową dla własnego rozwoju artystycznego podróż do Włoch. Zwiedził Florencję, Wenecję oraz Rawennę.

Zdaniem niektórych historyków sztuki to właśnie podróż do Rawenny, gdzie w kościołach San Vitale oraz San Apollinare odkrył piękno bizantyjskiej mozaiki, zapoczątkowała „złoty okres" w twórczości Klimta. Zaowocował on tak znanymi dziełami, jak *Pocałunek* (1907–1908) czy *Portret Adèle Bloch-Bauer I* (1907). W maju Klimt razem z Josefem Hoffmannem, Fritzem Wärndorferem oraz Kolomanem Moserem

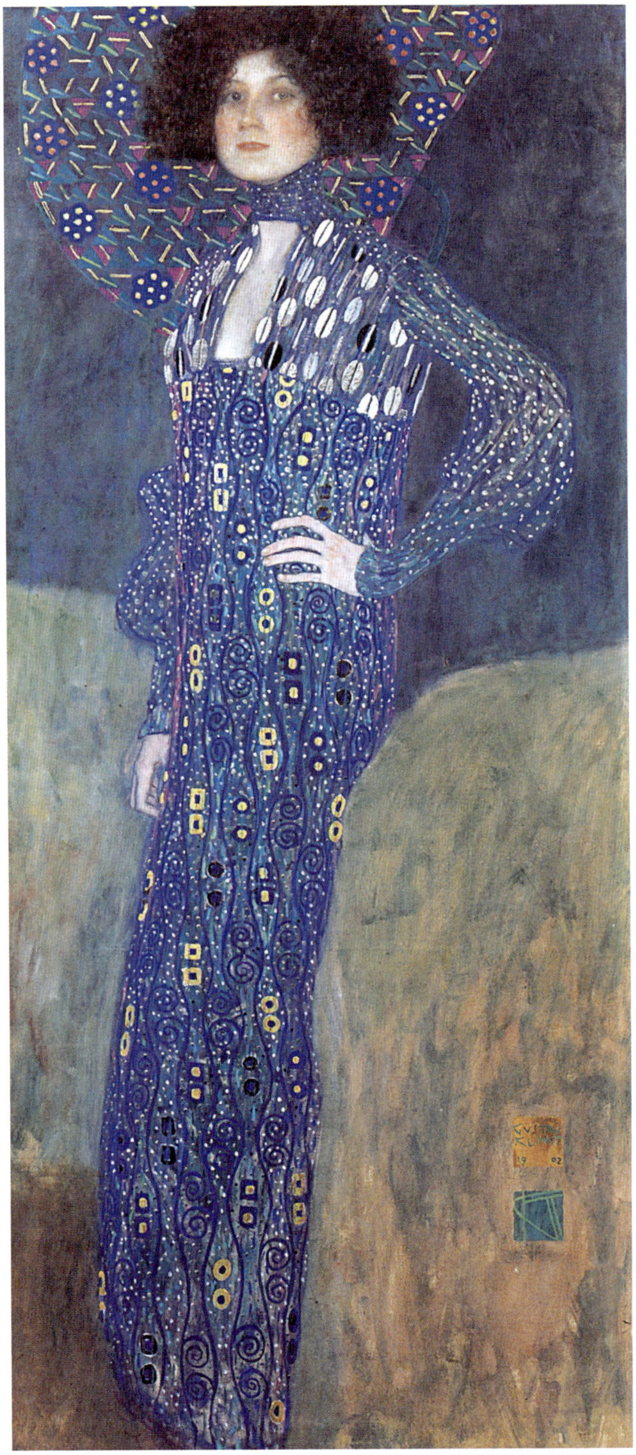

PORTRET EMILIE FLÖGE
1902
Olej na płótnie
181 × 84 cm
Historisches Museum, Wiedeń

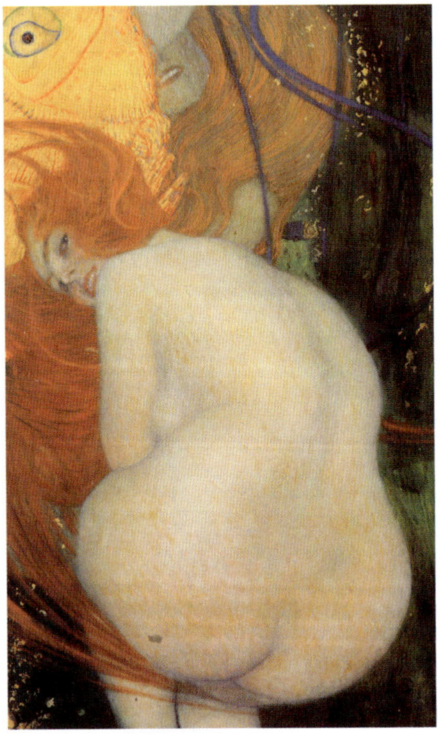

ZŁOTE RYBKI (FRAGMENT)
1901–1902
Olej na płótnie
150 x 46 cm
Zbiory prywatne

powołali do życia warsztaty dla robotników i rzemieślników (Wiener Werkstätte), mające na celu uwrażliwienie ich na walory artystyczne wytwarzanych produktów. Jednocześnie Klimt kontynuował prace w auli Uniwersytetu Wiedeńskiego, które spotkały się z pozytywnym odbiorem krytyków. Jednakże różnice w stylu między panelami wykonanymi przez niego i przez Franza Matscha spowodowały, że 11 maja komisja artystyczna Ministerstwa Kultury i Oświaty postanowiła przenieść dzieła Klimta do Muzem Sztuki i Przemysłu (dzisiejszej Österreichische Galerie), uznając je za niestosowne w auli uniwersytetu. Klimt sprzeciwił się decyzji władz i 26 listopada wniósł do ministerstwa podanie o ponowne umieszczenie malowideł w pierwotnym miejscu przeznaczenia.

Rok 1903 kończy się zamknięciem czasopisma „Ver Sacrum". Od tamtej pory członkowie Secesji Wiedeńskiej zaczęli zajmować kluczowe stanowiska w świecie polityczno-kulturalnym. Otto Wagner stał się wpływowym członkiem Akademii Sztuk Pięknych i razem z Alfredem Rollerem zasilił jej Radę Artystyczną. Szkoła Rzemiosł Artystycznych również została przejęta przez secesjonistów. Pod kierunkiem barona Feliciana von Myrbacha rozpoczęła się gruntowna reforma instytucji, kontynuowana później przez Alfreda Rollera, scenografa opery dworskiej. Członkowie Secesji: Josef Hoffmann, Koloman Moser i Arthur Strasser, zostali wykładowcami. Reforma szkoły oraz prowadzenie ściśle z nią współpracujących Wiener Werkstätte położyły podwaliny pod otwarcie Wiednia na nowoczesność.

W 1904 Gustav Klimt wystawił na Wielkiej Ekspozycji Sztuki w Dreźnie *Złote rybki* (1901–1902) oraz uczestniczył w pierwszej wystawie Ligi Artystów Niemieckich (Deutscher Künstlerbund) w Monachium. Na tej ostatniej zaprezentował *Trupi korowód* (1903). Ponadto rozpoczął pracę nad płótnem *Węże wodne II* (1904–1907) oraz nad projektami mozaiki do sali jadalnej Pałacu Stocleta wzniesionego przez Josefa Hoffmanna na zamówienie przemysłowca z Brukseli. *Fryz w Pałacu Stocleta* to kompozycja złożona z trzech paneli, do których wykonania artysta użył materiałów takich, jak emalia czy kolorowe szkło, wyraźnie nawiązując do bizantyjskiej mozaiki, która zachwyciła go w Rawennie. Była to jedna z najambitniejszych, najlepiej przyjętych oraz najdroższych realizacji Klimta. Eklektycznie połączył sztukę bizantyjską, egipską oraz japońską.

W 1904 roku podczas XIX Wystawy Secesji Klimt wystąpił jako gorący zwolennik dzieł Edvarda Muncha oraz przychylnie ocenił obrazy

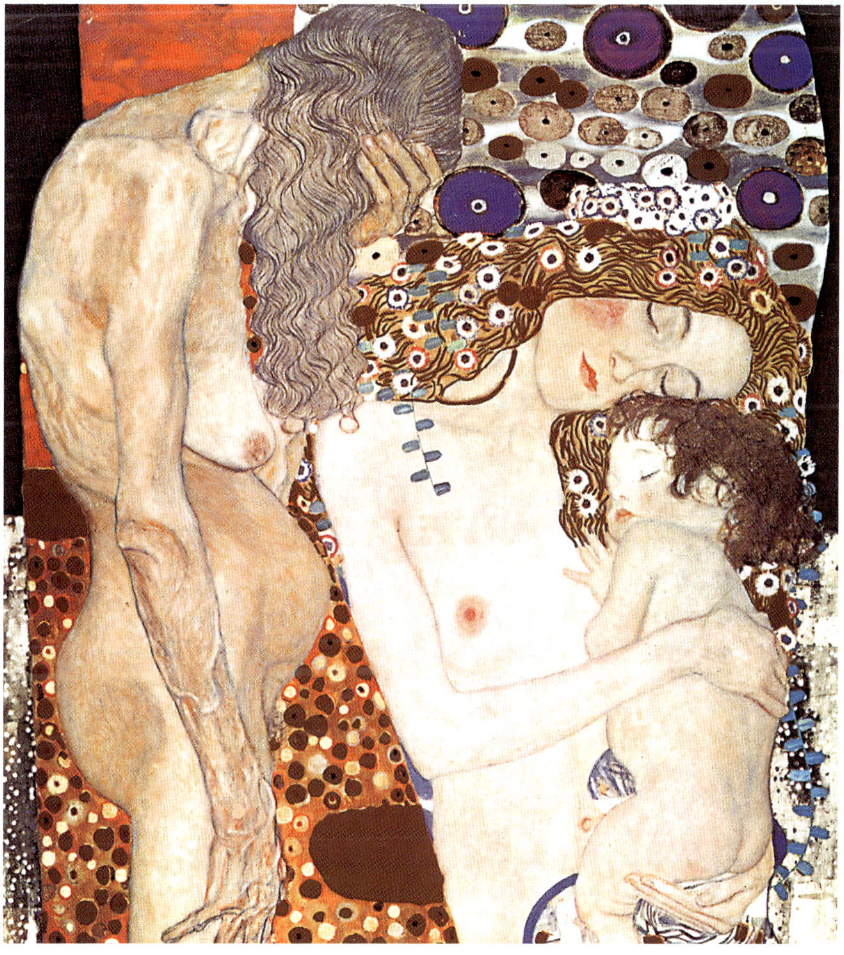

TRZY OKRESY ŻYCIA KOBIETY (FRAGMENT)
1905
Olej na płótnie
180 × 180 cm
Galleria Nazionale d'Arte Moderna, Rzym

Paula Cézanne'a i Aubreya Beardsleya. Wynika z tego, że nie tylko własną twórczością walczył z przestarzałym kanonem, ale starał się też promować awangardowych artystów. Wyszło to na dobre sztuce XX wieku – jego dwaj protegowani, Egon Schiele i Oskar Kokoschka, stali się wzorem dla kolejnych pokoleń artystów.

3 kwietnia 1905 roku po skandalu, jaki wzbudziły jego dzieła, Klimt zrezygnował z wynagrodzenia za dekorację auli uniwersyteckiej i zażądał zwrotu szkiców.

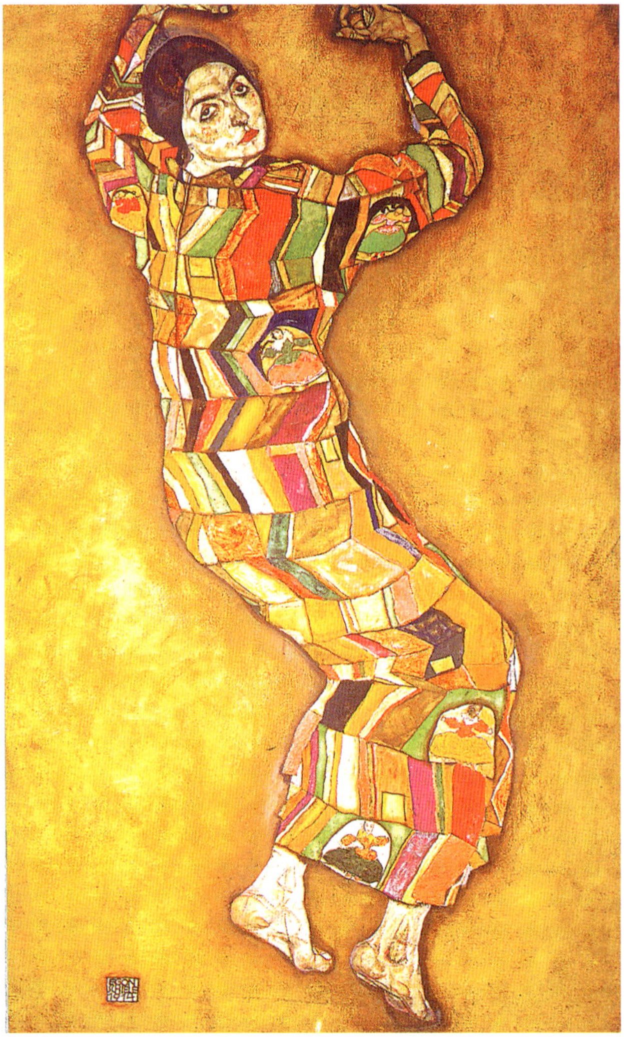

**EGON SCHIELE**
Portret Friederike Marie Beer
1914
Olej na płótnie
190 × 120,5 cm
Zbiory prywatne

Przedstawiciele Ministerstwa Kultury i Oświaty utrzymywali, że szkice stanowią własność narodową, dlatego też Klimt zmuszony był odkupić je od państwa. 25 maja zwrócono mu panele *Prawoznawstwo*, *Medycyna* i *Filozofia*. W tym samym miesiącu władze zaproponowały kandydaturę Klimta do objęcia Katedry Malarstwa w wiedeńskiej Akademii Sztuk Pięknych, w końcu jednak stanowisko przypadło Bertholdowi Löfflerowi, protegowanemu cesarza. Gorycz kolejnej porażki osłodził Klimtowi sukces na II Wystawie Ligi Artystów Niemieckich w Berlinie. Wystawił tam 15 swoich obrazów, m.in. *Nadzieję I* (1903), za którą wspólnie z Hodlerem i Hübnerem otrzymał nagrodę Villa Romana. Rok 1905 przyniósł mu liczne powody do satysfakcji: właśnie wtedy powstał *Portret Margaret Stonborough-Wittgenstein* oraz *Trzy okresy życia kobiety*.

## GRUPA KLIMTA I OSTATNIE DZIEŁA

W 1905 roku nasiliły się różnice poglądów, od pewnego już czasu wyczuwalne w Secesji Wiedeńskiej. W ugrupowaniu reprezentowane były dwa bardzo różne kierunki stylistyczne: Jugendstil, którego zwolennikami byli Gustav Klimt i Josef Hoffmann, oraz Nur-maler (niem. „tylko malarze") propagowany przez Josefa Engelharta. Zarzewiem konfliktu stało się inne pojmowanie roli malarstwa, a co za tym idzie, walka o sprawowanie kontroli nad podległymi instytucjami. Dyrektorem Galerii Miethke mianowano Carla Molla, przyjaciela Klimta, co spotkało się z niezadowoleniem frakcji Engelharta. W 1906 roku doszło do poważnego konfliktu, w którego wyniku Gustav Klimt oraz liczna grupa artystów (m.in. architekci Otto Wagner i Josef Hoffmann) wystąpili z Secesji i utworzyli Kunstchau, znane też jako Grupa Klimta. Organem wspierającym i popularyzującym ich idee było czasopismo „Erdgeist". Grono wybitnych austriackich artystów, takich jak Hoffmann czy Wagner, zasilili m.in. Moll, Soller,

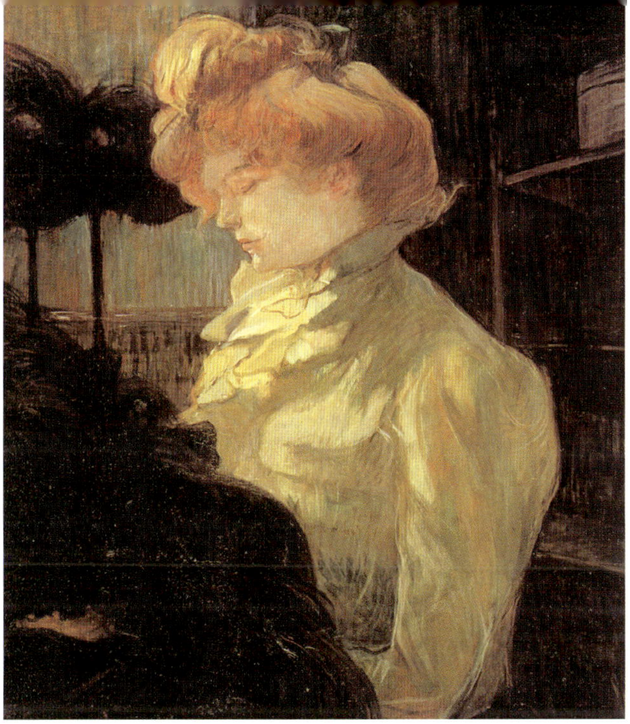

**Henri de Toulouse-Lautrec**
Modystka
1900
Olej na desce
61 × 49,5 cm
Musée Toulouse-Lautrec, Albi (Francja)

Böhm, Kurzweil, Auchentaller, Hölzer i Jäger. Gustav Klimt stanął na ich czele. Od tej pory niemal całkowicie pochłaniały go losy Kunstchau, co nie oznaczało, że zrezygnował z czasu dla siebie. W 1906 roku odbył podróż do Londynu, Florencji oraz Brukseli, co związane było z pracami nad dekoracją Pałacu Stocleta, i został honorowym członkiem Królewskiej Bawarskiej Akademii Sztuk Pięknych w Monachium. Z tego okresu pochodzą najbardziej interesujące pejzaże Klimta (*Kwitnący ogród, Ogród wiejski ze słonecznikami, Słonecznik, Kwitnąca łąka*), a także *Portret Fritzy Riedler* – pierwszy wizerunek w kwadratowym formacie zaliczany do tzw. złotego okresu twórczości Klimta.

W 1907 roku Klimt namalował jeden z najbardziej rozpoznawalnych swoich obrazów, czyli *Pocałunek*, a także inne wybitne dzieła, jak *Portret Adèle Bloch-Bauer*. W tym samym roku wystawił w Wiedniu oraz Berlinie ukończone wreszcie prace przeznaczone pierwotnie do auli Uniwersytetu Wiedeńskiego oraz opublikował w Lipsku rysunki erotyczne. Wtedy też poznał siedemnastoletniego Egona Schiele; Klimt stał się jego przyjacielem i mentorem.

Wiosną 1908 roku Klimt wystawił w Pradze część swoich dzieł, wśród nich *Prawoznawstwo*. Latem tegoż roku w tymczasowej siedzibie zaprojektowanej na tę okoliczność przez Josefa Hoffmanna odbyła się pierwsza wystawa nowego ugrupowania Kunstschau Wien 1908; twórcą plakatu był Klimt, który przedstawił również 16 swoich obrazów (w tym *Pocałunek*) oraz dzieła młodych i obiecujących austriackich artystów, takich jak Oskar Kokoschka. *Pocałunek* z miejsca okrzyknięto dziełem arcymistrza i od razu też został zakupiony przez Austriacką Galerię Państwową (Österreichische Staatsgalerie). W tym samym roku Klimt prezentował swoje obrazy we Florencji i zdobył Złoty Medal za *Trzy okresy życia kobiety* (1905).

Rok później odbyła się kolejna wystawa Grupy Klimta, tym razem poświęcona współczesnej sztuce

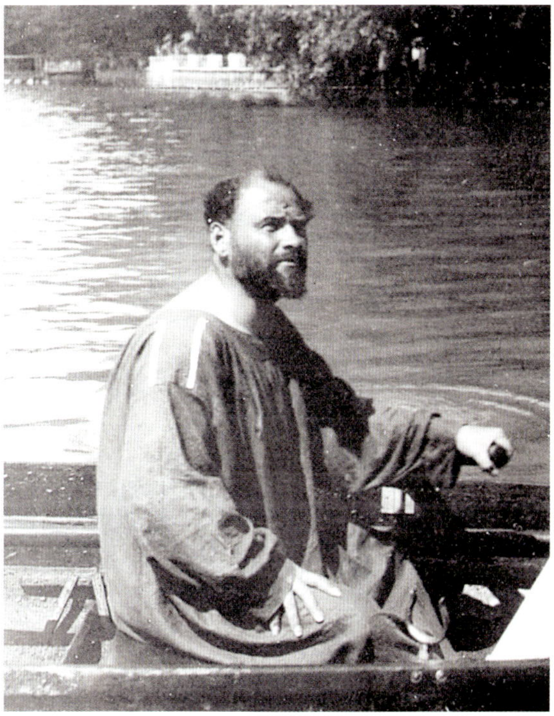

**Klimt w łódce na jeziorze Atter**
Fotografię wykonano około roku 1910. Archiwa austriackie

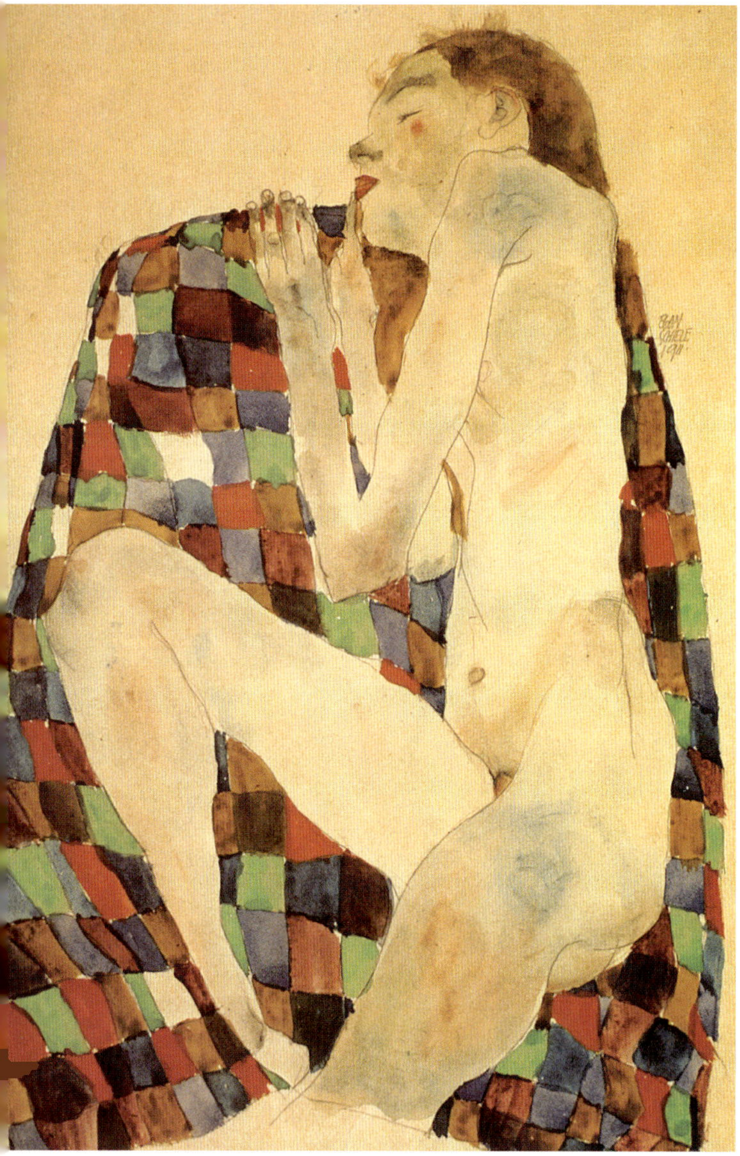

**EGON SCHIELE**
Akt na kolorowym tle
1911
Ołówek, akwarela i gwasz
49 × 31 cm
Neue Galerie, Graz

zagranicznej, którą reprezentowali Van Gogh, Munch, Gaugin, Bonnard, Vuillard oraz Matisse. Klimt wystawił na niej swoją *Judith II*, a także mniej znane płótna, jak *Stara kobieta*. W 1909 roku malarz dużo podróżował: uczestniczył w X Międzynarodowej Wystawie w Monachium oraz w XVIII Wystawie Secesji Berlińskiej; odwiedził także Pragę, Paryż i zahaczył o Hiszpanię. Podczas zwiedzania Paryża podziwiał twórczość Toulouse-Lautreca i fowistów pod przewodnictwem Matisse'a. Jego uwagę zwróciły także prace Van Gogha, Gauguina i Muncha. Po powrocie do Wiednia nastąpił ważny zwrot w jego twórczości malarskiej, co zbiegło się w czasie z utworzeniem przez Egona Schiele, Faistauera i innych artystów Grupy Nowej Sztuki (Neukunstgruppe). Zabiegi formalne stosowane odtąd przez Klimta w pierwszej dekadzie XX wieku wyraźnie odstawały od prac „złotego okresu"; ze względu na różnorodność barw oraz skłonność do dekoracyjności ten etap jego twórczości zwany bywa kalejdoskopowym. Zwrot stylistyczny z 1909 roku znalazł wyraźne odzwierciedlenie w płótnach *Śmierć i Życie* (1910–1915) oraz *Portret Mädy Primavesi* (1912).

Właśnie obraz *Śmierć* i *Życie* Klimta oraz dzieła dwóch innych artystów, Zuloagi i Szinyei, uhonorowane zostały główną nagrodą na Międzynarodowej Wystawie Sztuki w Rzymie w 1911 roku. Klimt przedłużył pobyt we Włoszech, zwiedził Rzym i raz jeszcze podziwianą przez siebie Florencję. Często bywał we Włoszech; rok wcześniej uczestniczył w IX Bienalle w Wenecji, na którym wystawiał *Matkę z dziećmi* (1909–1910) oraz *Czarny kapelusz* (1910). W roku 1911 Klimt podróżował zresztą nie tylko do Italii; udał się także z Fritzem Wärndorferem do Brukseli, gdzie nadzorował montaż mozaiki w sali jadalnej Pałacu Stockleta, a niedługo potem do Madrytu i Londynu. Po powrocie zainstalował swoją pracownię przy Feldmühlgasse 11 w centrum Wiednia.

W 1912 roku artysta przebywał i pracował przeważnie w stolicy. Zmienił tło obrazu *Śmierć i Życie* oraz namalował drugą wersję *Portretu Adele-Bloch Bauer*; uczestniczył w Wielkiej Wystawie Sztuki w Dreźnie; został przewodniczącym Kunstchau, a jego pejzaż *Dom wiejski w Górnej Austrii* (1911–1912) zakupiła wiedeńska Österreichische Galerie. Głównym powodem mniejszej aktywności artysty w tym roku były dolegliwości zdrowotne. Klimt po raz pierwszy odbył wtedy kurację w uzdrowisku Bad Gastein, którego później bywał stałym gościem.

W 1913 roku częściej uczestniczył w ekspozycjach europejskich, m.in. w Wystawie Ligi Artystów Austriackich w Budapeszcie, w XI Międzynarodowej Wystawie Sztuki w Monachium (zaprezentował tam *Dziewicę*) oraz w III Wystawie Muzeum Sztuki (Deutscher Künstlerbund) w Mannheim.

W 1914 brał udział w Wystawie Ligi Artystów Austriackich w Rzymie i udał się do Brukseli. Była to jedna z ostatnich wypraw poza granice kraju. W latach 1915–1916 wykonał portrety zaliczone później do najwybitniejszych jego dzieł (m.in. *Portret Friederike Marii Beer*, 1916) i uczestniczył w zorganizowanej przez Secesję Berlińską wystawie artystów austriackich, na której prace prezentowali również wybitni przedstawiciele nowego pokolenia twórców: Schiele, Kokoschka i Faistauer.

W 1917 roku Klimt odbył ostatnie w swoim życiu podróże: wiosną udał się do północnych Moraw, lato spędził w Mayrhofen w Tyrolu, a po świętach Bożego Narodzenia wyjechał do Rumunii. Wyprawy te zaowocowały u schyłku życia malarza obrazami zabarwionymi kolorytem odwiedzanych miejsc. Ten ostatni zwrot formalny daje się zaobserwować w dziełach *Dziecko* (1917–1918) czy *Narzeczona/Orszak ślubny* (1917–1918). Wreszcie w 1917 roku, po wielu latach bezskutecznych starań o posadę, Klimt został mianowany honorowym członkiem Akademii Sztuk Pięknych w Wiedniu.

11 stycznia 1918 roku, tuż po powrocie z Rumunii, artysta doznał udaru mózgu, który doprowadził do jego śmierci. Po zażegnaniu pierwszego kryzysu Klimt przewieziony został do sanatorium, ale wkrótce trafił z powrotem do szpitala w Wiedniu; po trzech dniach hospitalizacji zmarł o godzinie szóstej rano 6 lutego 1918 roku. Za bezpośrednią przyczynę zgonu uznano zapalenie płuc. Egon Schiele wykonał portret pośmiertny Gustava Klimta, po czym artystę pochowano na wiedeńskim cmentarzu Hietzinger. Rodzina odrzuciła propozycję miejskiego Ratusza, by spoczął w panteonie zasłużonych dla Wiednia.

W jego pracowni pozostało wiele niedokończonych obrazów i obszerny zbiór rysunków. Przypadły one w udziale spadkobiercom – Klimt podzielił schedę między Emilie Flöge i swoich braci. Odszedł z tego świata w pełni sił twórczych, podobnie jak inni wielcy artyści, którzy zmarli w tym samym roku: Otto Wagner, Koloman Moser oraz młody Egon Schiele.

Po jego śmierci odbyło się wiele uroczystości upamiętniających artystę i jego bogatą twórczość. W 1919 roku Gustav Nebehay wystawił w wiedeńskim hotelu Bristol 200 rysunków Klimta; na Wystawie Secesji Wiedeńskiej w 1928 roku można było podziwiać liczne jego dzieła; w 1943 w galerii sztuki przy Friedrichstrasse w Wiedniu po raz ostatni wystawiono obrazy, które niedługo potem (1945) spłonęły podczas pożaru zamku Immendorf. To zaledwie kilka uroczystości ku czci malarza; ich lista nie została zamknięta aż do dzisiaj. Spuścizna artystyczna Gustava Klimta ma charakter ponadczasowy i jeszcze długo będzie przedmiotem podziwu publiczności i rozważań historyków sztuki.

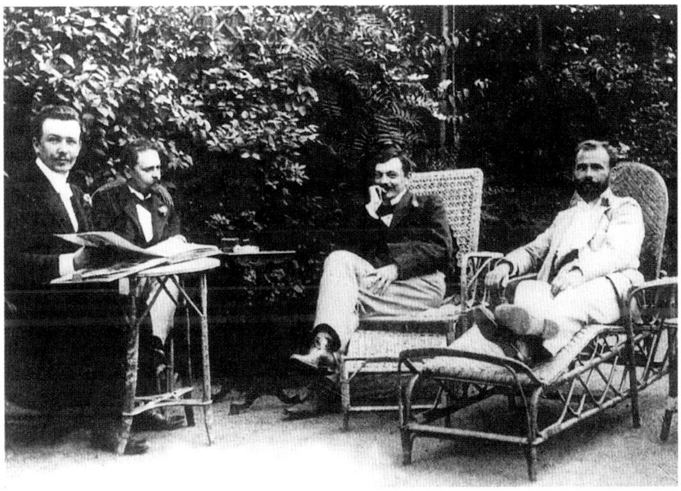

Klimt (z prawej) z Olbrichem (z lewej) i Moserem (drugi z lewej)
Österreichische Nationalbibliothek, Wiedeń

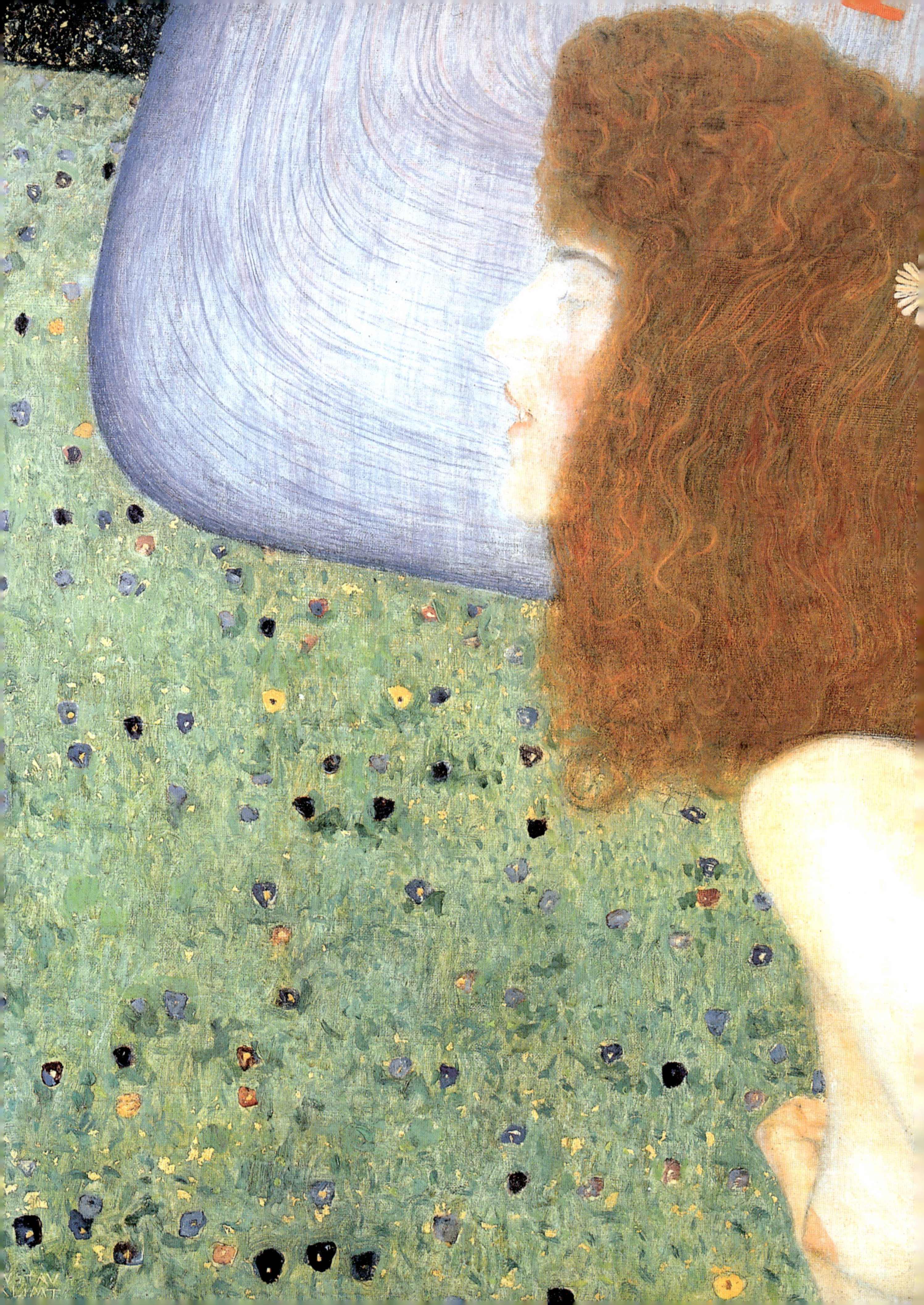

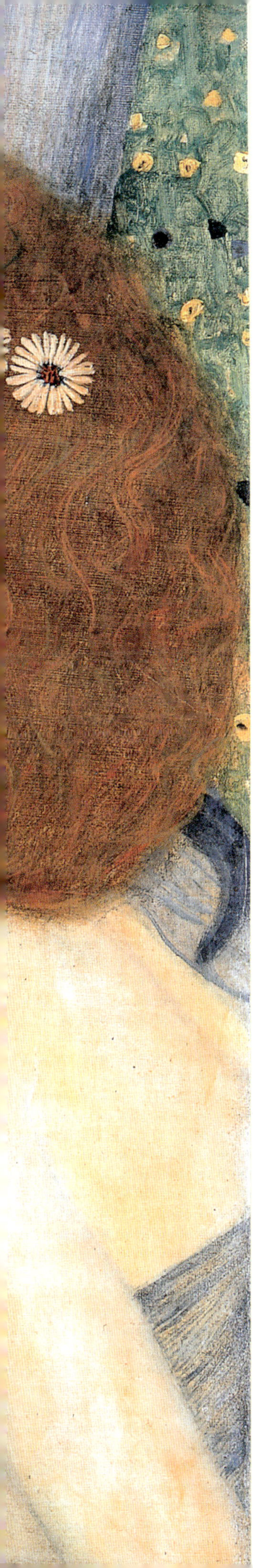

# Artysta i jego dzieło

Po krótkiej prezentacji najważniejszych faktów z życia Gustava Klimta oraz przybliżeniu klimatu ówczesnego Wiednia pora na omówienie twórczości. Świat jego obrazów najprawdopodobniej nie byłby tak przepełniony barwami, gdyby artysta urodził się w innej epoce. Eksplozja kierunków artystycznych na przełomie wieków XIX i XX nie miała sobie równej w dziejach sztuki.

Ewolucję artysty i jego twórczości najlepiej zobrazuje chronologiczna analiza najważniejszych dzieł Gustava Klimta. Krótkie komentarze zawierają genezę obrazów, a niekiedy powody wyboru tematu czy kolorystyki. Niektóre obrazy, głównie portrety, zostały wykonane na zamówienie zamożnych wiedeńczyków, inne zaś powstały pod wpływem natchnienia. Klimt podporządkował całe życie pracy artystycznej, pozostawiając po sobie niezwykle bogaty dorobek malarski i tysiące rysunków.

**Dama w niebieskim welonie**
ok. 1902–1903
Olej na płótnie
67 x 55 cm
Zbiory prywatne

BAJKA
Z CYKLU „ALEGORIE I EMBLEMATY"
1883–1884
Olej na płótnie
84,5 x 117 cm
Historisches Museum, Wiedeń

Obraz, wykonany na zlecenie wydawcy Martina Gerlacha, jest częścią cyklu „Alegorie i Emblematy" *(Allegorien und Emblemen)*. Publikacja ukazała się w dwóch seriach w latach 1882–1900 i zawierała teksty krytyczne autorstwa Alberta Ilga z ilustracjami o charakterze symbolicznym wykonanymi przez renomowanych artystów, jak Max Klinger oraz Franz von Stuck. Część ilustracji Gerlach powierzył Spółce Artystycznej założonej przez Franza Matscha oraz braci Ernsta i Gustava Klimtów wkrótce po ukończeniu przez nich Szkoły Rzemiosł Artystycznych w Wiedniu. Gustav Klimt jest autorem 11 rysunków do pierwszej serii zeszytów, m.in. *Młodość, Pory dnia, Opera, Idylla* oraz *Bajka*. Wszystkie sceny podporządkowane zostały wspólnej koncepcji i miały na celu reinterpretację symboli oraz alegorii obecnych w sztuce od średniowiecza po rokoko. Nawiązanie do historii, charakterystyczne dla ostatnich lat XIX wieku, pozwalało na przedstawienie ponadczasowych idei.

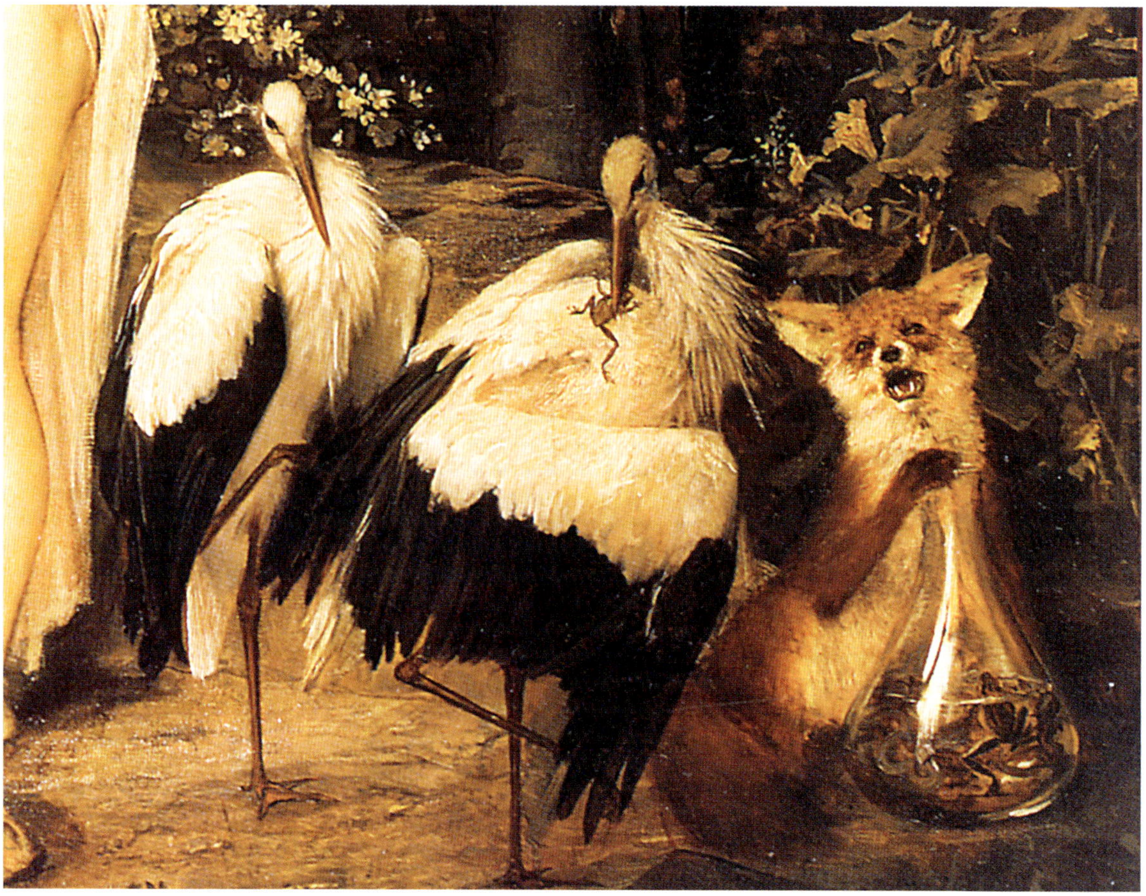

BAJKA (FRAGMENT)

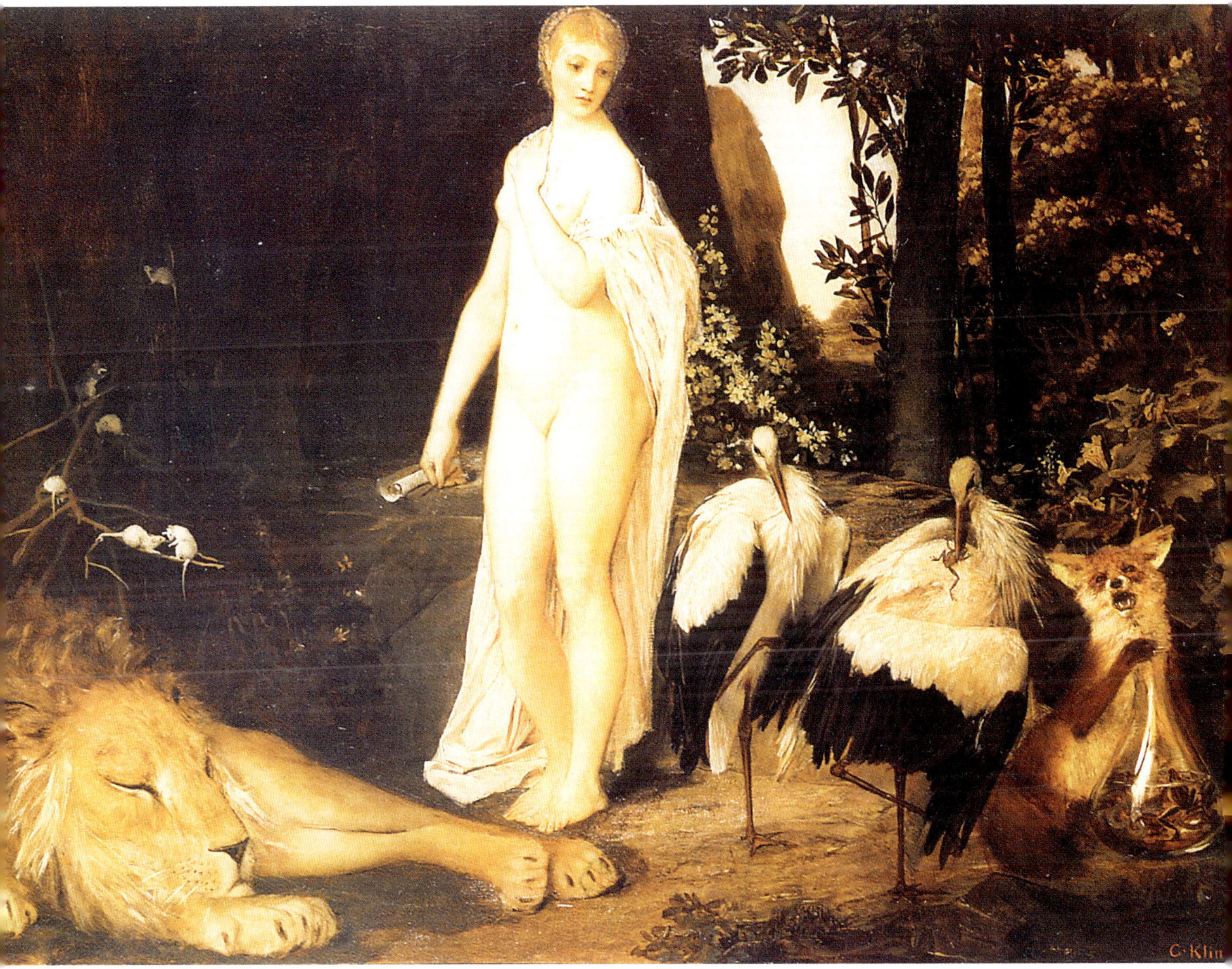


*Bajka* hołduje akademizmowi, jak większość dzieł wykonanych przez Klimta na zamówienie. Na pierwszym planie w otoczeniu dzikiej, a zarazem sielankowej przyrody widzimy półnagą rozświetloną postać kobiety wyraźnie kontrastującą z ciemniejszym tłem obrazu. Usytuowaną centralnie niewiastę z obu stron otaczają dzikie zwierzęta. Zastygła w powabnej pozie wydaje się nieobecna, wzrok ma utkwiony gdzieś w przestrzeni. We fragmencie obrazu przedstawiającym postać kobiety, jakby wykutej z marmuru, dostrzec można prymat rysunku nad kolorem. Całość kompozycji została wykonana długimi, precyzyjnymi pociągnięciami pędzlem.

**IDYLLA**
**Z CYKLU „ALEGORIE I EMBLEMATY"**
1884
Olej na płótnie
49,5 x 73,5 cm
Historisches Museum, Wiedeń

Na marmurowym postumencie, na którym artysta umieścił tytuł, inicjały oraz rok powstania obrazu (*IDYLLE*, G.K. 1884), w niedbałych pozach spoczywają dwaj obnażeni mężczyźni. *Idylla* w pierwszym cyklu „Alegorii i Emblematów" tworzyła dyptyk z *Bajką*.

Obraz dowodzi jak silny wpływ zaraz po ukończeniu szkoły wywierała na twórczość Gustava Klimta tradycja klasyczna oraz malarstwo akademickie. W kompozycji dominują dwie nagie sylwetki mężczyzn, których pozy i anatomia wyraźnie inspirowane są twórczością Michała Anioła oraz Anibala Carracciego.

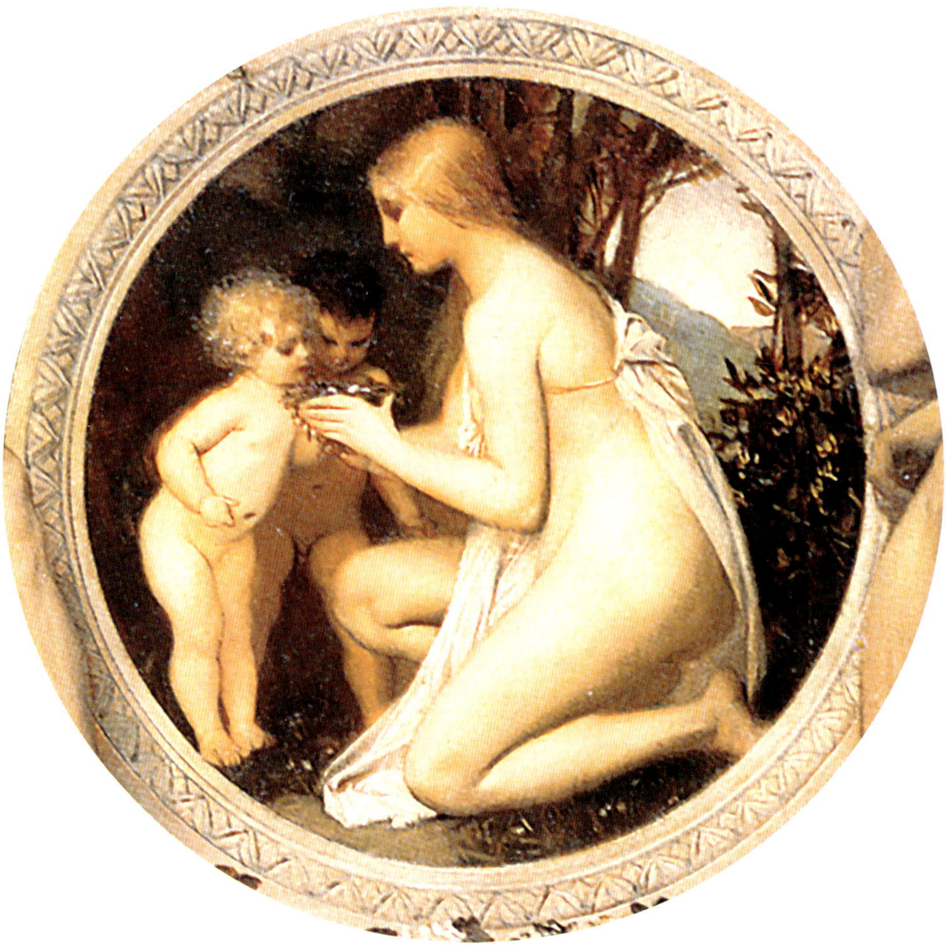

IDYLLA (FRAGMENT)

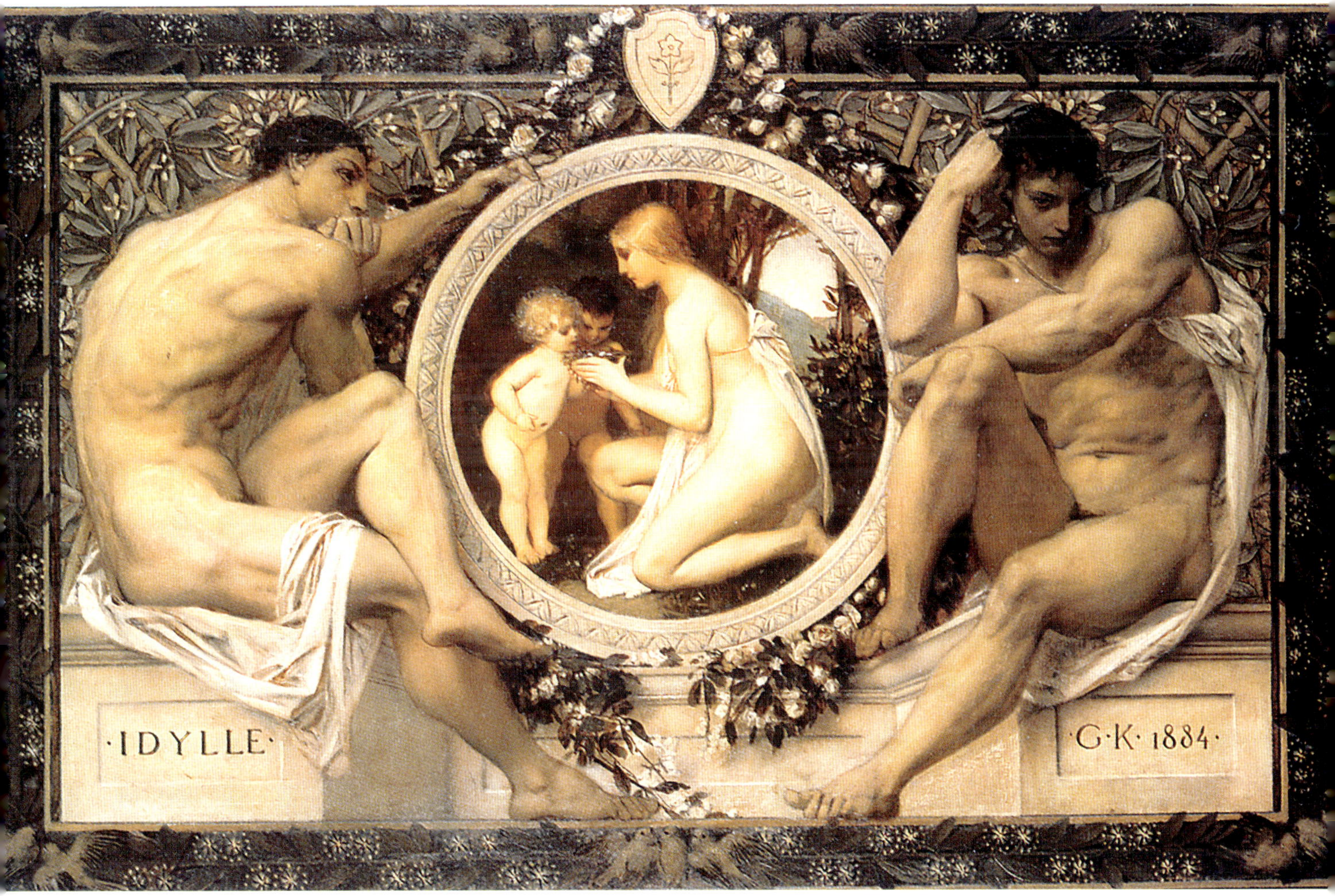


Przywodzący na myśl rzeźby mężczyźni okalają medalion *z Idyllą pojącą dzieci* w stylu Hansa Makarta, podziwianego przez Klimta i będącego dlań autorytetem. Motywy roślinne w tle oraz wokół ramy obrazu wpisują się w kanon estetyczny angielskiego projektanta Williama Morrisa.

TEATR W TAORMINIE
1886–1888
Olej na stiuku
750 x 400 cm
Burgtheater, Wiedeń

W latach 1886–1888 Spółka Artystyczna całkowicie pochłonięta była pracą nad zamówieniem publicznym dotyczącym dekoracji Burgtheater w Wiedniu. Po wzniesieniu nowej siedziby teatru przy głównym bulwarze miasta (Ringstrasse) Adolf von Wilbrandt, dyrektor odpowiedzialny za koncepcję artystyczną budynku, zlecił Klimtom i Matschowi wykonanie dekoracji plafonów nad dwoma głównymi ciągami schodów. Malowidła miały przedstawiać sceny z dziejów teatru. Zgodnie z konwencją alegoryczno-mitologiczną Gustav Klimt namalował *Ołtarz Dionizosa, Ołtarz Apolla, Wóz Tespisa* oraz *Teatr Shakespeare'a* (Globe Theater w Londynie) i *Teatr w Taorminie*.

Styl jego oraz pozostałych dzieł składających się na projekt odzwierciedla dziewiętnastowieczne umiłowanie do starożytności. Artyści, od których wymagano jak najwierniejszego odtworzenia historycznych malowideł, zmuszeni byli do wnikliwych i szeroko zakrojonych studiów nad warsztatem dawnych mistrzów.

Paradygmat malarstwa historycznego w latach osiemdziesiątych XIX wieku stworzył Hans Makart. Klimt, jak wielu młodych artystów, poszedł w ślady mistrza i był uważany za jednego z najbardziej uzdolnionych jego uczniów: nie bez powodu to właśnie jemu powierzono kontynuację dekoracji klatki schodowej Kunsthistorisches Museum, której Makart nie zdążył ukończyć przed śmiercią w 1884 roku.

Ornamentalny i majestatyczny charakter *Teatru w Taorminie, obrazu* inspirowanego sztuką baroku i rokoko, pozostaje pod wyraźnym wpływem stylu mistrza Makarta.

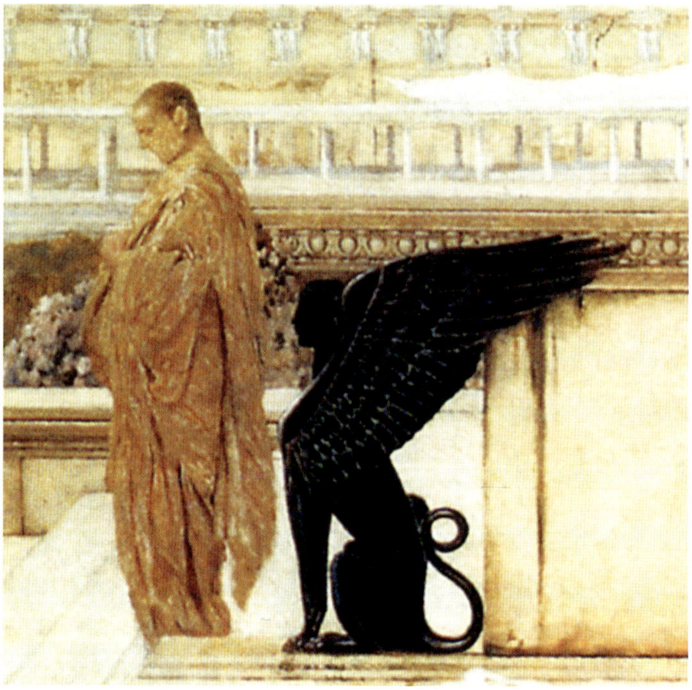

TEATR W TAORMINIE (FRAGMENT)

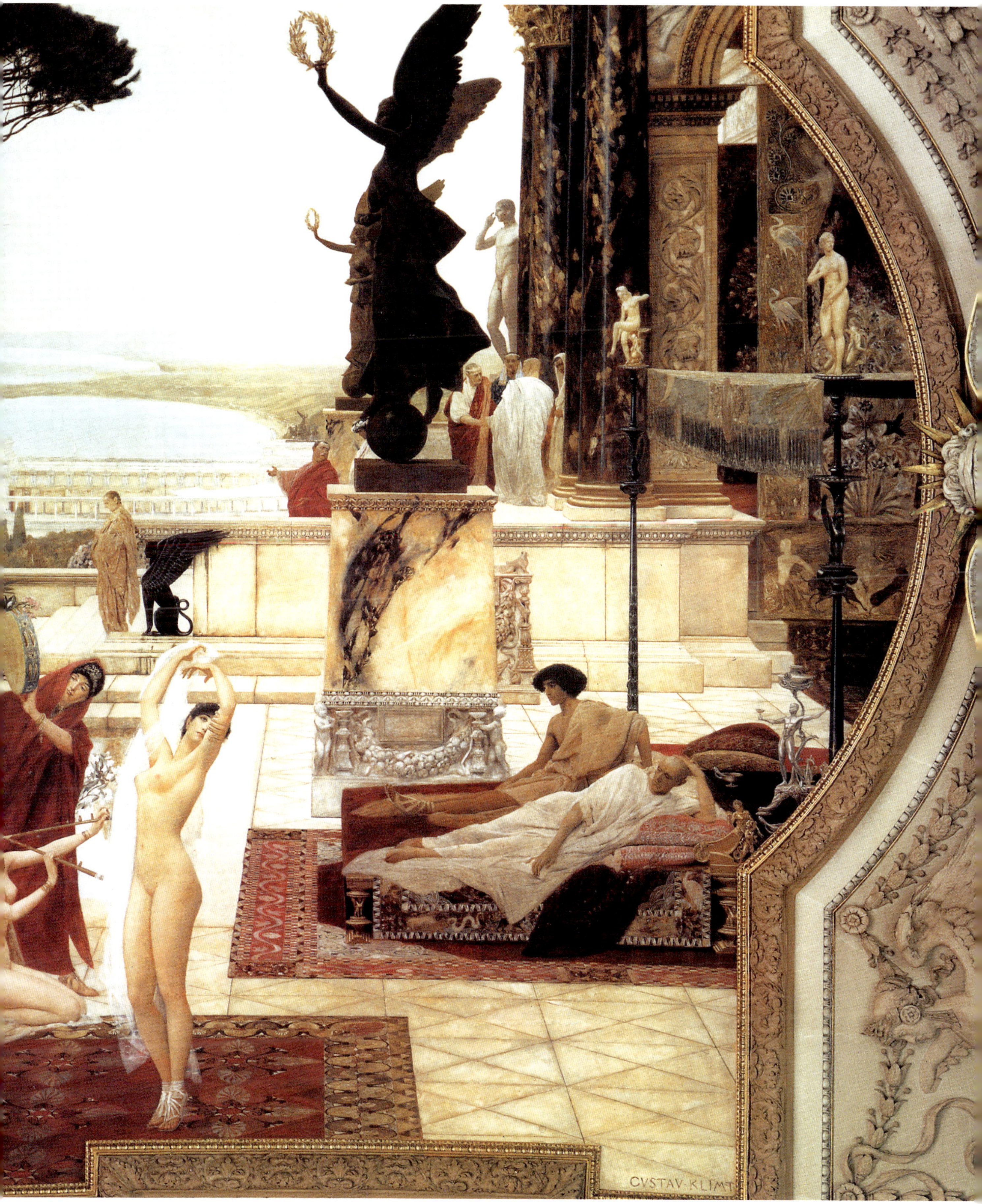
GVSTAV-KLIMT

Widownia Starego Burgtheater w Wiedniu
1888
Gwasz na papierze
82 x 92 cm
Historisches Museum, Wiedeń

Wyburzenie starego Burgtheater w Wiedniu oraz usytuowanie nowego gmachu przy reprezentacyjnej Ringstrasse zrodziły pomysł historycznego upamiętnienia budynku.
W 1888 roku władze wiedeńskiego Ratusza zleciły Frantzowi Matschowi i Gustavowi Klimtowi (każdemu z osobna, choć występowali pod wspólnym szyldem Spółki Artystycznej) malarskie odtworzenie dawnego gmachu. Wiedeńczykom, którzy mieli szczęście obejrzeć ostatnie przedstawienie na deskach starego teatru, pozostał w pamięci podniosły i majestatyczny klimat panujący w tej świątyni sztuki, a zamówione malowidła miały zachować to wspomnienie dla przyszłych pokoleń.

Gustav Klimt przedstawił wnętrze teatru z niespotykanym w jego dotychczasowych dziełach pietyzmem, niemal fotograficznie.
Podczas gdy Matsch skupił się na odtworzeniu sceny teatralnej i prawdziwych aktorów, Klimt uwiecznił widownię starego teatru jako scenę, na której odbyło się to ostatnie przedstawienie.
Dzieło jest przede wszystkim galerią postaci wiedeńskiego mieszczaństwa, które niedawno doszło do władzy, tradycyjnie należącej do ziemiaństwa. Klimt wiernie oddał pełen przepychu świat ówczesnej burżuazji, zbytek widoczny we wszystkich sferach wiedeńskiego towarzystwa oraz pozostawił pole do refleksji nad blichtrerm i rzeczywistością, demaskując nowych aktorów sceny politycznej zgromadzonych na widowni.
Ten sam odważny zabieg zastosował później, malując *Wnętrze teatru na Zamku Eszterházy* (1893).

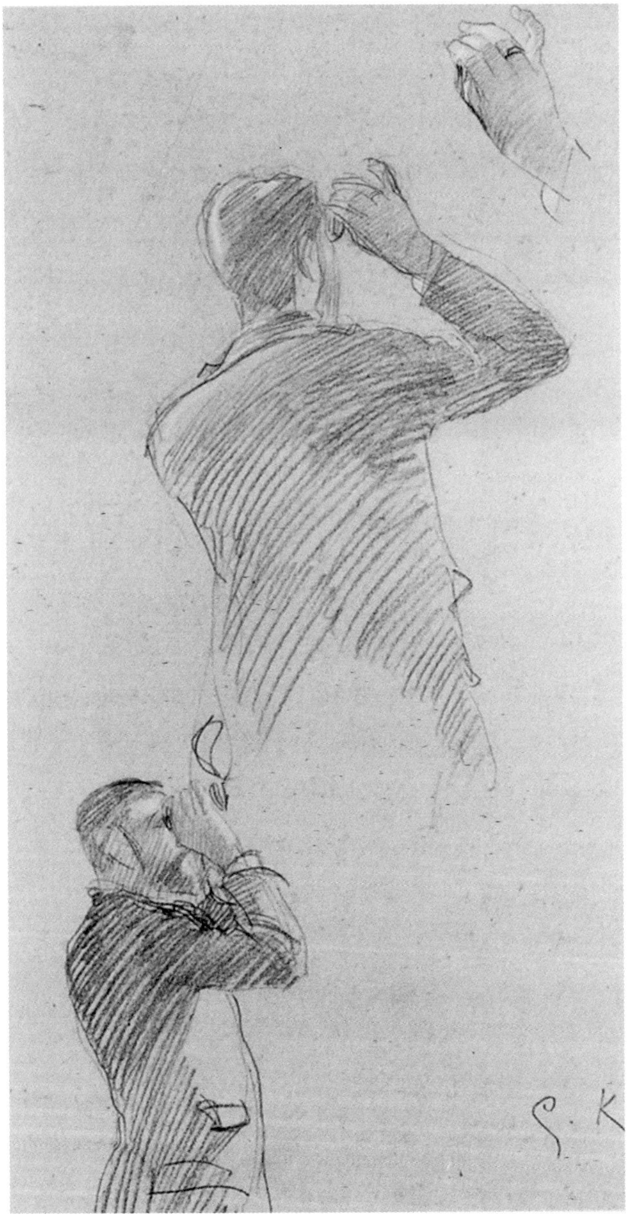

Szkic do *Widowni Starego Burgtheater w Wiedniu*
Ok. 1888
Węgiel na papierze
Graphische Sammlung Albertina, Wiedeń

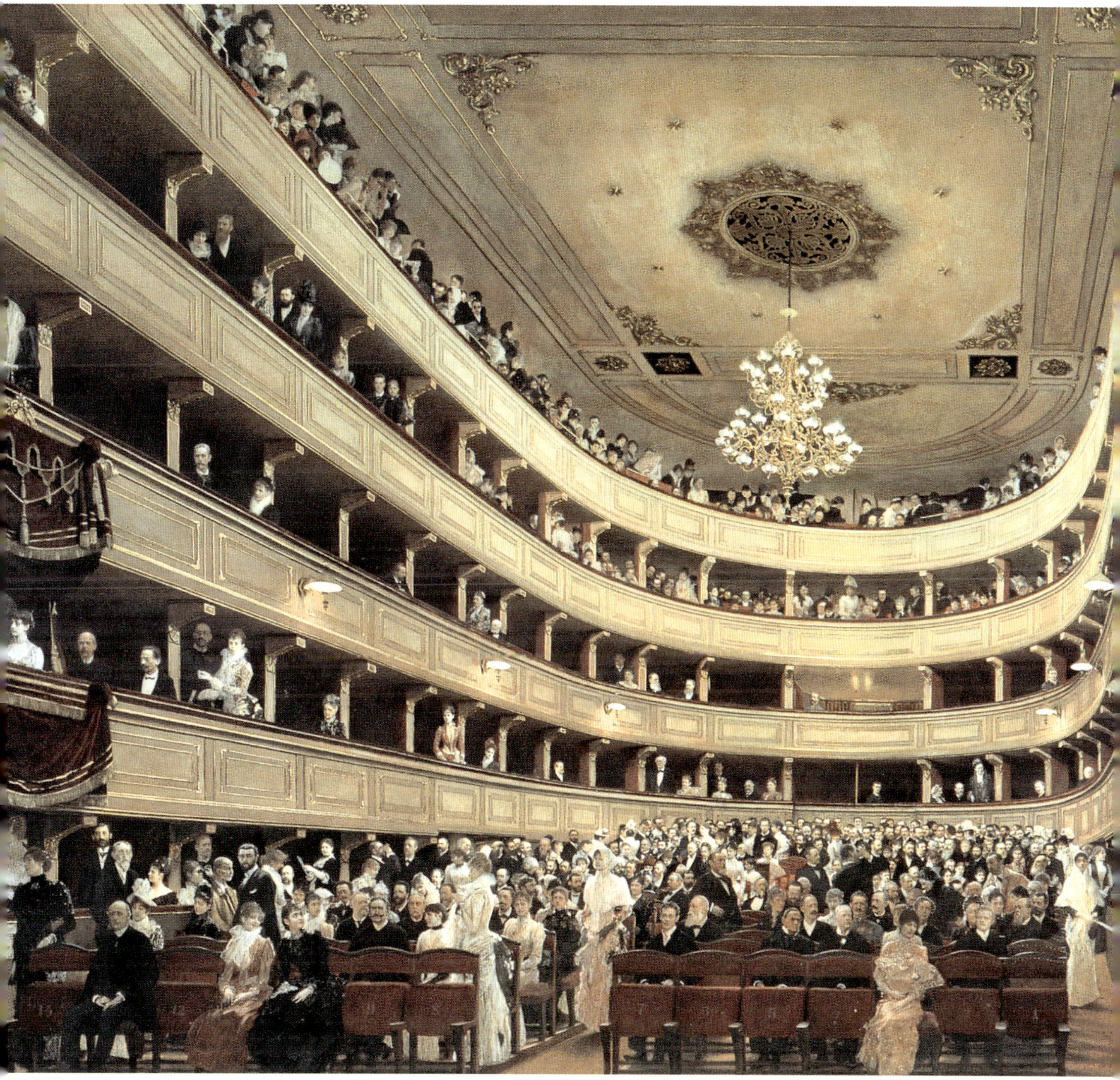

Własny styl przejawiający się w niezwykle szczegółowym i realistycznym odtworzeniu twarzy widzów oraz dający nowe możliwości format dzieła – to wczesne innowacje młodego malarza. Weszły one na stałe do repertuaru jego środków artystycznego wyrazu i z sukcesem były wykorzystywane w dalszej twórczości, która wkrótce skierowała się ku bardziej dekoracyjnemu symbolizmowi.

Ewolucja stylistyczna Klimta spotkała się z uznaniem. W 1888 roku otrzymał z rąk cesarza Franciszka Józefa Złoty Krzyż Zasługi za wybitne dokonania w pracach nad rekonstrukcją starego teatru. W 1890 roku jego obraz przedstawiający *Widownię Starego Burgtheater w Wiedniu* uhonorowany został Wielką Nagrodą Królewską w wysokości 400 guldenów.

**Portret pianisty i nauczyciela gry na fortepianie Josefa Pembauera**
1890
Olej na płótnie
69 x 55 cm
Tiroler Landesmuseum Ferdinandeum, Innsbruck

Dzieło to, podobnie jak obrazy *Aktor Josef Lewinsky w roli Carlosa* (1895) i *Schubert przy fortepianie* (1899), należy do dotąd pomijanych przez Gustava Klimta portretów mężczyzn. W tym nowym dla artysty rodzaju twórczości da się zaobserwować typowe dla jego późniejszych dzieł zabiegi formalne: rysy twarzy przedstawione z niezwykłym realizmem, nagromadzenie symboli i skłonność do dekoracyjności.

Kompozytor, pianista i nauczyciel fortepianu Josef Pembauer (1848–1923) był jedną z ważnych postaci w artystycznym świecie Wiednia końca XIX wieku. Ten mecenas kultury i organizator uroczystości ku czci wybitnych artystów tamtych czasów zgromadził wokół siebie krąg entuzjastów i założył własne stowarzyszenie z siedzibą w wiedeńskiej tawernie Löwenbrau. Gustav Klimt bywał tam częstym gościem od czasu powołania Spółki Artystycznej i wykonał portret pianisty, który zawieszono na ścianie w głównej sali zebrań.

Z tym obrazem, opatrzonym przez artystę inicjałami G. K. i datowanym cyframi rzymskimi (ANNO DOMINI MDCCCLXXXX), tworzy całość wyraźnie odmienna szeroka drewniana rama.

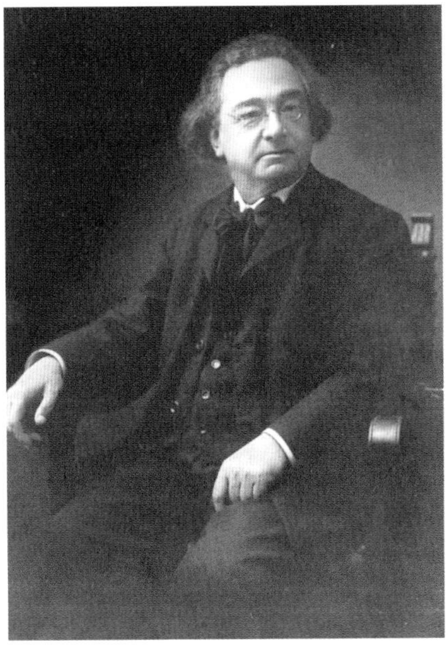
**Fotografia Josefa Pembauera, 1900**

Ozdobne obramowanie będące dopełnieniem kompozycji stało się zabiegiem artystycznym często stosowanym później przez Klimta – zarówno w portretach (*Aktor Josef Lewinsky w roli Carlosa*), jak i w dziełach o innej tematyce (*Miłość, Nuda Veritas*).

Na złotym tle ramy znajduje się postać Greczynki z czasów antyku grająca na lirze i wsparta o jońską kolumnę. Ten samym motyw powtarza Klimt w obrazie *Muzyka I* (1895) oraz we *Fryzie Beethovena* (1902). Gwiazdy w górnej części ramy zapewne nawiązują do pitagorejskiej teorii, według której źródłem muzyki są kosmiczne sfery niebieskie.

Muzyka postrzegana była jako przejaw artyzmu o liczącej wiele wieków tradycji, abstrakcyjnego i przepełnionego tajemnicą, podobnie jak wszelkie zjawiska nadprzyrodzone. Pojawienie się motywów związanych z muzyką wokół portretu jednego z głównych przedstawicieli tej dziedziny sztuki w XIX wieku wydaje się oczywistością. Josef Pembauer namalowany został na czerwonym tle, a po jego prawej ręce znajduje się stylizowana złota lira, pełniąca funkcję symbolu. Obraz jest hołdem dla wybitnego pianisty i jego talentu oraz dla muzyki jako takiej.

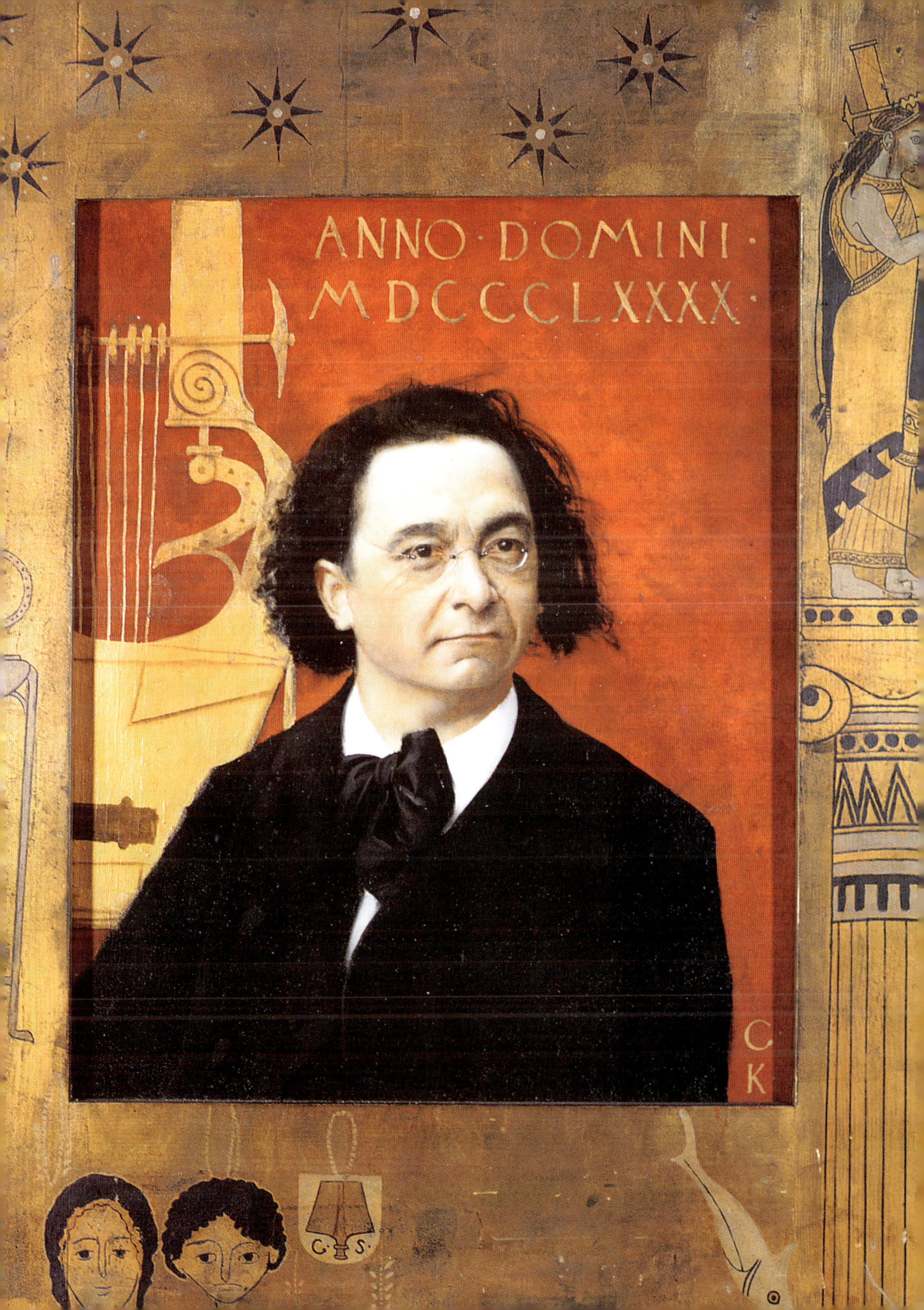
ANNO · DOMINI ·
MDCCCLXXXX ·
C
K
G · S ·

Alegoria dziejów sztuki
1890–1891
Olej na stiuku
230 x 230 cm (całość)
Kunsthistorisches Museum, Wiedeń

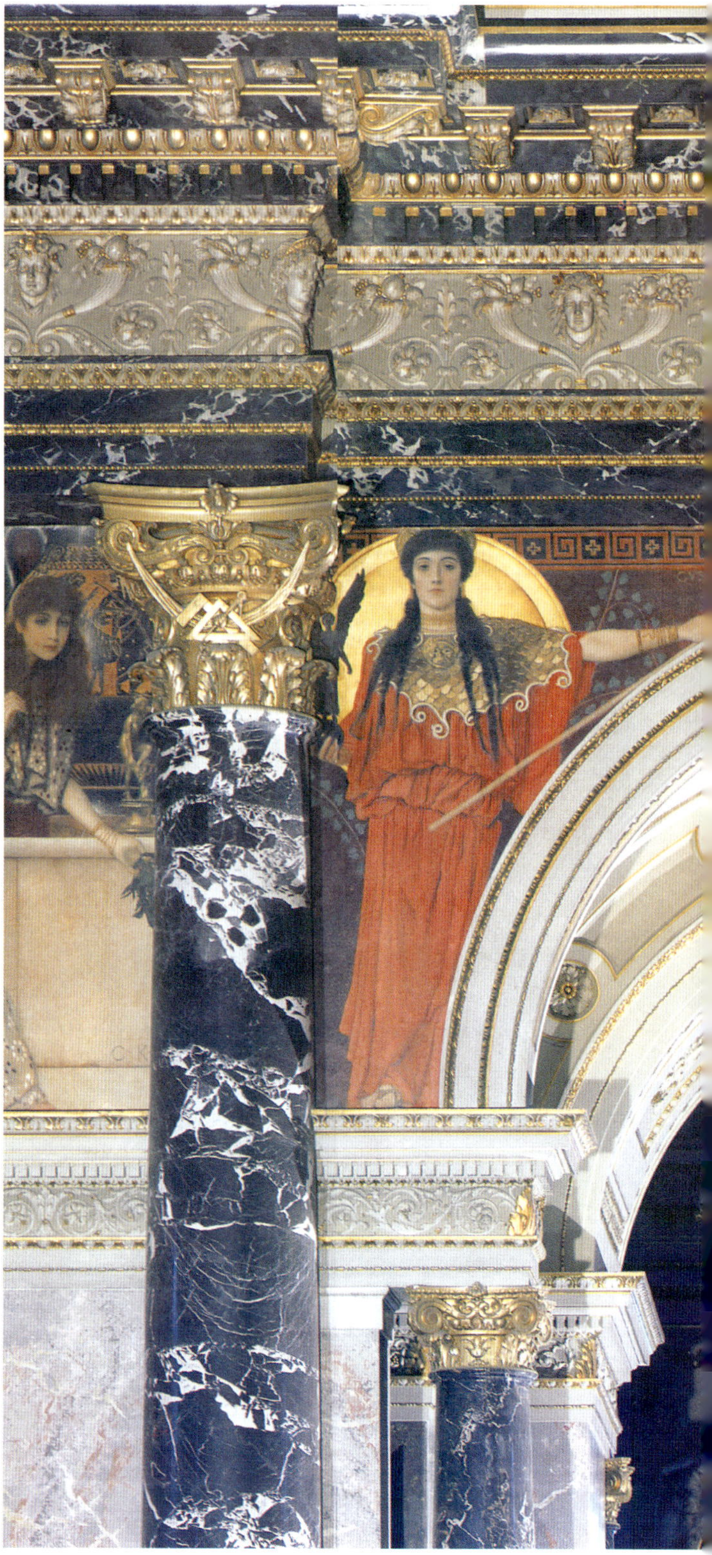

Prace wykonane w Burgtheater uczyniły ze Spółki Artystycznej jedną z najbardziej znanych grup artystycznych w Wiedniu. W 1890 roku spółka otrzymała zlecenie ukończenia dekoracji w holu wiedeńskiego Kunsthistorisches Museum, rozpoczętych na 12 lunetach oraz sklepieniu nad schodami przez Michaela von Munkácsy'ego oraz niedawno zmarłego mistrza Hansa Makarta.

Zgodnie z projektem pendentywy oraz podcienia nad schodami miały być wypełnione alegorycznymi wyobrażeniami sztuki w najważniejszych momentach historii, co wymagało od artystów dokumentacji i prac fotograficznych, a także zaangażowania w realizację projektu aż do 1891 roku. Przedstawiciele spółki dość sprawiedliwie podzielili między siebie pracę, obejmującą łącznie 40 paneli. Franz Matsch wykonał 14 scen, Ernst i Gustav Klimt po 13. Dziełami tego ostatniego są m.in. podcienia (*Starożytna Grecja I, Starożytny Egipt II, Włoski renesans II)*, oraz pendentywy (m.in. *Rzymskie Quattrocento, Weneckie Quattrocento, Starożytna Grecja II, Starożytny Egipt I, Florenckie Quattrocento, Włoski renesans I*).

Inaczej niż w Burgtheater zespołowy wysiłek zaowocował znakomitym efektem jako całość, umożliwiając każdemu z twórców zademonstrowanie własnego stylu. Olśniewający wprost zbiór olejnych malowideł na stiukach otoczonych marmurami oraz złotymi ornamentami tak zachwycił Komisję Artystyczną Ministerstwa Kultury i Oświaty, że artystów uhonorowano kolejnym zleceniem: powierzono im dekorację auli Uniwersytetu Wiedeńskiego.

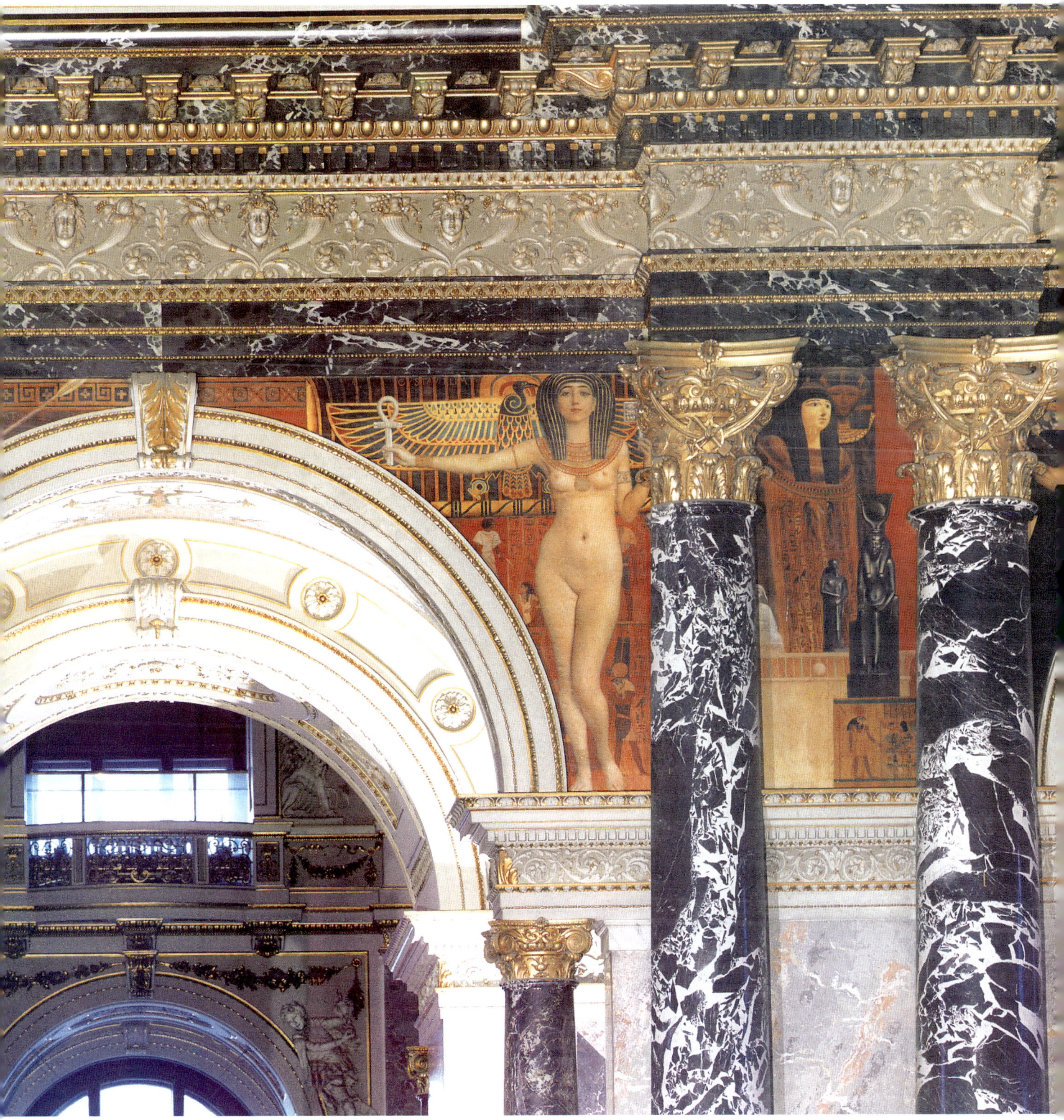

Starożytna Grecja I/Dziewczyna z Tanagry
1890–1891
Olej na stiuku, 230 x 80 cm
Ściana południowa, podcienie
Kunsthistorisches Museum, Wiedeń

Panel ten, znany również jako *Dziewczyna z Tanagry*, przedstawia młodą kobietę, która bardziej przywodzi na myśl *femmes fatales* uwiecznione na portretach Klimta z okresu Secesji Wiedeńskiej niż akademizm z wczesnych lat jego twórczości. Kobieta jest piękna zgodnie z obowiązującą w owych latach estetyką: modne w tamtym okresie makijaż, fryzura oraz strój sprawiają, że przywodzi na myśl współczesne Klimtowi kobiety, choć artysta umieścił ją w otoczeniu starożytnych czarnofigurowych waz attyckich.

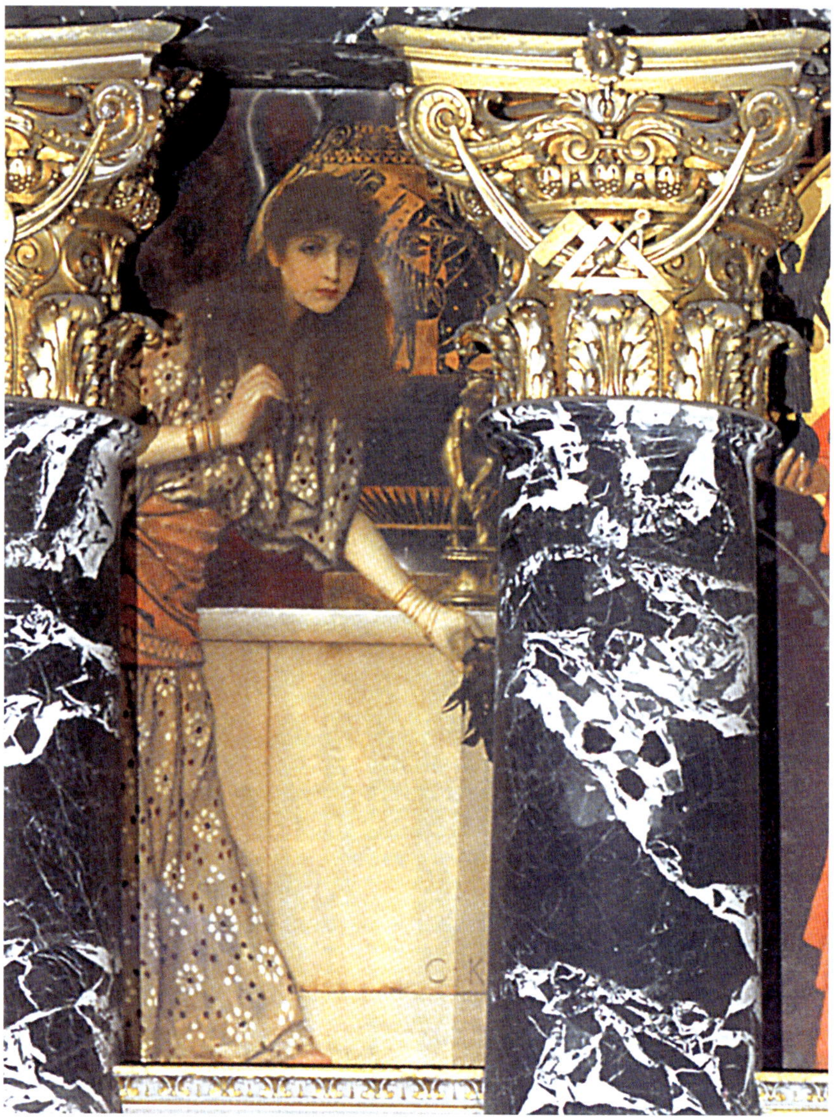

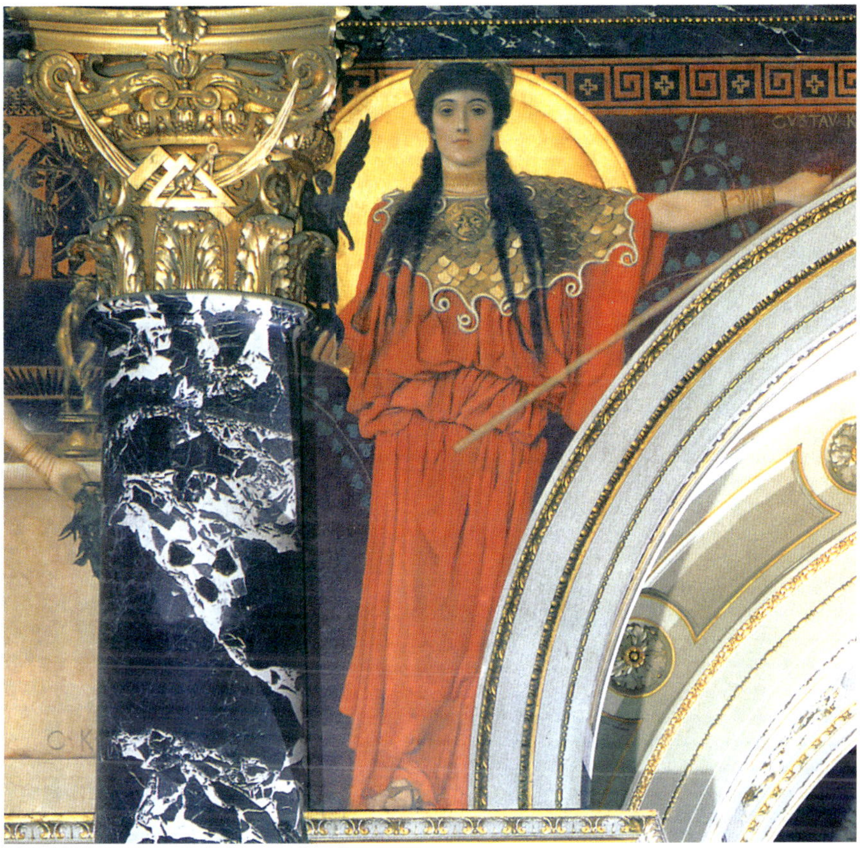

Starożytna Grecja II
1890–1891
Olej na stiuku
230 x 230 cm
Ściana południowa, pendentyw
Kunsthistorisches Museum, Wiedeń

Klimt po raz drugi podjął temat starożytnej Grecji, tym razem bohaterką czyniąc Atenę, boską protektorkę kultury helleńskiej, symbol mądrości, opiekunkę nauki, sztuki oraz wojny w słusznej sprawie. Postać symboliczna w kulturze greckiej wierniej niż *Dziewczyna z Tanagry* obrazuje epokę historyczną, do której nawiązał Klimt w serii przedstawień alegorycznych. Zwrócona przodem do widza wyniosła i piękna Atena wyposażona jest w atrybuty tradycyjne w jej ikonografii. Dojrzała kobieta z zawieszoną na plecach złotą tarczą w lewej dłoni dzierży dzidę, a na głowie ma hełm z okazałym pióropuszem, który wszakże nie zmieścił się w całości na obrazie. W lewej dłoni trzyma niewielką statuetkę skrzydlatej Nike, mitologicznej córki tytana Pallasa i nimfy Styks czczonej w ateńskim Akropolu.

Ciało bogini spowija czerwona tunika ozdobiona złotym napierśnikiem z wizerunkiem Meduzy, mitologicznej Gorgony, czyli kobiety potwora, której zamiast pukli włosów wyrastały na głowie węże i która wzrokiem przemieniała żywe istoty w kamień. Ścięta przez Perseusza i ofiarowana Atenie głowa Meduzy później zdobiła jej tarczę.

Ta będąca symbolem wiecznej ochrony bogini stała się prototypem *femme fatale*, głównej bohaterki kolejnego okresu twórczości Klimta, a także współczesnych mu symbolistów, przede wszystkim Fernanda Khnopffa.

Starożytny Egipt I
1890–1891
Olej na stiuku
230 x 230 cm
Ściana południowa, pendentyw
Kunsthistorisches Museum, Wiedeń

Postać młodej nagiej kobiety symbolizuje kulturę starożytnego Egiptu. Świadczą o tym charakterystyczna fryzura i biżuteria oraz widoczne w głębi wizerunki bogów: Horusa i Tota. Nie zabrakło również hieroglifów odtwarzających inskrypcje egipskie. Stylizowana sylwetka nagiej kobiety przywodzi na myśl bohaterki późniejszych obrazów Klimta: jej postawa jest statyczna, a ponętne ciało ma wydłużone proporcje.

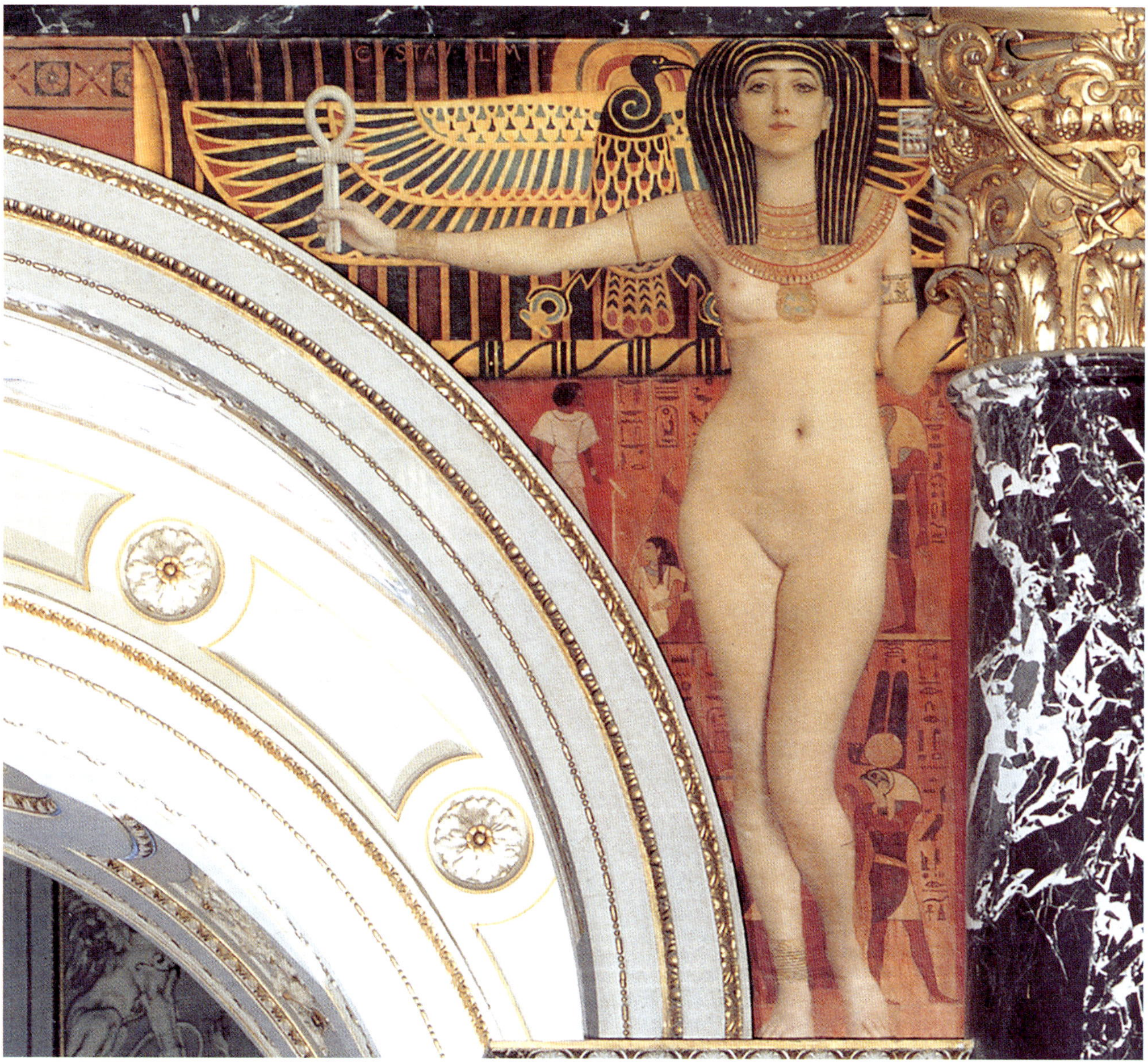

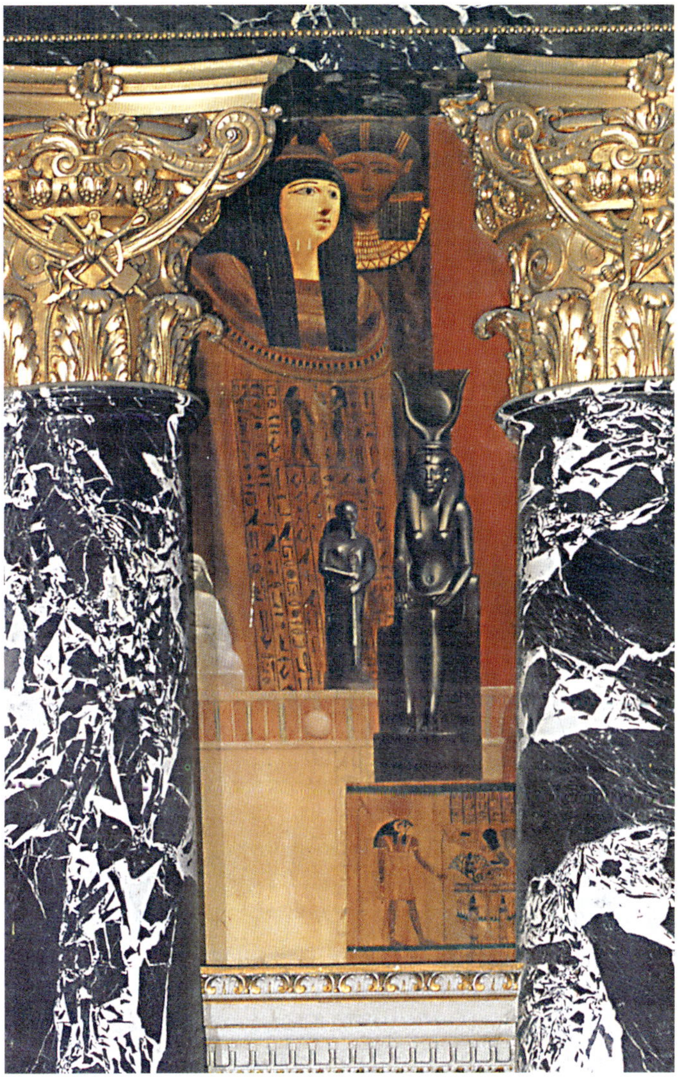

STAROŻYTNY EGIPT II
1890–1891
Olej na stiuku
230 x 230 cm
Interkolumnium na ścianie południowej
Kunsthistorisches Museum, Wiedeń

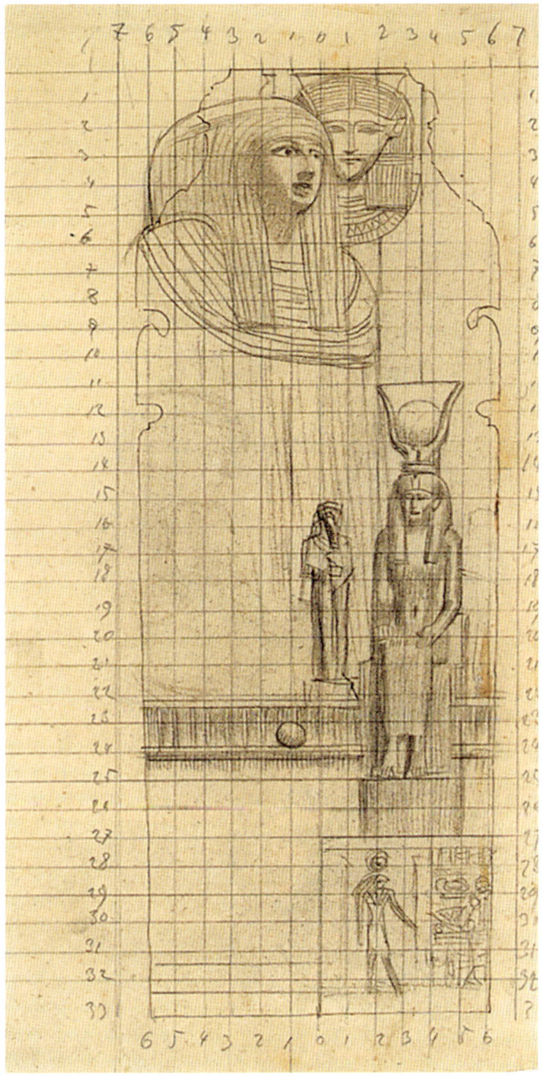

SZKIC DO MALOWIDŁA *STAROŻYTNY EGIPT*
1890–1891
Węgiel na papierze
38 x 20 cm
Historisches Museum, Wiedeń

W interkolumnium po prawej stronie malowidła *Starożytny Egipt I* tuż obok kolumny umieścił artysta kolejną symbolizującą cywilizację egipską postać kobiecą. Jej strój oraz fryzura przypominają wizerunki uwiecznione na sarkofagach faraonów. Malując tę kobietę, Klimt zrezygnował z ówczesnej estetyki i pozostał wierny ikonografii starożytnej. Podobnie jak we wcześniejszych obrazach w jej otoczeniu znalazły się motywy dekoracyjne charakterystyczne dla Egiptu w czasach faraonów.

Rzymskie i weneckie Quattrocento
1890–1891
Olej na stiuku
230 x 230 (całość)
Interkolumnium na ścianie południowej
Kunsthistorisches Museum, Wiedeń

Malowidło na sklepieniu klatki schodowej Kunsthistorisches Museum w Wiedniu to alegoria Włoskiego renesansu. Wybór Klimta nie był przypadkowy, uważał on bowiem ten okres za jeden z najważniejszych w dziejach sztuki. *Rzymskie i weneckie Quattrocento* przedstawia dwie sylwetki symbolizujące władzę w obu miastach. Rzymską uosabia znajdująca się po lewej stronie postać w koronie i ornacie biskupim. Po prawej zaś artysta sportretował dożę weneckiego stojącego bokiem, podobnie jak czynił to Tycjan na swoich obrazach. We *Włoskim renesansie* Klimt wykorzystał motywy religijne oraz nawiązał do humanizmu, który zdominował kulturę tej epoki. Postać po lewej to ubrany na czarno renesansowy wolnomyśliciel, po prawej zaś artysta przedstawił kobietę ze złotą aureolą, nad którą pochyla się dziecięce wcielenie anioła. Oba malowidła nawiązują stylistycznie do okresu odrodzenia.

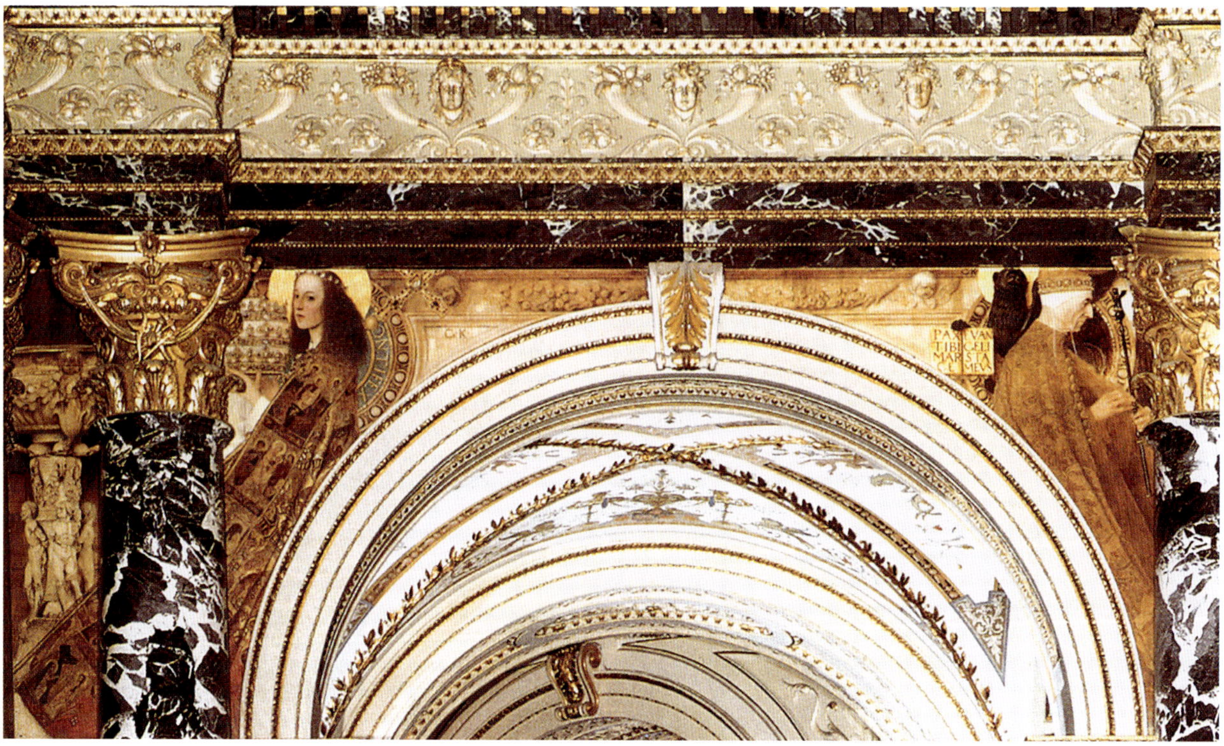

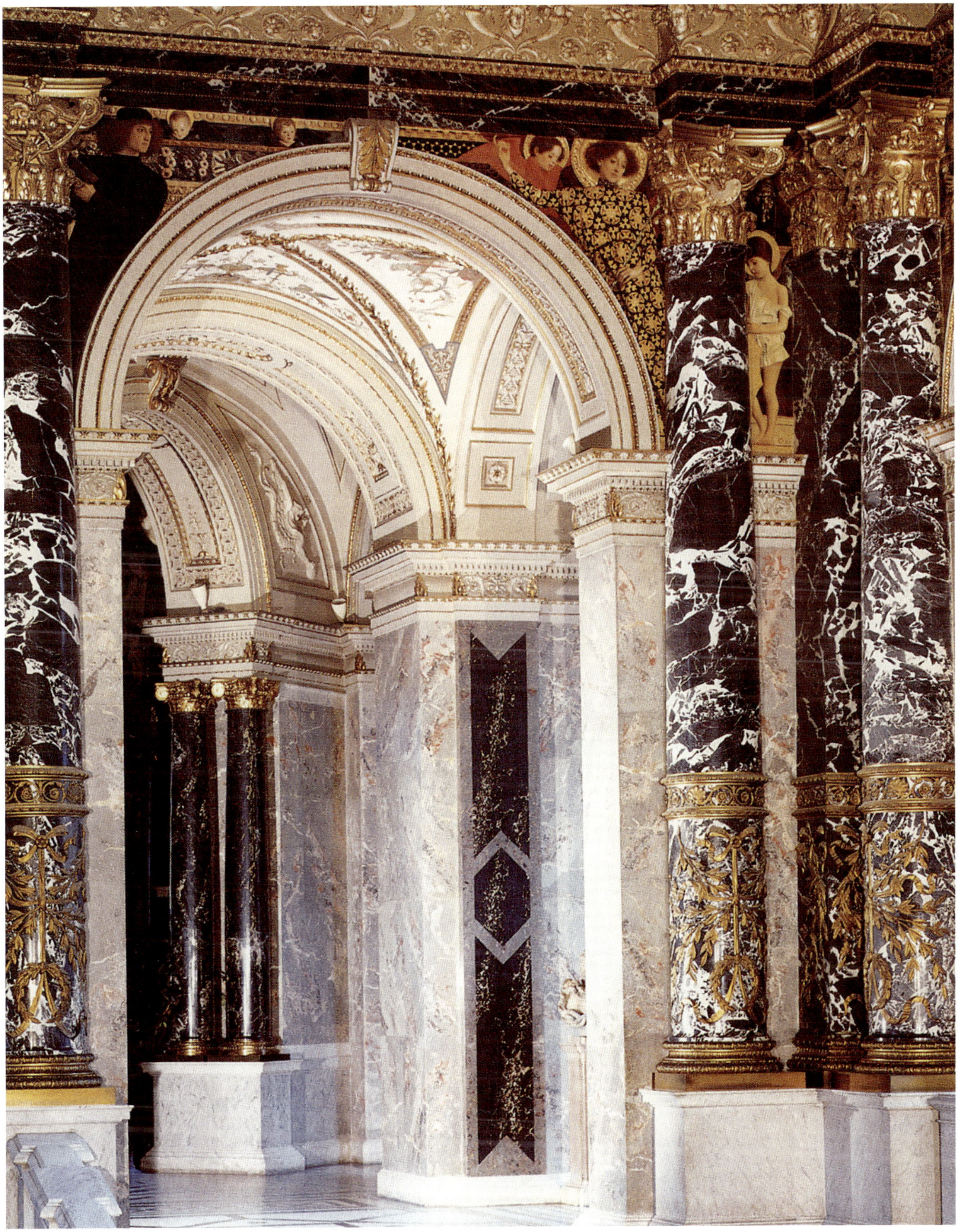

WŁOSKI RENESANS
1890–1891
Olej na stiuku
230 x 230 cm (całość)
Kunsthistorisches Museum, Wiedeń

DWIE DZIEWCZYNY Z OLEANDREM
1890–1892
Olej na płótnie
55 x 128,5 cm
Ella Gallup Sumner and Mary Catlin Collection
Sumner, Connecticut

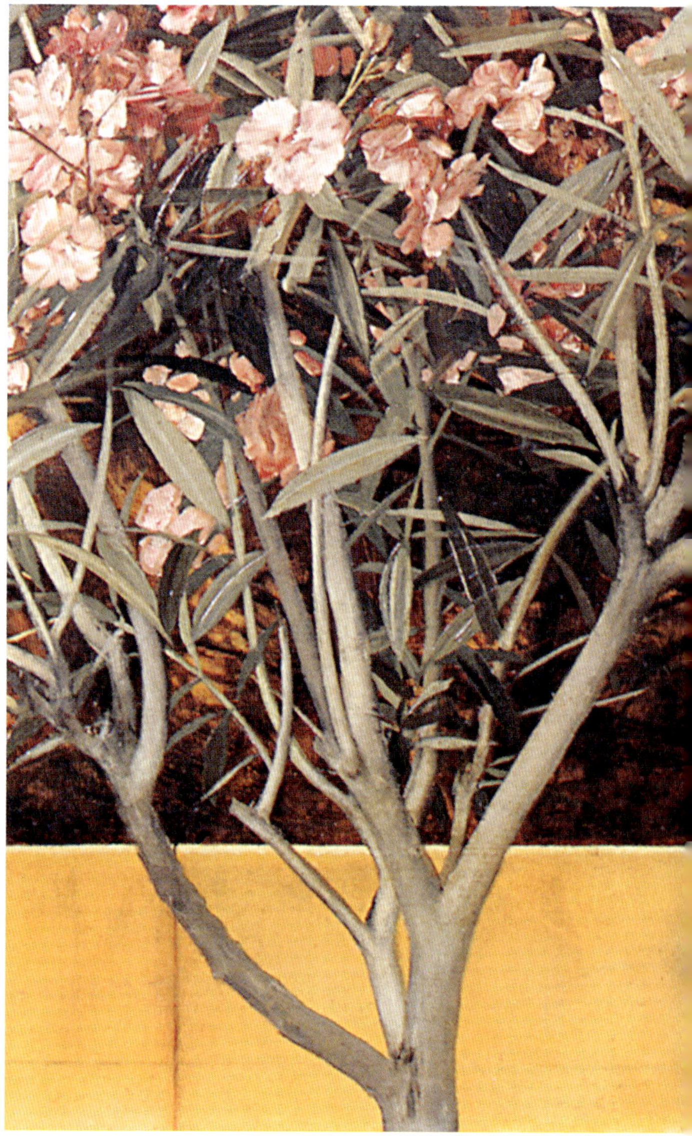

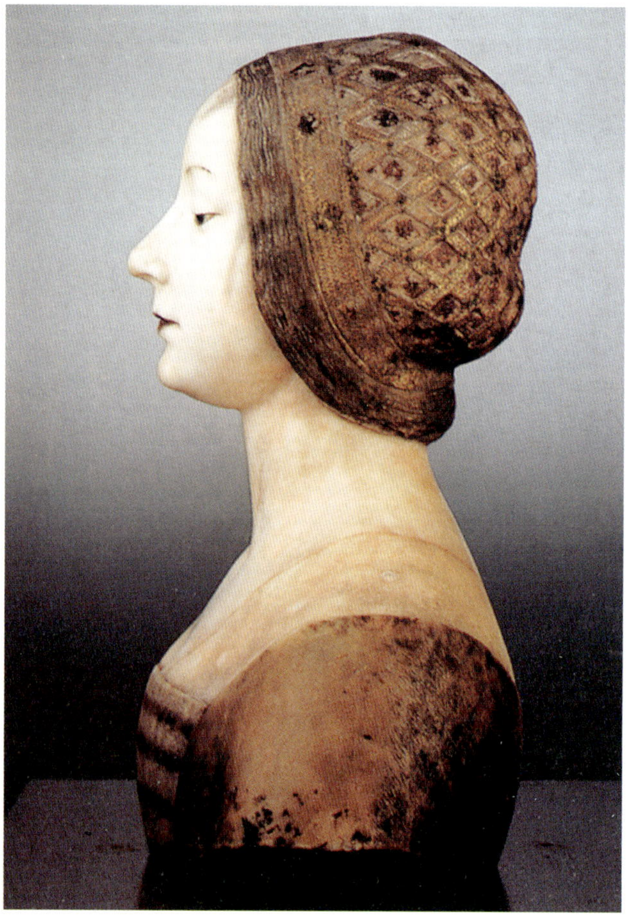

**FRANCESCO LAURANA**
Izabela Aragońska
1488
Kunsthistorisches Museum, Wiedeń

To jedno z przełomowych dzieł Klimta których oniryczna konwencja oraz horyzontalny układ – cechy, które dotychczas nie występowały w jego pracach – świadczą, że artysta dojrzał ostatecznie do zerwania z akademizmem na rzecz symbolizmu, który stanie się wiodącym stylem dojrzałego okresu twórczości. Przełom ósmej i dziewiątej dekady XIX wieku był dla Klimta czasem intensywnych studiów oraz gromadzenia dokumentacji pochodzącej z różnych epok historycznych, potrzebnej do wykonania dekoracji paneli klatki schodowej Kunsthistorisches Museum. Wciąż czuł się silnie związany z tradycyjnym kanonem akademizmu i czerpał ze spuścizny minionych epok, a jego inspiracja miała dwa źródła. Pierwsze

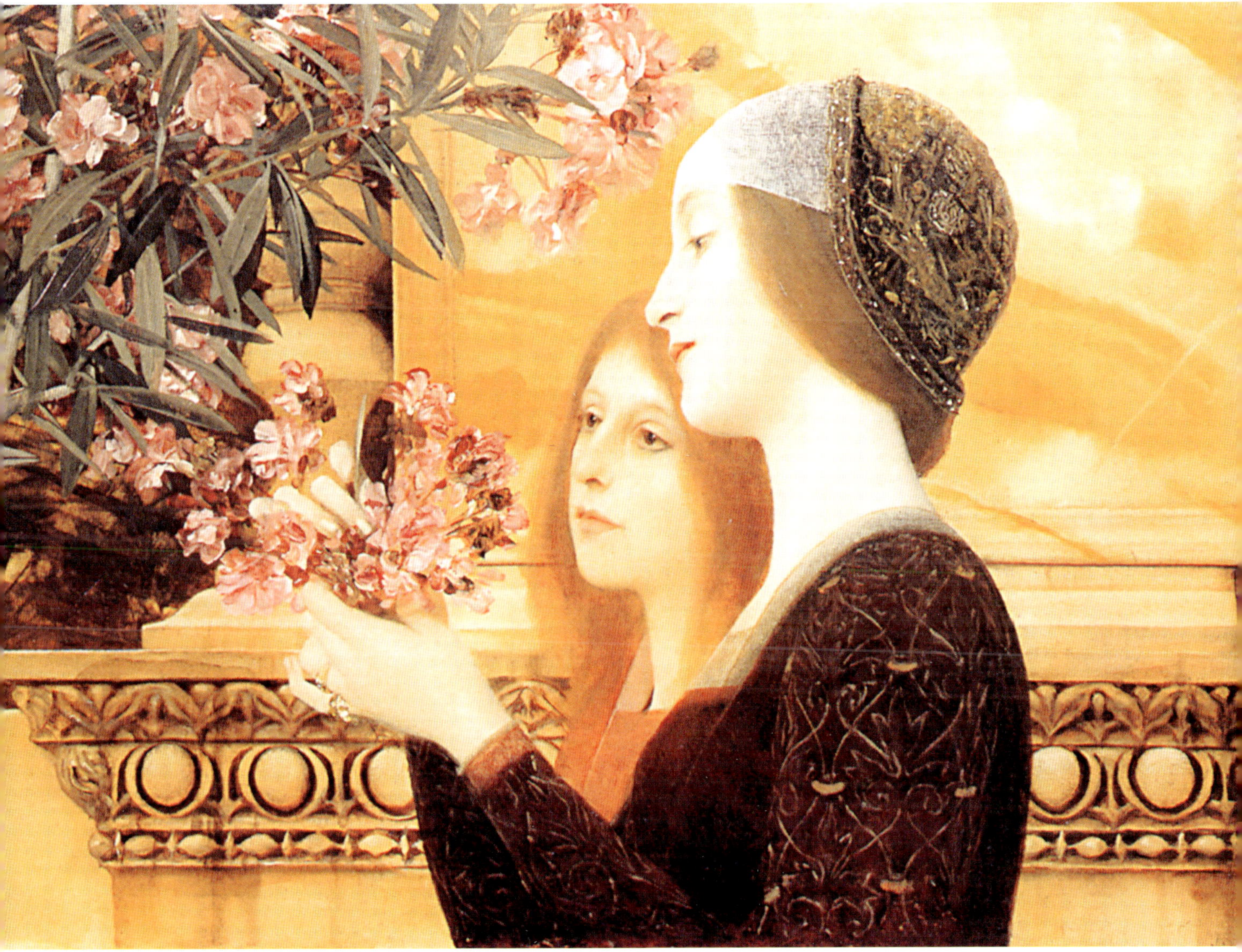

to popiersie Izabeli Aragońskiej z 1488 roku dłuta renesansowego rzeźbiarza Francesca Laurany (1430–1502). Nakrycie głowy, strój oraz beztroską twarz młodej kobiety Klimt po upływie czterech wieków z wielkim pietyzmem przeniósł na płótno. Drugim źródłem była twórczość współczesnego malarza prerafaelity sir Lawrence'a Almy-Tademy (1836–1912), pełna zmysłowości typowej dla klasycznej sztuki greckiej i rzymskiej.

Obrazy prerafaelity, które zainspirowały Klimta (*Oleander,* 1882, oraz *Nieświadome rywalki,* 1893) przedstawiają młode, rozkoszujące się zapachem egzotycznych kwiatów kobiety w antycznym otoczeniu.

Płótno to jest przełomowe w rozwoju artystycznym Klimta, stanowiąc pomost między jego dotychczasową twórczością a symbolizmem, dzięki któremu zyskał światową sławę. Powstałe w tym samym czasie (1891) *Ofiarowanie* Fernanda Khnopffa o horyzontalnym układzie kompozycji z architekturą klasyczną w tle potwierdza gotowość twórców europejskich na nadejście nowej epoki artystycznej.

PORTRET DAMY (FRAU HEYMANN?)
1894
Olej na desce
39 x 23 cm
Kunsthistorisches Museum, Wiedeń

Kobiety z obrazów Gustava Klimta są równie nieprzystępne i tajemnicze, co niepokojące. Dzieło to także kryje tajemnicę: nie wiadomo, kim jest uwieczniona na nim postać. W 1937 roku kolekcjoner doktor August Heyman podarował ten obraz wiedeńskiemu Muzeum Historycznemu. Franz Glück, Fritz Novotny i Johannes Dubai, którzy w 1967 roku dokonali analizy tego dzieła, wysunęli przypuszczenie, że tajemniczą damą była żona kolekcjonera Helene Junkermann. Ponieważ jednak małżeństwo zostało zawarte dopiero w dziesięć lat po wykonaniu portretu, hipoteza ta wydaje się mało prawdopodobna.

Klimt namalował popiersie kobiety na tle stylizowanych motywów roślinnych w stylu Art Nouveau. Modelka zwrócona jest lewym profilem, a jej dostojna mina oraz upięcie włosów przywodzą na myśl wizerunek Elżbiety Austriaczki z 1571 roku, wykonany przez renesansowego artystę François Cloueta. Skupiając światło na twarzy modelki, Klimt chciał zwrócić uwagę na jej przenikliwe spojrzenie: dlatego zarówno strój, jak i włosy kolorystycznie stapiają się z tłem, a wyeksponowanej twarzy nie są w stanie przyćmić ani perły w kolczykach, ani naszyjnik.

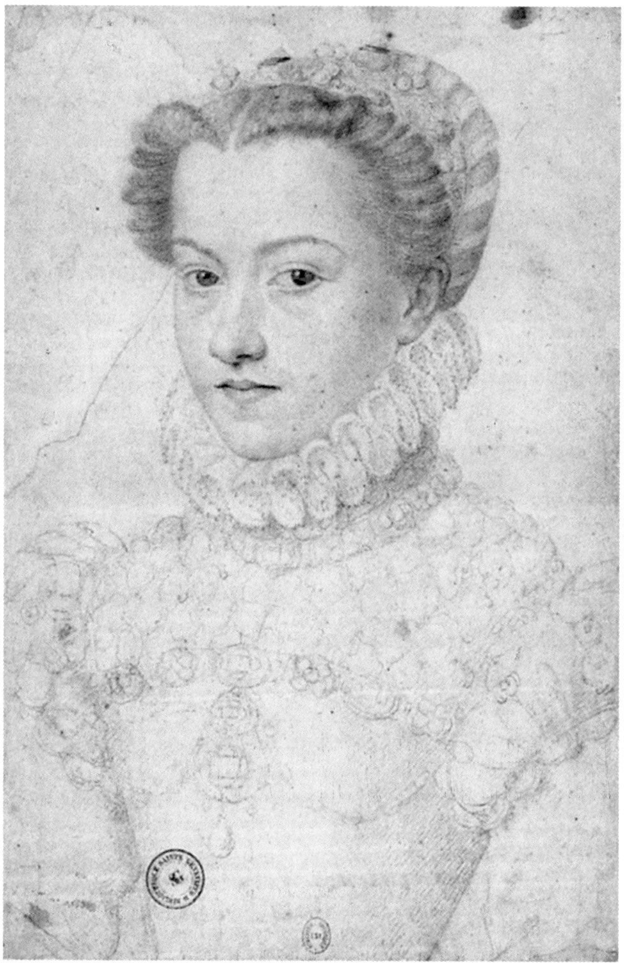

**FRANÇOIS CLOUET**
Portret Elżbiety Austriaczki
1571
Rysunek ołówkiem
Bibliothèque nationale de France, Paryż

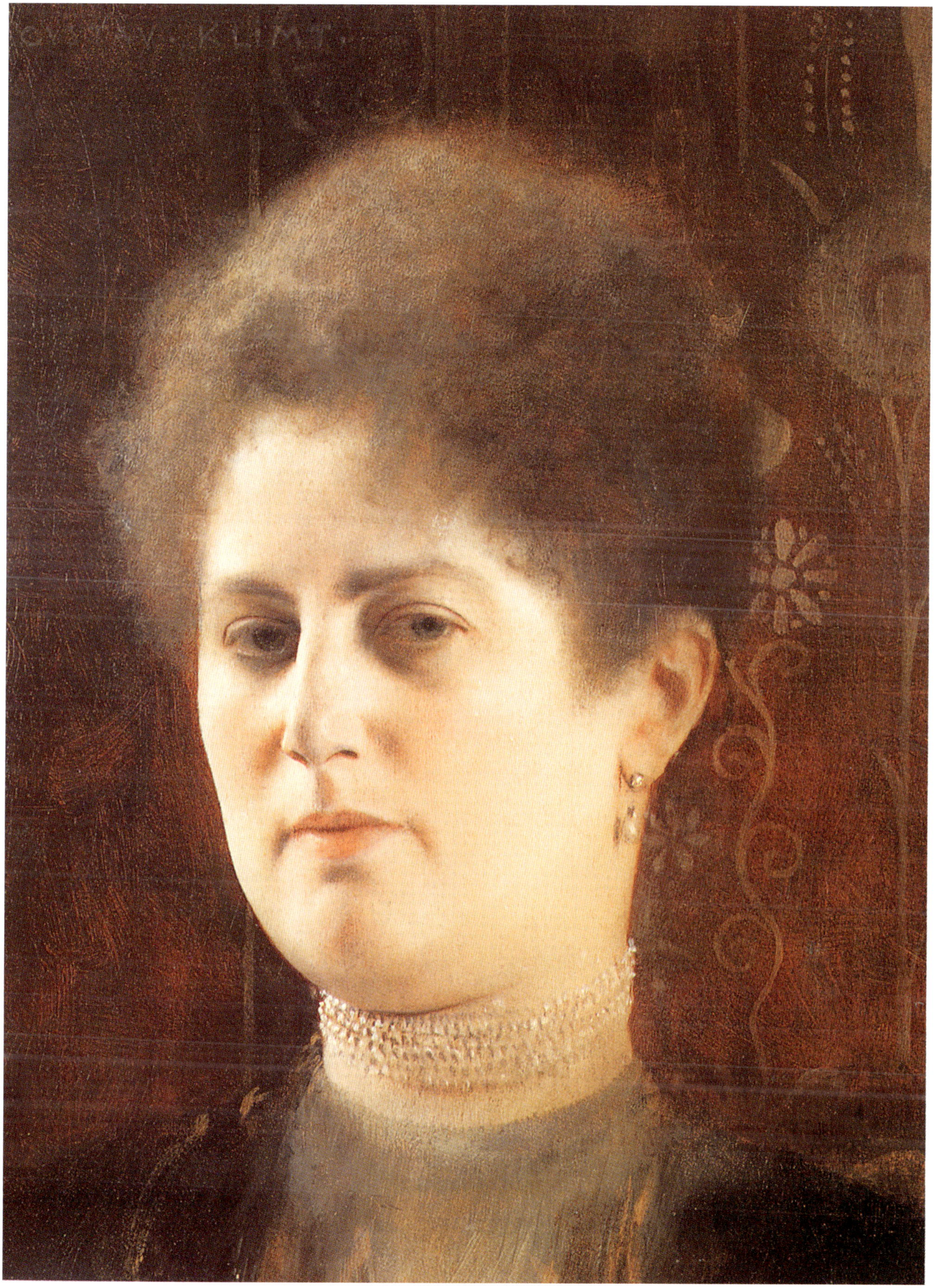
GUSTAV · KLIMT

**Portret aktora Josefa Lewinsky'ego w roli Carlosa (fragmenty)**
1895
Olej na płótnie
66 x 44 cm
Österreichische Galerie, Wiedeń

W maju 1894 roku Gustav Klimt nawiązał korespondencję z Josefem Lewinskym (1835–1907) i wyraził chęć sportretowania tego wybitnego artysty w jednej z najznamienitszych jego ról teatralnych. Propozycja malarza była następstwem zainicjowanego wtedy przez władze miejskie projektu odtworzenia atmosfery starego teatru w nowo wybudowanym gmachu Burgtheater. Realizację tego zamierzenia powierzono Spółce Artystycznej, która miała udekorować sklepienia oraz wykonać malowidła upamiętniające wnętrze tego przybytku sztuki.

Znajdujący się w górnej części obrazu napis JOSEF LEWINSKY/ ALS CARLOS IN CLAVIGO nie pozostawia wątpliwości, że słynny aktor (wierny Burgtheater od chwili debiutu na jego deskach w 1858 roku) sportretowany został w roli Carlosa z tragedii *Clavigo* Johanna Wolfganga Goethego z 1774 roku. W tę rolę włożył całą swoją inteligencję, namiętność, skrupulatność oraz miłość, czym zjednał sobie uznanie zarówno publiczności, jak i krytyki. Właśnie dlatego Klimt tym razem zrezygnował z fotograficznego realizmu na rzecz ukazania psychologicznej głębi postaci odtwarzanej przez Lewinsky'ego, a ucieleśniającej najbardziej pożądane cechy mężczyzn. Dramaturgię obrazu, podobnie jak w powstałym w tym samym roku płótnie *Miłość*, artysta uzyskał, otaczając czarne niemal centrum znacznie jaśniejszymi i utrzymanymi w tonacji niebiesko-złotej panelami bocznymi.

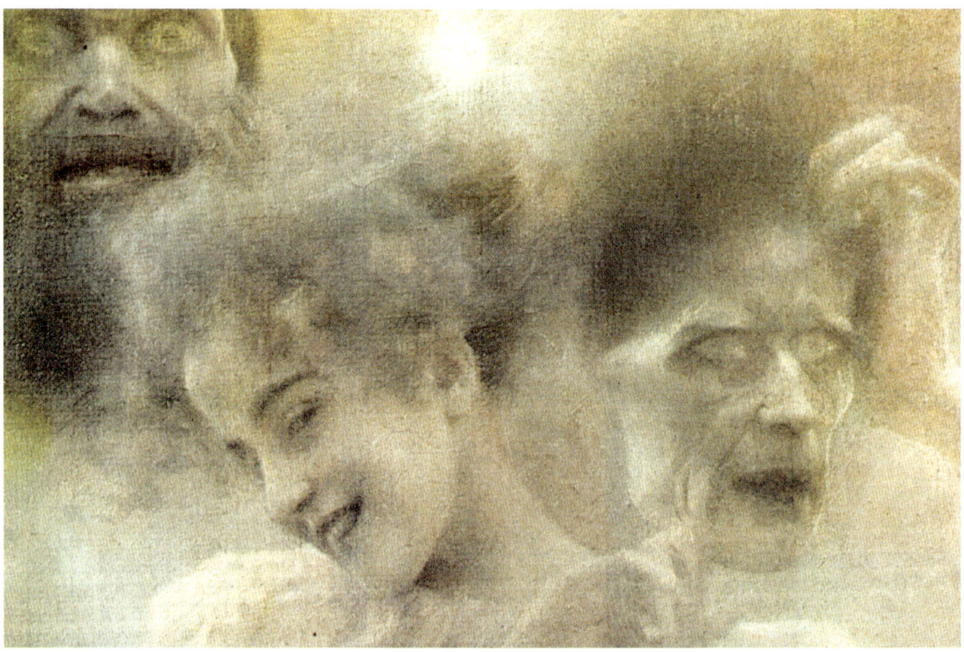

**Portret Josefa Lewinsky'ego w roli Carlosa (fragment)**

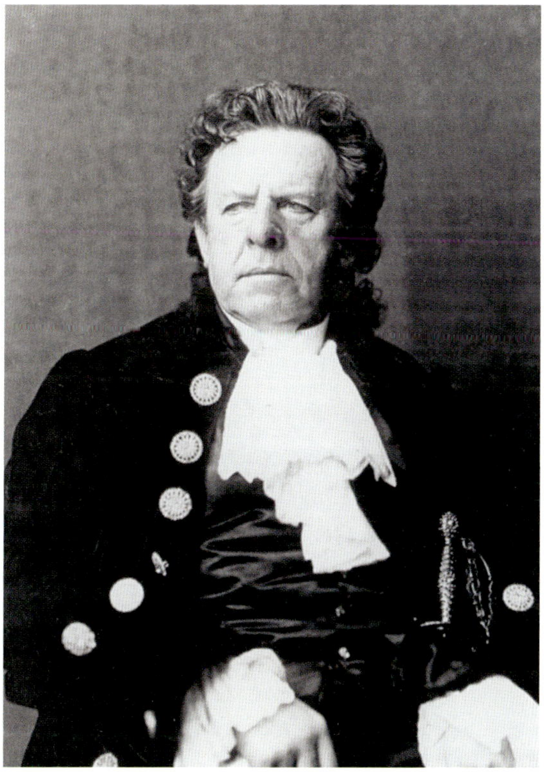

Josef Lewinsky, 1895

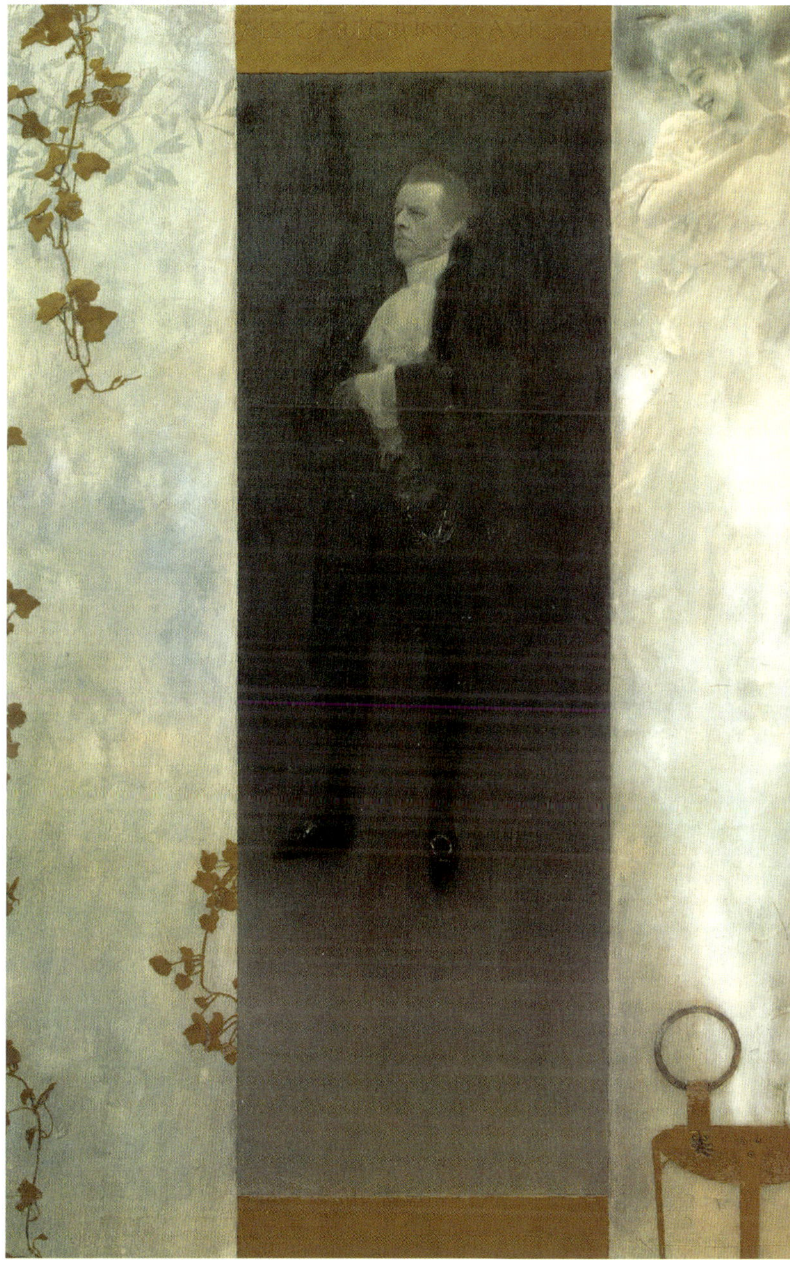

Widniejące na nich rysunki nawiązują najprawdopodobniej do antyku greckiego. Na prawym panelu kobieta w stroju starożytnej Greczynki nosi na twarzy maskę. Jest ona identyfikowana z Melpomeną, grecką muzą tragedii. Wyłania się z oparów, a te z kolei wydobywają się ze złotego kadzidła na trójnogu w dole panelu; przedmiot ten pojawił się wcześniej w *Portrecie pianisty i nauczyciela gry na fortepianie Josefa Pembauera* (1890). Zgodnie z interpretacją Lisy Florman trójnóg symbolizuje Apolla, a liście winorośli w górnej części lewego panelu – Dionizosa, a zatem panele boczne przedstawiają pierwiastek apolliński oraz dionizyjski, które Friedrich Nietzsche w traktacie *Narodziny tragedii* (1872) określa jako podstawowe żywioły ludzkiej natury.

Miłość
1895
Olej na płótnie
60 x 44 cm
Historisches Museum, Wiedeń

Obraz powstał z myślą o drugiej edycji cyklu „Alegorie i Emblematy" Martina Gerlacha z lat 1896–1900, w którym znalazły się *Tragedia, Rzeźba* oraz *Miłość* Gustava Klimta.

W rozwoju stylistycznym wiedeńskiego artysty *Miłość* jest kolejnym dziełem przełomowym. Pojawiają się w nim elementy charakterystyczne dla jego dojrzałej twórczości, takie jak złocenia, motywy rysunkowe i tło, miękko zaznaczone kontury postaci oraz wyraźne odniesienia do sztuki klasycznej i orientalnej. Główną scenę kompozycji obramowują po bokach dwa panele w kolorze złotym z kwiatowym ornamentem u góry; w ten sposób Klimt wprowadzał elementy abstrakcyjne do malarstwa figuratywnego, ulegając silnemu wpływowi symbolizmu (to zabieg często stosowany w jego późniejszej twórczości). Na obrazie u góry wyłaniają się z obłoków pary głowy symbolizujące różne okresy życia ludzkiego: dzieciństwo, młodość i starość, a towarzyszy im śmierć. Unoszą się one nad dwojgiem kochanków splecionych w namiętnym uścisku, którzy zbliżają usta do pocałunku. Być może był to rodzaj studium; motyw obejmującej się pary pojawił się w kolejnych dziełach Klimta, takich jak *Fryz Beethovena* (1902), *Trzy okresy życia kobiety* (1905) czy *Pocałunek* (1907–1909). Scena tonie w półmroku gdzieniegdzie tylko rozproszonym przyćmionym światłem; jest utrzymana w konwencji onirycznej, a stylistycznie nawiązuje do romantyzmu i twórczości niemieckich nazareńczyków. W Wiedniu z 1890 roku natomiast obraz kojarzono zapewne z sentymentalnymi i melancholijnymi opowiadaniami o miłości modernisty Arthura Schniztlera. Miłość na obrazie Klimta to uczucie przemijające, jest jednocześnie słodka i tajemnicza, inspirująca i destrukcyjna, świadoma i nieuświadamiana, zależna od przypadku, ale wieczna. Symbolicznie przedstawił to w górnej części obrazu.

Widoczne również w części głównej i jakby zawieszone w próżni twarze miały zapewne ilustrować upływ czasu i cykle życia, podobnie jak na obrazie *Trzy okresy życia kobiety*. Gałązki krzewu róży na skrzydłach bocznych z rozkwitającymi pąkami kwiatów symbolizują tajemnicę życia, a może niewinność, oraz iluzję i poezję nierozerwalnie związaną z pięknem i miłością.

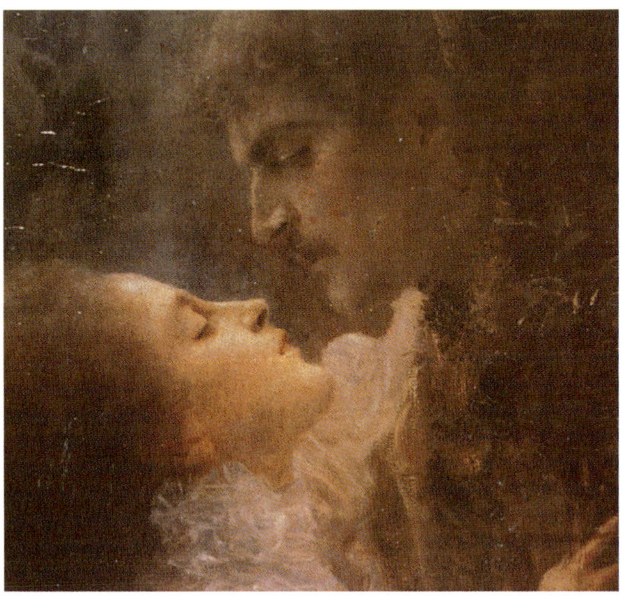

Miłość (fragment)

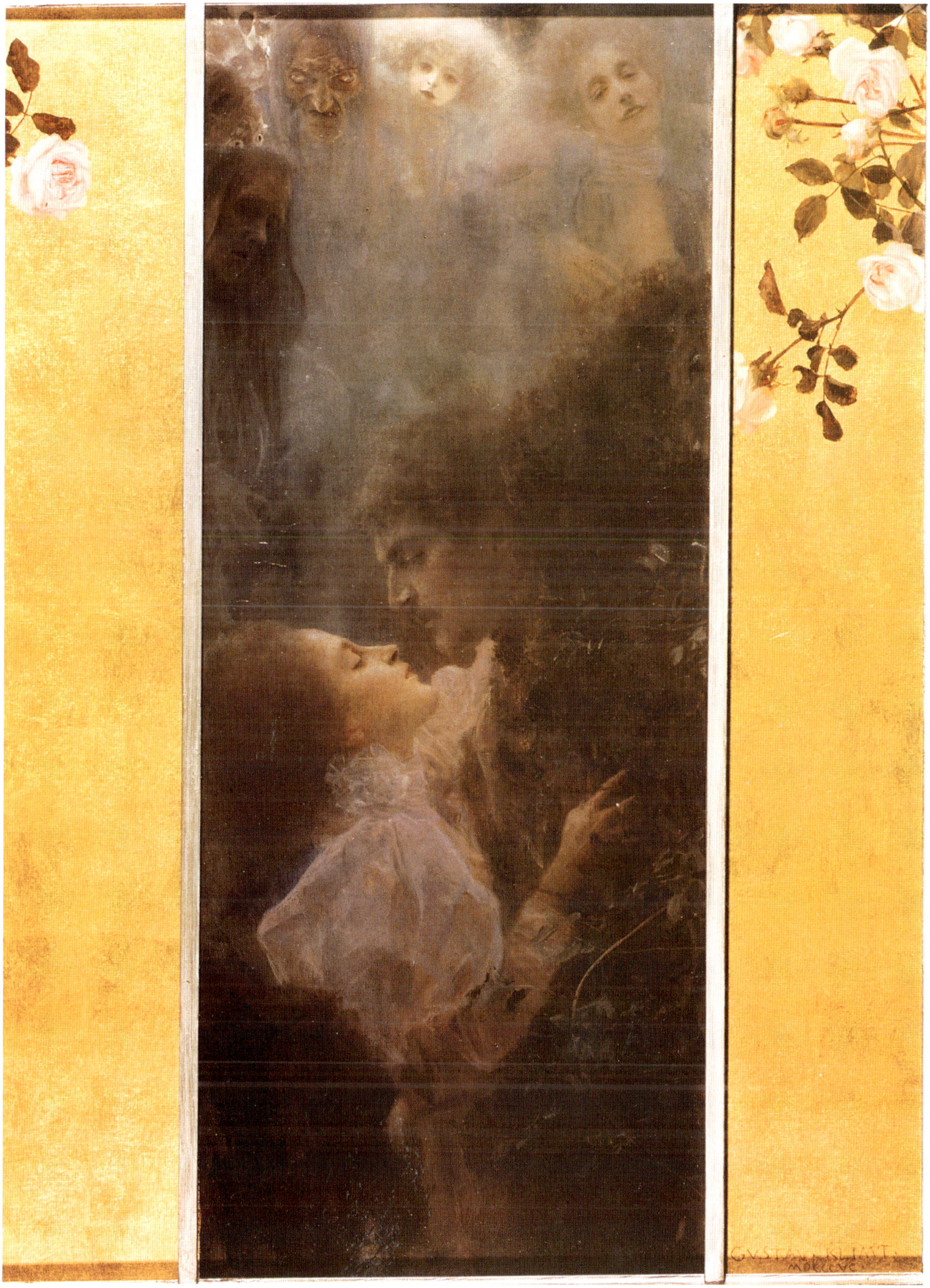

MUZYKA I
1895
Olej na płótnie
37 x 44,5 cm
Neue Pinakothek, Monachium

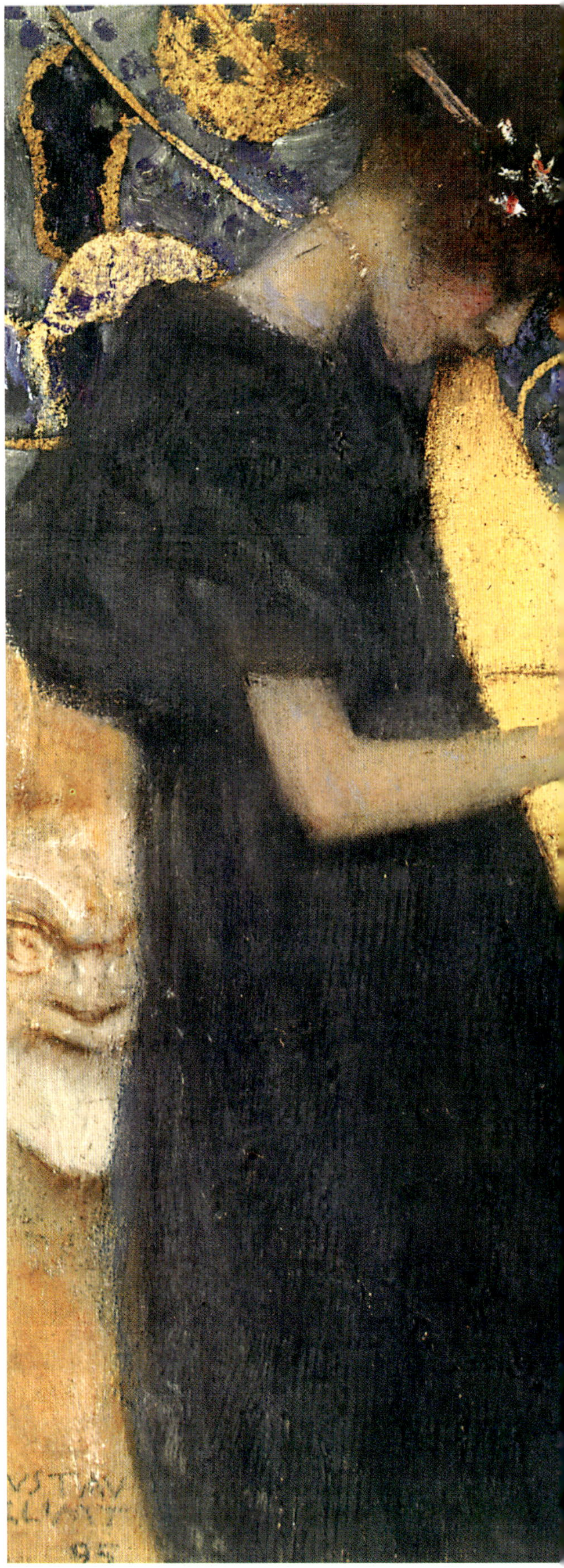

W 1895 roku w twórczości Gustava Klimta po raz pierwszy pojawia się powracający później wielokrotnie motyw muzyki, która zgodnie z symbolizmem dawała artystom nieograniczone możliwości interpretacyjne. W owych latach artyści odchodzili od akademizmu ku impresjonizmowi i abstrakcji, te jednak nigdy do końca nie przekonały Klimta. *Muzyka I*, kompozycja o układzie asymetrycznym, zdradza natomiast charakterystyczne dla początków twórczości artysty umiłowanie przepychu i alegorii.

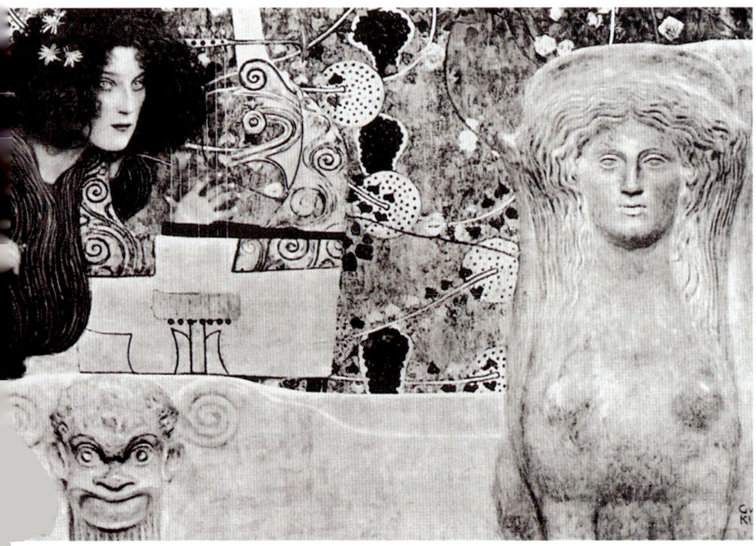

MUZYKA II
1898
Olej na płótnie, 150 x 200 cm
Supraporta w sali muzycznej Pałacu Nikolausa Dumba w Wiedniu.
Uległa zniszczeniu w pożarze Pałacu Immendorf w 1945 roku

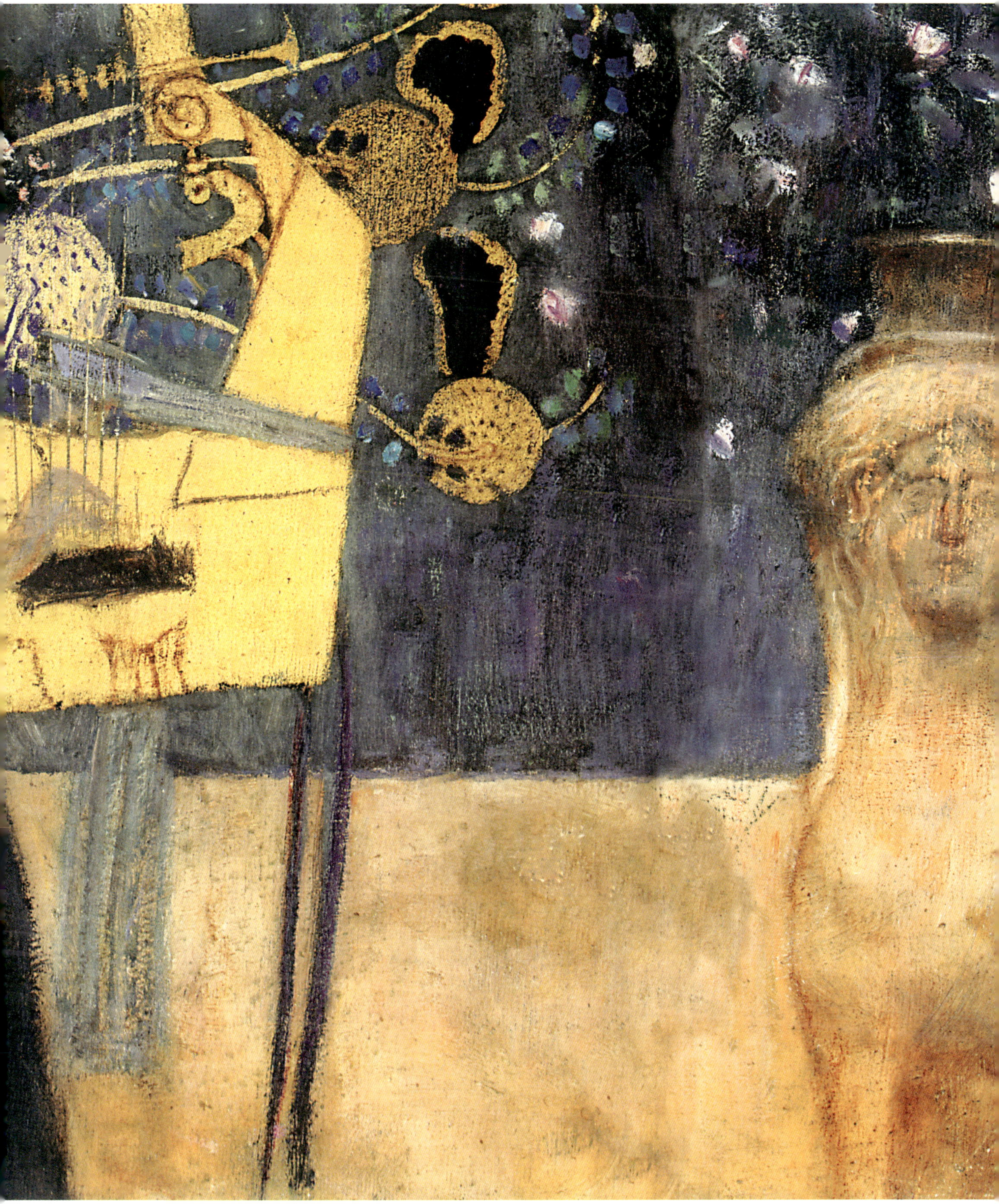

Po lewej stronie kobieta gra na lirze (motyw ten powróci jeszcze w 1901 roku w *Muzyce*, kolorowej litografii wykonanej do 4. numeru czasopisma programowego Secesji „Ver Sacrum" oraz w 1902 roku w alegorii Poezji na *Fryzie Beethovena*); zwiewna, ukazana w niemal impresjonistycznej konwencji postać młodej kobiety kontrastuje z płaską złotą lirą, co odzwierciedla powszechne w owych latach przeplatanie się stylów. Reszta to postaci często przywoływane w sztuce końca XIX wieku, a więc Sfinks symbolizujący z jednej strony dwoistość ludzkiej natury, w której to, co zwierzęce, walczy z tym, co duchowe, z drugiej zaś wolność artystyczną i tajemnicę, która otacza proces twórczy. Kieł lwa jest metaforą rozpowszechniania nowych idei, a maska od czasów starożytnych kojarzy się ze sztuką sceniczną.

W 1898 Nikolaus Dumba zlecił Gustavowi Klimtowi udekorowanie sali muzycznej swojego pałacu w Wiedniu. Malarz wykonał dwa obrazy, które uległy zniszczeniu podczas II wojny światowej: *Muzyka II* oraz *Schubert przy fortepianie*. W *Muzyce II* ponownie pojawia się postać kobieca z *Muzyki I* (1895). Tym razem jednak przypomina ona bardziej *femmes fatales*, uwiecznione wcześniej (1890–1891) na malowidle *Starożytna Grecja I* z klatki schodowej w wiedeńskim Kunsthistorisches Museum. W drugiej wersji także pojawiają się takie elementy, jak maska, Sfinks, kły lwa i lira, choć ta, sądząc po rozmiarach,

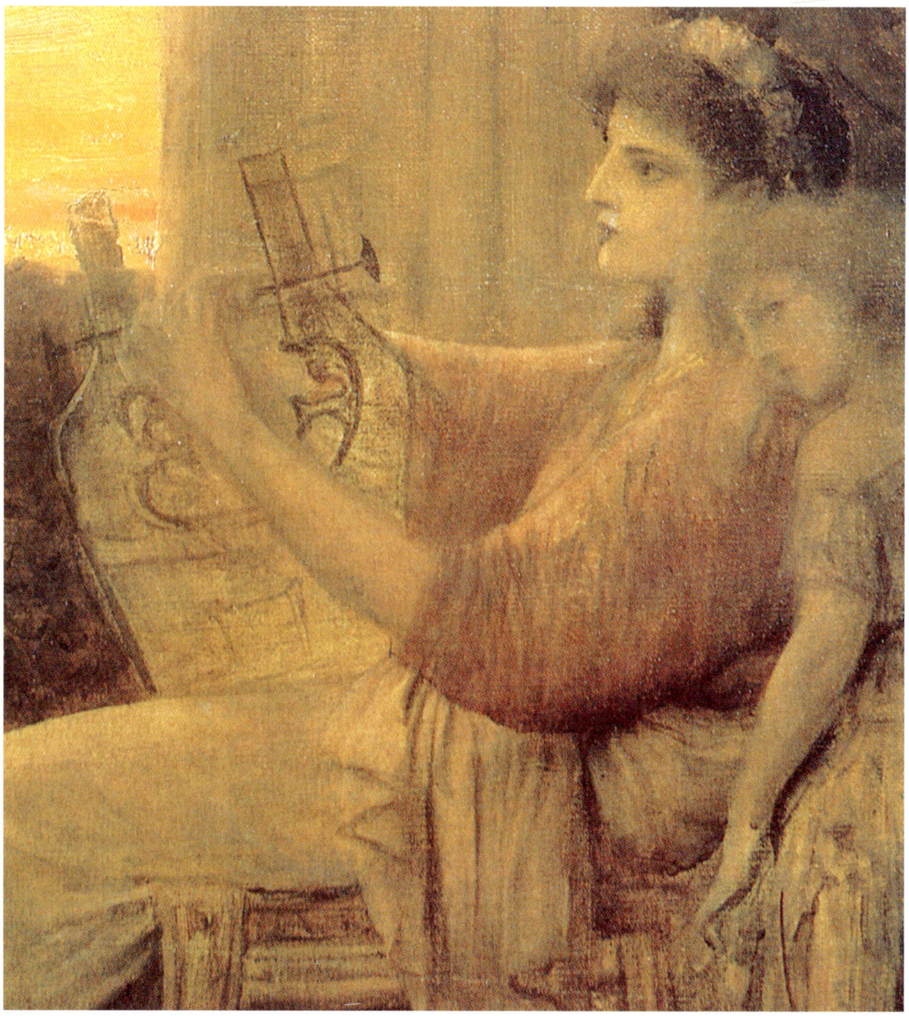

SAFONA
1888–1890
Kunsthistorisches
Museum, Wiedeń

ma tu mniejsze znaczenie.
Gustav Klimt przez cały czas testował środki wyrazu (ich wyraźna afirmacja nastąpiła w litografii z 1902 roku), które przez najbliższe kilka lat stały się cechami estetycznego i symbolicznego świata jego dojrzałej twórczości. Była to tajemnicza kraina, zamieszkana przez eteryczne i jednocześnie niepokojące, a niekiedy przerażające postaci kobiece.

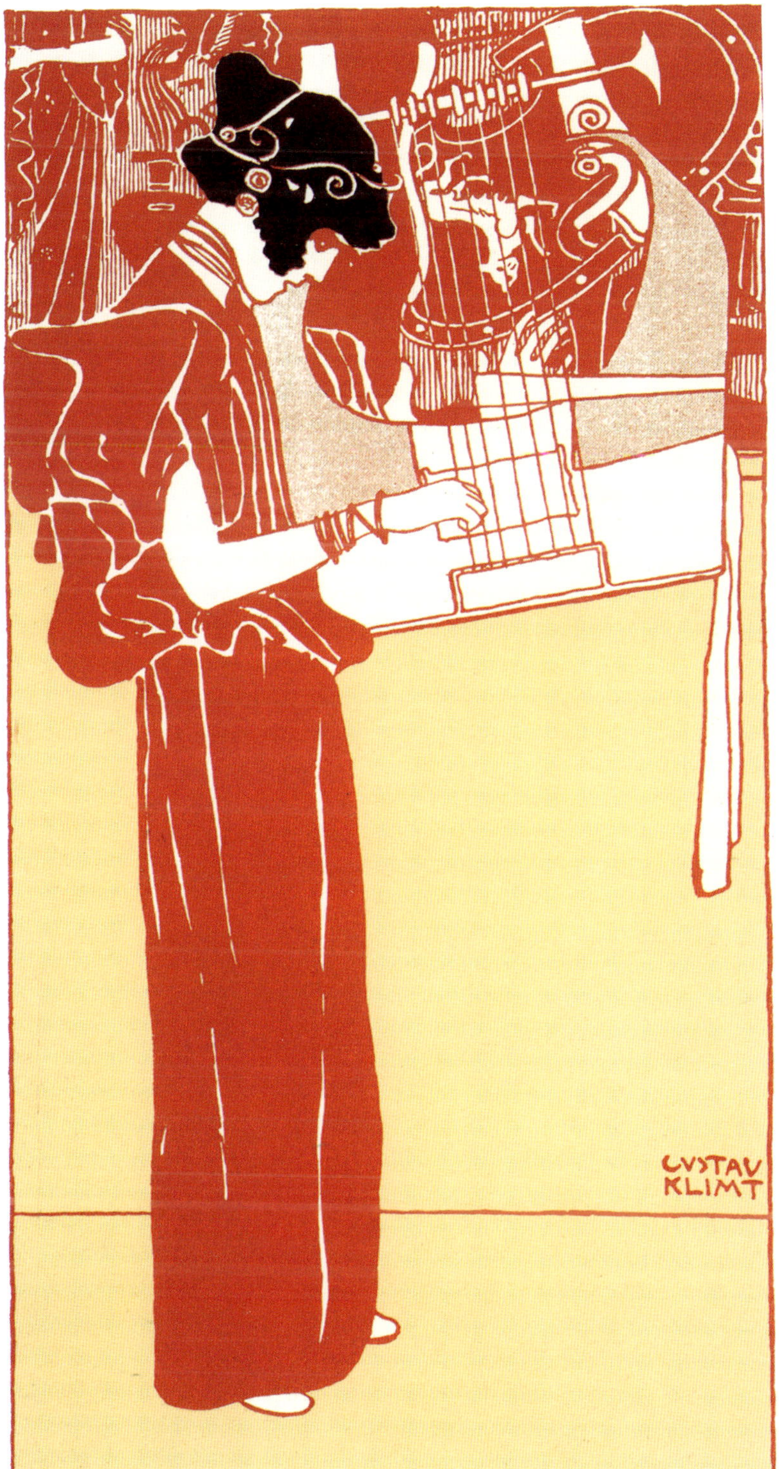


MUZYKA
1901
Litografia
Graphische Sammlung Albertina,
Wiedeń

**Alegoria Rzeźby**
1896
Czarna kreda, rozmyty ołówek, złoto na papierze
41,8 x 31,3 cm
Historisches Museum, Wiedeń

Po śmierci ojca i brata Ernsta w 1892 roku Klimt obiera nową drogę artystyczną, starając się dostosować własny styl do dominującego wówczas na świecie symbolizmu. Podobnie jak u innych artystów najwyraźniej uwidaczniają tę przemianę jego rysunki. Odkąd w wiedeńskiej Szkole Rzemiosł Artystycznych nauczył się rysować, Klimt robił to z wielkim upodobaniem (skatalogowano co najmniej 4000 tysiące jego prac), a wyróżniało go doskonałe opanowanie techniki rysunku ludzkiego ciała.

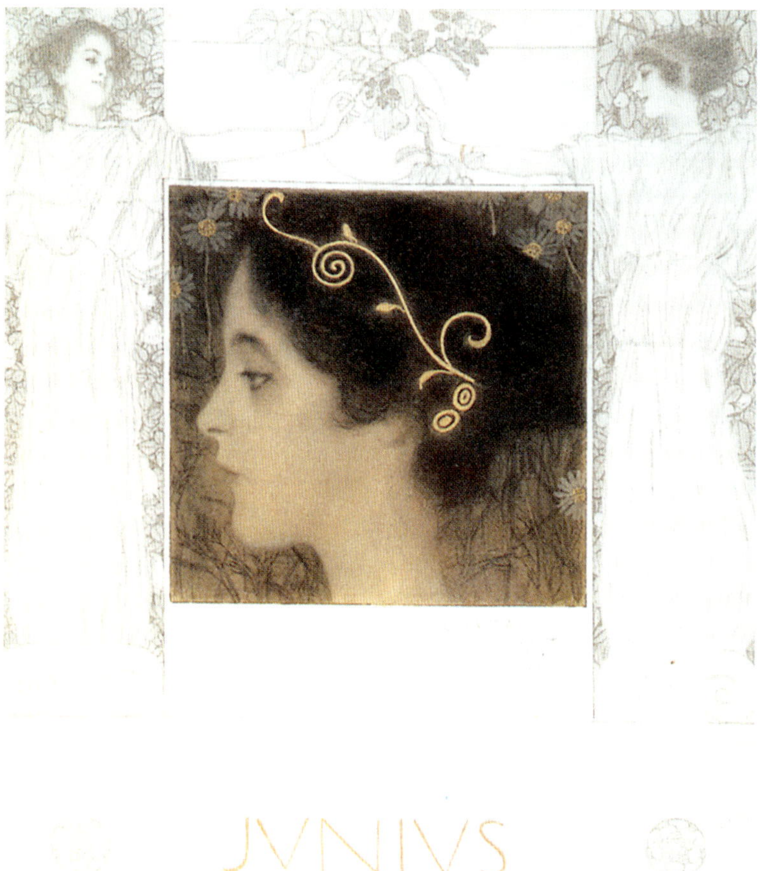


**Junius**
1896
Czarna kreda, rozmyty ołówek, złoto
41,5 x 31 cm
Historisches Museum, Wiedeń

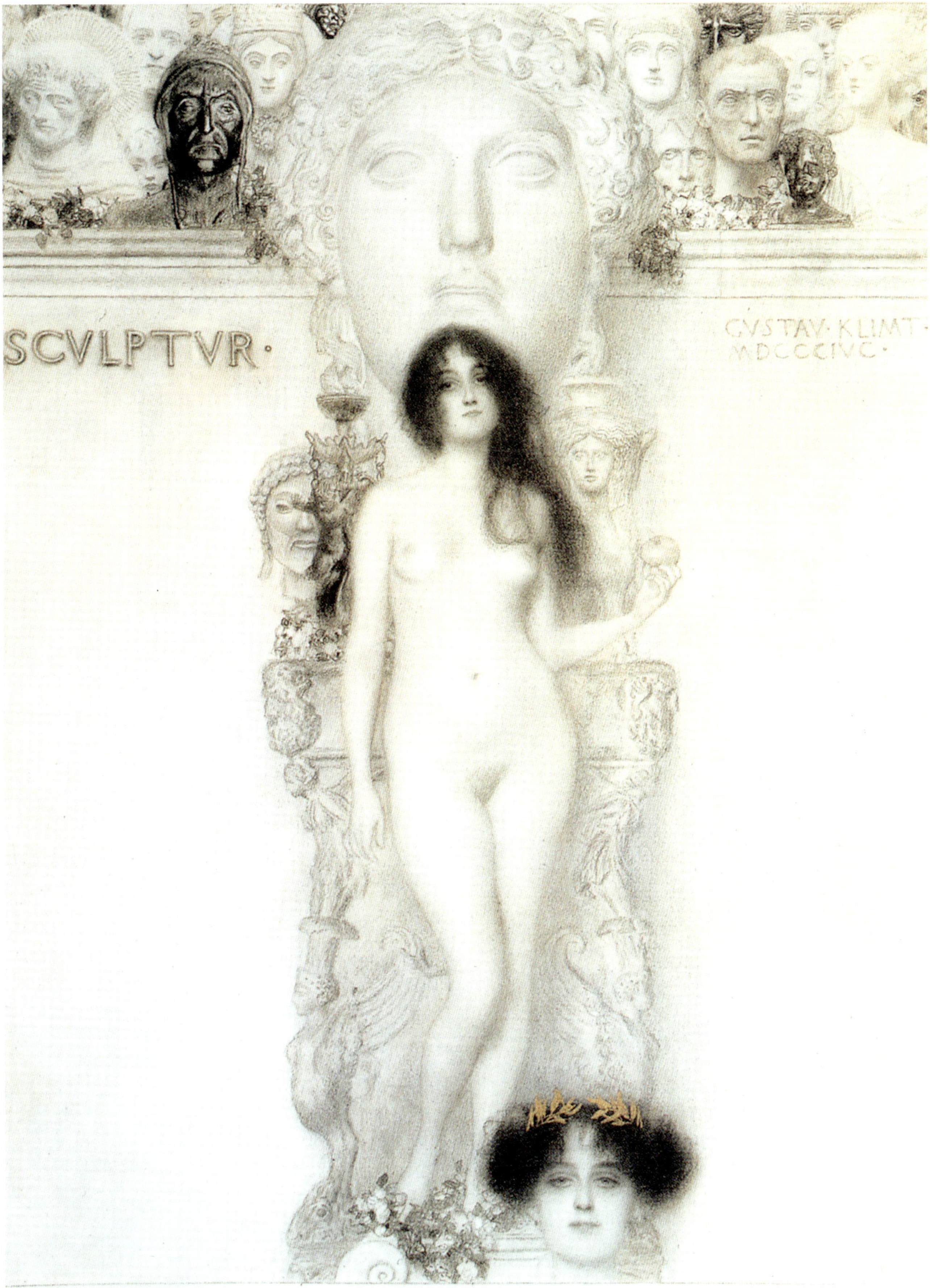
SCVLPTVR·
GVSTAV·KLIMT·
MDCCCIVC·

W połowie lat dziewięćdziesiątych XIX wieku Martin Gerlach postanowił wznowić pod nazwą „Nowe Alegorie" zainicjowany w 1883 roku cykl „Alegorie i Emblematy", także tym razem powierzając wykonanie ilustracji Gustavowi Klimtowi. W latach 1896–1897 malarz narysował dla niego *Junius, Alegorię Rzeźby* i *Alegorię Tragedii*, które zostały opublikowane w 53., 58. oraz 66. numerach „Nowych Alegorii". *Junius* to pierwsze dzieło Klimta w formacie kwadratu, *Alegoria Tragedii* w pełni realizuje kanony Secesji Wiedeńskiej, natomiast *Alegoria Rzeźby* jest zapowiedzią przyszłej zmiany stylu.

Klimt wykonał *Alegorię Rzeźby* z okazji rocznicy wznowienia wydawnictwa przez Gerlacha. Stała się ona wzorem do naśladowania dla przyszłych realizacji tego tematu. W centrum obrazu znajduje się stojąca w kontrapoście kobieta ujęta *en trois quarts*. W tle widać najbardziej znane antyczne rzeźby. W alegorii z 1896 roku uderzała techniczna precyzja oraz kunszt w malowaniu postaci (w późniejszej wersji styl jest bardziej surowy, typowy dla secesji). Jasnoszarą tonację obrazu podkreślają kruczoczarne włosy kobiety na pierwszym planie oraz tej na tle popiersia u góry. Złocenia, jedynie muskające postać kobiecą i rozświetlające kompozycję w *Junius*, w *Alegorii Rzeźby* przybierają formę skondensowaną w wieńcu na głowie postaci w dolnej części obrazu.

Przejawem nowej estetyki jest też doskonała symetria: symbole pochodzą zarówno ze starożytności (Sfinks, popiersia), jak i z ery nowożytnej (kobieca głowa w dolnej części); materia nieożywiona (rzeźby) równoważy organiczną (ciała), a podział przestrzeni na strefy puste oraz wypełnione rzeźbami tworzy napięcie.

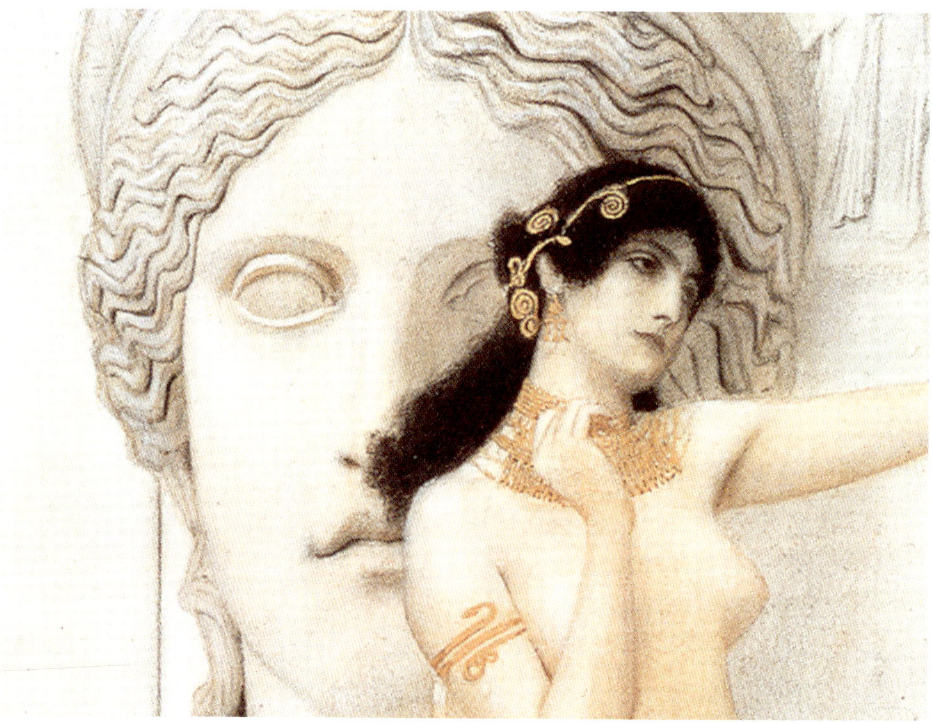

ALEGROIA RZEŹBY (FRAGMENT)

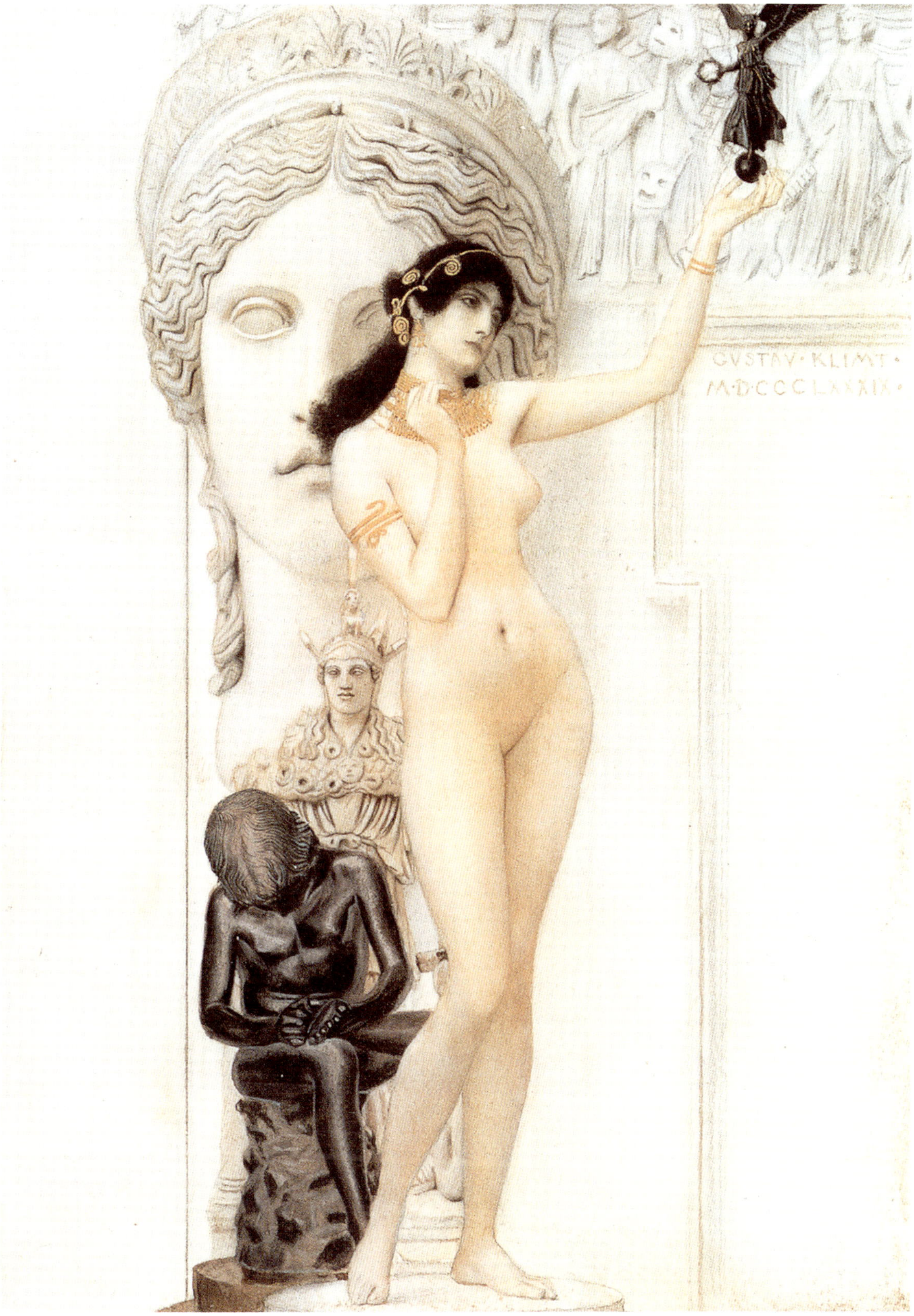


Alegoria Rzeźby
1888–1889
Rysunek na papierze lawowany akwarelą i złotem, 43,5 x 30 cm
Österreichische Galerie, Wiedeń

Alegoria Tragedii
1897
Węgiel, ołówek retuszowany złotem i bielą
41,9 x 30,8 cm
Historisches Museum, Wiedeń

*Alegoria Tragedii* nad którą Klimt pracował od 1883 roku, będącego jednocześnie rokiem założenia Secesji Wiedeńskiej, stała się zwieńczeniem cyklu „Nowe Alegorie" Martina Gerlacha (1897). Była ona trzecia w kolejności po rysunkach *Junius* oraz *Alegoria Rzeźby* opublikowanych wcześniej.

Język rysunku wyraźnie odzwierciedla ewolucję artysty w stronę stylu monumentalnego, inspirowanego holenderskim i belgijskim symbolizmem oraz twórczością angielskich prerafaelitów.

Kompozycję otaczają dość szerokie ramy, na których dwie postaci kobiece rodem z akademizmu zastygły w pełnych tragizmu pozach przed umieszczonym w górnej części smokiem rodem ze sztuki orientalnej. Dominująca w kompozycji ramy biel, poprzecinana delikatnymi kreskami rysunku, silnie kontrastuje z ciemną postacią alegorii, którą rozświetlają jedynie złota biżuteria oraz jaśniejsze części ciała. Cierpiące kobiety na ramie obrazu narysowane zostały z profilu. Melpomena natomiast, muza tragedii, zwrócona jest przodem do widza, ciało ma wyprostowane i sztywne, a oczy skierowane w przestrzeń przypominają spojrzenie Marguerity, siostry Khnopffa, na wykonanych przez niego portretach. W rękach trzyma maskę, symbol rozdarcia między tym, co zewnętrzne, a tym, co wewnętrzne, między złudzeniem a prawdą.

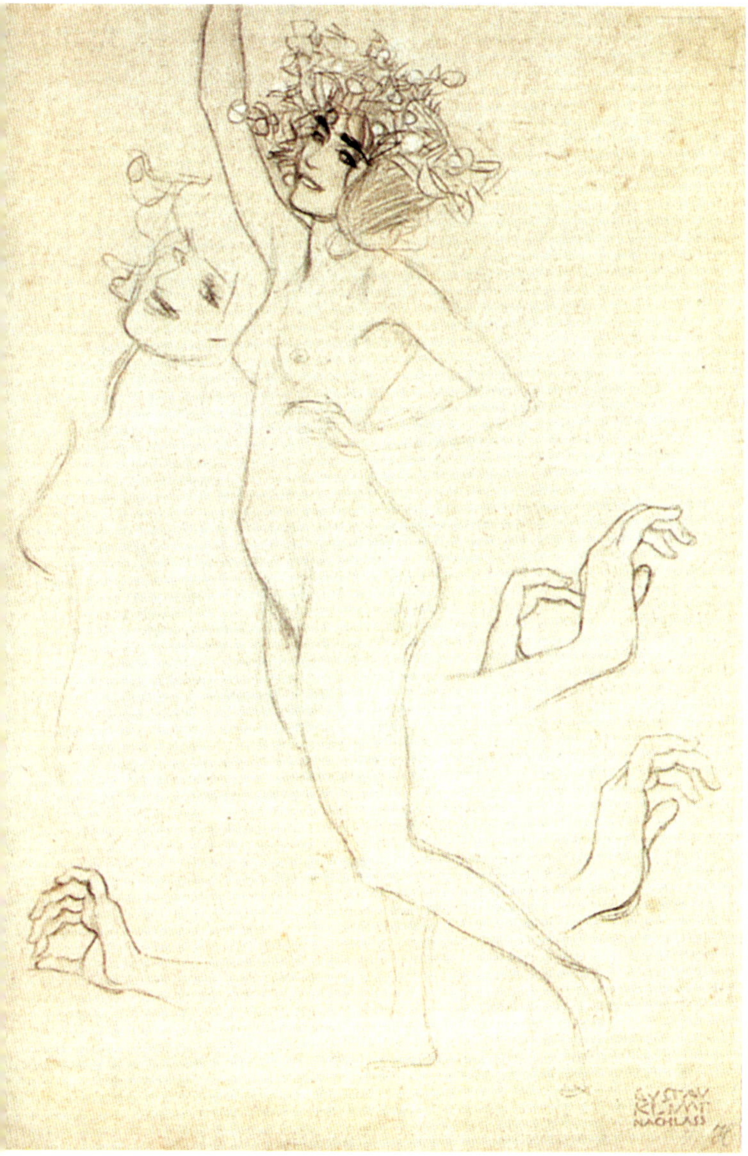


Studium aktu kobiecego do *Alegorii Tragedii*
Ołówek z białymi wzmocnieniami
47,4 x 32,7 cm
Historisches Museum, Wiedeń

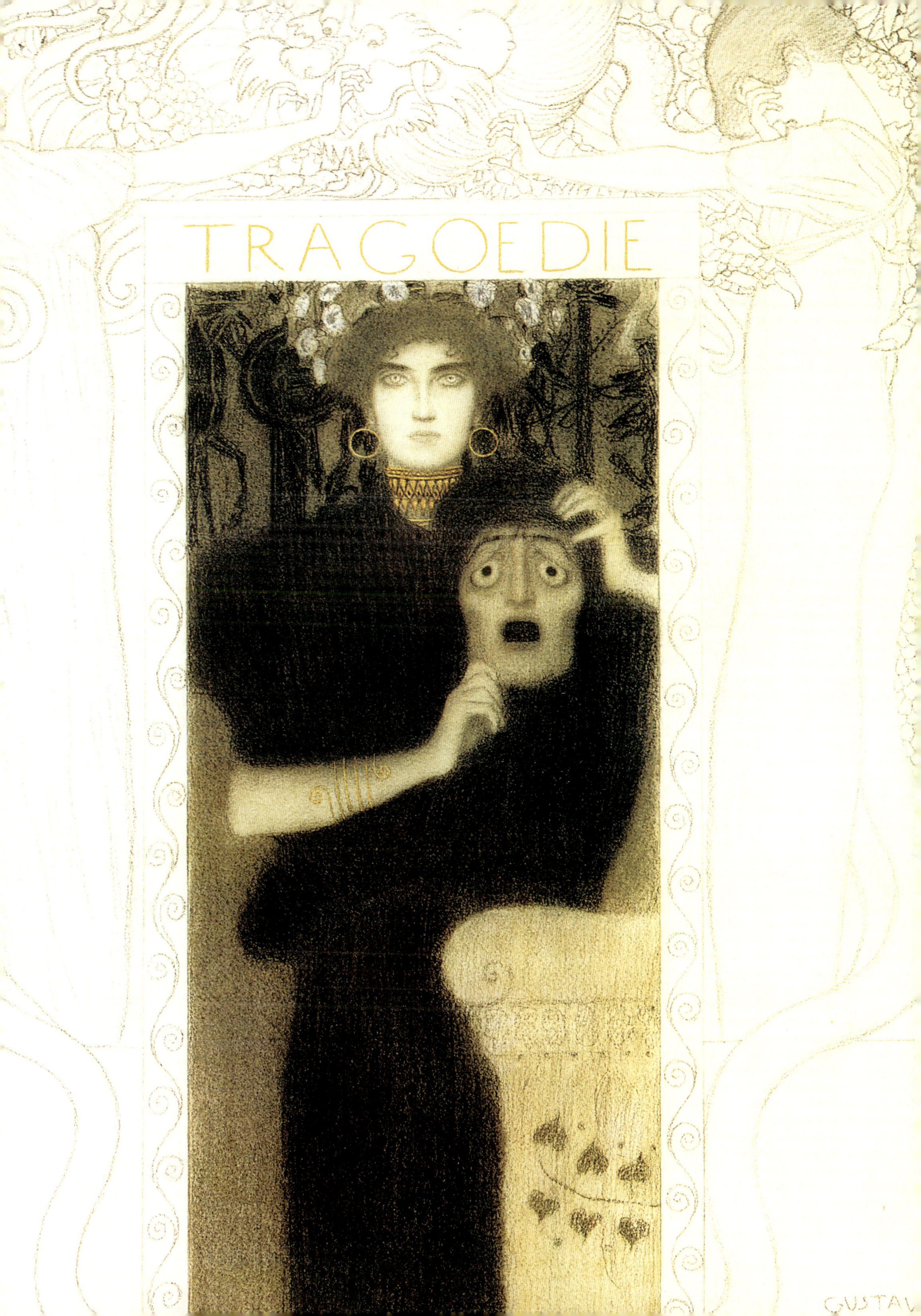
TRAGOEDIE
GUSTAV

PORTRET SONJI KNIPS
1898
Olej na płótnie
145 x 145 cm
Österreichische Galerie, Wiedeń

To pierwszy portret, w którym w większej skali Klimt zastosował kwadratowy format zainicjowany rysunkiem *Junius* z 1896 roku. Modelką jest Sonja Knips, dama z wiedeńskich wyższych sfer zaprzyjaźniona z artystami dyktującymi wówczas normy estetyczne. Razem z małżonkiem bardzo aktywnie włączyła się w prowadzenie Wiener Werkstätte, warsztatów dla rzemieślników pod egidą Secesji Wiedeńskiej.

Upozowana na brzegu jasnego fotela kobieta przyodziana jest w lekką jak mgiełka suknię. Technika laserunku (polegającą na nakładaniu na obraz cienkich warstw przezroczystej lub prawie przezroczystej farby) pozwoliła artyście osiągnąć efekt gry świateł przenikających przez warstwy tiulu. Nad głową damy zwieszają się kiście kwiatów, a w prawej dłoni trzyma czerwony zeszyt.

Może był to szkicownik Klimta, który nie zachował się do dziś, ale posłużył jako barwny rekwizyt, dodając dramaturgii wizerunkowi zastygłej w pozie oczekiwania damie. Artysta zastosował wiele środków wyrazu, do których później wracał w portretach kobiecych, m.in. w *Portrecie Fritzy Riedler* (1906) czy *Adele Bloch-Bauer I* (1907): kompozycję diagonalną, w której postać portretowana zajmuje tylko jedną stronę obrazu; rysy twarzy oddane z fotograficzną precyzją, niewyraźne kontury sylwetki i stroju, motywy kwiatowe w okolicy głowy.

Portret wystawiono po raz pierwszy na II Wystawie Secesji Wiedeńskiej na przełomie listopada i grudnia 1898 roku w budynku wzniesionym na tę okazję przez Josepha Marię Olbricha (Klimt zaprezentował wtedy również drugie płótno – *Pallas Atena*). Obraz spotkał się z wielkim uznaniem krytyki i bywał jeszcze wielokrotnie wystawiany na prestiżowych imprezach, takich jak Biennale w Wenecji w 1958 roku czy „Wien um 1900" w Wiedniu w 1964 roku.

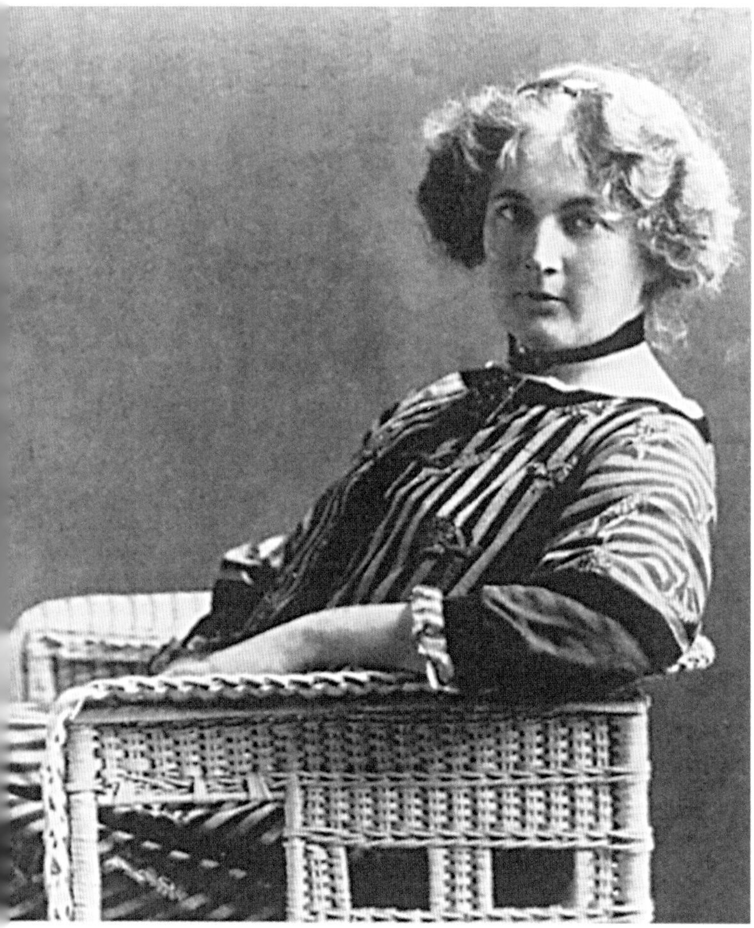

FOTOGRAFIA SONJI KNIPS
Zbiory prywatne

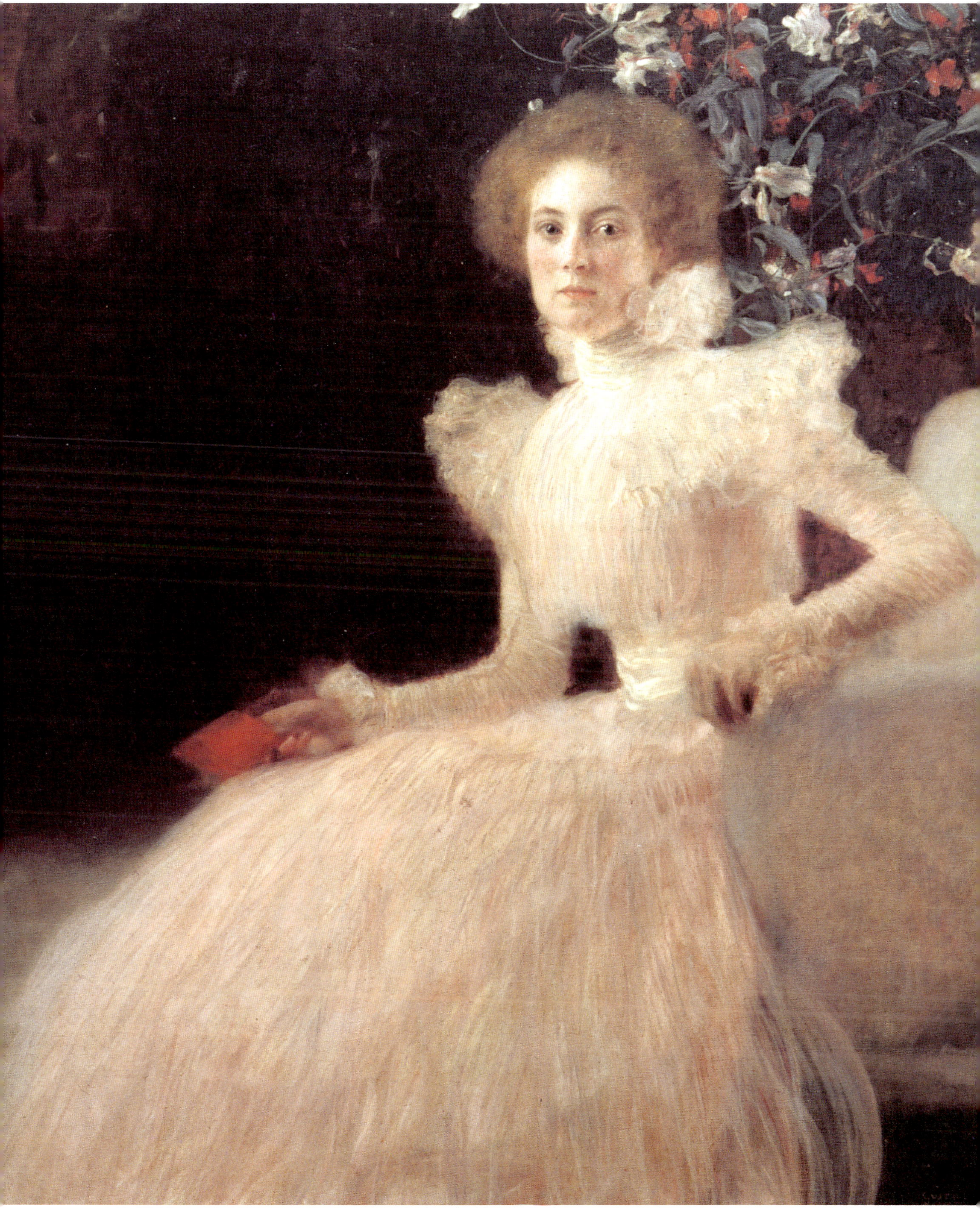

Pallas Atena
1898
Olej na płótnie
75 x 75 cm
Historisches Museum, Wiedeń

Towarzysząca *Portretowi Sonji Knips* na II Wystawie Secesji Wiedeńskiej (1898) *Pallas Atena* również wzbudziła zachwyt krytyki i publiczności. Grecka bogini pojawiała się wcześniej w ikonografii secesyjnej: w 1892 roku dzięki Franzowi von Stuckowi stała się symbolem Secesji Monachijskiej na plakatach ugrupowania i w czasopismach. Jako protektorka sztuki oraz greckiej *polis* znalazła się także pośród monumentalnych rzeźb zdobiących w dwóch kompleksach budynki przy Ringstrasse. Pierwszy z nich ozdobił kopułę nowego Kunsthistorisches Museum, drugi budynek parlamentu.

Doniosłość wizerunku podkreśla wykuta w miedzi tłoczona rama z inskrypcją PALLAS ATHENE, wykonana przez brata artysty Georga, rzeźbiarza. Zwrócona przodem do widza bogini w lewej ręce dzierży włócznię, atrybut bogini sprawiedliwej wojny i mądrości, a w prawej niewielką statuetkę nagiej kobiety z rozpostartymi ramionami. Jest to Nike, nazywana także skrzydlatą Victorią, córka tytana Pallasa i nimfy podziemnej rzeki Styks. Klimt chętnie powracał do tej postaci, którą wykorzystał już do dekoracji w Kunsthistorisches Museum (*Starożytna Grecja II*, 1890–1891) i która pojawiła się następnie na plakacie Wystawy Secesji (1898) oraz na obrazie *Nuda Veritas* (1899).

Nawiązania do mitologii widoczne są zarówno w złotym medalionie zdobiącym górną część napierśnika, jak i w tle obrazu. Głowę Gorgony przedstawił Klimt w sposób prześmiewczy i odbiegający od przyjętego w tradycyjnej ikonografii – z wystawionym językiem. Scena walki między Herkulesem a Trytonem w tle (typowy motyw waz czarnofigurowych), spowita ciemnościami, utrudnia ustalenie jej autorstwa. Obraz bywał odczytywany jako odzwierciedlenie tlącego się w owym czasie konfliktu między członkami Secesji Wiedeńskiej, który ostatecznie doprowadził do rozłamu.

Klimt połączył kontekst socjopolityczny oraz fakty z życia osobistego z językiem artystycznym o klasycznym rodowodzie. Zimny i wyniosły wizerunek Ateny jest reprezentatywny dla ówczesnego stylu artysty i epoki: przywodzi na myśl *femmes fatales* z powstałych równolegle obrazów symbolisty Fernanda Khnopffa.

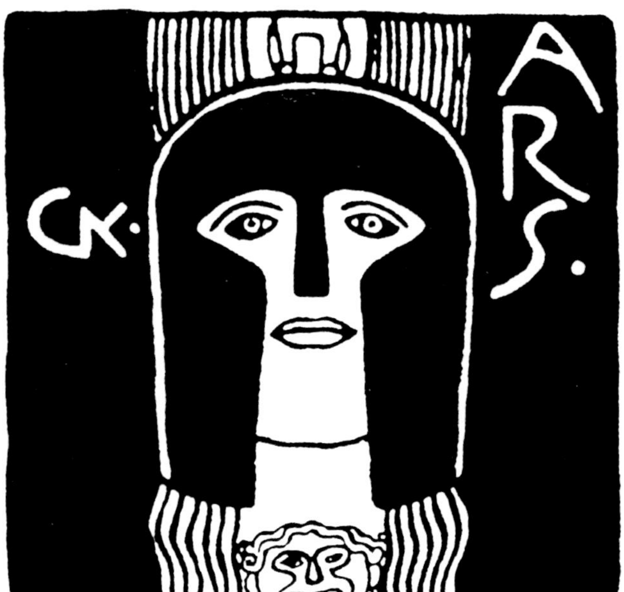


Sztuka (fragment)
Rysunek z „Ver Sacrum", nr 3, 1900.

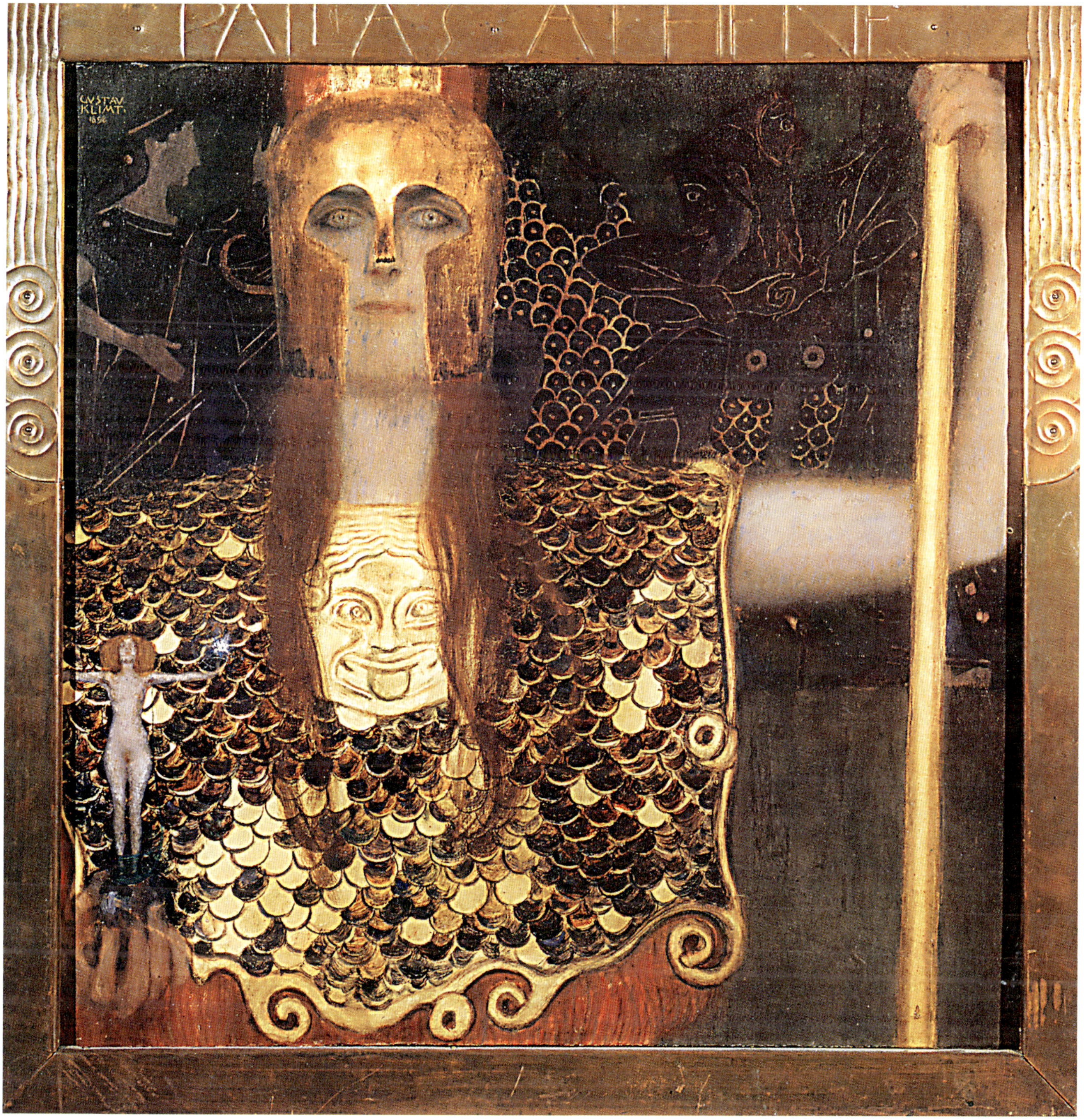
PALLAS ATHENE
GUSTAV KLIMT

**Wzburzona woda**
1898
Olej na płótnie
52 x 65 cm
Zbiory prywatne

Miłośnicy sztuki po raz pierwszy mieli okazję zobaczyć ten obraz podczas II Wystawy Secesji Wiedeńskiej na przełomie listopada i grudnia 1898 roku. Budynek, w którym się odbywała, wzniesiony został specjalnie na tę okazję przez Josepha Marię Olbricha. Krytycy, m.in. Ludwig Hevesi, entuzjastycznie przyjęli *Wzburzoną wodę* jako dzieło oniryczne oraz pełne fantazji skojarzenie nieujarzmionej natury z erotyką emanującą z ciał nagich kobiet – tajemniczych i eterycznych.

Podobne ujęcia dość często pojawiały się na obrazach europejskich symbolistów: nimfy wodne metaforycznie ucieleśniały sekret kobiecej seksualności, będącej podówczas przedmiotem badań naukowych i psychologicznych.

W Niemczech dzieła tego typu cieszyły się największą popularnością i uznaniem, ponieważ bajkowe stwory i wróżki, w XIX wieku żywe jeszcze w przekazach ustnych, zagościły w masowej wyobraźni dzięki operom Richarda Wagnera oraz baśniom braci Grimm, którzy postanowili spisać i uwiecznić krążące wśród ludu legendy.

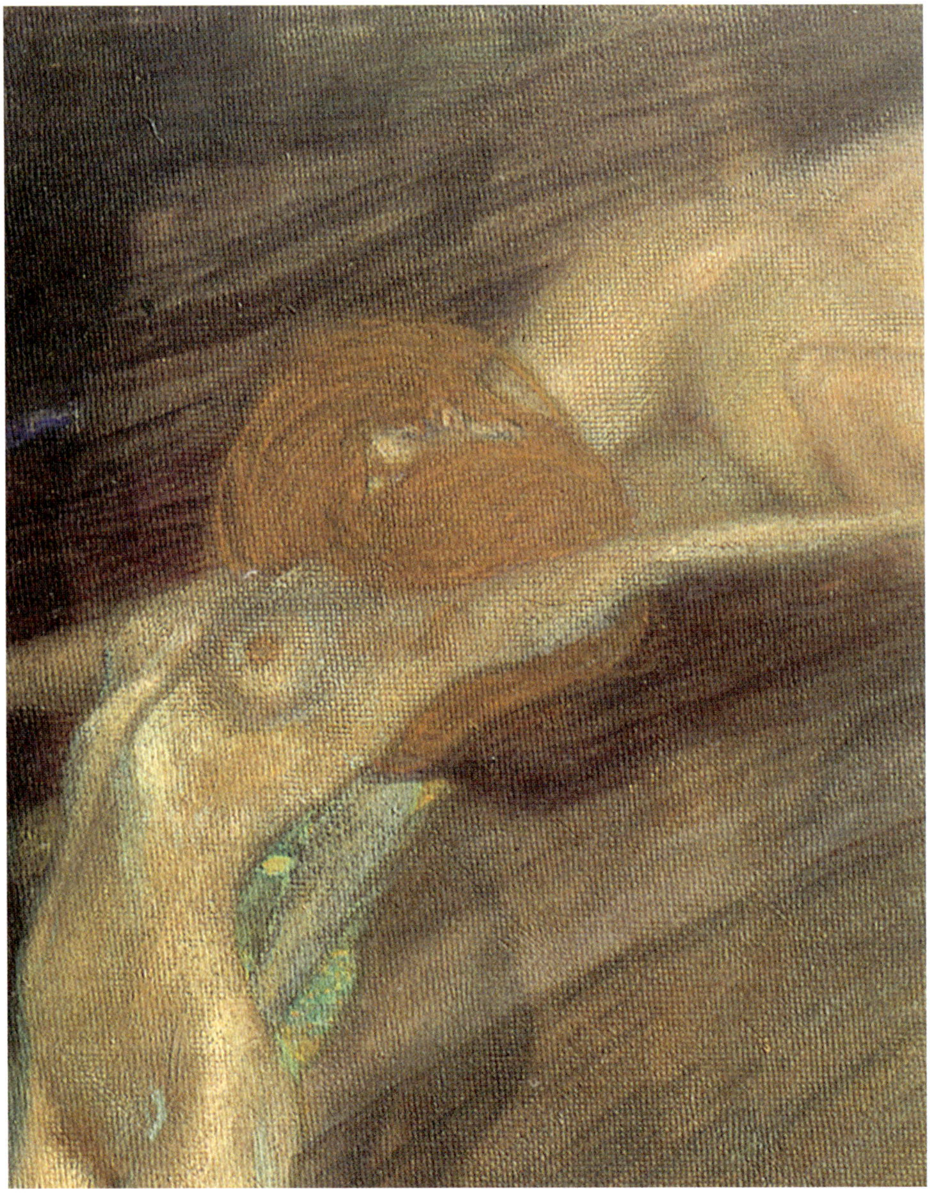

**Wzburzona woda (fragment)**

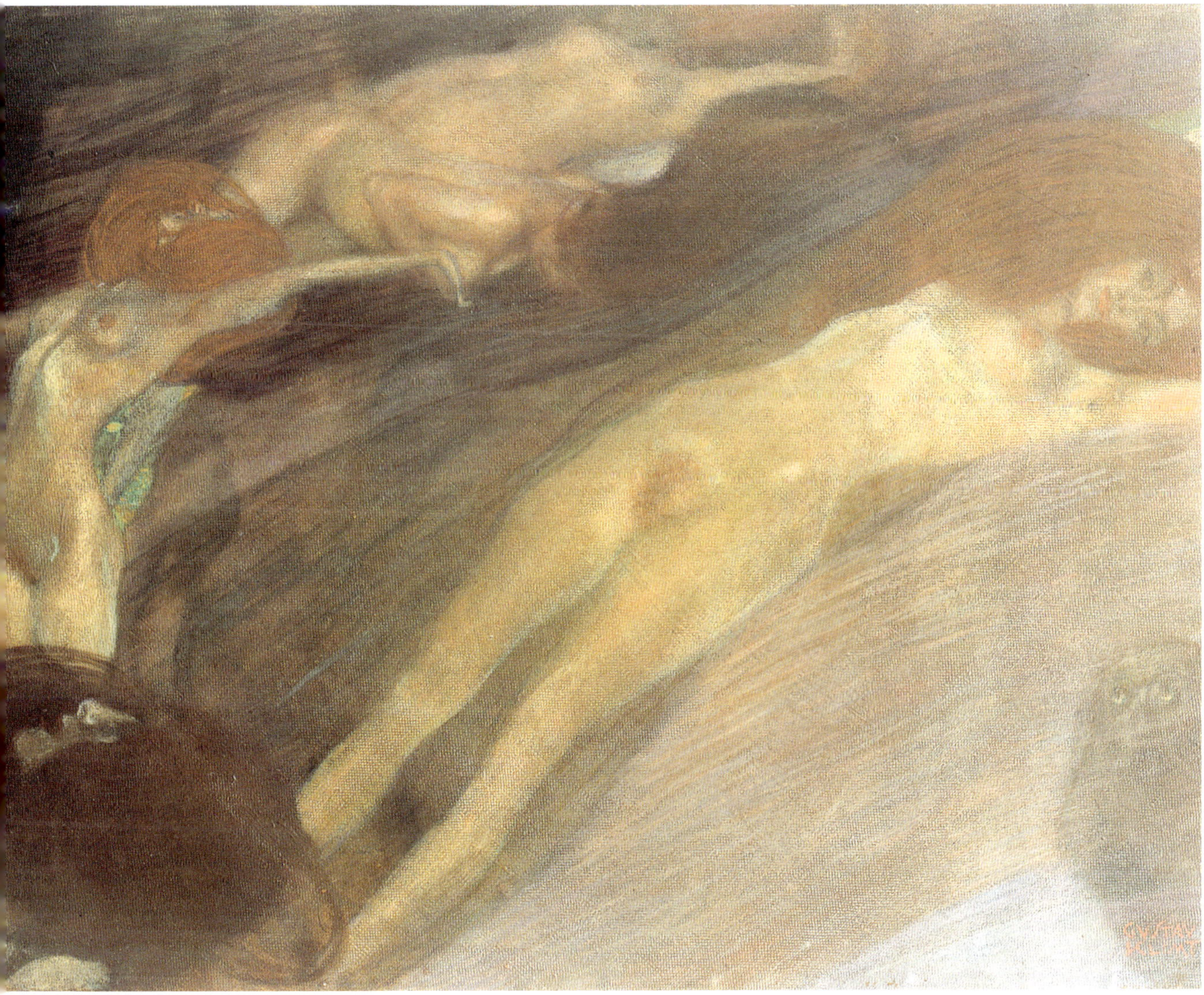

Nimfa wodna symbolizująca siły natury bywała często motywem twórców związanych z nowymi kierunkami artystycznymi, którzy dążyli do stworzenia Wiedeńskiej Secesji jako sprzeciwu wobec nowoczesnej industrializacji. W latach 1897–1898 nimfa pojawia się z nieznacznymi modyfikacjami u wielu autorów. Josef Engelhart w *Letnim dniu* (1897) wybrał scenerię rozświetlonego lasu, Gustav Klimt natomiast przedkładał ponad wszystko żywioł wodny, czemu dał wyraz w rysunku *Krew ryby* do pierwszego numeru „Ver Sacrum" z marca 1898 roku oraz w datowanym na ten sam rok olejnym obrazie *Wzburzona woda*.

Mimo różnej techniki oba dzieła wiedeńskiego artysty oparte są na tej samej koncepcji. Kobiece postaci płyną, opadają lub wznoszą się na falach i poddają się wirowi wody, a wyraźnie zaznaczone atrybuty ich płci – piersi i biodra – emanują erotyzmem. Ich zmysłowość podkreśla dobór odpowiednich barw. Kolor pomarańczowy i czerwień wspaniale uwydatniają usta oraz włosy nimf. Taki wizerunek kobiety – jako istoty delikatnej, omdlewającej, a jednak tajemniczej i dlatego niepokojącej – to wpływ ówczesnych

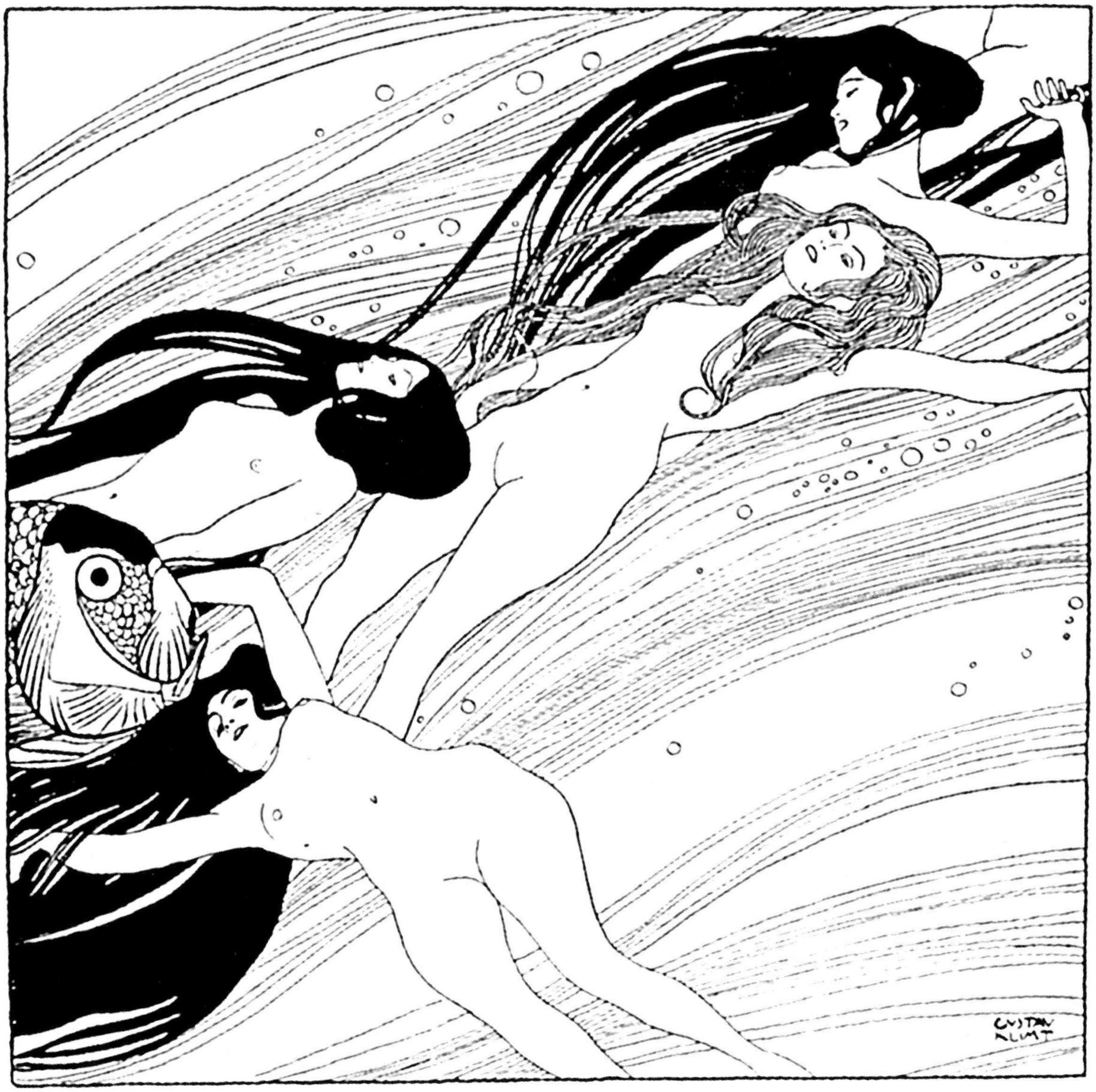


KREW RYBY
1898
Rysunek piórkiem
Reprodukcja w 1. numerze „Ver Sacrum"

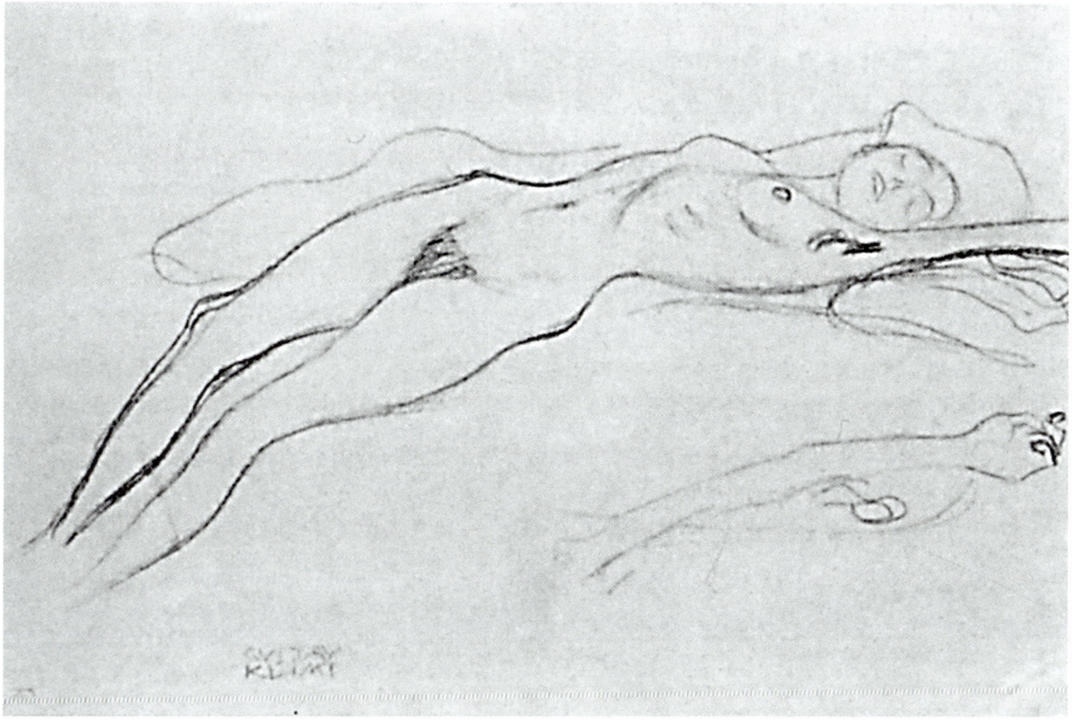

Szkic
do *Wzburzonej wody*
1898
Czarne pastele
Neue Galerie am
Landesmuseum
Joanneum, Graz

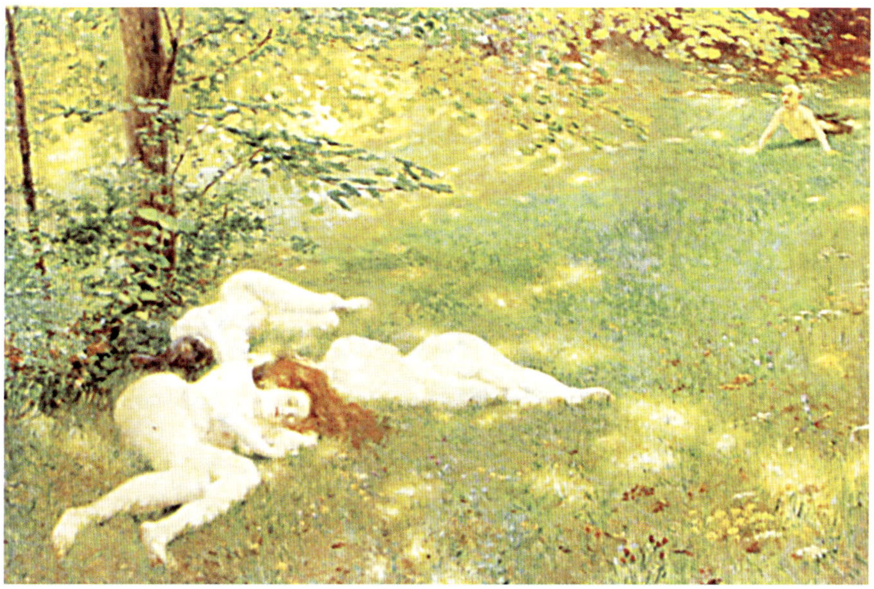

**JOSEF ENGELHART**
Letni dzień
Olej na płótnie
1897
Zbiory prywatne

koncepcji psychoanalitycznych oraz twórczości angielskich prerafaelitów. W tym dziele, będącym alegorią wszechobecnego cierpienia, Klimtowi udało się doskonale oddać klimat społecznych i estetycznych niepokojów tamtej epoki. Motyw ten pojawił się jeszcze w innych obrazach artysty, takich jak *Nimfy/Srebrne ryby* z 1899 roku, *Złote rybki* (1901–1902) czy *Węże wodne* (1904–1907). Powrócił również w twórczości następnych generacji malarzy, m.in. wiedeńskich ekspresjonistów.

**Nimfy/Srebrne ryby**
1899
Olej na płótnie
82 x 52 cm
Zentralsparkasse, Wiedeń

Motyw nimfy pozwalał Klimtowi na połączenie erotycznej siły kobiecego ciała z wszechogarniającą dynamiką przepływu wody. Od czasu, kiedy pojawił się w rysunku *Krew ryby* oraz na płótnie *Wzburzona woda* (1898), na stałe zagościł w twórczości malarza. W 1899 roku odbyła się III i IV Wystawa Secesji Wiedeńskiej, a Klimt namalował *Nimfy*, obraz znany również jako *Srebrne ryby*. Dzieło silnie kontrastuje z kolejnym o tej samej tematyce zatytułowanym *Złote rybki* (1901–1902). Głównymi postaciami *Nimf* są ondyny występujące w mitologii germańskiej i skandynawskiej. Klimt przedstawił je jako istoty złowróżbne i groźne, podobnie jak *femmes fatales* z obrazów *Judyta* (1901) czy *Judyta II / Salome* (1909).

Kobiece ciała nie poddają się nurtowi jak na obrazie *Wzburzona woda*. Widać jedynie ich głowy, sylwetki zaś zastępują ciemne fale. Linia oraz koncepcja dzieła ujawniają wyraźny wpływ nowej sztuki. Unieruchomione na zielonym tle wody nimfy przywodzą na myśl morskie algi. Uwagę widza zwracają ich agresywne spojrzenia oraz rozchylone w pożądaniu usta – zmysłowe, ale niebezpieczne, śmiertelnie niebezpieczne.

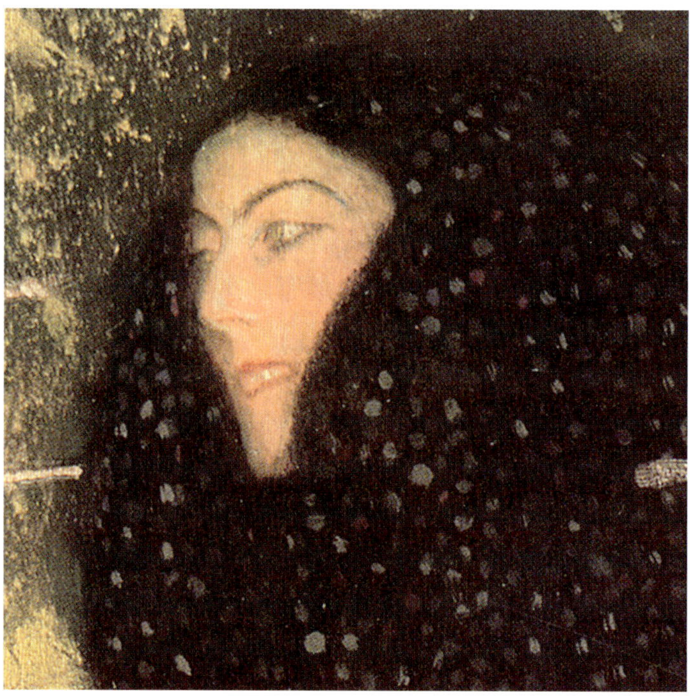

**Nimfy/ Srebrne ryby (fragment)**

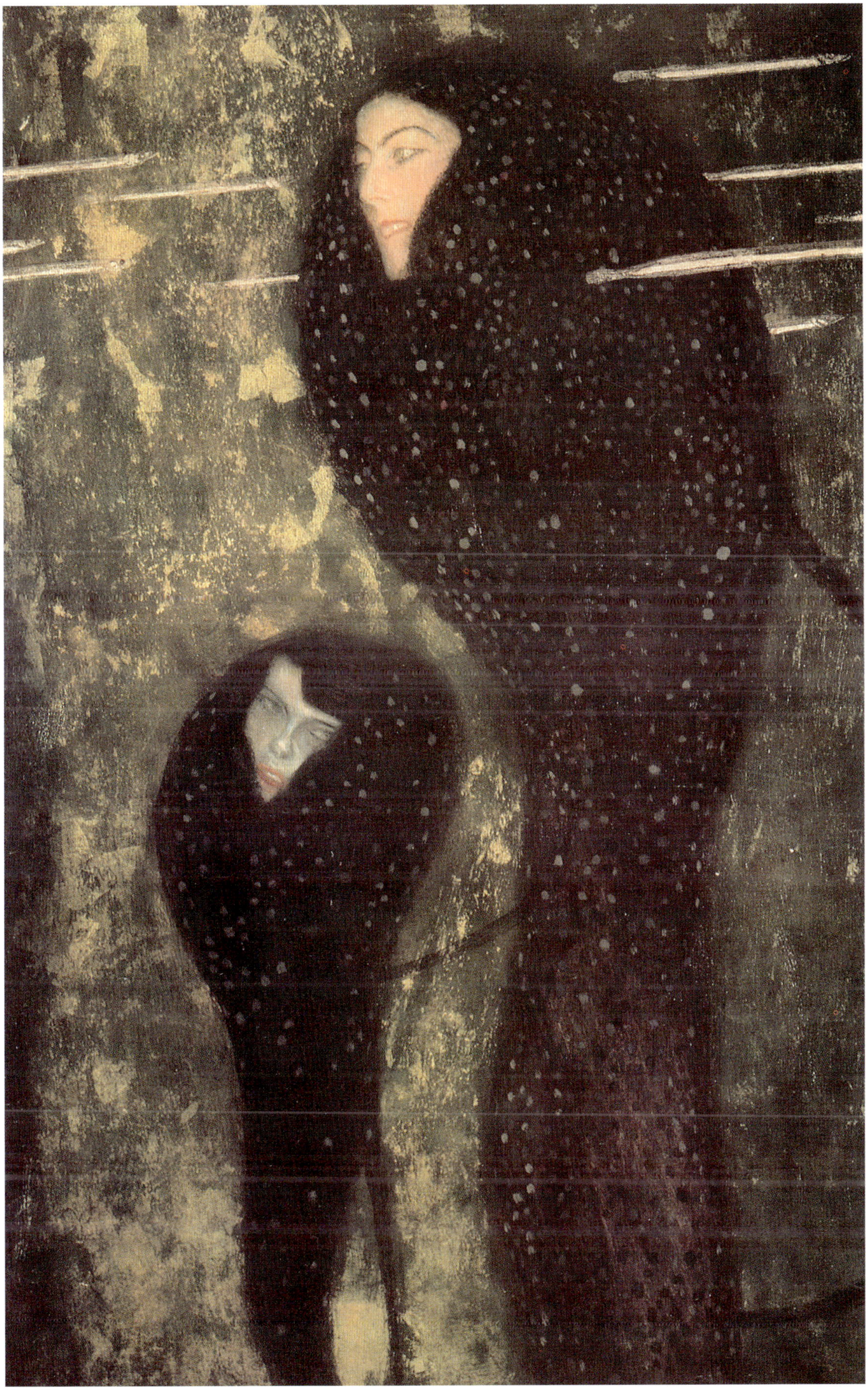

Złote rybki
1901–1902
Olej na płótnie, 150 x 46 cm
Zbiory prywatne

Niedługo po *Nimfach* Gustav Klimt namalował *Złote rybki* i zaprezentował obraz na XIV Wystawie Secesji Wiedeńskiej w lutym 1902 roku. Dzieło wywołało skandal. Stało się to za sprawą pierwszoplanowej postaci, nagiej nimfy ukazanej od tyłu, która odwraca twarz z ironicznym uśmiechem do widza co zinterpretowano jako prowokację skierowaną przeciw krytykom obrazów uniwersyteckich. Wzburzenie było tak silne, że obraz usunięto podczas inauguracji Wielkiej Wystawy Sztuki w Dreźnie w 1904 roku, na którą zaproszony był książę Saksonii. Nieważkie nimfy na obrazie swobodnie unoszą się ku górze, a bujne rude włosy wiją się wokół ich ponętnych ciał.

Nie tylko dynamiczna kompozycja odróżnia ten obraz od poprzedniego. Twarze tytułowych złotych rybek są świeże i przyjazne, nie budzą grozy jak oblicza owych *femmes fatales* z *Nimf*. Pogodny nastrój kompozycji podkreślają ciepłe barwy z przewagą koloru złotego, charakterystycznego dla tego etapu twórczości Klimta.

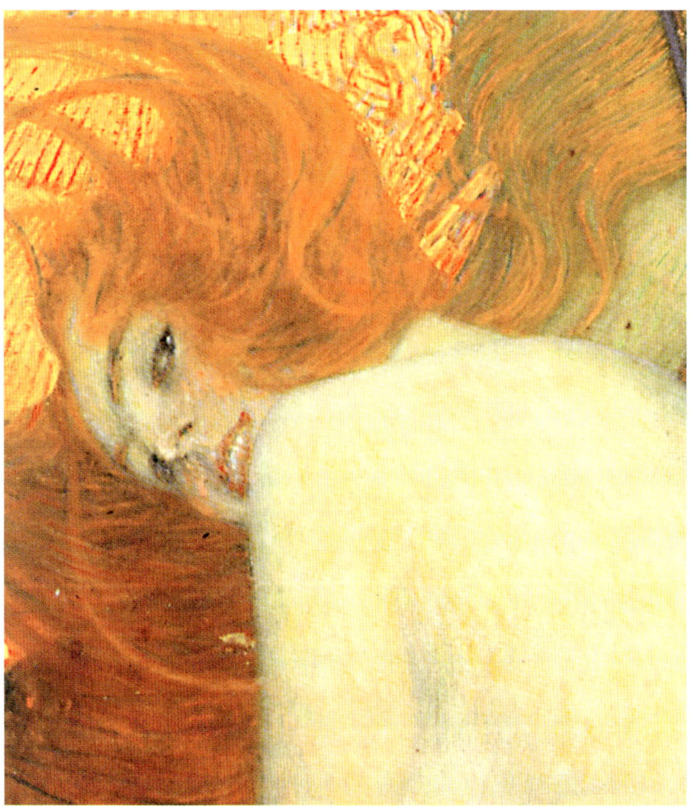

Złote rybki (fragment)

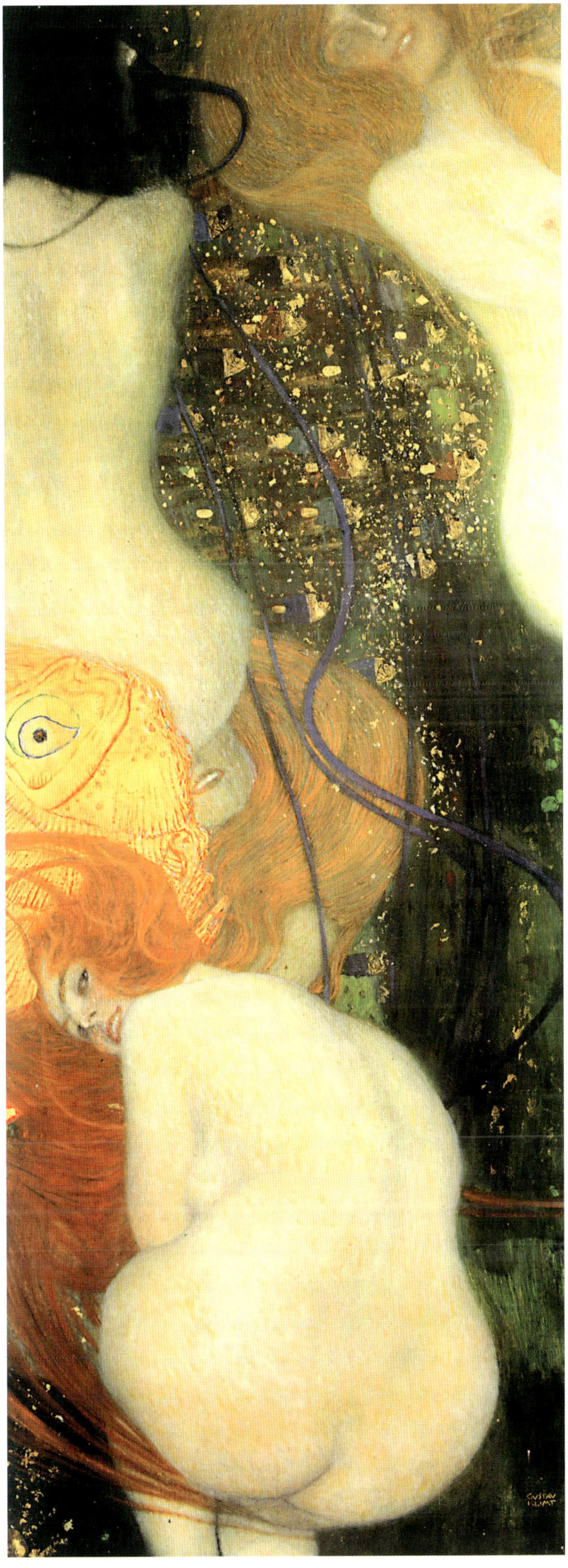

Portret damy
1897–1898
Kredka pastelowa na papierze
51,2 x 27,7 cm
Allen Memorial Art Museum, Oberlin, Ohio

W bogatej twórczości Gustava Klimta kobiety zawsze zajmowały eksponowane miejsce. Od początku, być może pod wpływem panującego wtedy w Europie symbolizmu, kobieta stanowiła dla artysty niewyczerpane źródło natchnienia. Inspirowały go autentyczne postaci (*Portret Sonji Knips*, 1898; *Portret Sereny Lederer*, 1899), bohaterki mitologiczne (*Pallas Atena*, 1898) i literackie (*Judyta I*,1901), fantasmagoryczne zjawy ze świata legend (*Nimfy*, 1899; *Złote rybki*, 1901–1902) oraz kobiece personifikacje (*Muzyka I*, 1895; *Nadzieja I*, 1903).

Mimo odmiennej tematyki kompozycja portretów kobiecych oparta była na tej samej koncepcji. Z wyjątkiem *Portretu Sonji Knips*, na którym modelka ukazana została na tle ogrodu, kobiety Klimta są tajemnicze i kompletnie wyizolowane z realnego świata – ich przemawiające do wyobraźni pozy pozbawione są realnego kontekstu. Moda na dekoracyjne tło, tak charakterystyczna dla epoki, sprawiała, że coraz więcej ornamentów otaczało modelki, zawłaszczając przestrzeń dostępną dla kobiecego ciała. Klimt, chcąc wyeksponować postać kobiecą, jej zmysłowość i piękno, zrezygnował z ozdób w tle. Od płaskich bogato zdobionych tkanin, którymi okrywają zdematerializowane i eteryczne ciała kobiet, wyraźnie odcinają się ich twarze i dłonie. To zwykle jedyne oznaki ich indywidualności, a nawet fizycznej obecności, jak na obrazie po prawej. Ostatnie namalowane przed śmiercią artysty portrety kobiece są wynikiem tej właśnie szalenie indywidualnej koncepcji malarskiej. Chociaż większość obrazów pozostała nieukończona, bez trudu dostrzec w nich można charakterystyczną technikę i zamysł Klimta. Na *Portrecie damy* (1916–1917) tło oraz fałdy sukni zostały wykonane dynamicznymi pociągnięciami pędzlem, natomiast twarz modelki jest wyrazista dzięki niewyobrażalnej precyzji mistrza. W *Portrecie damy w bieli* (1917–1918) zastosował te same zabiegi stylistyczne, zarówno jeśli chodzi o upozowanie portretowanej, jak i brawurowe prowadzenie pędzla.

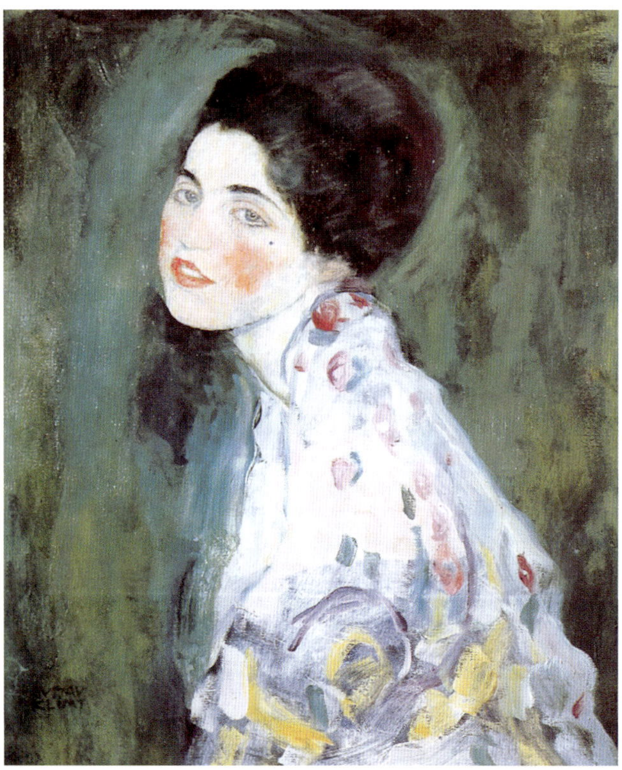

Portret damy
1916–1917
Olej na płótnie, 60 x 55 cm
Galleria Ricci Oddi, Piacenza

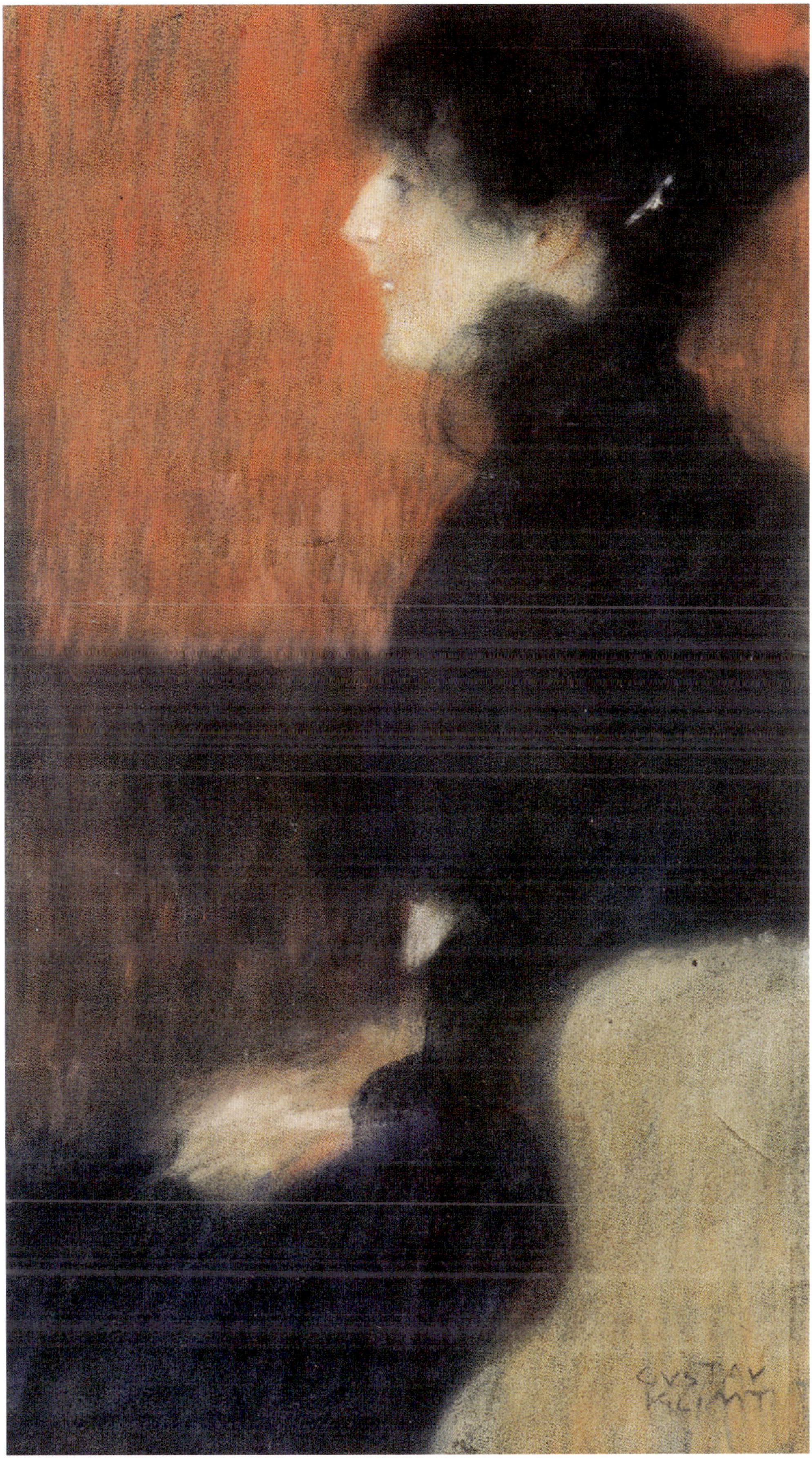
GVSTAV
KLIMT

**PORTRET DAMY EN FACE**
1917–1918
Olej na płótnie
67 x 56 cm
Neue Galerie, Linz Wolfgang Gurlitt Museum

To powstałe w latach 1917–1918 dzieło należy do najciekawszych portretów artysty, gdyż w nim właśnie widać ewolucję środków artystycznego wyrazu. Delikatna kreska bardziej pasowałaby do rysunku niż do obrazu olejnego. Ciało kobiety, niemal przezroczyste, zostało nakreślone paroma zaledwie różnobarwnymi i przeplatającymi się liniami, które doskonale wyodrębniają zarys sylwetki. Z brawurowo tańczących na płótnie linii wyłania się twarz, wyrazista, niewzruszona i patrząca przed siebie. Jej bladość i matowy odcień wyraźnie kontrastują z eterycznym ciałem, którego stanowi zwieńczenie. W odróżnieniu od sylwetki głowa została namalowana z fotograficzną precyzją, co może sugerować, że Klimt właśnie na nią chciał zwrócić uwagę widza.

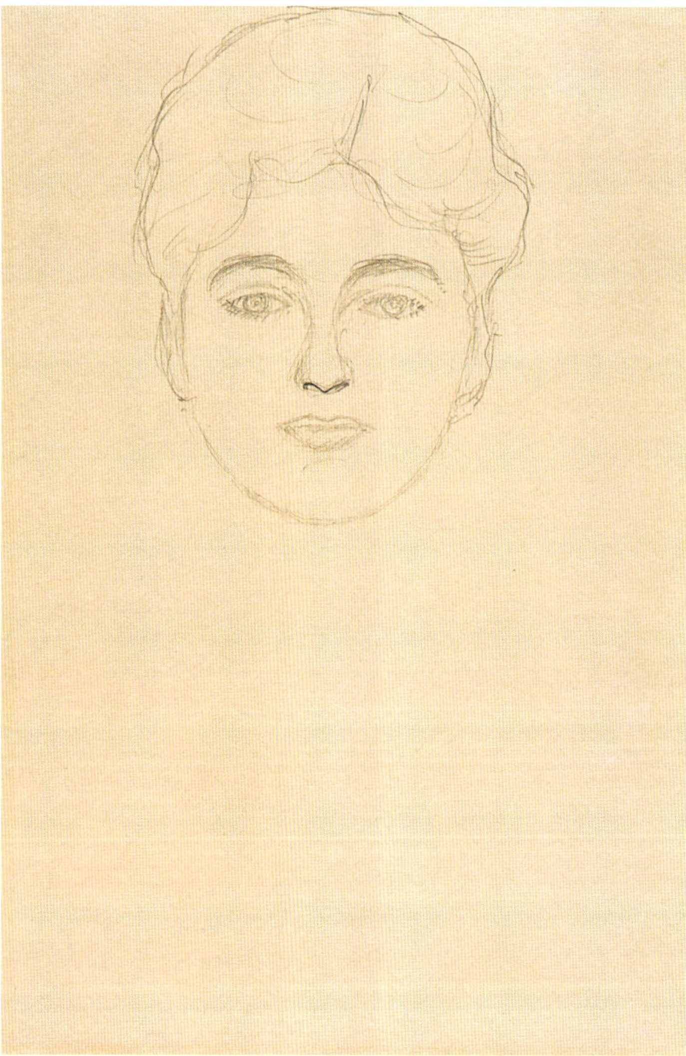

**STUDIUM GŁOWY KOBIECEJ**
1917–1918
Ołówek na papierze
50,2 x 32,5 cm
Kolekcja Sabarsky'ego, Nowy Jork

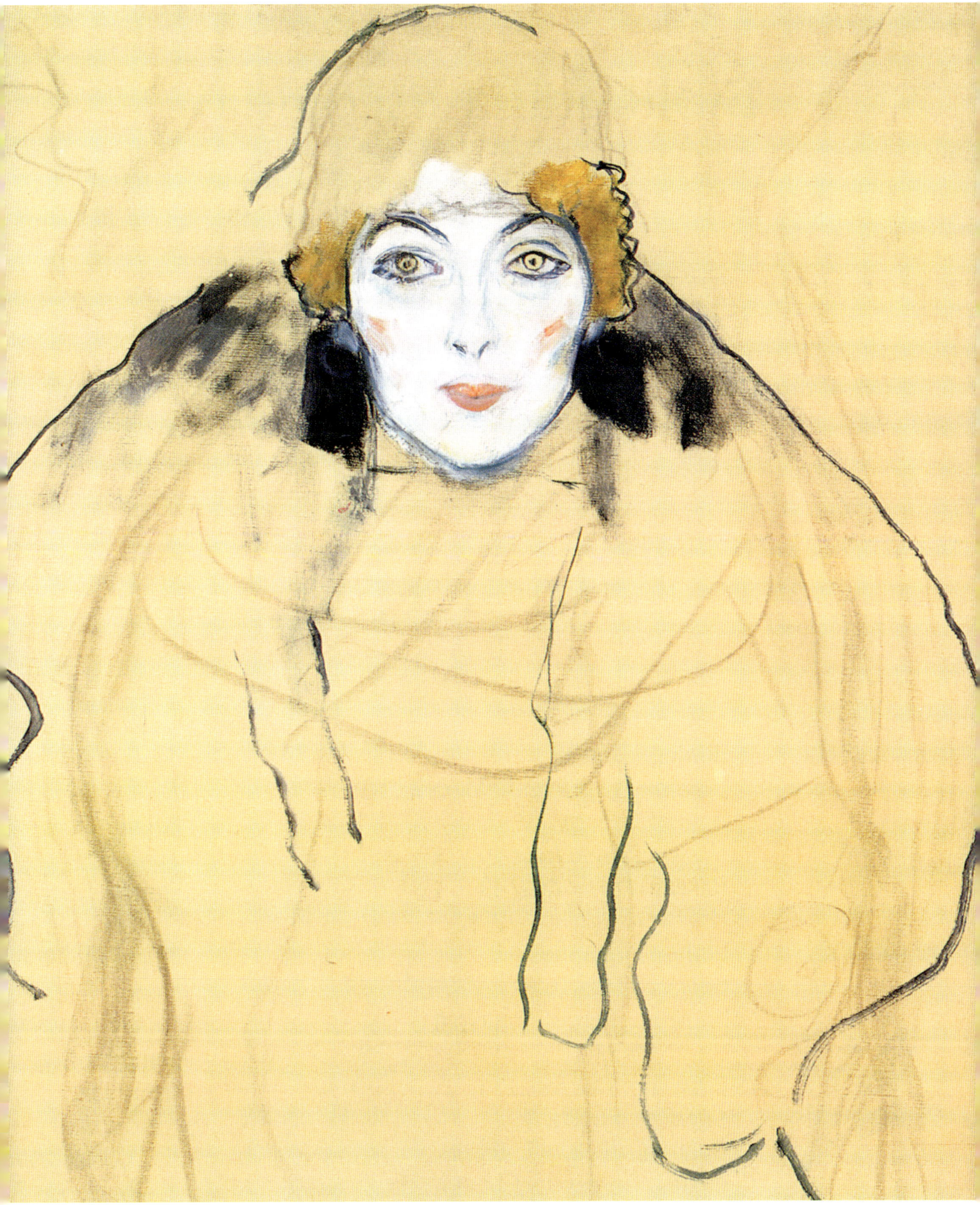

**Schubert przy fortepianie**
1899
Olej na płótnie
150 x 200 cm
Zniszczony podczas pożaru zamku Immendorf (1945)

W 1898 roku bogaty przemysłowiec Nikolaus Dumba powierzył Gustavowi Klimtowi udekorowanie sali muzycznej w swoim pałacu. Nieistniejący dziś gmach mieścił się przy Parkringstrasse w Wiedniu. Artysta zaprojektował dekoracje naścienne z marmuru, pozłacanego brązu oraz mahoniu; pokrył też ściany malowidłami: *Muzyka II* oraz *Schubert przy fortepianie* zdobiły wejścia do pomieszczeń (supraporty). Oba płótna spłonęły w 1945 roku podczas pożaru zamku Immendorf, do którego zostały przewiezione w obawie przed bombardowaniami. Wcześniej przez wiele lat były ozdobą kolekcji Ledererów. Pewne wyobrażenie o tym, jak wyglądały te utracone arcydzieła, daje zachowane do dziś wstępne studium wykonane ołówkiem między 1897 a 1898 rokiem, szkic olejny (*bozzetto*) do płótna *Schubert przy fortepianie* oraz zdjęcia oryginałów.

*Schubert przy fortepianie* należy do nielicznych w twórczości Klimta dzieł (oprócz *Portretu Josefa Pembauera*, 1890, oraz *Portretu aktora Josefa Lewinsky'ego*, 1895) poświęconych mężczyznom. Tym, co łączyło portretowanych, była ich przynależność do świata sztuki. *Schubert przy fortepianie* nie jest więc wyjątkiem. Jego modelem był wiedeński kompozytor Franz Peter Schubert (1797–1828), fascynujący ówczesnych odbiorców sztuki niezwykłymi kompozycjami, w których znalazły odzwierciedlenie jego własne przeżycia.

Układ kompozycyjny zniszczonego płótna i studium wstępnego jest identyczny. Muzyk został uwieczniony na siedząco i z profilu; towarzyszy mu stojąca kobieta. Na kolorowych szkicach kompozytor trzyma dłonie na klawiaturze fortepianu, a za jego plecami stoją trzy asystujące osoby, które słuchają jego muzyki.

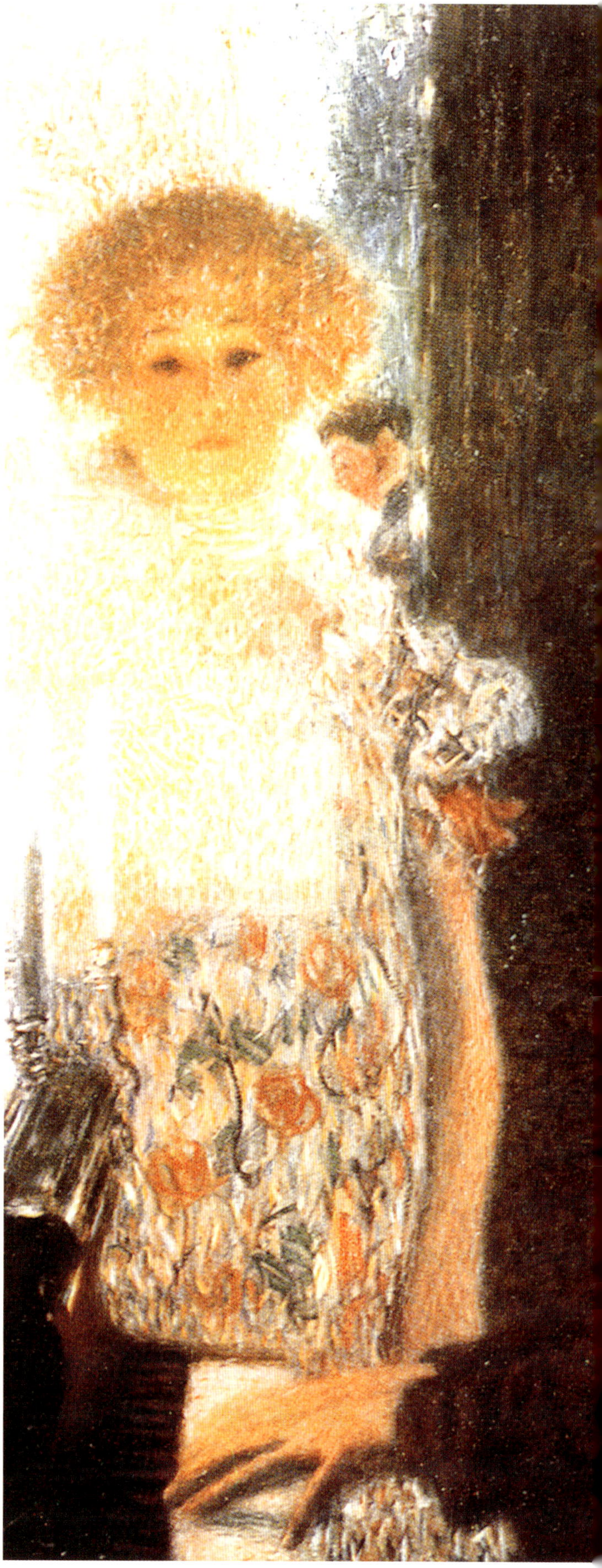

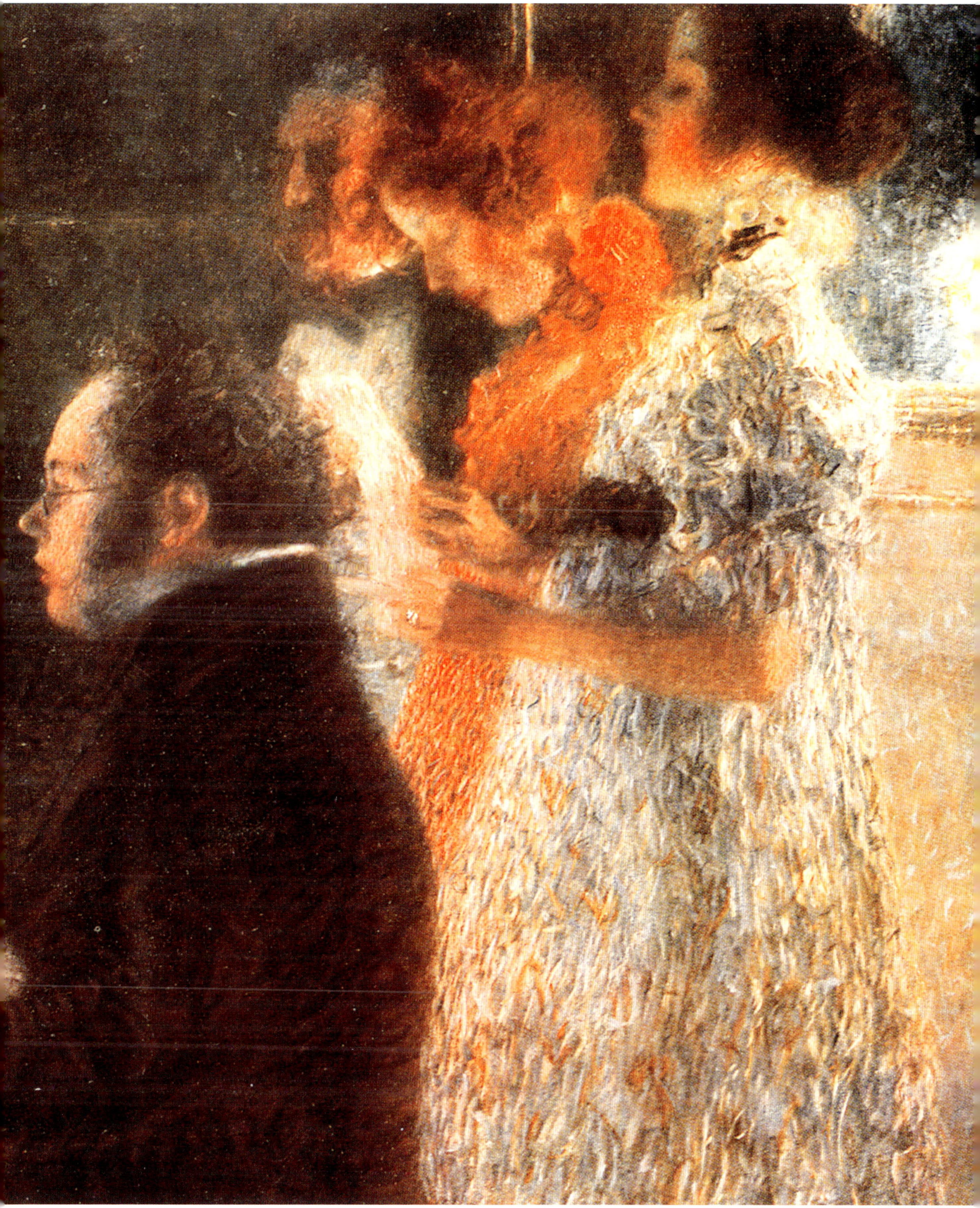

Niektórzy historycy sztuki są zdania, że płótno nie przedstawia Schuberta kompozytora, lecz raczej nauczyciela gry na fortepianie. W latach 1818–1824 artysta spędzał wakacje w Zseliz, letniej siedzibie księcia Esterhazy, i udzielał lekcji książęcym córkom.

Płótno zaprezentowane na IV Wystawie Secesji Wiedeńskiej w marcu 1899 roku przyjęto z zachwytem. Mimo to nie jest ono reprezentatywne dla Klimta. Po pierwsze, portretowanie mężczyzn należało do wyjątków w twórczości malarza; po drugie, swobodne pociągnięcia pędzlem oraz świetliste refleksy są raczej typowe dla postimpresjonistów niż dojrzałych dzieł artysty, technicznie zwartych, a zarazem subtelnych.

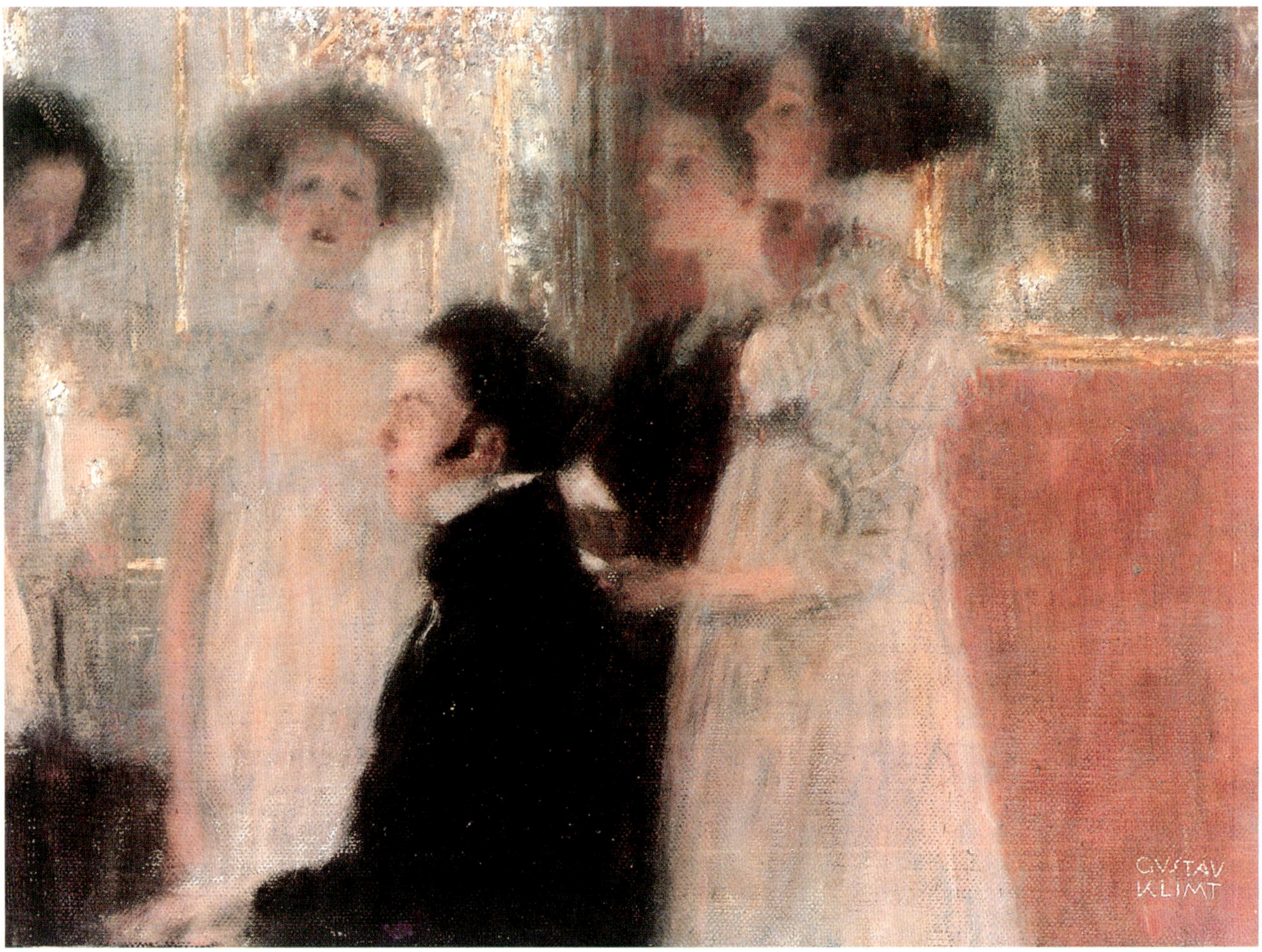


STUDIUM DO *SCHUBERTA PRZY FORTEPIANIE*
1899
Szkic olejny (bozzetto)
Historisches Museum, Wiedeń

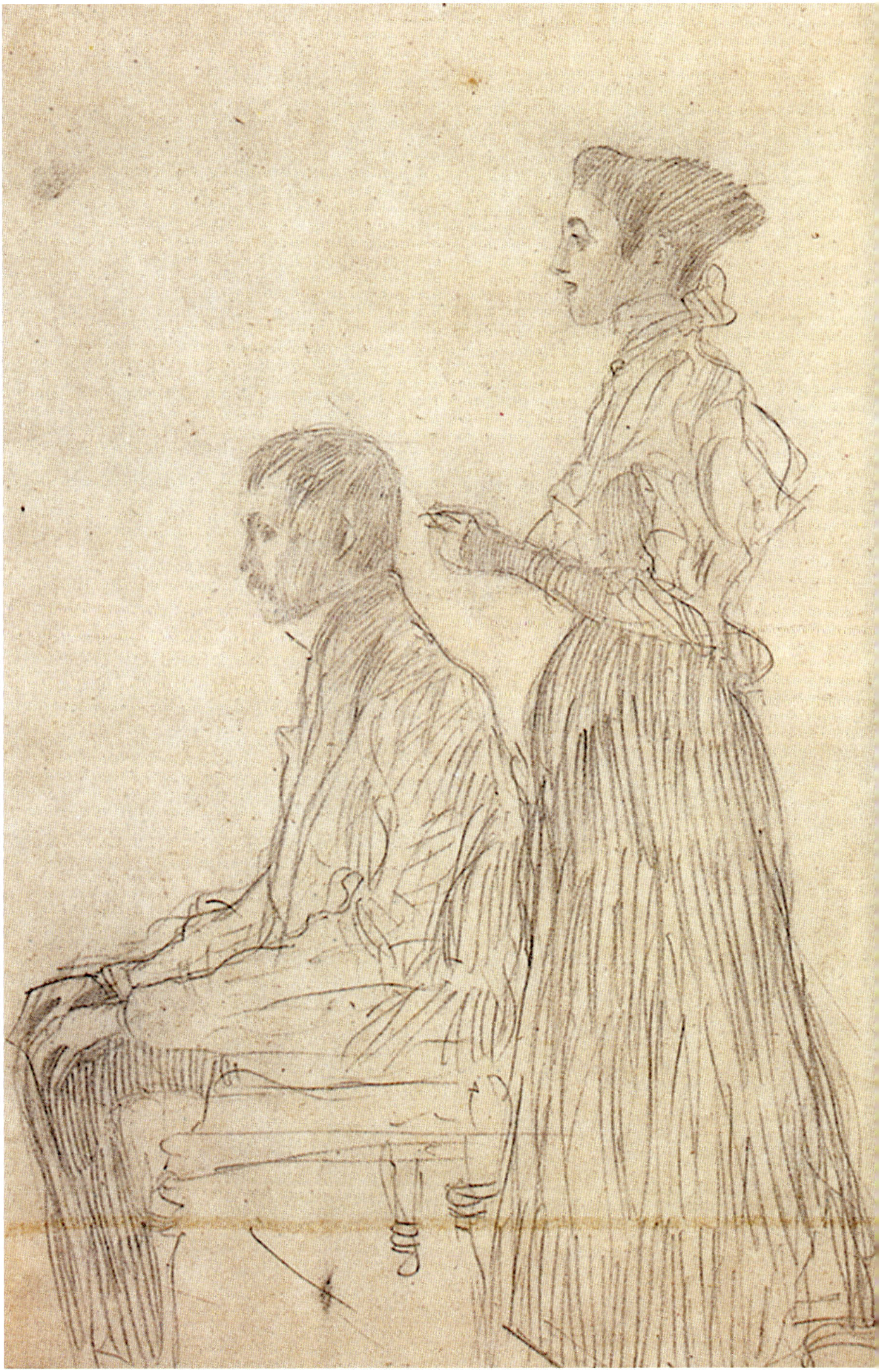

Szkic
do *Schuberta*
*przy fortepianie*
1897–1898
Ołówek,
45,2 x 31,8 cm
Historisches
Museum, Wiedeń

Nuda Veritas
1899
Olej na płótnie
252 x 56,2 cm
Theatersammlung der Nationalbibliothek,
Wiedeń

Po pierwszych przymiarkach, za które należy uznać figurkę obnażonej Victorii z rozpostartymi ramionami z obrazu *Pallas Atena* (1898) oraz opublikowanie w „Ver Sacrum" rysunku (jego kompozycja była niemal identyczna jak wersja końcowa), Klimt namalował *Nuda Veritas*. Dzieło to, podobnie jak *Schuberta przy fortepianie*, zaprezentował na IV Wystawie Secesji Wiedeńskiej w marcu 1899 roku. Inskrypcja w górnej części obrazu wyraźnie dowodzi konfliktu w ugrupowaniu i nawiązuje do kontrowersji, jakie wzbudził nowo obrany przez Klimta kurs. Zgodnie z dewizą Schillera: „Swoimi postępkami i swoją sztuką nie możesz spodobać się wszystkim, przypadnij do gustu niewielu. Źle jest podobać się wielu", którą umieścił na obrazie, Klimt obnażył, pozbawił upiększeń i pokazał „nagą prawdę". Taka nigdy nie zadowala wszystkich, a bezpośredniość zwykle bulwersuje lub wprawia w zakłopotanie.

Całość dostosowana została do wydłużonego formatu płótna. W tle falują linie kojarzące się z morską tonią, a naga kobieta – personifikacja prawdy – ukazana jest *en face*. Kompozycja obrazu mogłaby uchodzić za symetryczną, gdyby nie uniesiona prawa ręka, w której kobieta trzyma lusterko na wysokości twarzy.

Falujące linie przebiegają nie tylko w tle. Falisty kształt mają także bujne rude włosy młodej kobiety i jej rozłożyste biodra. Fale widoczne w tle okalają sylwetkę od głowy aż po stopy, wokół których pełznie ciemny i tajemniczy wąż. Woda, obnażona młoda kobieta oraz węże to motywy powtarzające się w dziełach erotycznych Klimta, takich jak *Nimfy/Srebrne ryby* (1899) czy *Węże wodne/Przyjaciółki* (1904–1907). Kobieta na obrazie symbolizuje prawdę, a wąż, który otacza jej nogi, jest symbolem kłamstw i krętactw, które jej zagrażają. Duże znaczenie przypisuje się trzymanemu w prawej ręce lusterku, które kobieta odwraca ku widzowi. To wezwanie do spojrzenia we własne wnętrze i pozbycia się fałszu symbolizowanego przez węża. Intencja artysty była oczywista: wolność sztuki polega na przedstawianiu nagiej prawdy.

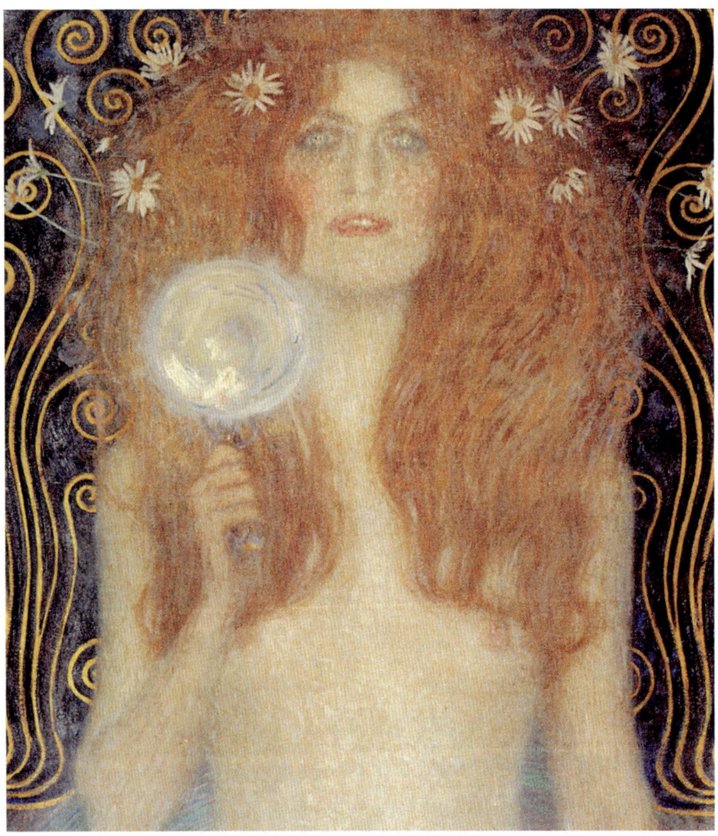

Nuda Veritas (fragment)

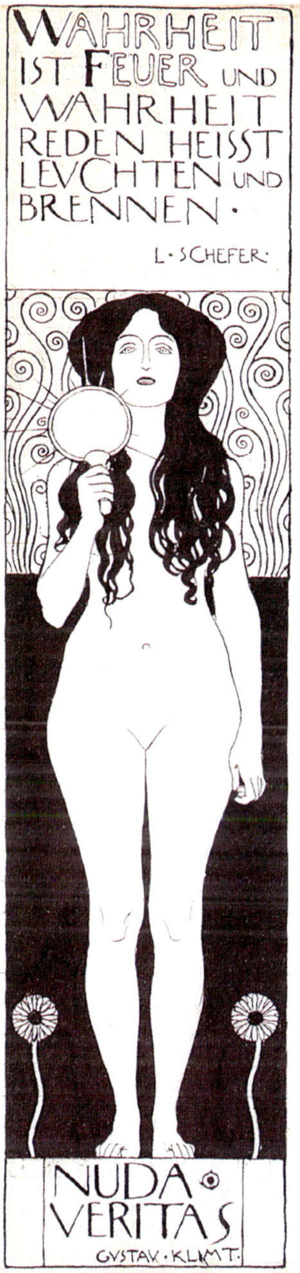


NUDA VERITAS
1898
Ołówek, grafit i tusz
41,3 x 10,4 cm
Historisches Museum,
Wiedeń

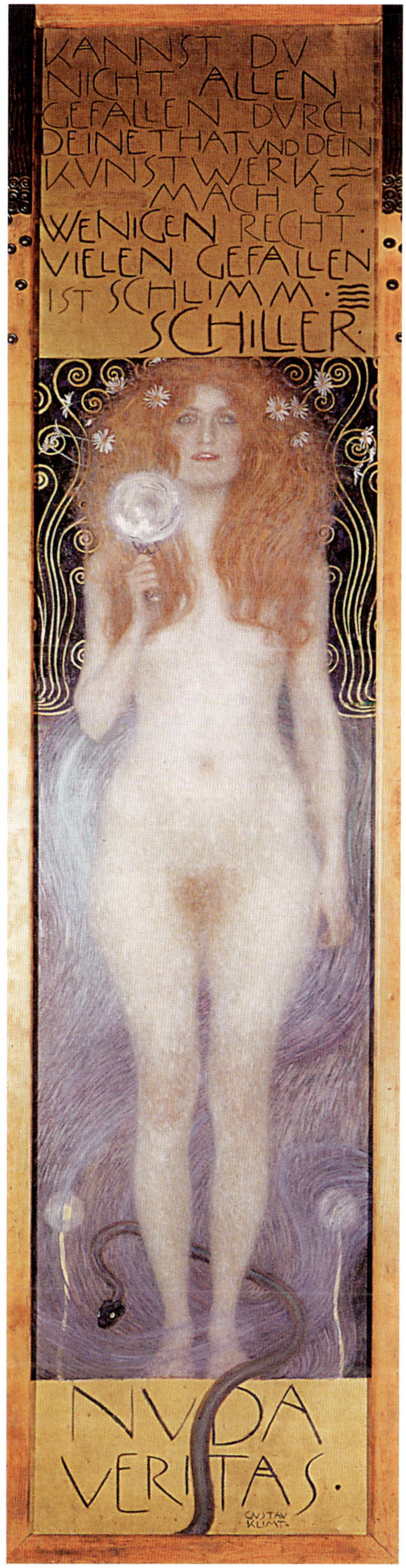


Nabywcą obrazu został Hermann Bahr (1863–1934), pisarz z kręgów wiedeńskiej Café Griensteidl w latach dziewięćdziesiątych XIX wieku. Był on autorem znanych esejów *Krytyka nowoczesności* oraz *Pożegnanie z naturalizmem*, a także współpracownikiem „Ver Sacrum". Po skandalu wywołanym przez obrazy Klimta przeznaczone do auli uniwersyteckiej wystąpił w obronie malarza w dwóch publikacjach: *Debata o Klimcie* (1901) oraz *Przeciw Klimtowi* (1903).

Medycyna
1900–1907
Olej na płótnie
430 x 300 cm
Spłonął podczas pożaru zamku Immendorf w 1945 roku

W 1893 roku Franz Matsch oraz Gustav Klimt otrzymali od Ministerstwa Kultury i Oświaty zamówienie na freski, które miały zdobić plafon w auli Uniwersytetu Wiedeńskiego. Prace nad projektem trwały bardzo długo – rozpoczęte w 1897 skończyły się dopiero w 1907 roku. Spowodowane to było z jednej strony rozmiarami projektu, z drugiej zaś – kontrowersjami co do stylu malowideł tak między samymi artystami, jak i między nimi a zleceniodawcami. Usytuowany przy Ringstrasse budynek cieszył się szczególną atencją władz państwowych, ponieważ był utożsamiany z triumfem liberalizmu po Wiośnie Ludów w 1848 roku oraz awansem społecznym burżuazji.

Łatwo zrozumieć, dlaczego wykonane przez Klimta panele – *Prawoznawstwo, Filozofia* oraz *Medycyna* – wywołały tak wiele kontrowersji. Krytycy zarzucali artyście brak powagi w przedstawieniu alegorycznych scen, które ich zdaniem powinny wpisywać się w tradycyjny kanon symboli i znaczeń. Zmiana stylistyczna w dziełach artysty, zmierzającego ku formom wyrazu charakterystycznym dla symbolizmu, czyli niejednoznacznym i aluzyjnym, nie spotkała się z przychylnym odbiorem.

Pracę nad *Medycyną* rozpoczął Klimt w 1900 roku. Później wielokrotnie poprawiał dzieło, zanim je ukończył (1907). Zarówno to płótno, jak i *Prawoznawstwo* oraz *Filozofia* spłonęły w zamku Immendorf w 1945 roku. Dlatego analiza ich symboliki przeprowadzona została na podstawie szkiców oraz czarno-białych zdjęć oryginałów.

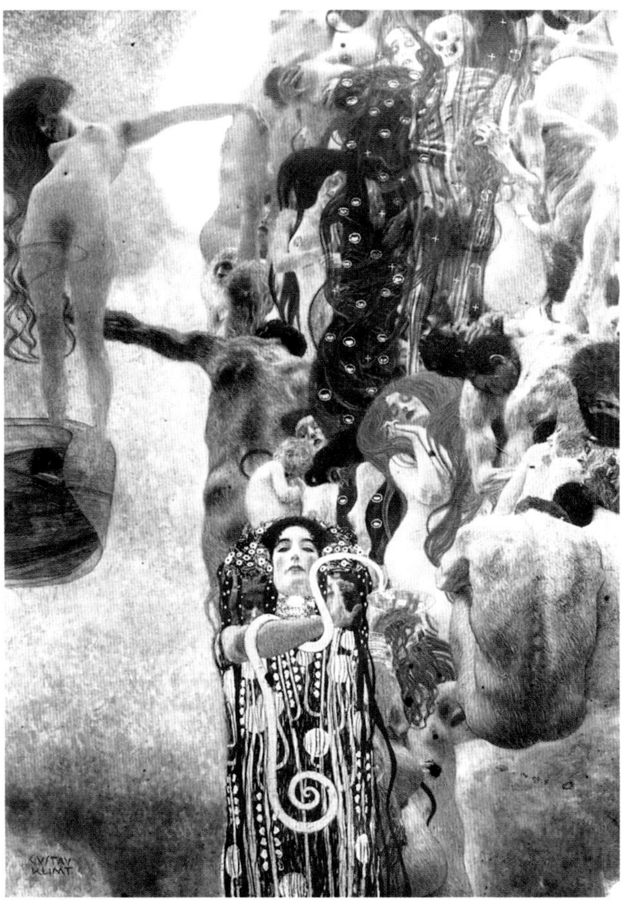


Szkic do Medycyny
1897–1898
Olej na płótnie
72 x 55 cm
Zbiory prywatne

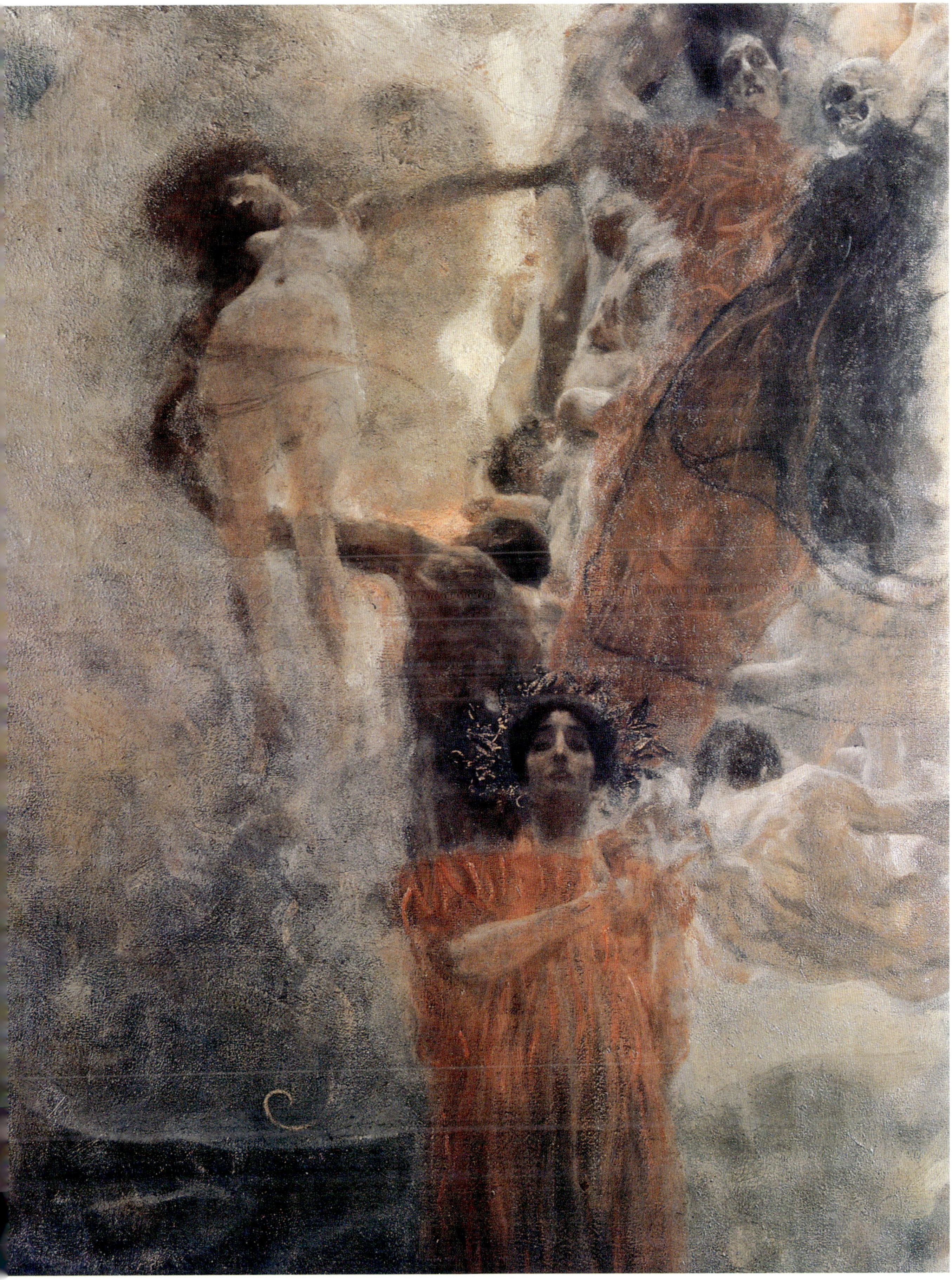

Na pierwszym planie znajduje się ubrana w strojne szaty jedna z córek Eskulapa, patrona medycyny. Hygieia, personifikacja zdrowia, niewzruszona i wyniosła, jak przystało postaci dzierżącej ojcowski atrybut: wijącego się węża. Gad miał symbolizować uzdrowicielską moc medycyny oraz Eskulapa przemienionego po śmierci w gwiazdozbiór Wężownika. Postawa Hygieii jest symbolem wieczności, a jej szaty opiekuńczości. Przeciwwagę dla jej postaci stanowi obnażona kobieta symbolizująca Cierpienie; spazm wstrząsający jej ciałem symbolizuje bezbronność ludzkości wobec prześladujących ją chorób.

Malowidło ociera się prawie o pornografię, jest przesycone erotyzmem emanującym z tej ostatniej postaci oraz pesymizmem dotkniętych chorobami ludzi skupionych wokół śmierci, której nawet medycyna nie jest w stanie pokonać. Wynika z tego jednoznacznie, że Klimt nie zastosował się do wskazówek zleceniodawców dekoracji i nie przemalował obrazu. Dlatego właśnie dzieło tak bardzo zbulwersowało krytyków oraz publiczność na X Wystawie Secesji Wiedeńskiej w 1901 roku.

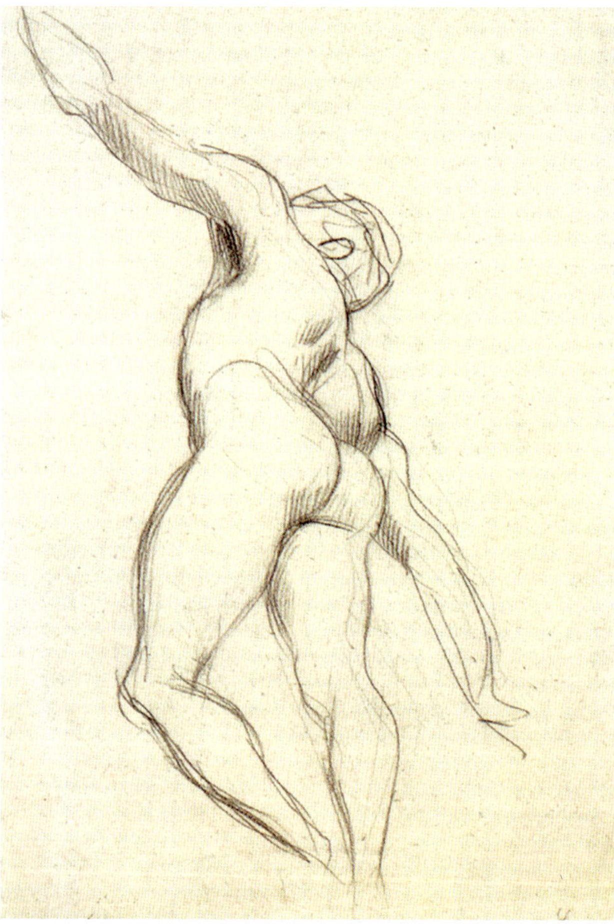

STUDIUM AKTU KOBIECEGO DO *MEDYCYNY*
1897–1898
Ołówek
38,2 x 27,9 cm
Graphische Sammlung Albertina, Wiedeń

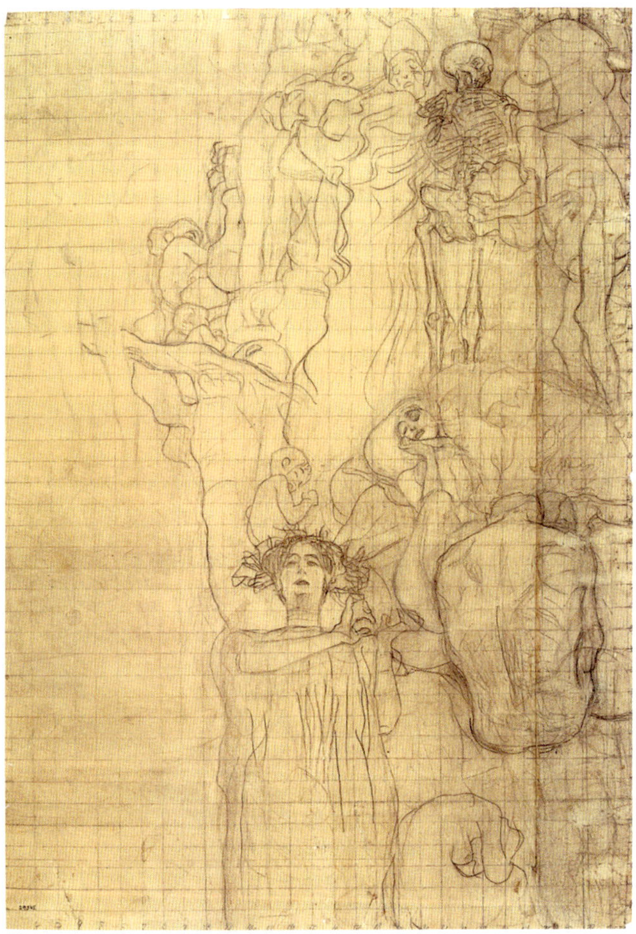

KARTON DO *MEDYCYNY*
ok. 1900
Czarny wosk i grafit
86 x 62 cm
Graphische Sammlung Albertina, Wiedeń

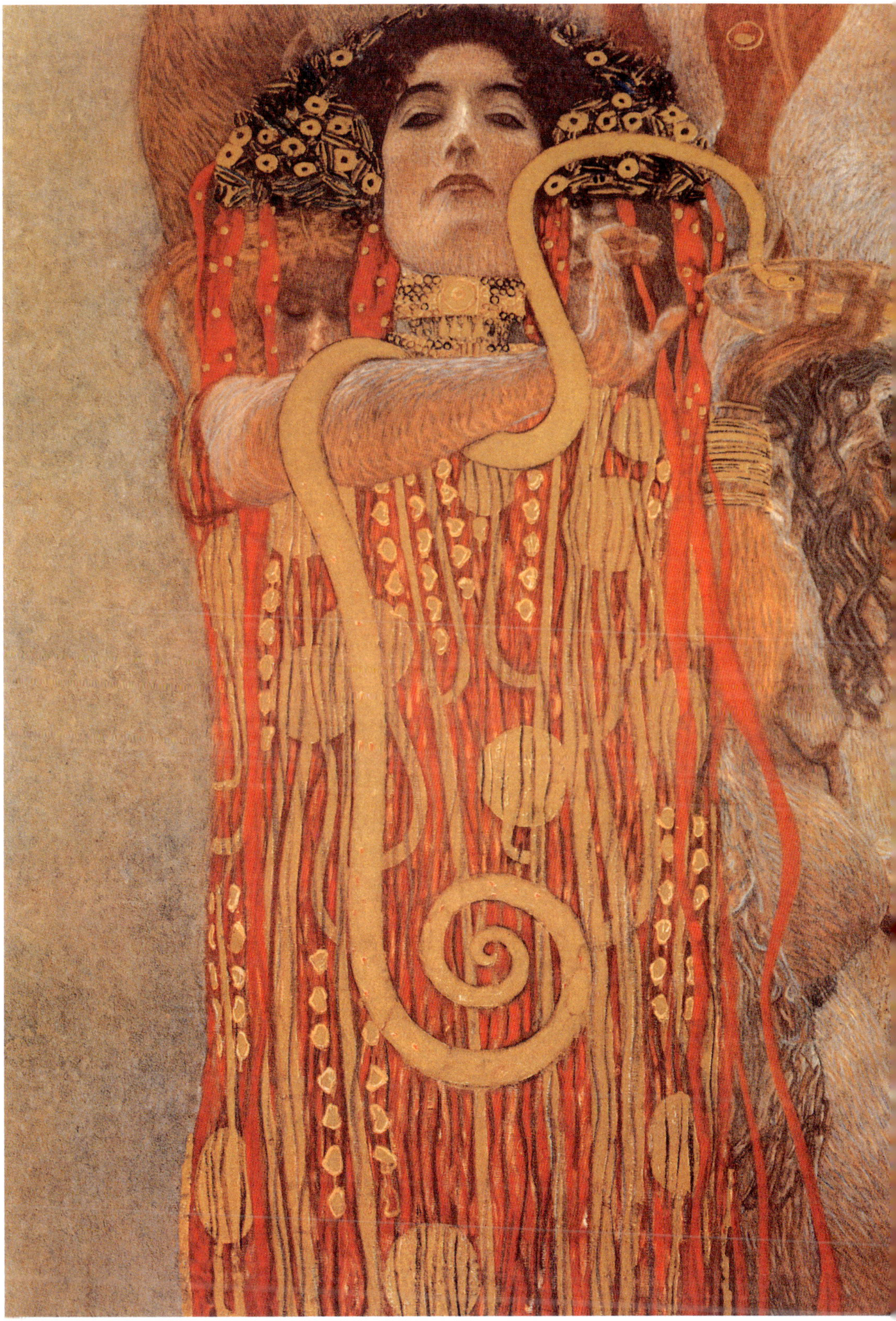

HYGIEIA (FRAGMENT PŁÓTNA *MEDYCYNA*)
1900–1907
Olej na płótnie
Spłonął podczas pożaru zamku Immendorf w 1945 roku

Kontrowersje wzbudziły również pozostałe dzieła zrealizowane przez Klimta do auli uniwersytetu, pozbawiając go raz na zawsze zamówień publicznych. Mimo to malarz jeszcze wielokrotnie powracał do różnych postaci z płótna *Medycyna* na obrazach z dojrzałego okresu twórczości (*Fryz Beethovena, Nadzieja I, Trzy okresy życia kobiety, Śmierć i Życie*).

Prawoznawstwo
1903–1907
Olej na płótnie, 430 x 300 cm
Zniszczony w pożarze zamku Immendorf w 1945 roku

Dzieło to, będące fragmentem dekoracji do auli Uniwersytetu Wiedeńskiego, również spłonęło podczas pożaru zamku Immendorf w 1945 roku. Po raz pierwszy oczom publiczności zaprezentowano je na XVIII Wystawie Secesji Wiedeńskiej w 1903 roku. Najprawdopodobniej obraz był czarno-biały. Na pierwszym planie na dole malowidła znajdowała się wielka istota przypominająca ośmiornicę, uosabiająca nieczyste sumienie, która krępuje grzesznika swoimi mackami.

Wokół morskiego stwora Klimt zobrazował mitologiczne boginie zemsty i gniewu, Erynie, a postaci nad nimi to Sprawiedliwość, Prawo i Prawda.

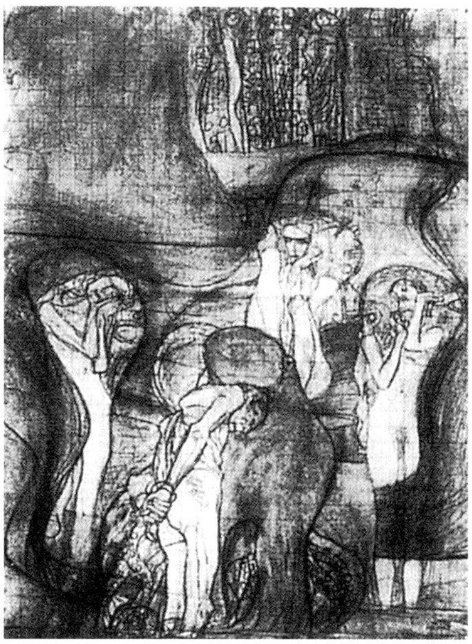

Szkic do *Prawoznawstwa*
1903–1907
Węgiel i ołówek na papierze
84 x 61,4 cm
Zbiory prywatne

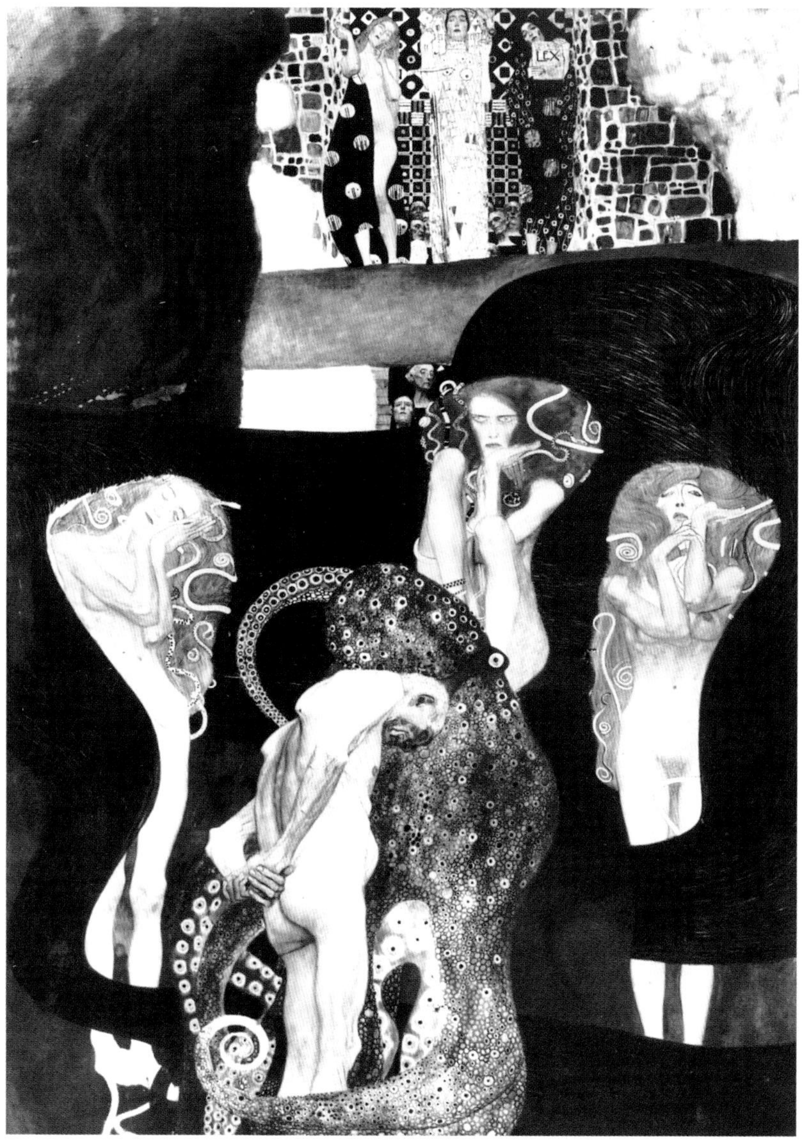

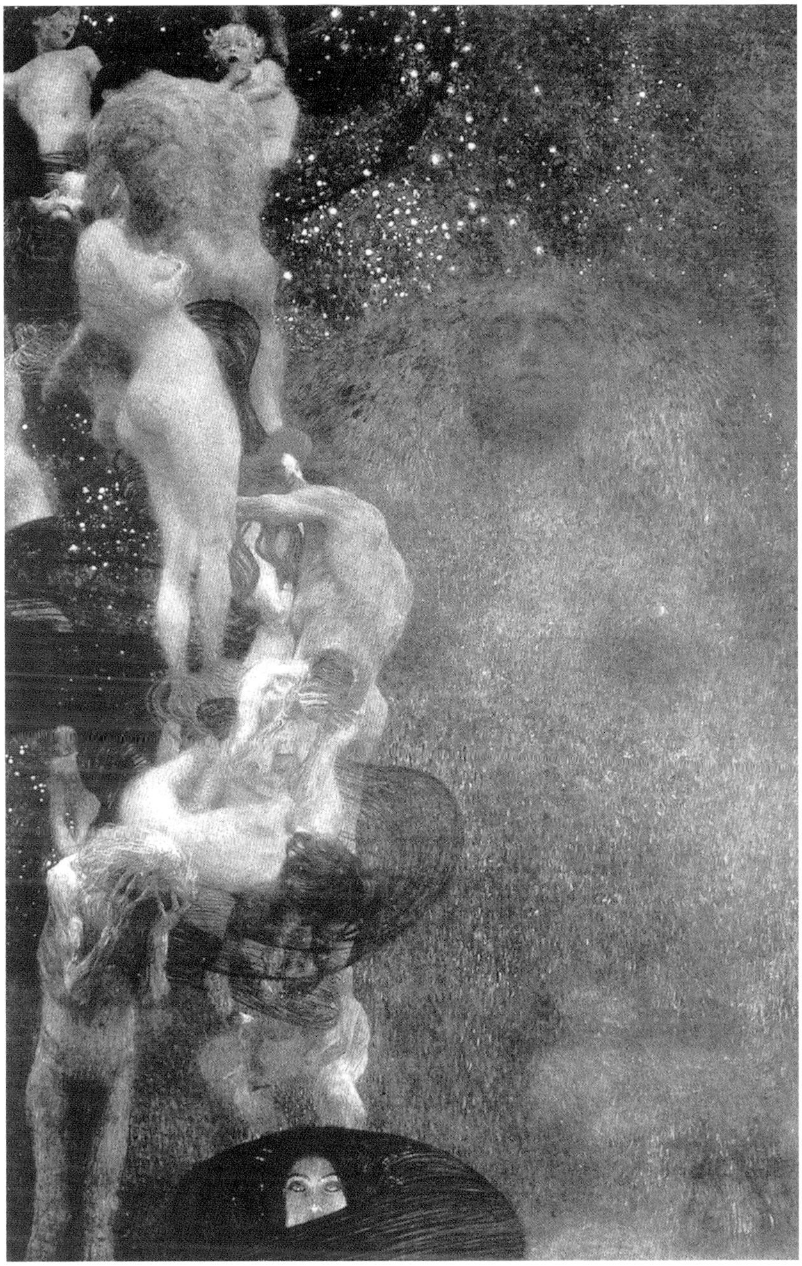

FILOZOFIA
1899–1907
Olej na płótnie, 430 x 300 cm
Zniszczony w pożarze zamku Immendorf w 1945 roku

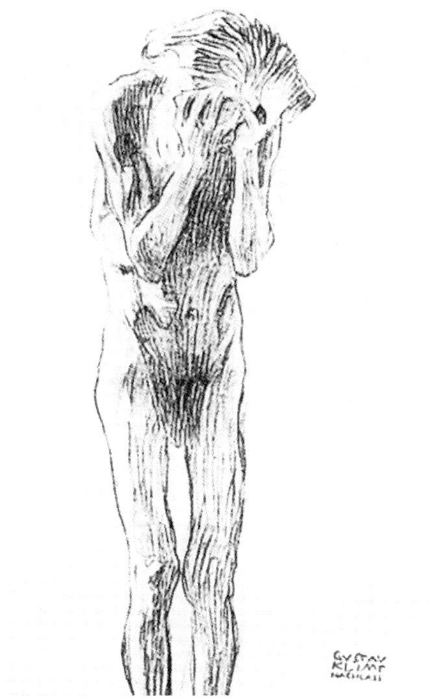

RYSUNEK NAGIEGO STARCA,
SZKIC DO *FILOZOFII*
1900–1907
Węgiel, 45,6 x 31,8 cm
Zbiory prywatne

*Filozofia*, podobnie jak *Medycyna i Prawoznawstwo* namalowana do auli Uniwersytetu Wiedeńskiego, przedstawia ludzi w różnym wieku i kondycji: starca, kochanków, dzieci, osoby przerażone i zrozpaczone. Postać kobieca na dole obrazu jest uosobieniem Filozofii. Wznosi ona oczy ku górze, gdzie z prawej majaczy niewyraźne oblicze będące metaforą ludzkiego życia.

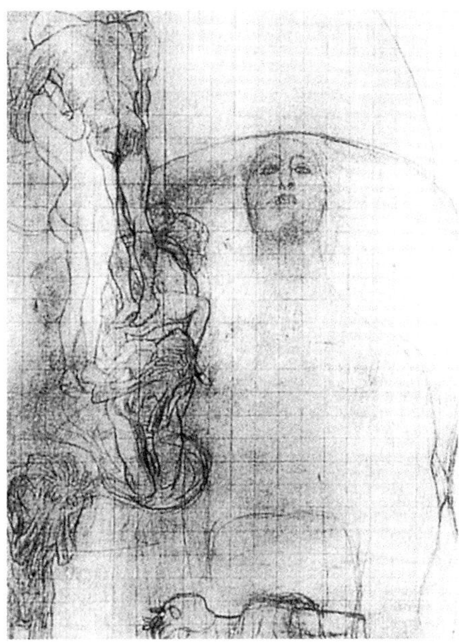

SZKIC DO *FILOZOFII*
1900–1907
Węgiel i ołówek na papierze
89,6 x 63,2 cm
Historisches Museum, Wiedeń

Ogród z kurami/Po deszczu
1899
Olej na płótnie, 80 x 40 cm
Österreichische Galerie, Wiedeń

Począwszy od 1897 roku Gustav Klimt regularnie wyjeżdżał na wakacje w okolice Salzkammergut. Bliski kontakt z naturą sprawił, że artysta włączył do stałego repertuaru pejzaże. W 1899 roku namalował dwa obrazy: *Ogród z kurami/Po deszczu* oraz *Krowy w oborze*. W następnym roku zaczął pracę nad *Czarnym bykiem* (1900–1901), a wiele lat później powstała *Ogrodowa ścieżka z kurami* (1917). Dzieła te (jedyne w dorobku) Klimt poświęcił całkowicie zwierzętom, chociaż motywy zwierzęce pojawiały się często w jego twórczości. Ze względu na symbolikę i otaczającą je aurę tajemnicy artysta malował głównie fantastyczne lub mitologiczne stwory. Za przykład

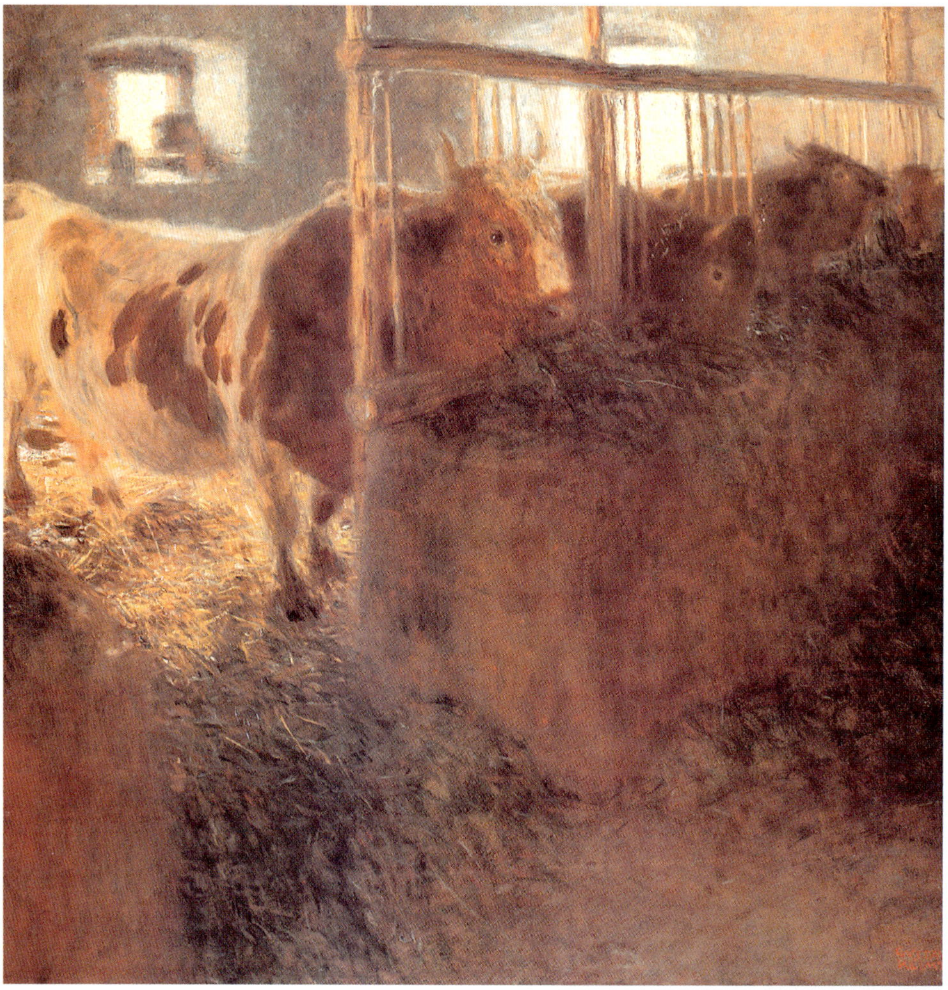

Krowy w oborze
1900–1901
Olej na płótnie, 75 x 75 cm
Neue Galerie, Linz Wolfgang Gurlitt Museum

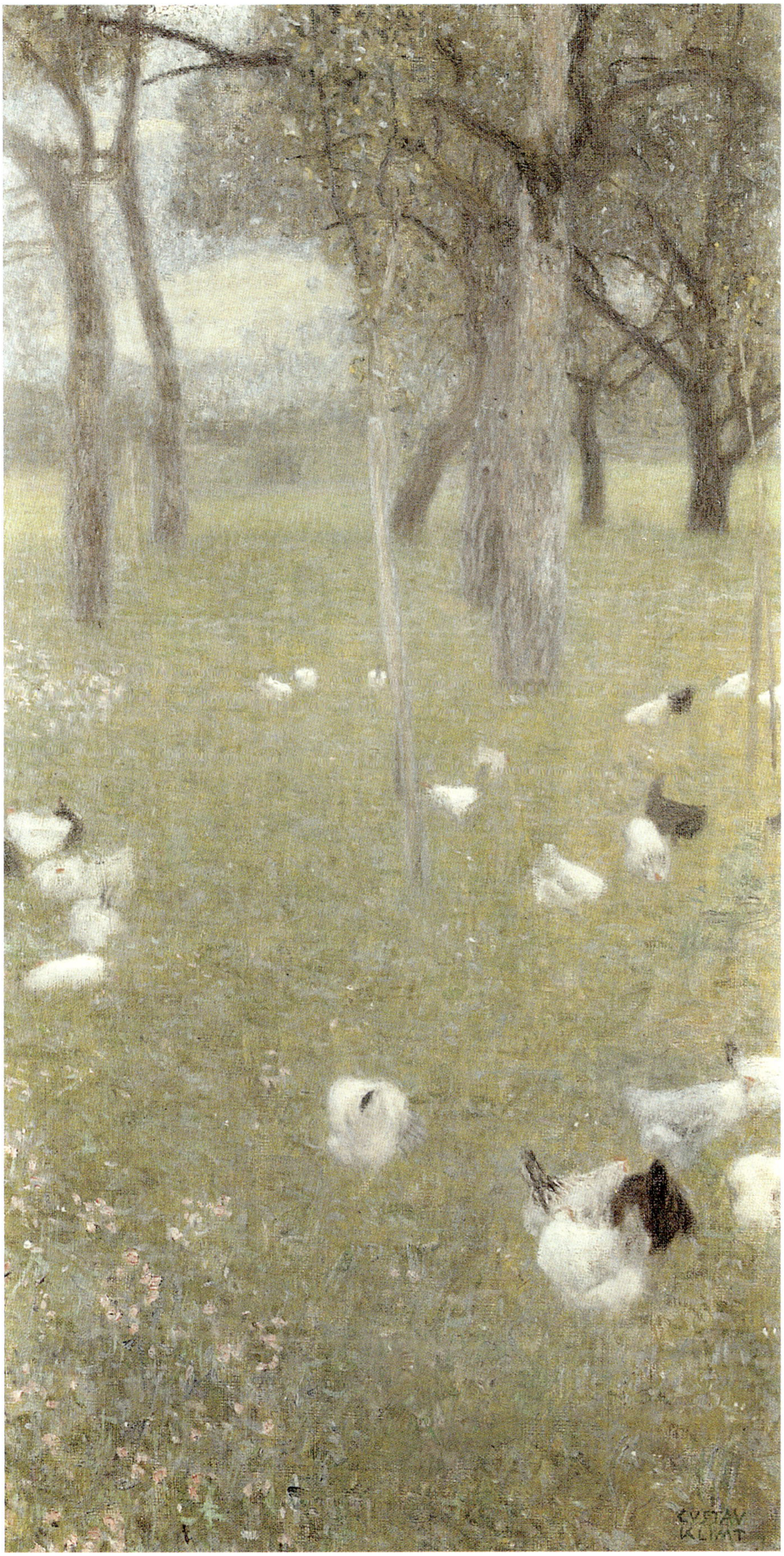
GUSTAV
KLIMT

może służyć plakat I Wystawy Secesji Wiedeńskiej w 1898 roku, na którym pojawił się hybrydalny Sfinks, oraz przeznaczony do auli uniwersyteckiej panel *Filozofia* z Minotaurem.

*Ogród z kurami/Po deszczu* ma formę prostokąta z dominującym pierwszym planem, który to efekt uzyskał Klimt, wysoko umieszczając linię horyzontu. Ten zabieg stosował także w innych pejzażach. Obraz wzorowany był na impresjonizmie, przede wszystkim na twórczości Claude'a Moneta. W tle zaś powyginane konary drzew wskazują na zafascynowanie Klimta drzeworytami japońskimi. Artysta zamierzał uchwycić na obrazie nieprzemijalność natury.

Kury pojawiły się ponownie w 1917 roku w innym formacie, a także malowane odmienną techniką oraz utrzymane w innym stylu.

Płótno *Krowy w oborze* podobnie jak poprzednie emanuje spokojem miejsca oddalonego od zgiełku świata, chociaż efekt został osiągnięty z zastosowaniem odmiennych środków. Na uwagę zasługuje ujęcie obory, w której znajdują się krowy. Linia żłobów przebiega niemal po przekątnej obrazu, wyznaczając pierwszy plan, a światło wpada przez okna w głębi pomieszczenia. Przestrzeń została w ten sposób podzielona na dwie strefy: oświetloną,

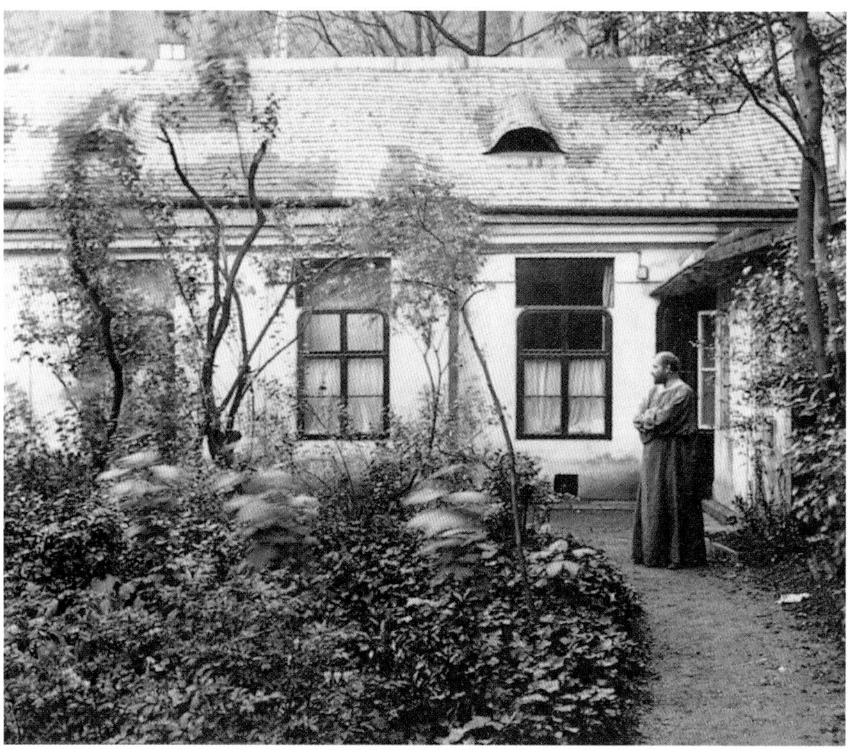

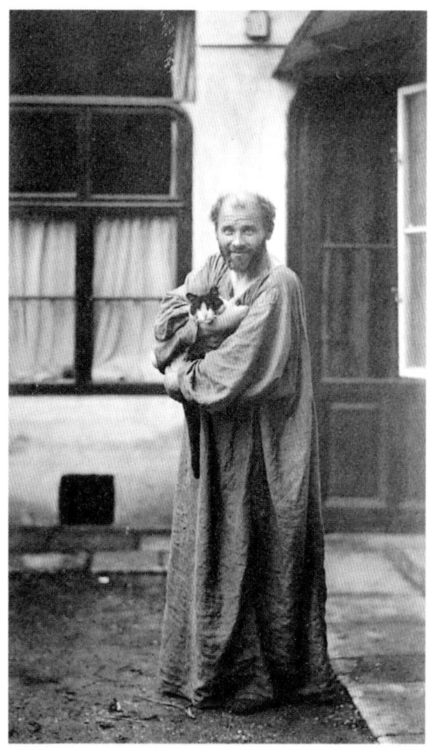

DWIE FOTOGRAFIE KLIMTA W KITLU MALARSKIM: W OGRODZIE JEGO ATELIER I PRZED ATELIER Z KOTEM NA RĘKACH

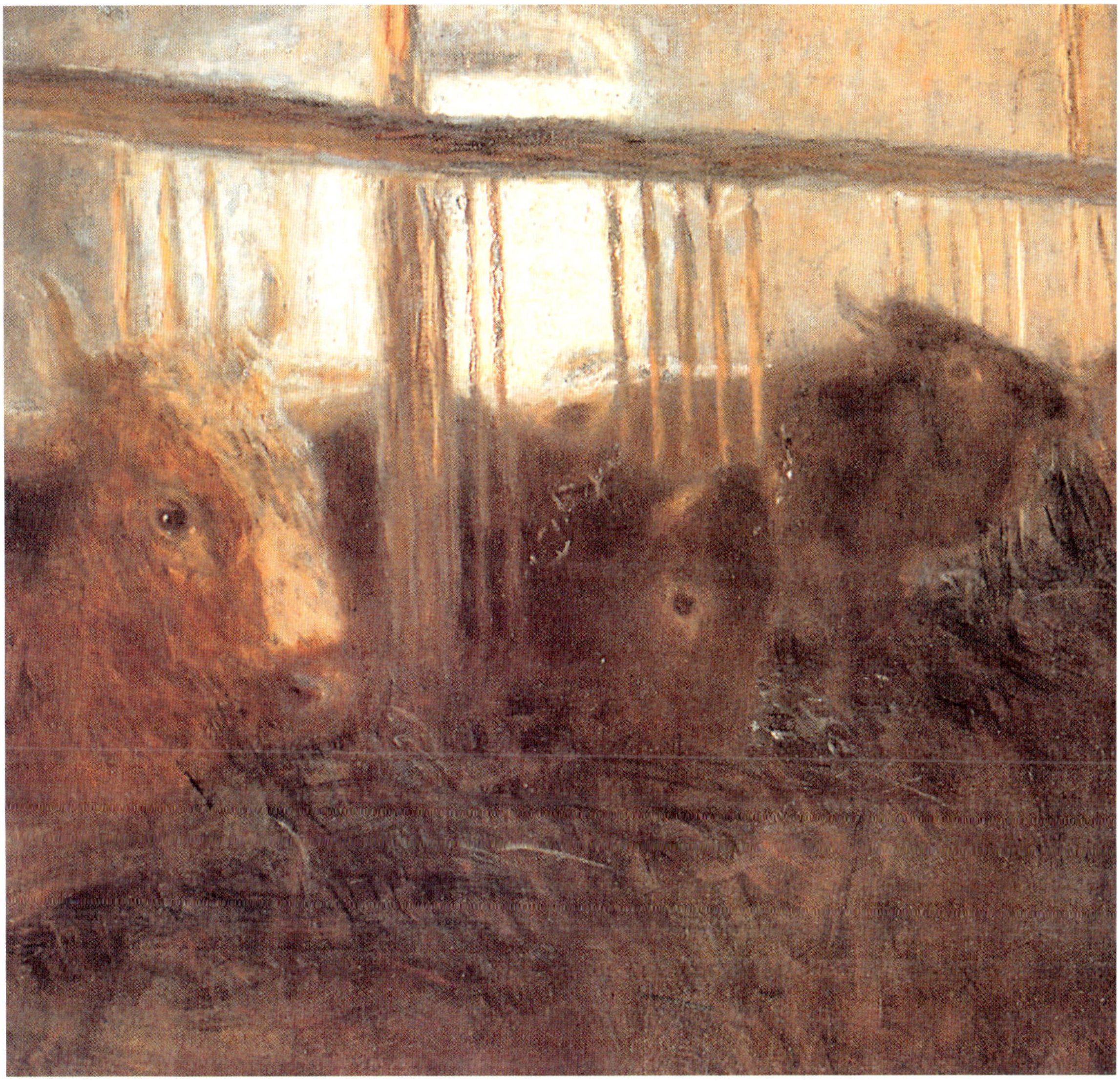

KROWY W OBORZE (FRAGMENT)

w której znajdują się zwierzęta, oraz zacienioną w prawym dolnym rogu kompozycji. Był to kolejny obraz namalowany podcza pobytu na wsi u rodziny Emilie Flöge. Tym razem Klimt także zaczerpnął środki wyrazu z impresjonizmu. To typowe dla tego kierunku dzieło, w którym próbował uchwycić ulotność chwili.

Niedługo potem Klimt namalował *Czarnego byka* (1900–1901). Większy format, a także ukazanie zwierzęcia w ruchu przyniosły niesamowity efekt. Podczas przeglądu jego twórczości w 1903 roku obraz ten spotkał się z uznaniem krytyków, m.in. Felixa Saltena. *Czarny byk* to kolejny sielankowy pejzaż, który wyszedł spod pędzla artysty.

JUDYTA I
1901
Olej na płótnie, 84 x 42 cm
Österreichische Galerie, Wiedeń

Rok 1901 należał do najbardziej burzliwych w życiu i twórczości artystycznej Gustava Klimta. Na X Wystawie Secesji Wiedeńskiej *Medycyna* wywołała falę krytyki ze strony władz, które wcześniej postanowiły wystawić kandydaturę Klimta na profesora Akademii Sztuk Pięknych w Wiedniu.

Był to okres ścierania się tendencji stylistycznych. Z jednej strony wiedeńskie środowiska twórcze fascynowała twórczość Maxa Klingera, z drugiej zaś – Van Gogha. Do jej zwolenników należał m.in. Hugo von Hofmannstahl. Owocem tego estetycznego rozdwojenia była pierwsza wersja *Judyty*. Dość oczywisty wydaje się wybór Klimta, który w nowym obrazie nawiązał kompozycyjnie do płótna *Pallas Atena* (namalowanego na II Wystawę Secesji Wiedeńskiej), przedstawiając współistnienie dwóch światów – nowoczesnego oraz tradycyjnego. Klimt sportretował kobietę zwróconą przodem do widza oraz zaprojektował miedzianą tłoczoną ramę, której wykonanie zlecił (tak jak w 1898 roku) bratu Georgowi.

Tożsamość modelki oraz temat dzieła zdradził w umieszczonej u góry inskrypcji: JUDYTA I HOLOFERNES. Według Biblii Judyta, chcąc ratować Betulię przed inwazją Asyryjczyków, zakradła się do obozu wrogów i podstępem zgładziła Holofernesa, kapitana wojsk Nabuchodonozora. Ulgę i satysfakcję, graniczącą niemal z ekstazą, wyrażają jej oczy i na wpół otwarte usta. Klimt przedstawił Judytę tuż po dokonaniu zbrodni. Ledwie widoczna głowa ofiary spoczywa jeszcze w dłoniach zabójczyni. Ornamenty roślinne w kolorze złota pojawiają się w naszyjniku Judyty oraz na zwiewnych szatach, którymi jest przyodziana. Ta dominanta jest zapowiedzią „złotego okresu" w twórczości Klimta (*Portret Adele Bloch-Bauer, Danae, Pocałunek*).

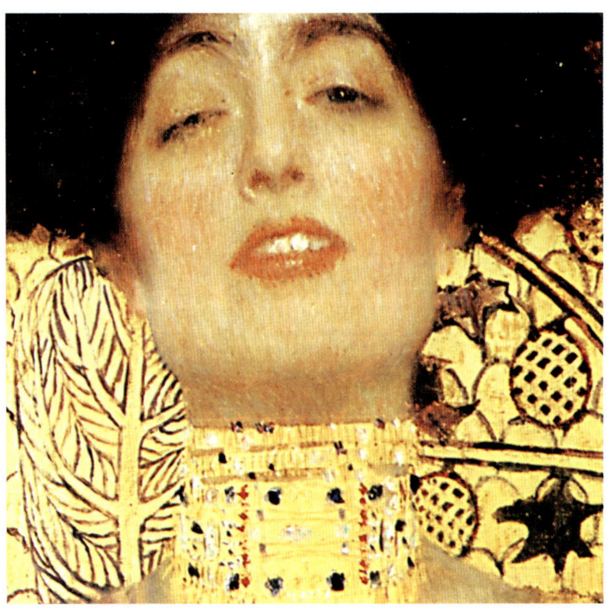

JUDYTA I (FRAGMENT)

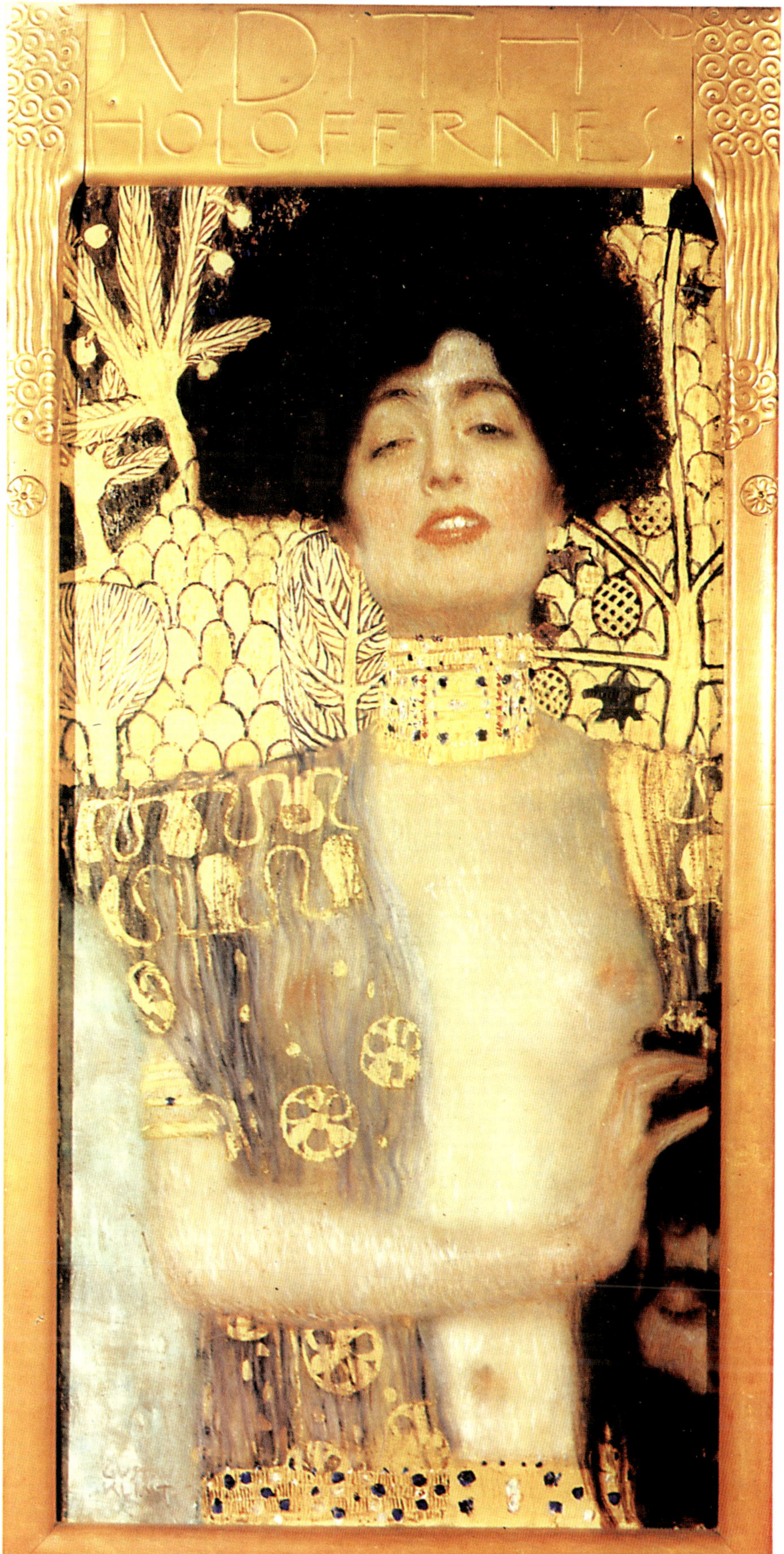
JUDITH UND
HOLOFERNES

Judyta II/Salome
1909
Olej na płótnie, 178 x 46 cm
Galleria de Arte Moderna, Wenecja

*Femme fatale* to temat stale przewijający się w twórczości Gustava Klimta. Ten typowy dla przełomu XIX i XX wieku motyw powraca u niego w różnych ujęciach. W 1909 roku Klimt maluje drugą wersję obrazu, znanego jako *Judyta II* albo *Salome*. Ta ostatnia za namową matki zażądała podania sobie na tacy głowy Jana Chrzciciela. Chociaż jest to wariacja na temat płótna z 1901 roku (przedstawiającego zabójczynię trzymającą w dłoniach głowę ofiary), pojawiły się pewne innowacje: obraz jest prostokątny i ograniczają go dwa pionowe pasy. Ornamentacja i kolorystyka wskazuje na dojrzałe dzieło artysty ze „złotego okresu". Ponadto kobieta została przedstawiona z profilu; wyraz jej twarzy napawa lękiem. Ciało staje się abstrakcją złożoną z wielu przeplatających się linii, jest płaskie i pokryte kolorowymi figurami geometrycznymi. Drapieżnie rozczapierzone dłonie kojarzą się nie tylko z erotyką, ale także ze śmiercią.

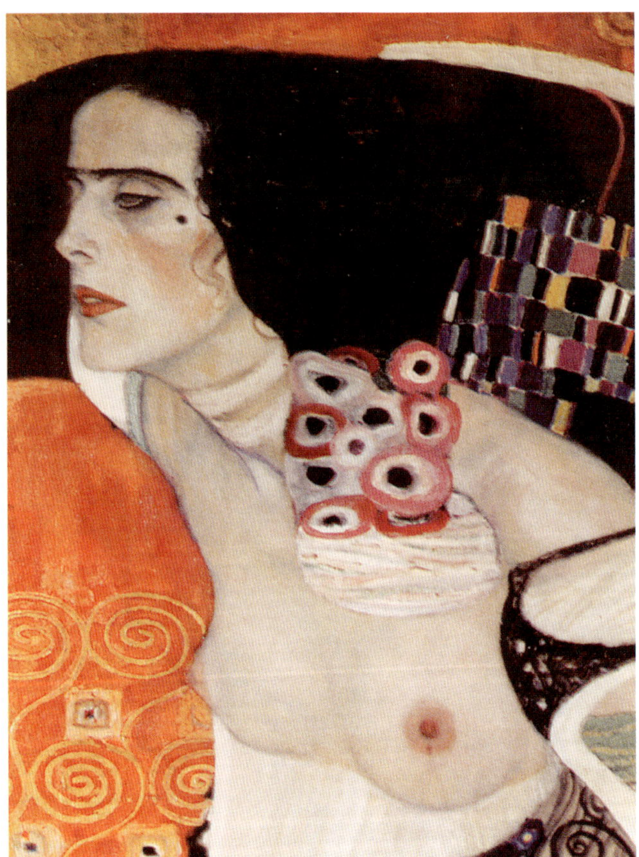

Judyta II (fragment)

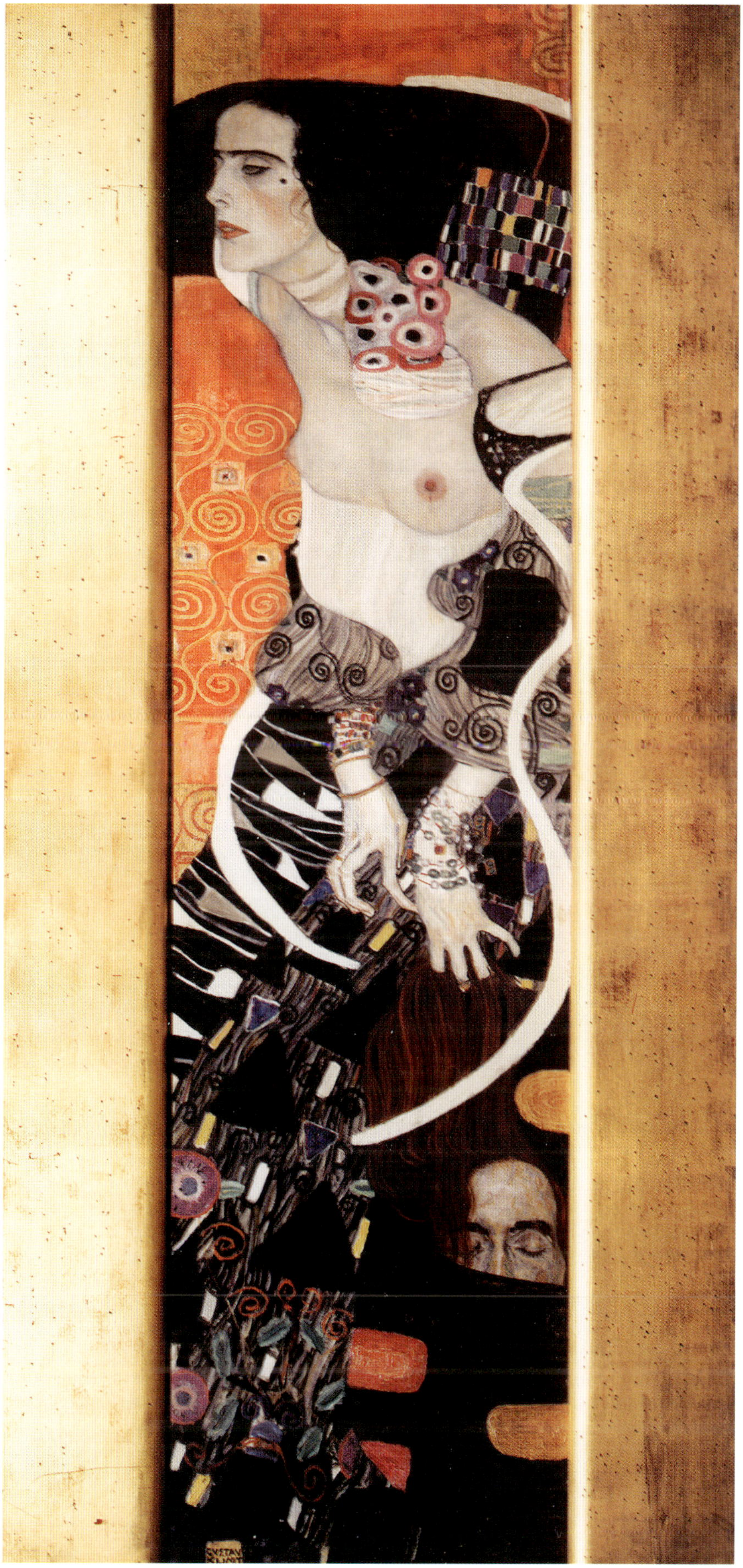

**Wyspa na Attersee**
1901
Olej na płótnie, 100 x 100 cm
Zbiory prywatne

Pod koniec 1897 roku powstała Secesja Wiedeńska, a także pierwsze pejzaże Gustava Klimta. Właśnie wtedy zaczął spędzać letnie wakacje z Emilie Flöge oraz jej rodziną w pięknie położonej w górach miejscowości Salzkammergut. W niedalekim sąsiedztwie znajdowały się jeziora Atter i Wolfgang. Od tej pory artysta co rok powracał tam na letnie wakacje, a czas spędzany na łonie natury sprawił, że na stałe do jego twórczości wszedł, dotąd nieobecny, pejzaż.

W roku 1898 Klimt skończył 36 lat i namalował pierwsze pejzaże (*Sad* i *Dom wiejski z krzewem róży*), które narzuciły standard późniejszym realizacjom: miały format kwadratu oraz wyeksponowany dzięki wysoko umieszczonej linii horyzontu pierwszy plan. Natura stała się odtąd jednym z częściej podejmowanych przez artystę tematów. Pejzaże stanowią czwartą część spuścizny Klimta, czyli 80 spośród 320 dzieł.

*Wyspa na Attersee* to pierwszy z serii pejzaży ściśle związanych z życiem osobistym artysty. Ten temat z 1901 roku doczekał się kolejnych interpretacji (*Zamek Kammer nad Attersee*, *Widok na Attersee*, *Unterach nad Attersee*). Swobodne pociągnięcia pędzlem oraz subtelne kolory odbijające się w wodzie charakteryzują pierwsze pejzaże. Cechy te bliższe są formalnemu językowi Claude'a Moneta niż ornamentalnemu stylowi dojrzałej twórczości Klimta.

W opublikowanym w 1901 roku eseju Wickhoff uznał impresjonizm za jedną z wiodących tendencji stylistycznych końca XIX wieku. Przedstawiciele tego kierunku dążyli do oddania rzeczywistości zgodnie z własnym wrażeniem, jednakże Gustav Klimt wychodził z zupełnie innego założenia. Wybierając wodę jako element dominujący w kompozycji – wyspa ogranicza się do małej przestrzeni w prawym górnym rogu płótna – zamierzał obnażyć to, co kryje się pod powłoką materialnego świata, świata pozorów. Tak więc pejzaże Klimta stanowią uzewnętrznienie odczuć malarza.

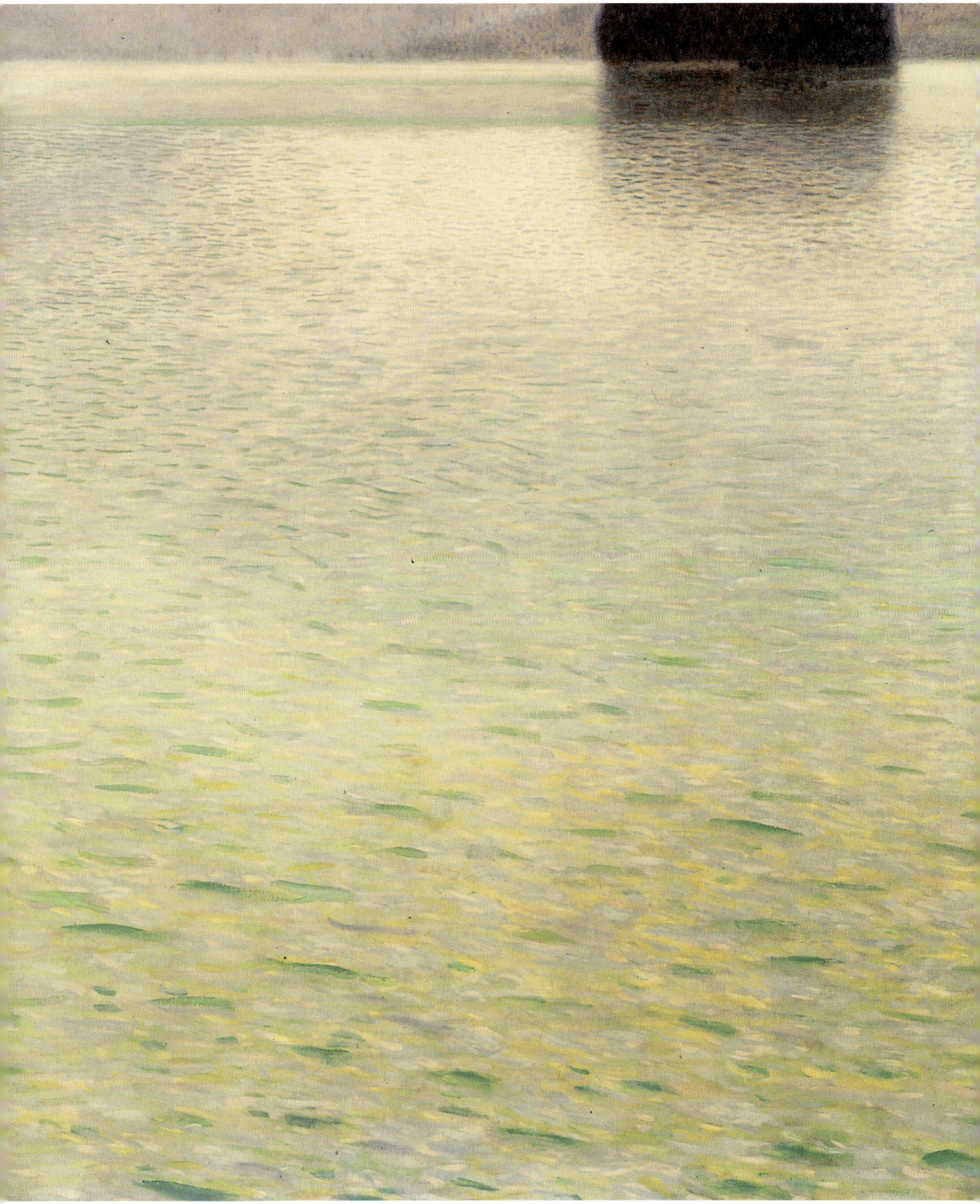

Las bukowy I
1902
Olej na płótnie, 100 x 100 cm
Moderne Galerie, Drezno

*Las bukowy I* został zaprezentowany publiczności po raz pierwszy wiosną 1903 roku na XVII Wystawie Secesji Wiedeńskiej. Klimt namalował go rok wcześniej, wtedy jednak premiera *Fryzu Beethovena*, jednego z najwybitniejszych dzieł malarza, zepchnęła obraz w cień.

Płótno to stanowi jeden z wariantów obrazów przyrody powstałych od 1898 roku, czyli od daty namalowania pierwszego pejzażu (*Sad*). Klimt uwieczniał na płótnach rozmaite elementy krajobrazu. Czasami były to jeziora (*Laguna,* 1900), innym razem malowniczo położone domki w kolonialnym stylu (*Dom wiejski z krzewem róży*, 1898; *Dom wiejski z brzozami*, 1900), sielskie pejzaże jezior (*Nad Attersee* 1900; *Wyspa na Attersee*, 1901) albo drzewa w środku lasu. Po namalowaniu *Lasu jodłowego I* i *Lasu jodłowego II* w 1901 roku Klimt wykonał dwie wersje obrazu: *Las bukowy I* (1902) oraz *Las bukowy II* (1903), a także pejzaż z brzozami (*Las brzozowy*).

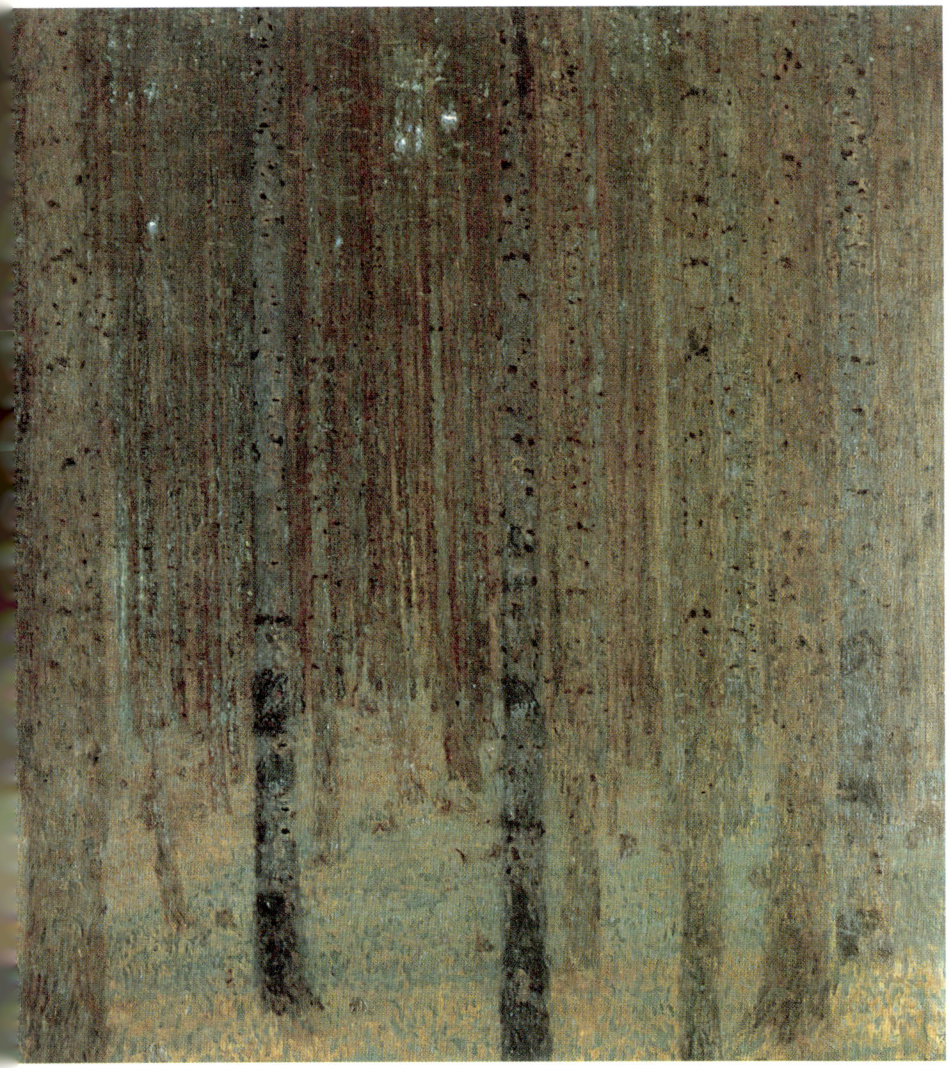

W obydwu wersjach bukowina jest miejscem odosobnienia i medytacji. Ten kontemplacyjny nastrój panuje także na innych pejzażach Klimta. Układ kompozycyjny jest typowy dla wszystkich namalowanych przezeń obrazów przyrody. Podniesienie linii horyzontu pozwolało na wyeksponowanie pierwszego planu, a odpowiednie rozmieszczenie drzew, będących obiektem zainteresowania malarza, dawało wrażenie głębi. Każdy pień miał własną tożsamość i współgrając z pozostałymi, stawał się częścią

Las bukowy II
1903
Olej na płótnie, 100 x 100 cm
Österreichische Galerie, Wiedeń

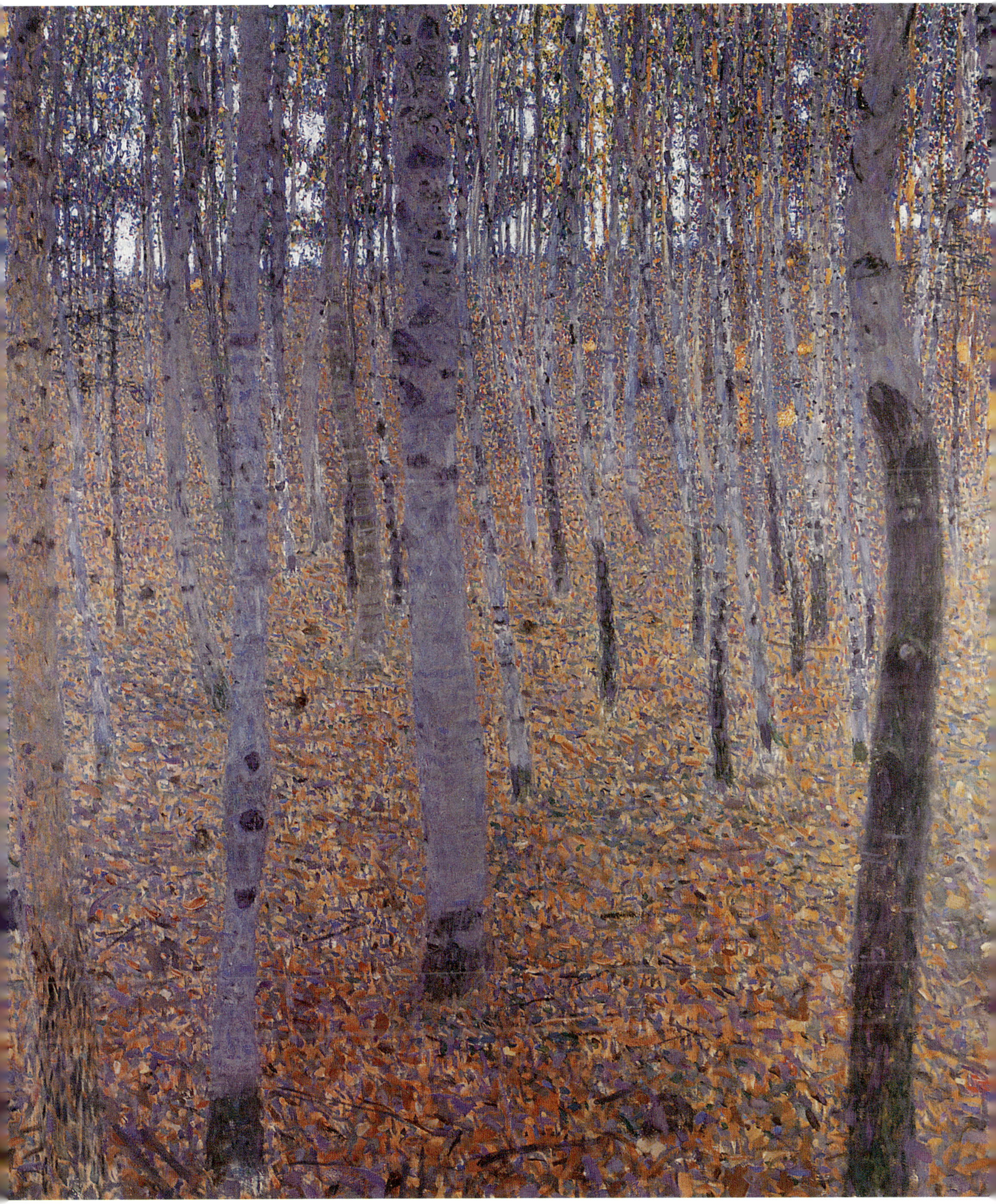

kompozycji. Artysta zatrzymywał się na poszczególnych elementach obrazu, a mimo to udało mu się osiągnąć wrażenie ciągłości i płynnego przenikania się przestrzeni.

Jego postrzeganie przyrody jako niepowtarzalnej, a jednak wiecznie niezmiennej, widoczne w pejzażach, pozwoliło artyście na wypracowanie indywidualnego stylu, dzięki któremu zajął miejsce w panteonie mistrzów światowego malarstwa. Klimt zapożyczał niektóre środki artystycznego wyrazu od ówczesnych artystów, co pomagało mu odnaleźć własną drogę twórczą. W pejzażach z bukami wykorzystał na przykład zasadę „paralelizmu" odkrytą przez szwajcarskiego malarza Ferdynanda Hodlera (1853–1918) i polegającą na powtarzaniu w nieskończoność tego samego elementu, w tym przypadku pni drzew, dla wzmocnienia efektu dekoracyjnego kompozycji oraz stworzenia optycznej głębi.

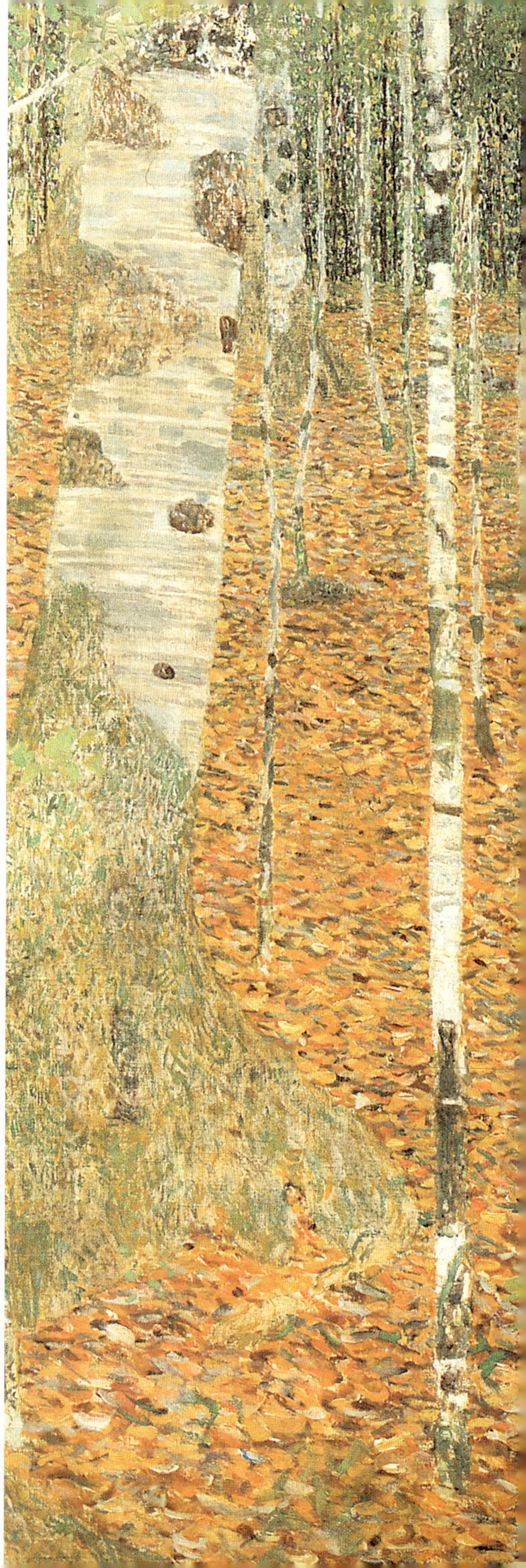

Las brzozowy
1903
Olej na płótnie, 110 x 110 cm
Österreichische Galerie, Wiedeń

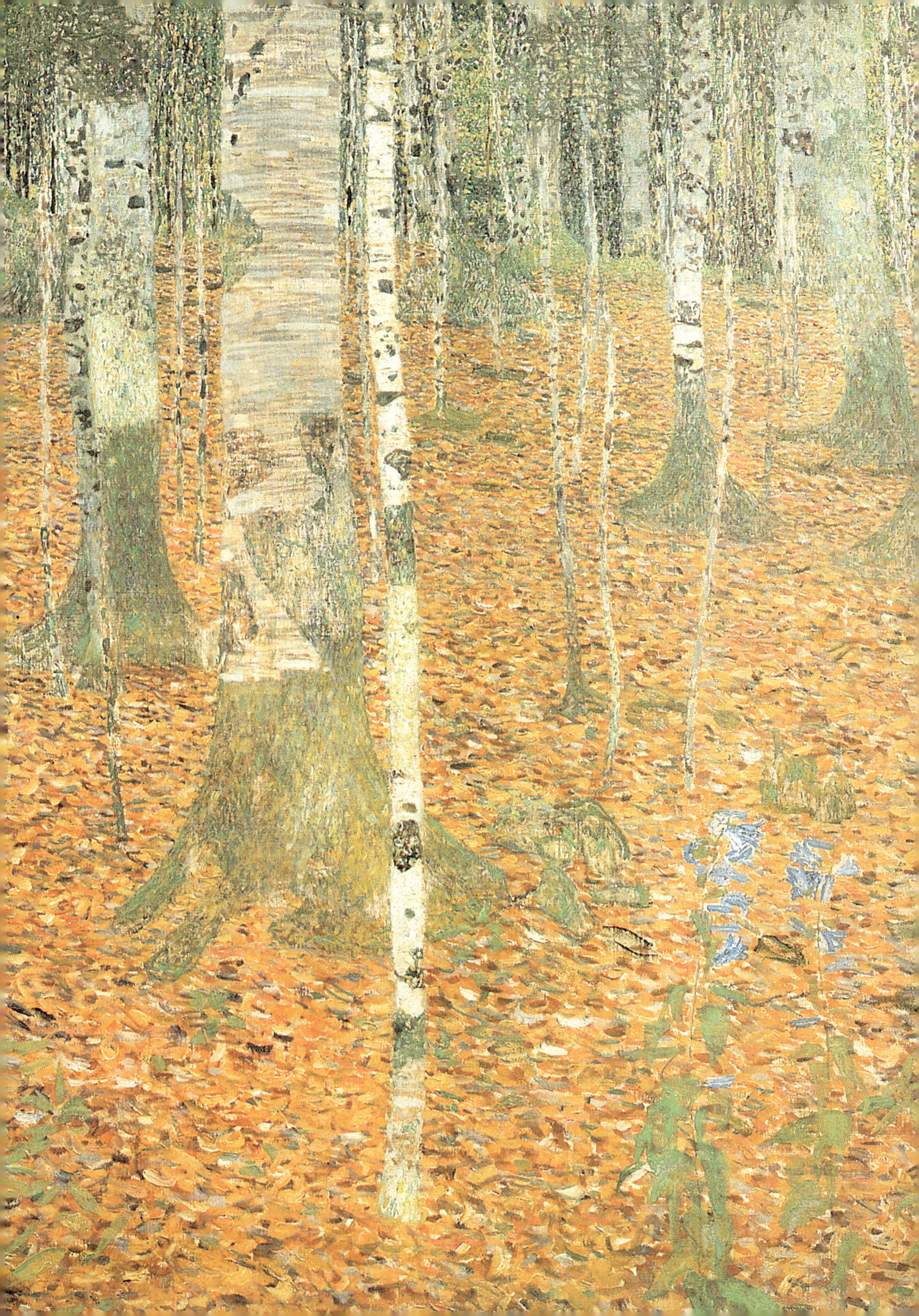

Portret Gerthy Felsöványi
1902
Olej na płótnie, 150 x 45,5 cm
Zbiory prywatne

Rok 1902 był okresem bardzo intensywnej twórczości Gustava Klimta. W lutym malarz zaprezentował na XIII Wystawie Secesji Wiedeńskiej *Złote rybki*; od kwietnia do lipca na XIV Wystawie Secesji Wiedeńskiej pokazał *Fryz Beethovena*, zajmujący trzy ściany ekspozycji; pod koniec roku wykonał *Portret Emilie Flöge*. *Portret Gerthy Felsöványi,* także z tamtego okresu, powstał na zamówienie. Klimt posłużył się jeszcze metodą impresjonistów, chociaż w tym okresie odchodził już od tego stylu. W Wiedniu końca XIX wieku jego prace cieszyły się dużym wzięciem u publiczności przywykłej do sentymentalnych i niewinnych obrazów. Zleceniodawcy Klimta wywodzili się przeważnie z mieszczaństwa, dla którego przejęcie władzy w stolicy Austro-Węgier oznaczało wielki społeczny awans. *Portret Gerthy Felsöványi* (1899) wykonany na zamówienie jednej z najważniejszych osobistości tamtego czasu, podobnie jak *Portret Sereny Lederer* (1899) oraz *Portret Herminy Gallia* (1903–1904), utrzymany jest w lekkim i melancholijnym stylu.

Uwieczniona na nim kobieta, córka Antona Löwa, *primo voto* Eissler-Terramare, po drugim mężu nosiła nazwisko Felsöványi. Gustav Klimt namalował ją podczas trwania jej drugiego małżeństwa, jednak w inskrypcji wymienił dwa nazwiska, nawiązując do życiorysu modelki. Jak zawsze, gdy chodziło o krewną wysokiego rangą urzędnika, zrezygnował ze stylu ornamentalnego zarezerwowanego dla nielicznych portretów niezamawianych (np. wykonany w tym samym roku *Portret Emilie Flöge*). Zwiewne tkaniny, w które jest spowita, oraz spokojne i nieobecne spojrzenie modelki tworzą nastrój melancholii i zadumy.

Kwadratowe motywy dekoracyjne widoczne po lewej stronie w głębi wpisują się w kanon artystyczny Jugendstil. Widać tu wpływ Josefa Hoffmanna. *Portret Gerthy Felsöványi* jest typowy dla epoki.

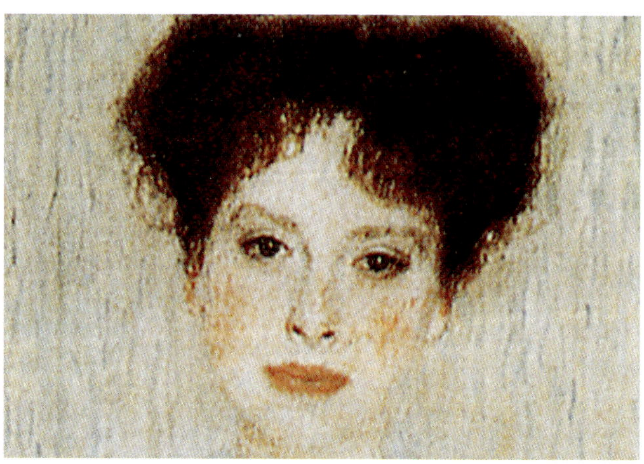

Portret Gerthy Felsöványi (fragment)

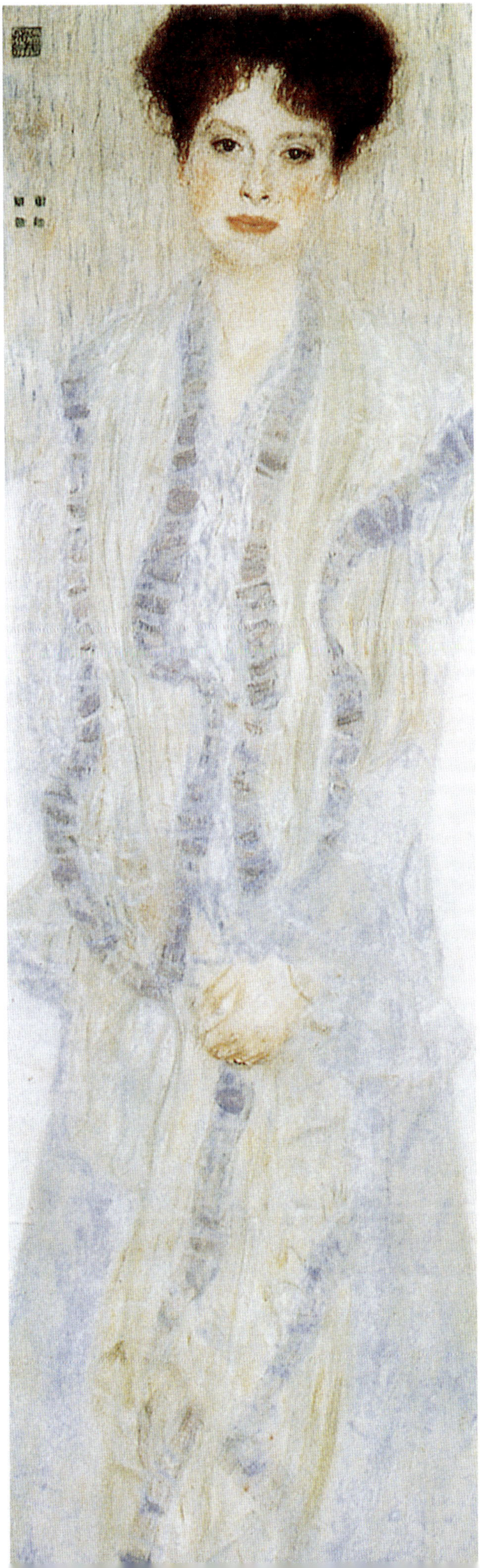

Portret Emilie Flöge
1902
Olej na płótnie, 181 x 84 cm
Historisches Museum, Wiedeń

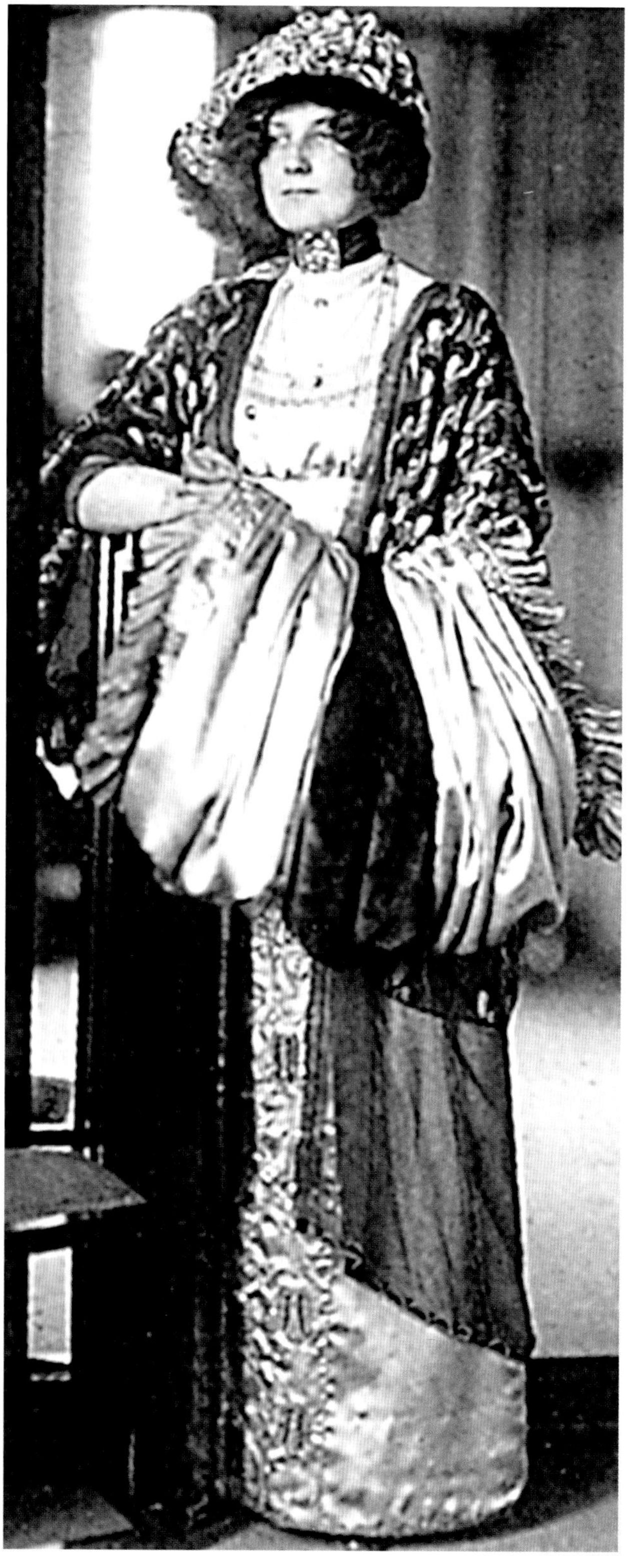

W 1891 roku Ernst Klimt poślubił Helene Flöge, a Gustav poznał kobietę, która wkrótce stała się dla niego kimś więcej niż tylko szwagierką brata. Emilie Louise Flöge (1874–1952) pozostała do końca życia malarza jego przyjaciółką i muzą. Istota tego związku owiana jest tajemnicą. Nie wiadomo, czy Gustava i Emilie łączyło uczucie platoniczne, jak wynikało z relacji rodziny i przyjaciół, czy też ich kontakty miały charakter intymny. Z zachowanej korespondencji jasno jednak wynika, że ich znajomość nie ograniczała się wyłącznie do sfery prywatnej. Emilie Flöge była właścicielką salonu *haute couture*, który mieścił się przy Mariahilferstrasse w Wiedniu w budynku Casa Piccolo zaprojektowanym przez Josefa Hoffmanna. Dekoracje wykonali rzemieślnicy z Wiener Werkstätte.

Pod koniec XIX wieku ten wiedeński dom mody miał spore powodzenie. Do sukcesu przyczyniła się z pewnością bogata oferta wyrafinowanych tkanin. Wiele z nich sprowadzano ze wschodniej Europy, ale powstawały również na miejscu. Gustav Klimt zajmował się projektowaniem tkanin, strojów, a nawet ozdobnych wizytówek salonu, co świadczy o tym, że w owym czasie sztuka była nierozerwalnie związana z życiem codziennym.Wtedy właśnie powstał *Portret Emilie Flöge*, obraz uważany za kwintesencję piękna oraz manifestację nowej estetyki. To także pierwsze dzieło Klimta, w którym pojawiły się motywy ornamentalne.

Emilie Flöge w swoim salonie mody
Fotografia wykonana przez Madame d'Ora, 1908
Zbiory prywatne

Dłonie oraz twarz modelki zostały przedstawione z fotograficzną niemal dokładnością. Emilie w długiej opływającej jej ciało sukni koloru niebieskiego jawi się jako osoba niezwykle elegancka i bardzo subtelna. W 1903 roku na wystawie poświęconej twórczości Klimta *Portret Emilie Flöge* został wysoko oceniony przez historyka sztuki Ludwiga Hevesi, który porównywał geometryczne ornamenty oraz złote refleksy na jej sukni z mozaikami oraz majolikami.

Od akademizmu przez dokonania z okresu secesji aż do wypracowania własnego stylu Gustav Klimt zawsze ujawniał w swojej twórczości fascynację sztuką spoza kręgu zachodnioeuropejskiego. Czerpał natchnienie nie tylko z różnych epok, ale i różnych części świata. Sięgał do Bizancjum po emaliowane zdobienia, mozaiki i złocenia; od Japończyków przejął zasady surowej kompozycji oraz kontrastu, a ze sztuki egipskiej zapożyczył jednowymiarowe wizerunki postaci. To wszystko składało się na jego nowy język, dzięki któremu portretował kobiety jako istoty niezmienne i wieczne.

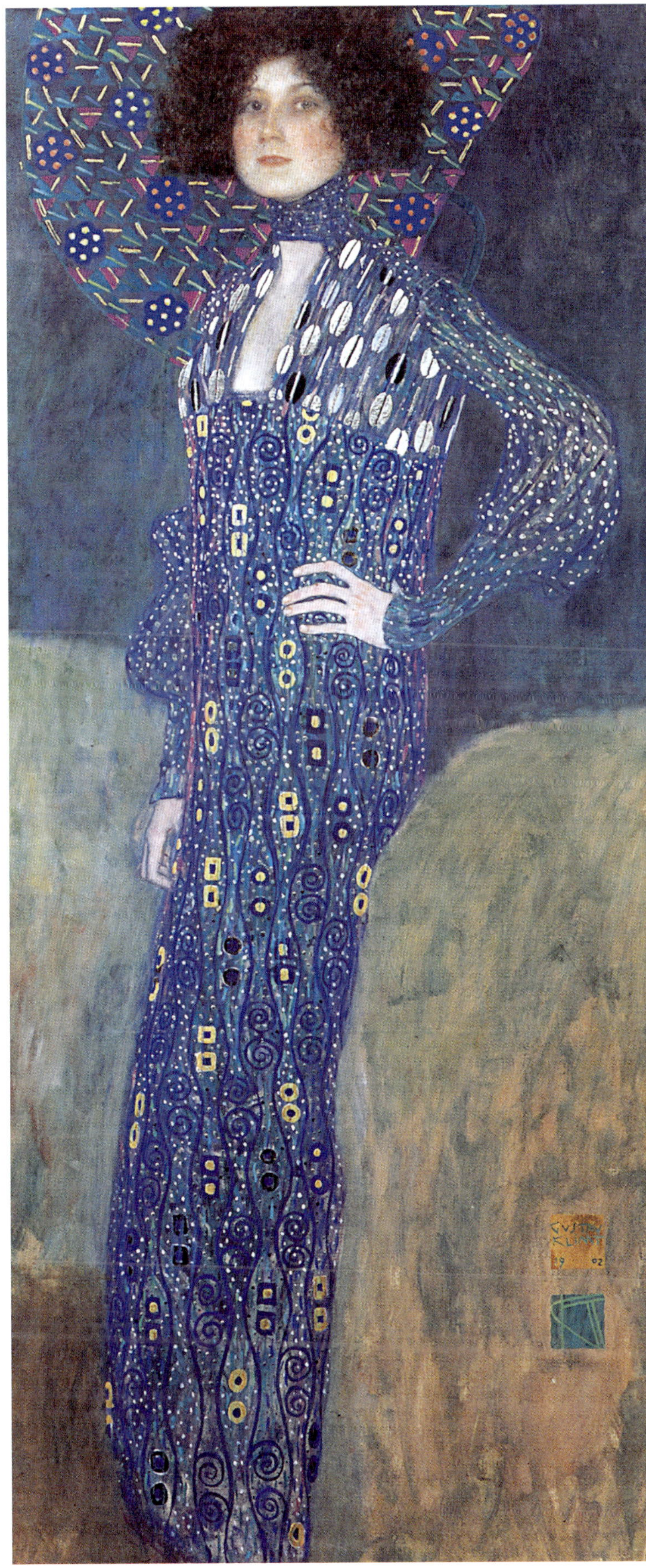

FRYZ BEETHOVENA
1902
Technika mieszana. Farby kazeinowe na tynku na trzcinie, sztukateria i podkład ze złota z zastosowaniem ozdób (kamienie półszlachetne, szkło i masa perłowa), węgiel, ołówek i pastel. Siedem części na trzech ścianach
2,2 x 24 m (całkowita długość)
Gmach Secesji w posiadaniu Österreichische Galerie, Wiedeń

Wiosną 1902 roku odbyło się jedno z najważniejszych wydarzeń artystycznych nowej epoki: XIV Wystawa Secesji Wiedeńskiej w całości poświęcona Ludwikowi van Beethovenowi. W centrum tej monograficznej wystawy stanęła rzeźba wielkiego kompozytora dłuta Maxa Klingera. Josef Hoffmann zaprojektował całą ekspozycję, a pomagali mu w tym Alfred Soller, Adolf Böhm oraz Ferdynand Andri, którzy wykonali w pawilonie malowidła, mozaiki oraz inne dekoracje. Gustav Klimt namalował na stiuku *al secco Fryz Beethovena*. Kompozycja ta zajęła siedem paneli wysokości 220 centymetrów, przeznaczonych do dekoracji trzech ścian sali wystawowej. Została wykonana na tynku nałożonym na trzcinę farbami kazeinowymi, a podkład zrobiony był z płytek złota oraz kamieni półszlachetnych i macicy perłowej. Ta specyficzna technika sprawiła, że konserwacja *Fryzu Beethovena* dla dzisiejszych specjalistów stanowi prawdziwe wyzwanie.

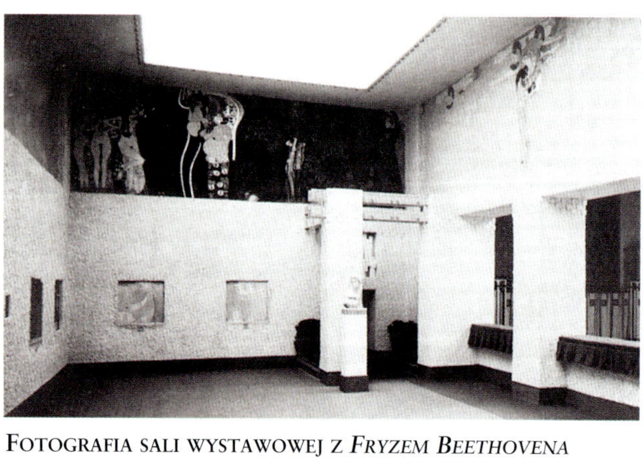

FOTOGRAFIA SALI WYSTAWOWEJ Z *FRYZEM BEETHOVENA*

TĘSKNOTA ZA SZCZĘŚCIEM ZNAJDUJE UŚMIERZENIE W POEZJI
1902
Fragment *FRYZU BEETHOVENA*
Technika mieszana na tynku, 2,2 m x 13,8 m
Gmach Secesji w posiadaniu Österreichische Galerie, Wiedeń

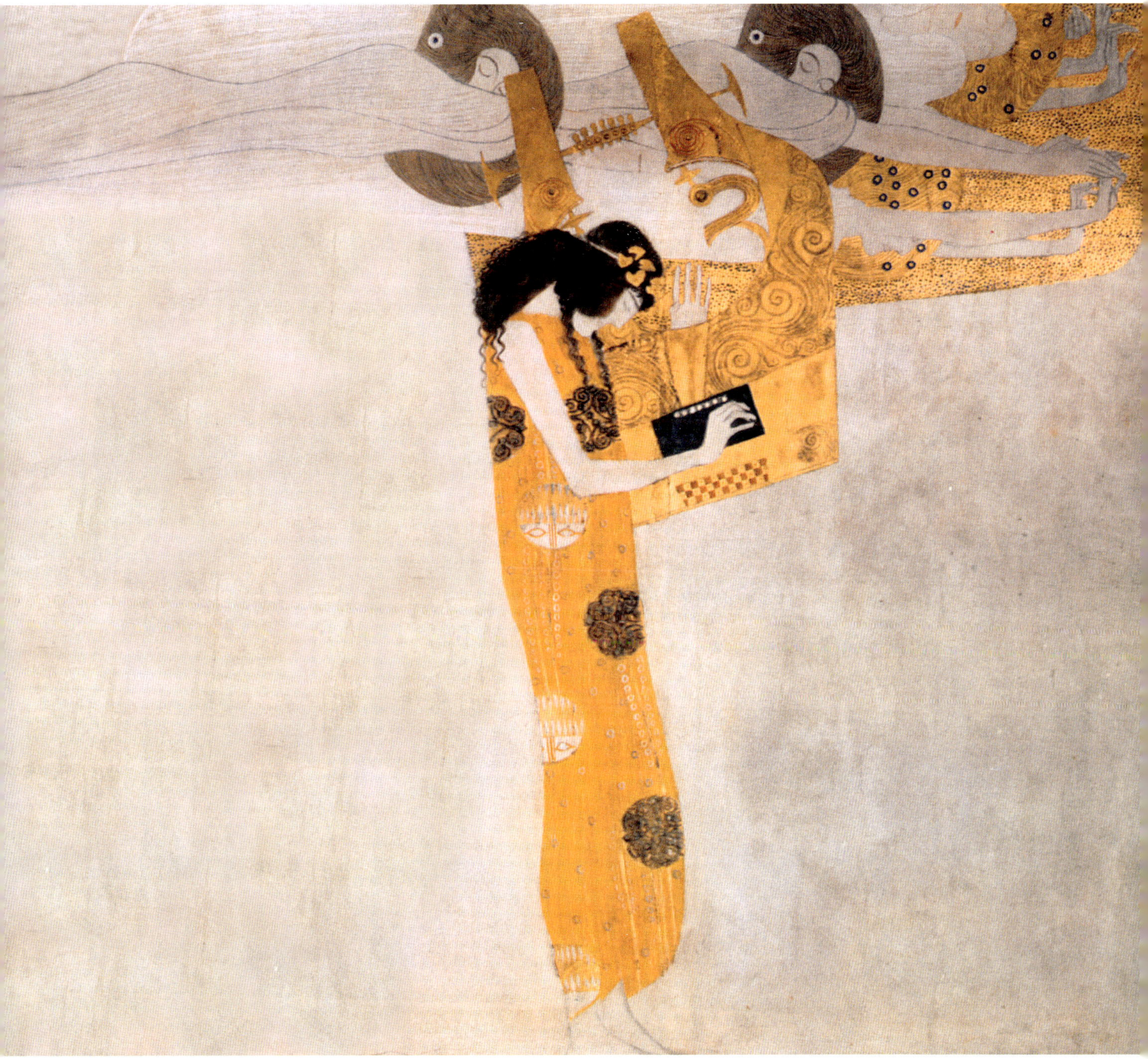

Sceny składające się na kompozycję krytycy odczytują przeważnie jako alegoryczną interpretację ostatniej części *Dziewiątej symfonii Beethovena*. Kantata do *Ody do radości* Schillera to manifestacja ogólnoświatowego braterstwa, a źródłem radości jest wieczna miłość, którą Bóg wszechmogący obdarza całą ludzkość. *Fryz Beethovena* obrazuje rozmaite przejawy szczęścia i radości. Na ścianie na wprost wejścia Klimt przedstawił bardzo ludzką *Tęsknotę za szczęściem*. Trzy postaci na obrazie symbolizują cierpienia słabej ludzkości. Błagają one o pomoc rycerza ze złotym mieczem w dłoni. Ten z kolei ucieleśnia ideę Zbrojnego Dobra, czyli walki o szczęście; powróci w 1903 roku na obrazie *Złoty rycerz*.

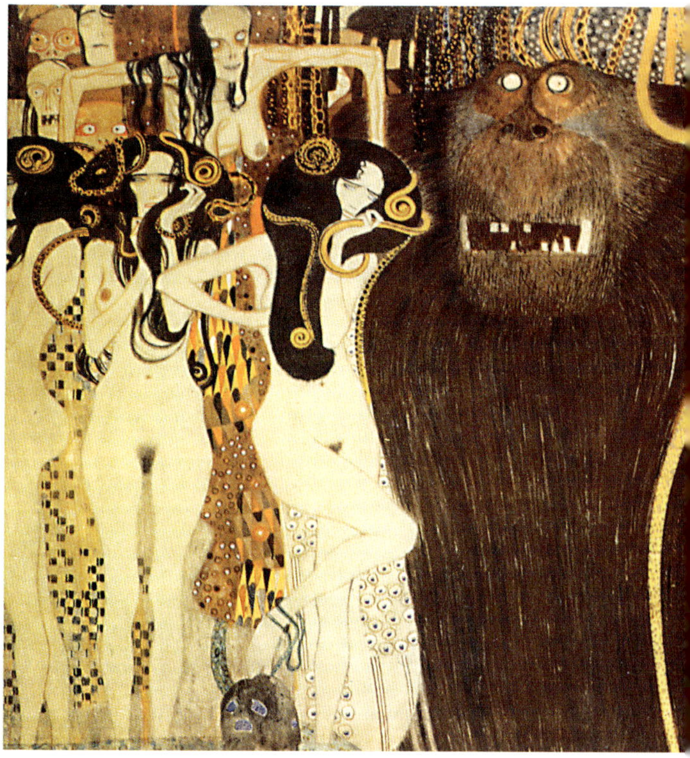

WROGIE SIŁY
(fragment *FRYZU BEETHOVENA*)
1902
Technika mieszana na tynku, 2,2 m x 6,36 m
Gmach Secesji w posiadaniu Österreichische Galerie,
Wiedeń

Dwie postaci kobiece wyłaniające się z ornamentu za rycerzem symbolizują wewnętrzne siły przybliżające do upragnionego celu. Są to Współczucie i Ambicja. Tonacja kolorystyczna każdej z grup obrazującej tęsknotę za szczęściem odzwierciedla różnice między nimi oraz przewagę jednej nad drugą. Blade kolory przegrywają, połyskliwe potrafią zwalczyć przeciwności losu.

Druga ściana przedstawia *Wrogie siły*, przeszkody na drodze do upragnionego szczęścia. Klimt zobrazował je w postaciach mitologicznych: giganta Tyfeusza, będącego hybrydą człowieka i bestii, oraz trzech Gorgon – Steno, Euriale i Meduzy – kobiet, którym zamiast włosów wyrastają wijące się węże i których spojrzenie zamienia ludzi w kamień. Tyfeusz jawi się jako wielkie przypominające goryla zwierzę, a Gorgony z lewej strony obrazu to obnażone kobiety o ciemnych włosach, między którymi wiją się złote węże. Nad nimi stoją trzy inne niewiasty, będące uosobieniem wielkich plag prześladujących ludzkość: to Choroba, Szaleństwo i Śmierć. Umieszczone symetrycznie po lewej stronie bestii postacie symbolizują Rozpustę, Nieczystość oraz Nieumiarkowanie. Oddalona od pozostałych kobieta w głębi uosabia Troskę.

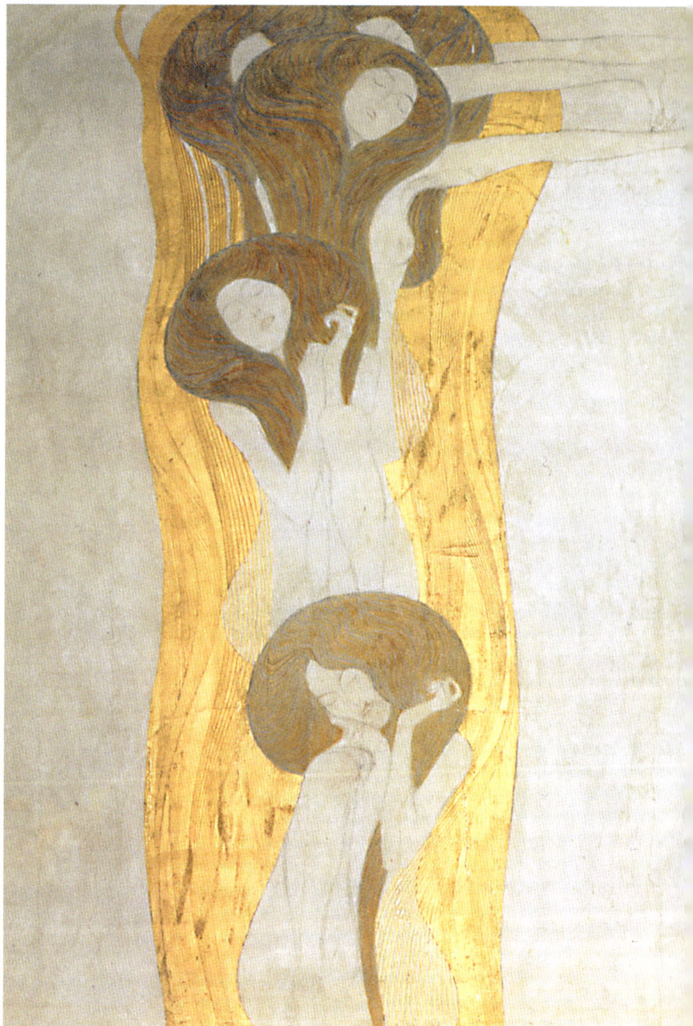

TĘSKNOTA ZA SZCZĘŚCIEM ZNAJDUJE UŚMIERZENIE
W POEZJI (fragment *FRYZU BEETHOVENA*)
1902
Technika mieszana na tynku, 2,2 m x 13,8 m
Gmach Secesji należący do Österreichische Galerie,
Wiedeń

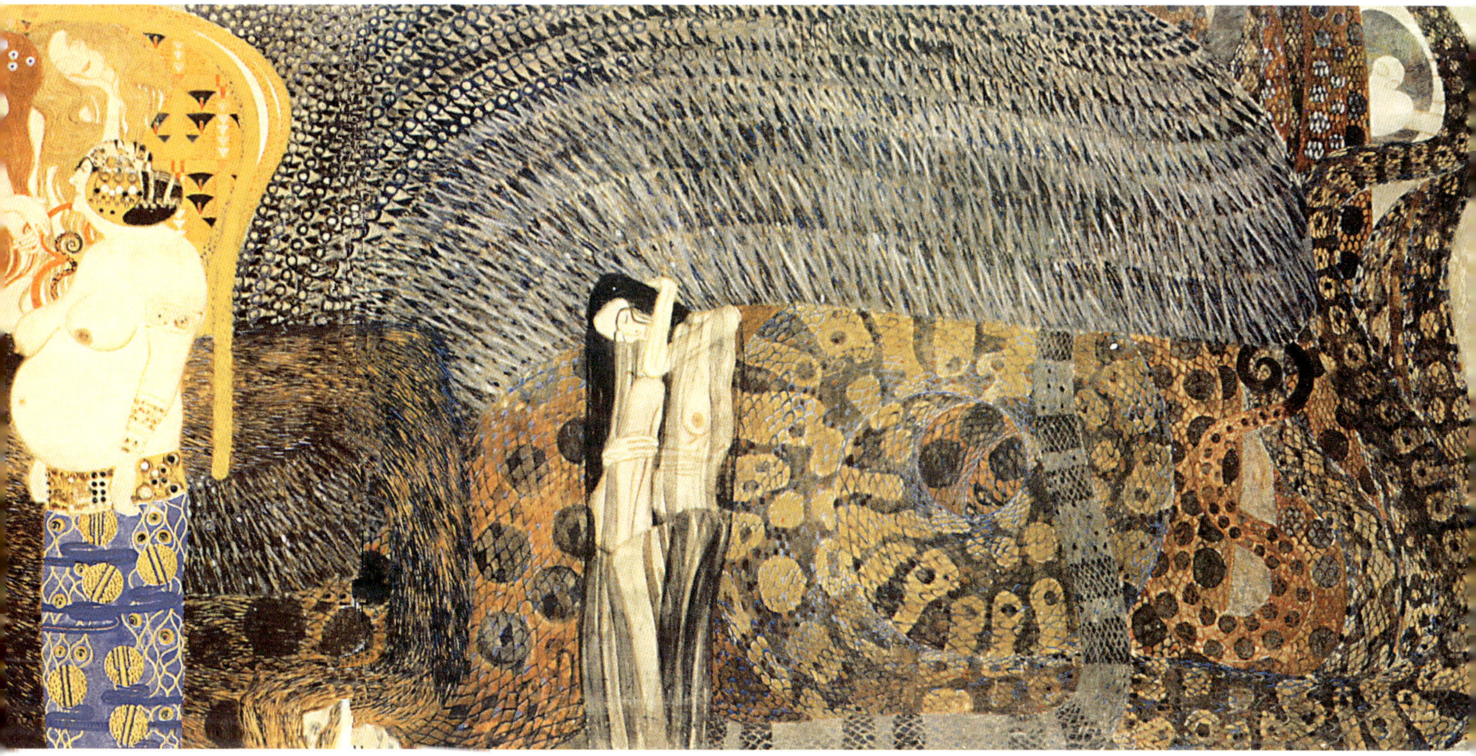

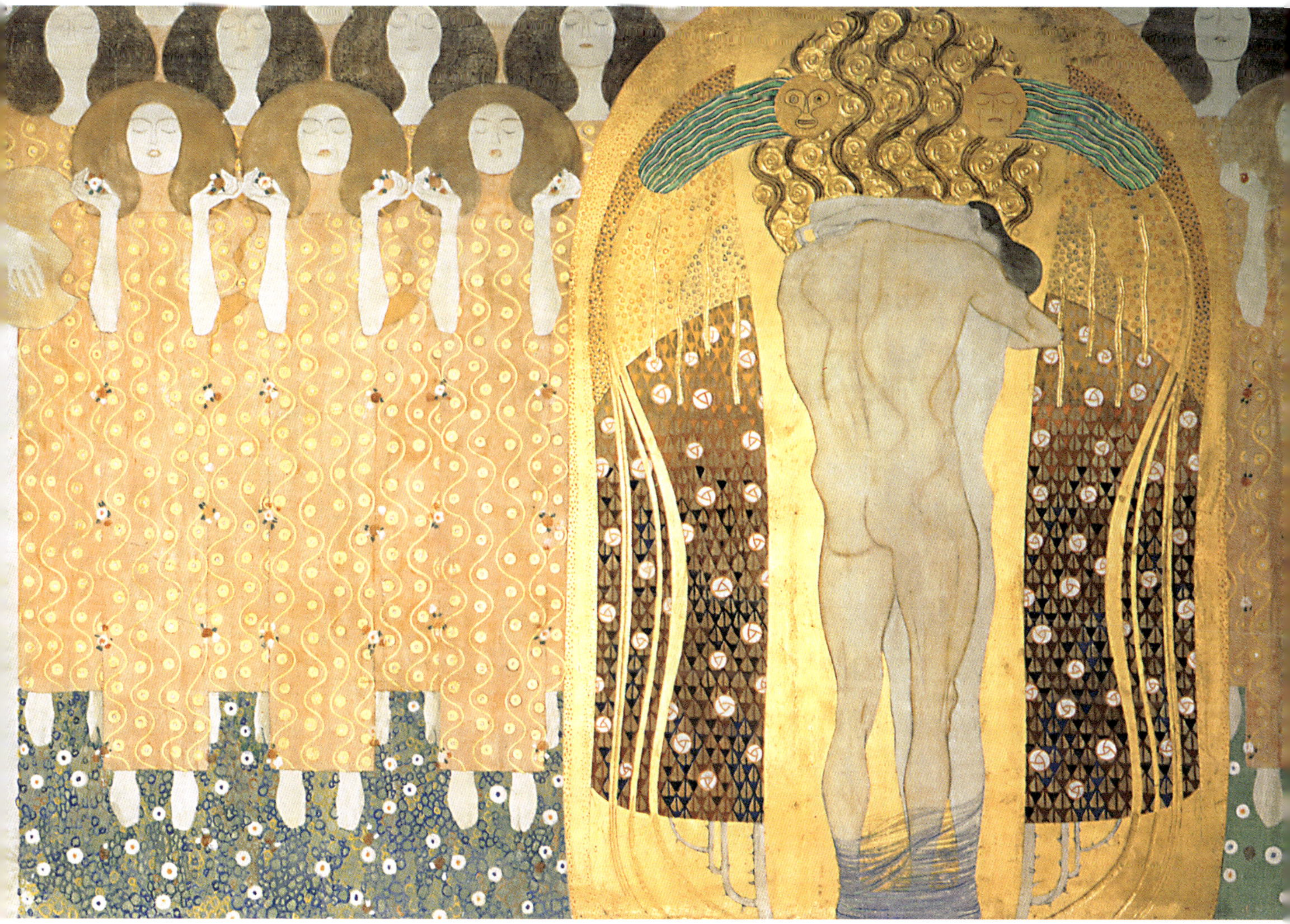

Na trzeciej ścianie wyłania się alegoria: *Tęsknota za szczęściem znajduje uśmierzenie w poezji,* jako uzupełnienie sekwencji tematycznej. Z tego malowidła bije beztroska, nastrój jest zdecydowanie bardziej pogodny niż na drugiej ścianie, a harmonijna kompozycja i barwy symbolizują świat, w którym króluje szczęście. Poezję, będącą zarówno środkiem do osiągnięcia szczęścia doskonałego, jak i jego źródłem, uosabia grająca na cytrze kobieta. Złota zdobiona ornamentami szata i sylwetka niewiasty przywodzą na myśl bohaterkę obrazu *Muzyka I* (1895) i dają przedsmak środków formalnych zastosowanych w *Wężach wodnych I* (1904–1907). Dźwięk cytry przywabia trzy kobiety symbolizujące trzy gatunki sztuki. Po prawej stronie anielski chór stojący na pokrytej kwiatami łące towarzyszy śpiewem splecionej w miłosnym uścisku parze z *Pocałunku całej ziemi*. *Tęsknota za szczęściem* przedstawiająca ludzkie uczucia oraz nadzieje znajduje zwieńczenie w malowidle na trzeciej ścianie. Zastosowane w nim środki wyrazu, takie jak złocenia czy stylizowane anioły wtapiające się w tło, by stać się płaskim ornamentem, Klimt wykorzystywał w późniejszych dziełach; także pocałunek jako kwintesencja miłości powielony został we *Fryzie w Pałacu Stockleta* (1905–1909) i *Pocałunku* (1907–1909). *Fryz Beethovena,* od roku 1915 należący do Ericha Lederera de Ginebra, został przezeń w 1960 zdeponowany w wiedeńskiej Österreichische Galerie i tam znajduje się do dziś. Od 1972 roku wykupione przez państwo malowidło stanowi własność Austrii.

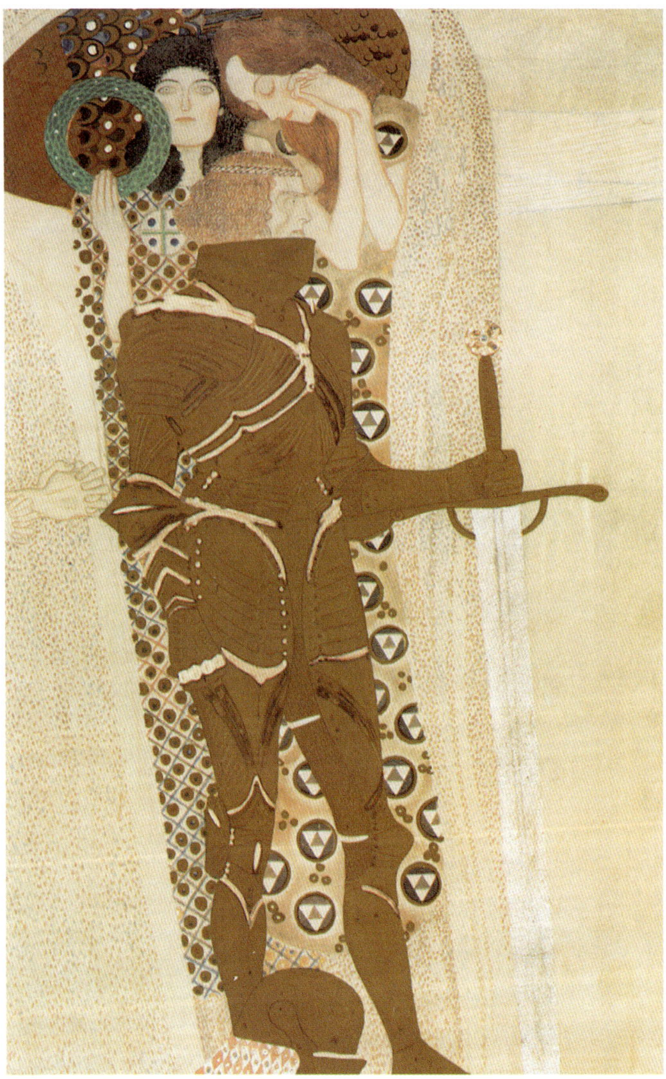

TĘSKNOTA ZA SZCZĘŚCIEM (FRAGMENT)

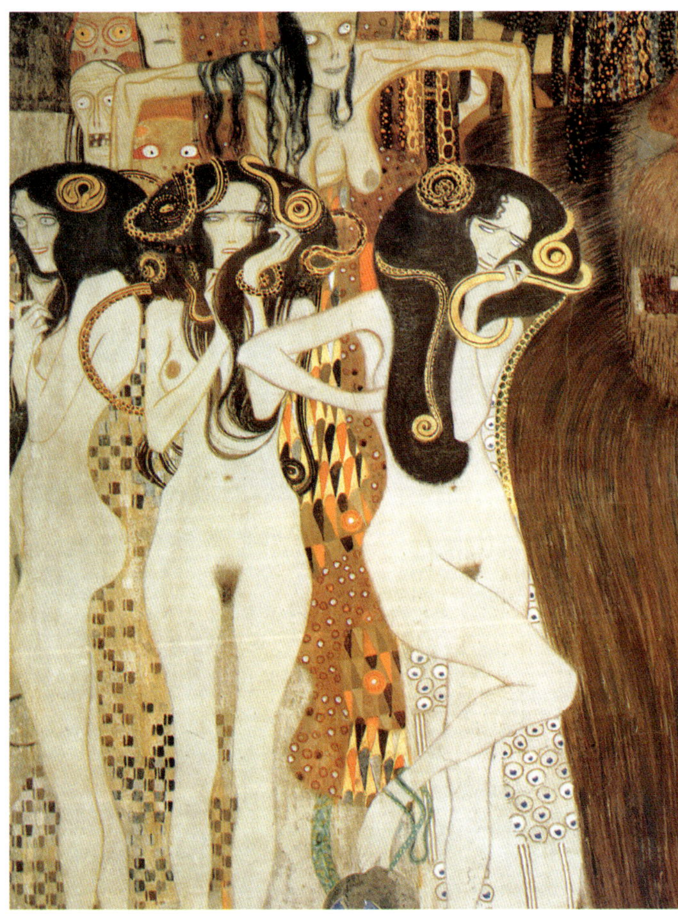

WROGIE SIŁY (FRAGMENT)

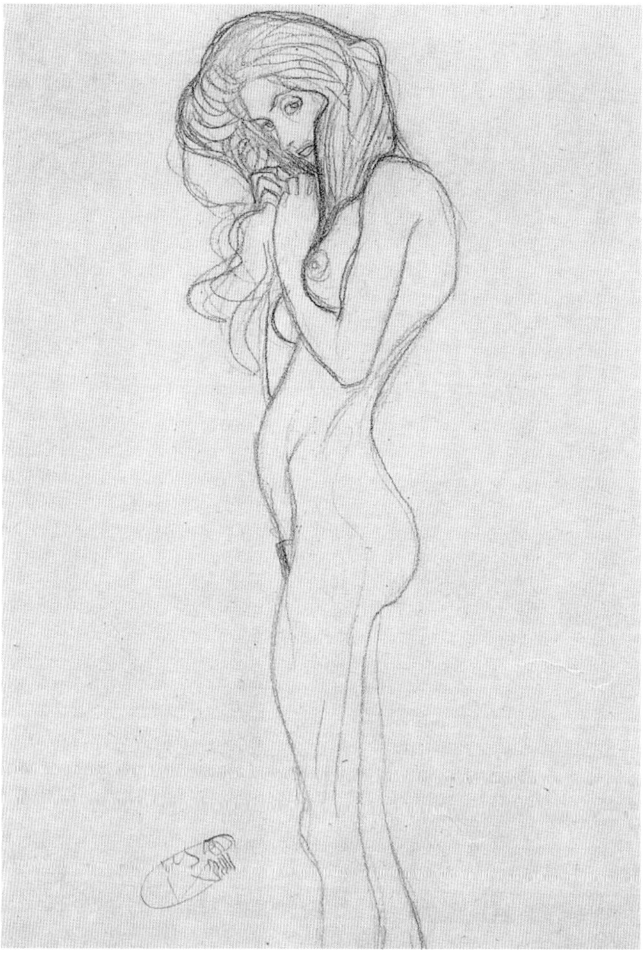

Lewy profil Gorgony
Studium do *Fryzu Beethovena*
1901–1902
Węgiel, 45,2 x 31 cm
Graphische Sammlung Albertina, Wiedeń

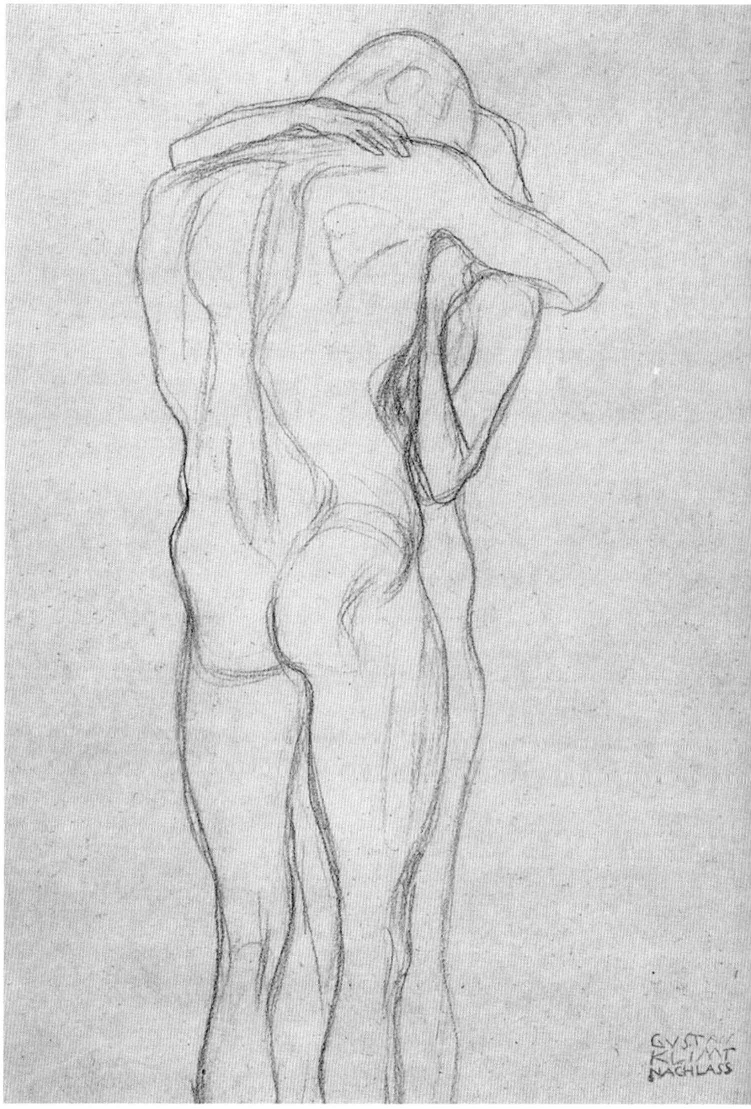


Para spleciona w miłosnym uścisku
Studium do *Fryzu Beethovena*
1901–1902
Węgiel, 45 x 30,8 cm
Graphische Sammlung Albertina, Wiedeń

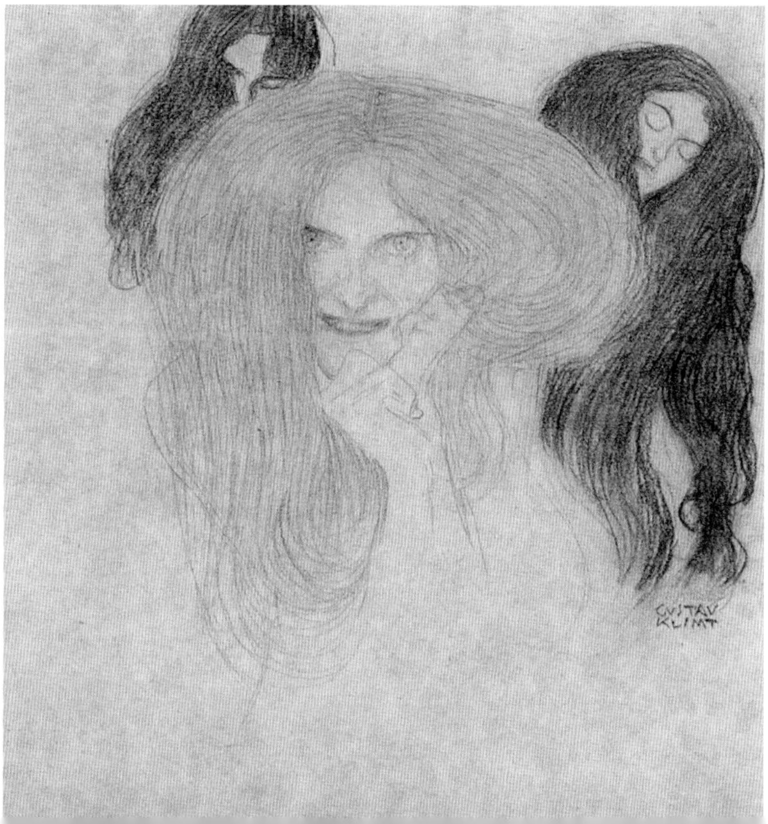


Głowy Gorgon
Studium do *Fryzu Beethovena*
1901–1902
Węgiel, 43,5 x 31 cm
Historisches Museum, Wiedeń

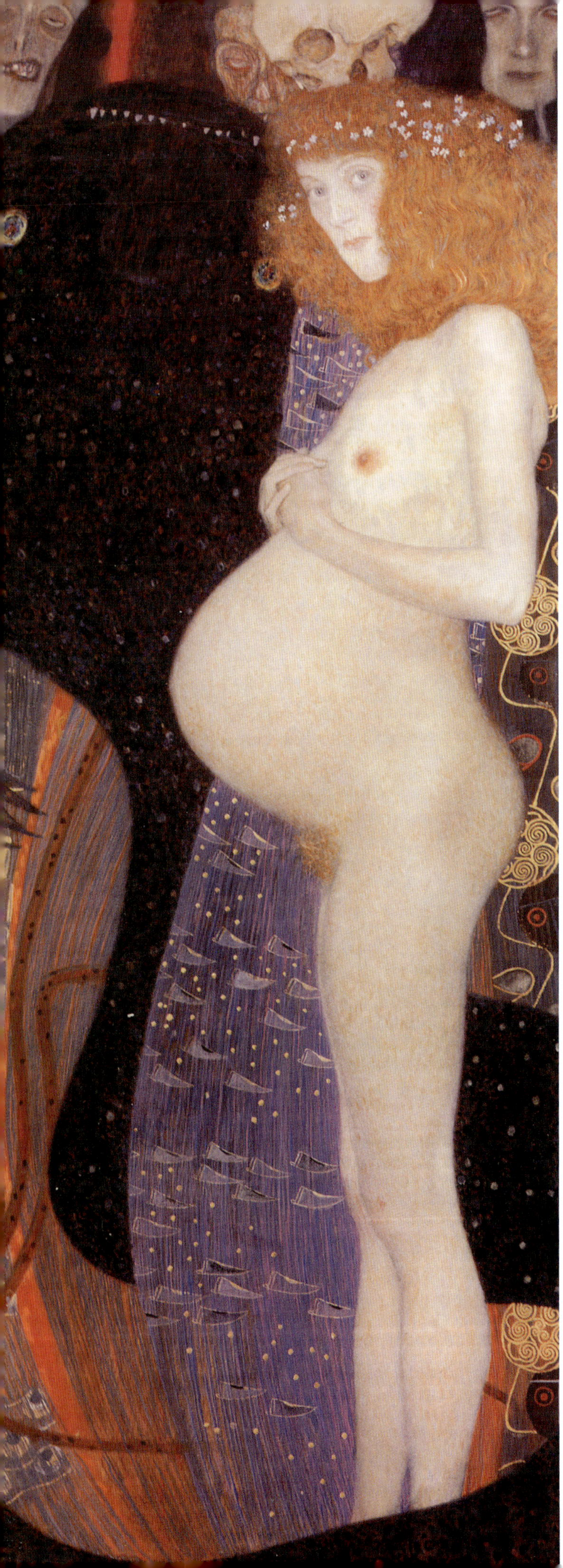

NADZIEJA I
1903
Olej na płótnie, 189,2 x 67 cm
National Gallery of Canada, Ottawa

Filozoficzne zainteresowania, dotyczące idei fundamentalnych, takich jak tajemnica życia, poznanie czy moralność, ujawnił Klimt około 1893 roku, kiedy realizował zlecenie na wykonanie malowideł do auli Uniwersytetu Wiedeńskiego. Dziewiętnastowieczny racjonalizm oferował logiczne wyjaśnienia dotyczące genezy życia, dla Klimta jednak temat ten pozostał jedną z wielkich zagadek bytu. Motyw życia pojawił się w roli głównej na dwóch alegorycznych płótnach.

W 1903 roku, z myślą o XVI Wystawie Secesji Wiedeńskiej, namalował Klimt pierwszą wersję *Nadziei*. Odstąpił jednak od zamiaru wystawienia dzieła po fali krytyki fakultetów do auli uniwersytetu. Obraz zakupił Fritz Wärndorfer i oprawił w zamykaną ramę. Płótno ujrzało światło dzienne dopiero w 1905 roku z okazji otwarcia nowego budynku wystawowego Deutscher Künstlerbund (Stowarzyszenia Niemieckich Artystów) w Berlinie. Jak wynika z wykonanego w 1903 roku wstępnego szkicu, początkowo miało ono przedstawiać mężczyznę przytulającego ciężarną towarzyszkę. Ostatecznie jednak na obrazie została uwieczniona kobieta w ciąży stojąca bokiem do patrzącego, która przypomina postać po prawej stronie Hygieii na malowidle *Medycyna* (1901–1907). Towarzyszą jej przerażające alegorie Upadku i Śmierci, zdaniem niektórych krytyków inspirowane maskami z Czarnego Lądu, których wiele sprowadzono wówczas do Europy.

I tak oto z płótna mającego być alegorią miłości i ciągłości ludzkiego żywota wyziera przygnębienie, mroczna przepowiednia przyszłości. Brzemienna kobieta z dłońmi splecionymi nad brzuchem, jakby chciała chronić dziecko, której oczy wyrażają niepokój, to jedyna postać naturalna.

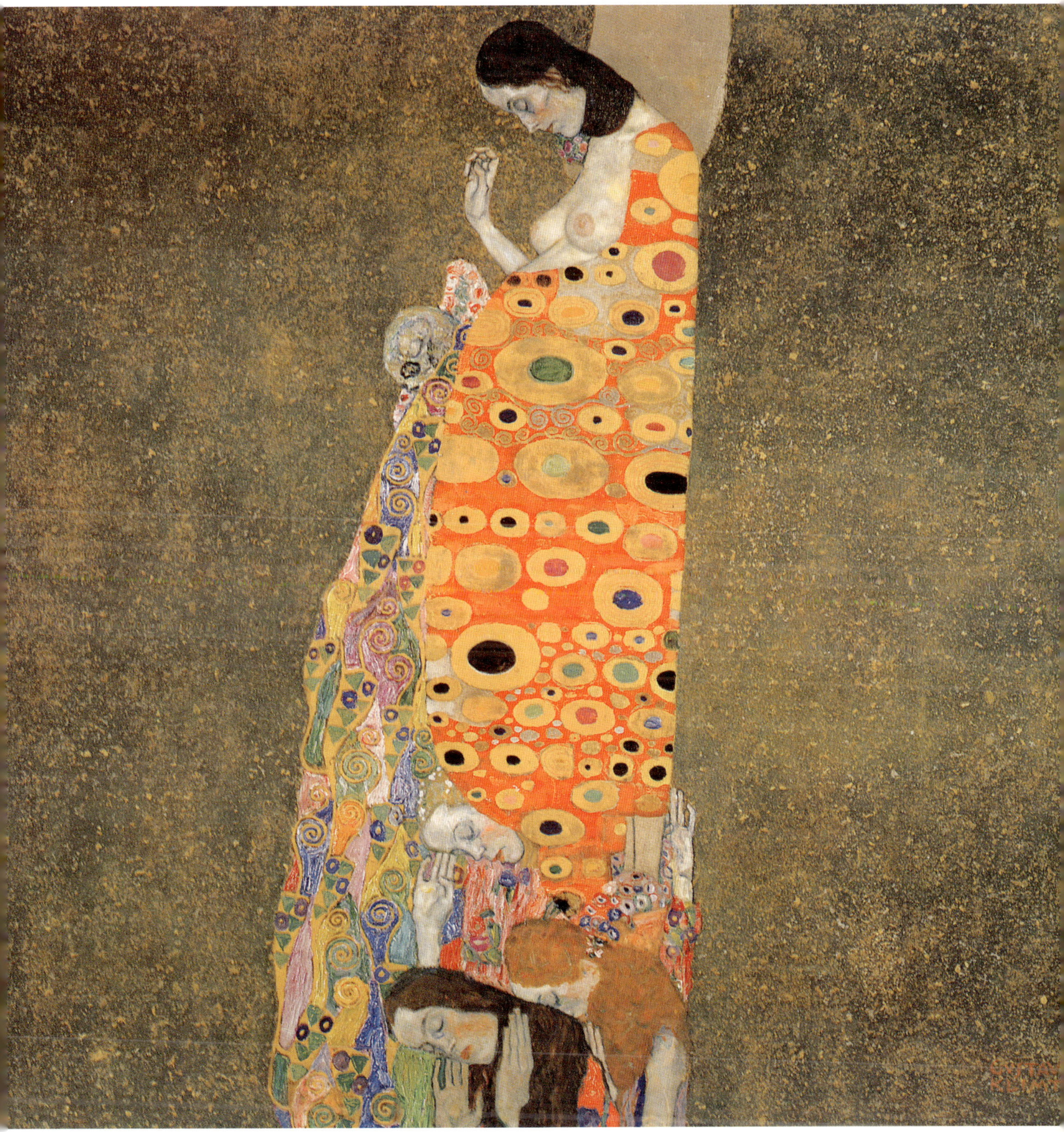

Pozostałe są symboliczne i podejmują temat życia (niebieska wstęga w złote punkciki to nadzieja związana z narodzinami dziecka) oraz choroby i śmierci, na które będzie skazany nowo narodzony człowiek. Te motywy, stale obecne u Klimta, stanowią tło obrazu.

NADZIEJA II
1907–1908
Olej na płótnie, 110 x 110 cm
Museum of Modern Art, Nowy Jork

*Nadzieja II* różni się od wersji poprzedniej pod wieloma względami. Tamten obraz został wykonany w charakterystycznym dla owego etapu twórczości Klimta stylu ornamentalnym, którego uwieńczeniem były *Trzy etapy życia kobiety* (1905) i *Pocałunek* (1907–1909). W tym forma kwadratu zastąpiła prostokąt, a wrażenie nieograniczonej przestrzeni Klimt spotęgował, umieszczając postać kobiecą w centrum obrazu na tle roślinności, której dwuwymiarowość jest charakterystyczna dla powstałych w tym samym okresie pejzaży. Całkowita izolacja od świata zewnętrznego i spokój dominujący w pejzażach to atmosfera, która otacza także kobietę z obrazu *Nadzieja II*. Podczas gdy w wersji z 1903 roku niewiasta kierowała zatroskane spojrzenie na widza,

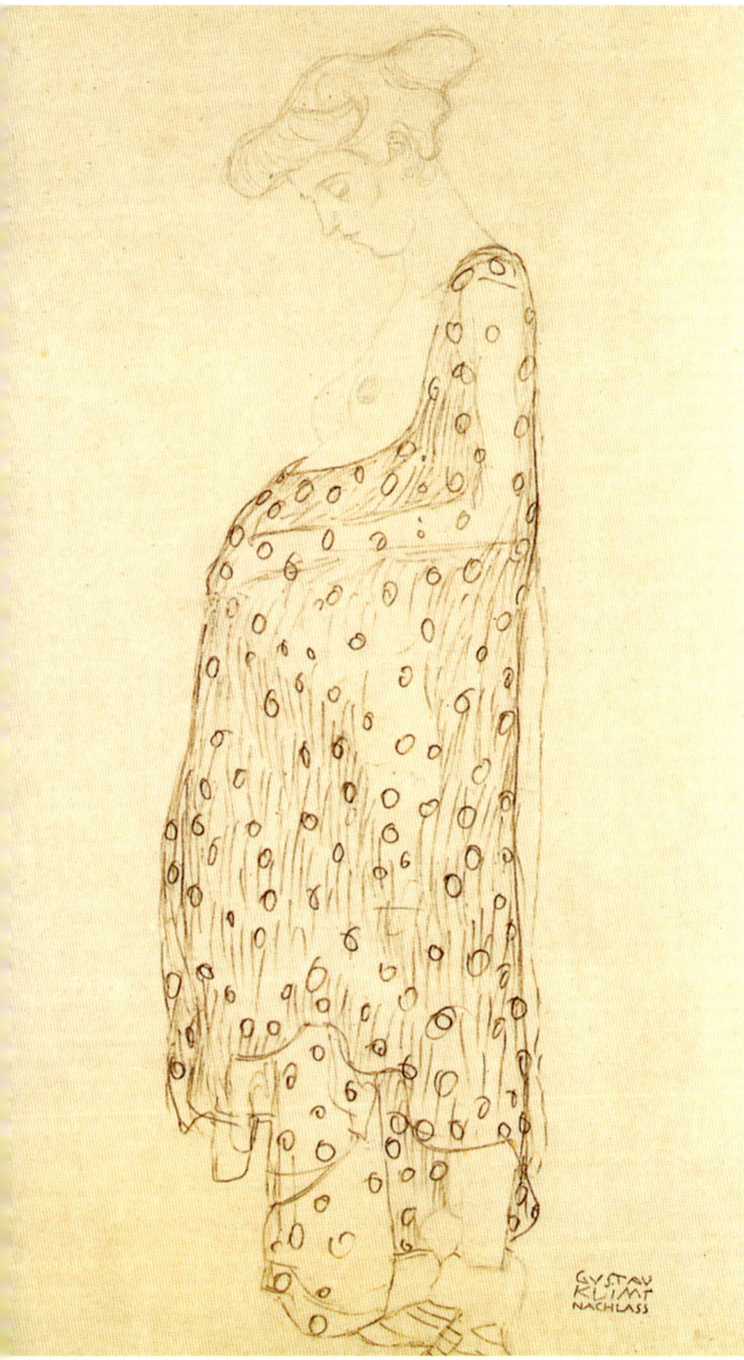


BRZEMIENNA KOBIETA Z PROFILU, UBRANA W SUKIENKĘ
STUDIUM DO *NADZIEI II*
1904–1905
Grafit i ołówek, 56 x 36 cm
Leopold Museum, Wiedeń

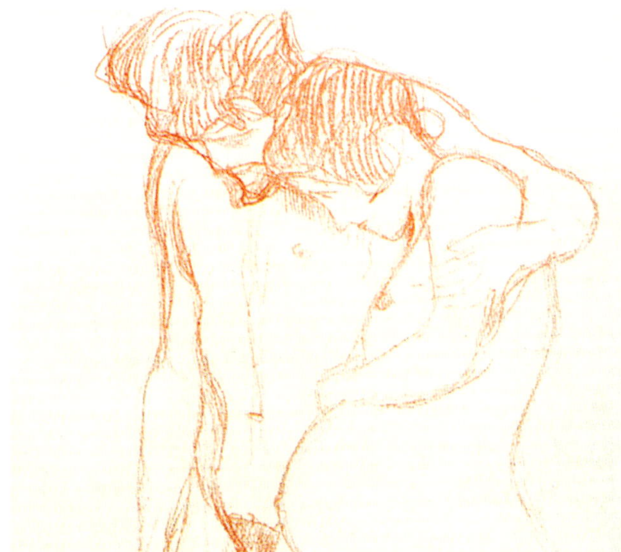

KOBIETA CIĘŻARNA I MĘŻCZYZNA
SZKIC DO *NADZIEI I*
ok.1903
Sangwina
Zbiory prywatne

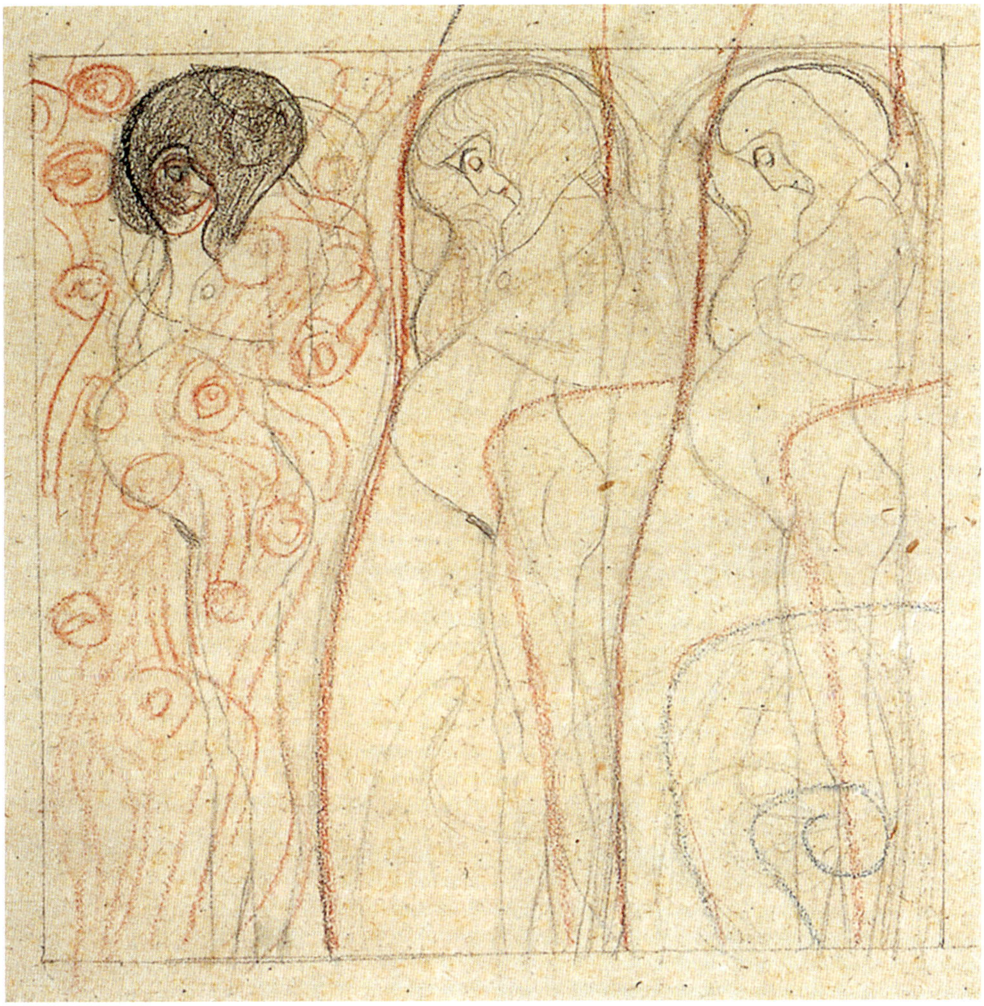

**Trzy kobiety w ciąży z profilu**
**Szkic do *Nadziei I***
ok. 1903
Grafit oraz czerwony, czarny i niebieski wosk, 45,7 x 31,6 cm
Historisches Museum, Wiedeń

ta stoi ze spuszczoną głową, pogrążona w zadumie, może nawet śpi, i najwyraźniej nie ma ochoty na kontakty. Ciało kobiety w zaawansowanej ciąży okrywa wielobarwny płaszcz, który sprawia, że wygląda ona jak część dwuwymiarowej dekoracji. Znajdująca się na wysokości jej łona czaszka oraz trzy kobiety zastygłe u jej stóp w modlitwie dopełniają kompozycji. Ich obecność nie wprowadza dwuznaczności jak na obrazie *Nadzieja I*, w którym pojawiają się alegorie Życia i Śmierci. Zabieg polegający na użyciu elementów symbolicznych w roli ornamentów łagodzi ich dramatyczny wydźwięk i daje wrażenie wyrafinowania. Zamysł ten okazał się najbardziej widoczny w ostatnich dziełach mistrza: *Panna* (1912–1913) oraz *Panna młoda/Orszak ślubny* (1917–1918).

ZŁOTY RYCERZ/ŻYCIE JEST WALKĄ
1903
Olej, tempera i złoto na płótnie
103,5 x 103,7 cm
Centrum Sztuki Aichi, Nagoya (Japonia)

W 1902 roku Klimt wykonał i wystawił na XIV Wystawie Secesji Wiedeńskiej *Fryz Beethovena*. Panele, z których składało się malowidło, udekorowały trzy ściany w pawilonie zaprojektowanym przez Josefa Hoffmanna. Zaledwie rok później postać z panelu *Tęsknota za szczęściem* pojawiła się na obrazie *Złoty rycerz*. Od czasu wystawy poświęconej w całości twórczości Klimta z 1903 roku obraz ten znany był też pod nazwą *Życie jest walką*, ponieważ krytycy dostrzegli w nim kontynuację motywu z centralnego panelu *Fryzu Beethovena* przedstawiającego walkę człowieka o szczęście.

Doszukiwano się związku między dwoma płótnami, ponieważ sylwetki obydwu rycerzy wzorowane były na ikonografii średniowiecznej z XV wieku. Źródło znane jest tylko w przypadku rycerza z *Fryzu Beethovena*, którego zbroja przypomina wykonaną przez Lorenza Helmschmieda w 1485 roku dla arcyksięcia Zygmunta z Tyrolu; znajdowała się ona w jednym z wiedeńskich muzeów. Pewne cechy zbroi ze *Złotego rycerza* również jednak wskazują na średniowieczną inspirację.

Oprócz tego oba dzieła nie mają ze sobą wiele wspólnego. Różnią je zarówno cechy formalne, jak i przekaz.

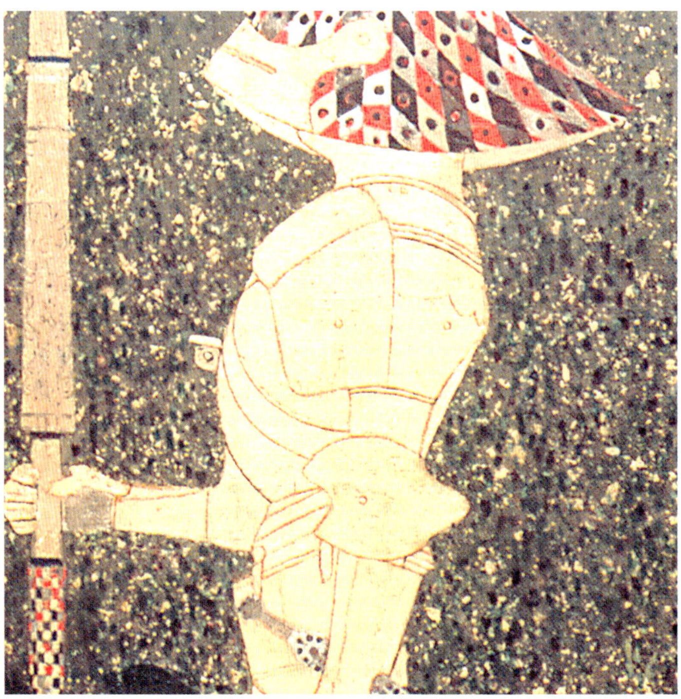

ZŁOTY RYCERZ / ŻYCIE JEST WALKĄ (FRAGMENT)

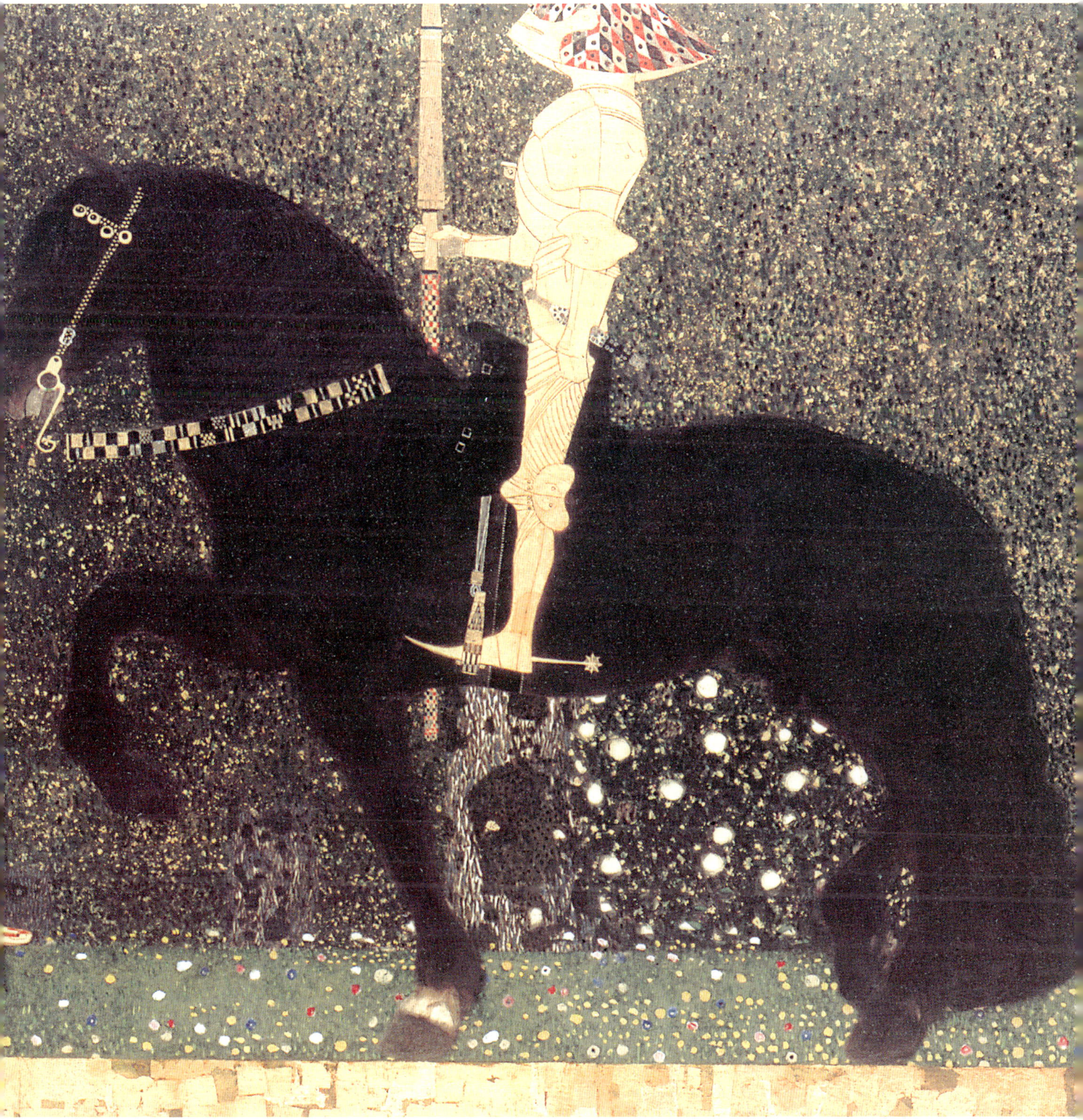

Spod przyłbicy rycerza z *Fryzu Beethovena* wyziera twarz człowieka zdeterminowanego – on wie, że walczy o szczęście. Natomiast tytułowy złoty rycerz ukrywa twarz pod przyłbicą i galopuje w nieznanym kierunku.

Zbroja rycerza z *Fryzu Beethovena* chroni jego ciało, a on sam stoi na twardym gruncie (nawet, jeśli jest on metaforyczny, bo zbudowany z ludzkich słabości), znajdując w nim punkt oparcia. Złoty rycerz natomiast pozbawiony powłoki cielesnej jest płaski, a jego misja niesprecyzowana: zdaje się galopować przed siebie, nie wiedząc, skąd ani dokąd zmierza.

Interpretacja obrazu wymaga wzmianki o analogiach, które dostrzec można między płótnem *Złoty rycerz/Życie jest walką*, a pewnymi dziełami, które w historii sztuki zapisały się złotymi zgłoskami. Motyw rycerza był bardzo rozpowszechniony w symbolizmie. Szczególnie chętnie posługiwano się wizerunkiem średniowiecznego świętego Jerzego walczącego ze smokiem.

Klimt sięga do ikonografii sprzed czterech wieków. Rycerz na czarnym koniu w złotej zbroi i dzierżący lancę, w każdej chwili gotów do walki, przywodzi na myśl postać ze słynnej ryciny Dürera *Rycerz, śmierć i diabeł* (1513). Jednakże Klimt zdecydowanie odcina się od koncepcji niemieckiego mistrza. Jego rycerz jest nierealny, wyrwany z rzeczywistości, co podkreślają migocące niczym gwiezdny pył złote drobiny w tle obrazu. Wszelkie niebezpieczeństwa, które nań czyhają, są abstrakcyjne i związane tylko z tym, co nieznane.

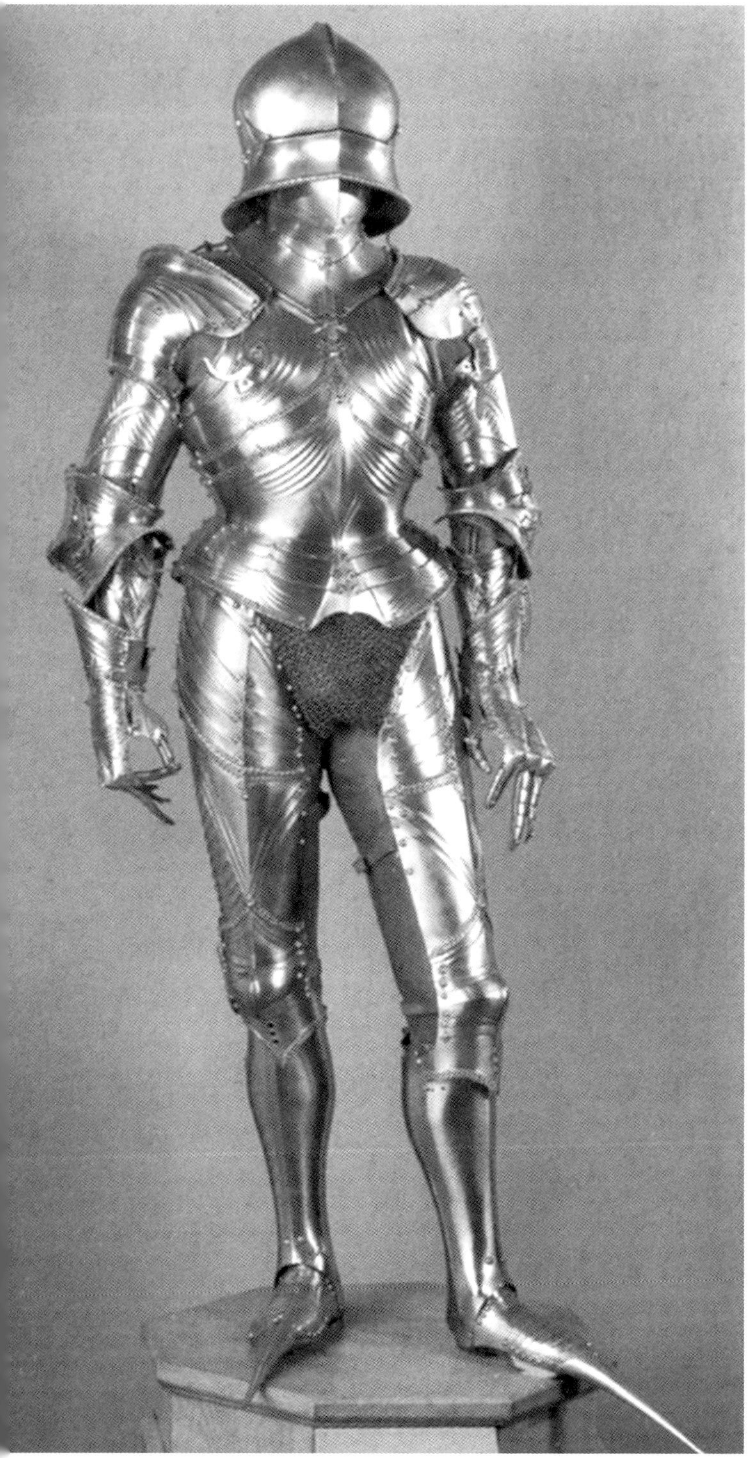

ZBROJA
ok. 1485
Wykuta przez Lorenza Helmschmieda
dla arcyksięcia Tyrolu
Kunsthistorisches Museum, Wiedeń

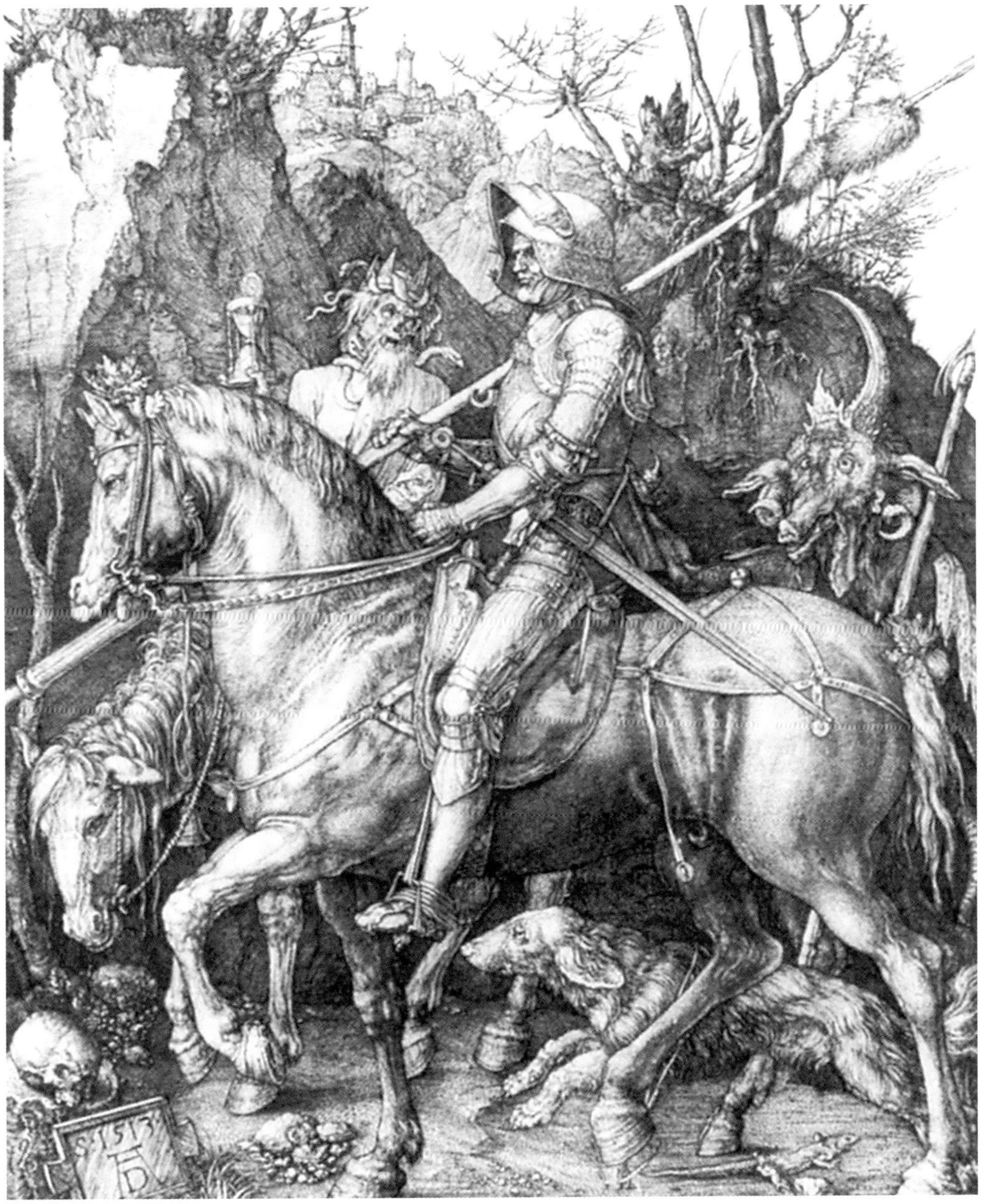

**ALBRECHT DÜRER**
Rycerz, śmierć i diabeł
1513
Rycina
National Gallery, Ottawa

Jedynie wychylająca się z lewej strony i ledwie widoczna głowa węża sygnalizuje istnienie konfliktu oraz walki o życie i szczęście, tak wyraźnie uwidocznionych przez Dürera.

Właścicielem obrazu został magnat przemysłowy i ojciec znanego filozofa Karl Wittgenstein (1847–1913). Kupił on płótno w 1903 roku, przy okazji składania zamówienia na portret córki Margaret Stonborough-Wittgenstein.

PORTRET HERMINY GALLIA
1903–1904
Olej na płótnie, 170 x 96 cm
National Gallery, Londyn

Obraz, namalowany w 1903 roku, został zaprezentowany jeszcze przed ukończeniem na wystawie poświęconej w całości Gustavowi Klimtowi. Jest to jeden z jego pierwszych portretów na zamówienie, w którym pojawiają się geometryczne elementy dekoracyjne, tak charakterystyczne dla późniejszej twórczości malarza. Ledwie dostrzegalne zdobią dół sukni i dywan, na którym stoi modelka. Mimo ornamentów nie można porównywać go z wykonanym w 1902 roku *Portretem Emilie Flöge*. Naturalizm i kompozycja czynią obraz bliższym *Portretowi Sereny Lederer* (1899) zamówionemu u Klimta przez jej męża i hojnego mecenasa artysty, Augusta Lederera.

Uwieczniona na portrecie Hermine Gallia (1870–1936) wywodziła się z należącego do najbardziej zamożnych i wpływowych stołecznych rodów na początku XX wieku, a jej krewni byli wielbicielami i mecenasami sztuki.

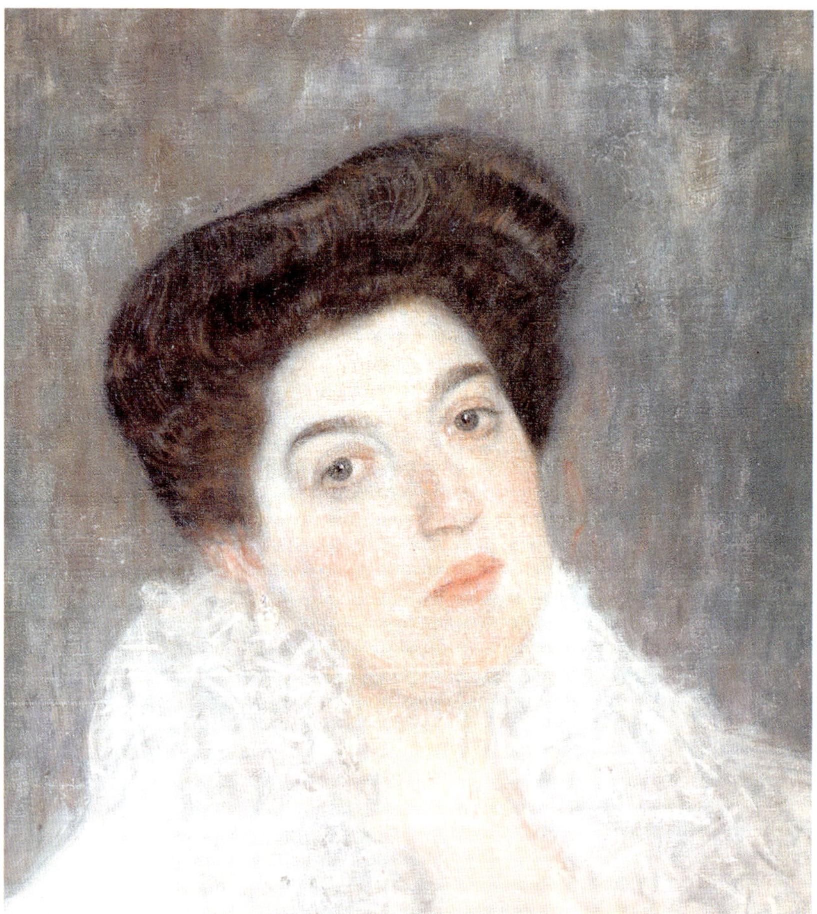

PORTRET HERMINY GALLIA (FRAGMENT)

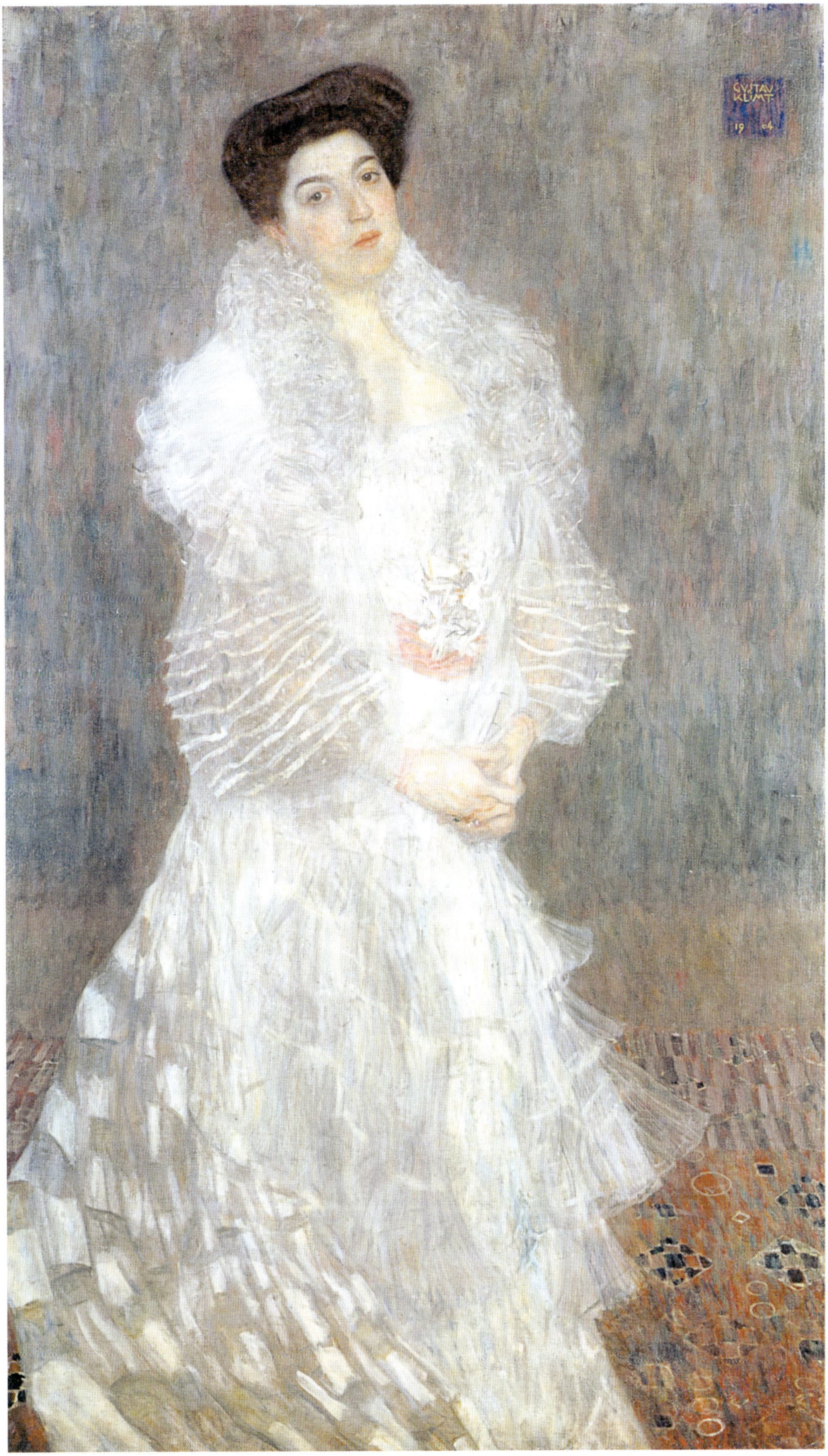
GVSTAV
KLIMT
19 04

Hermine była wielką miłośniczką muzyki, a jej ojciec chrzestny, Carl Moll, jednym z założycieli Secesji Wiedeńskiej. Nic więc dziwnego, że ona i jej mąż Moriz Gallia (1858–1918), będący jednocześnie wujem modelki, należeli do grona znajomych Klimta. Byli też nabywcami wielu dzieł powstałych w Wiener Werkstätte; interesowała ich głównie ceramika i biżuteria.

Hermine Gallia, ubrana w elegancką suknię z gazy, ozdobioną koronkami i haftami, pozowała półprofilem, co pozwoliło na wyeksponowanie ozdobnego trenu sukni. Ustawienie modelki nie było dziełem przypadku – Klimt wykonał około 40 szkiców, szukając takiej pozy, która w pełni ukazałaby obfitość tkaniny i grę świateł między poszczególnymi jej warstwami. Ciało modelki dosłownie zniknęło pod zwojami materiału.

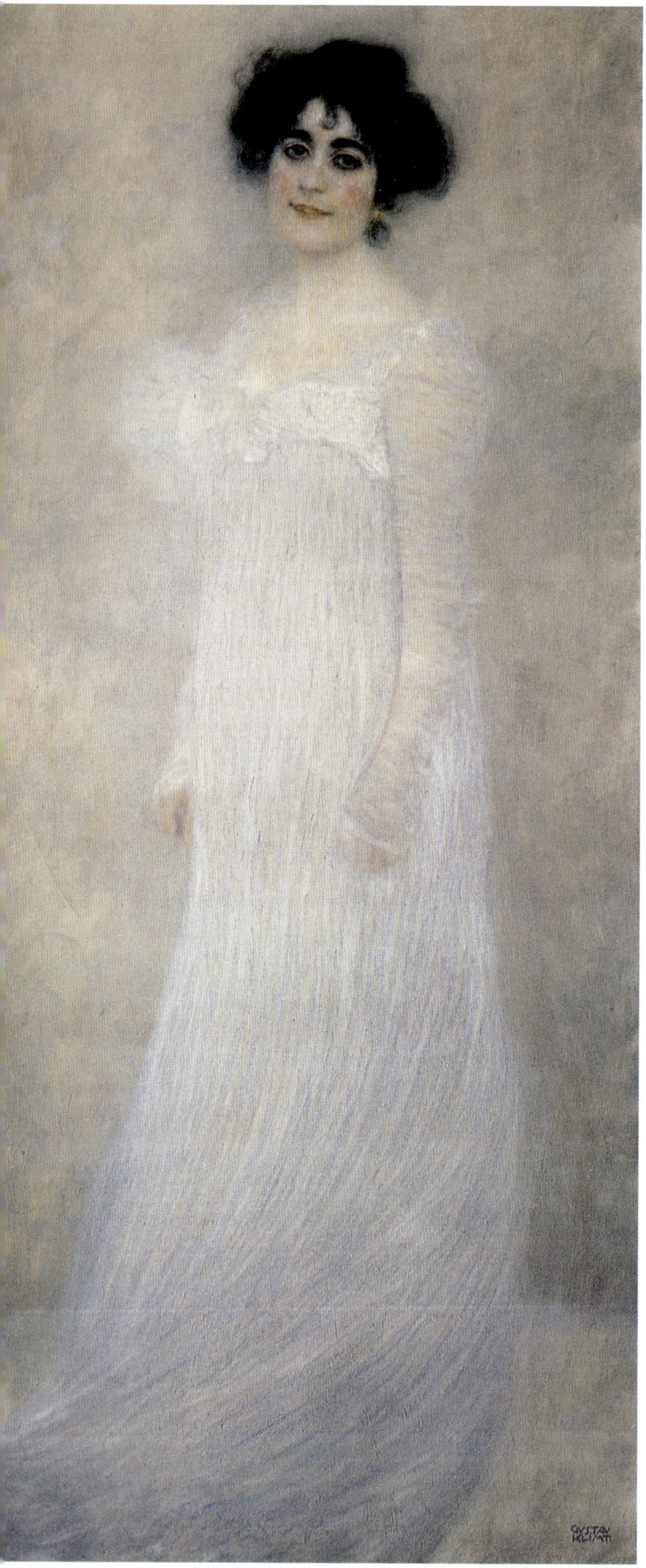


PORTRET SERENY LEDERER
1899
Olej na płótnie, 188 x 83 cm
Österreichische Galerie, Wiedeń

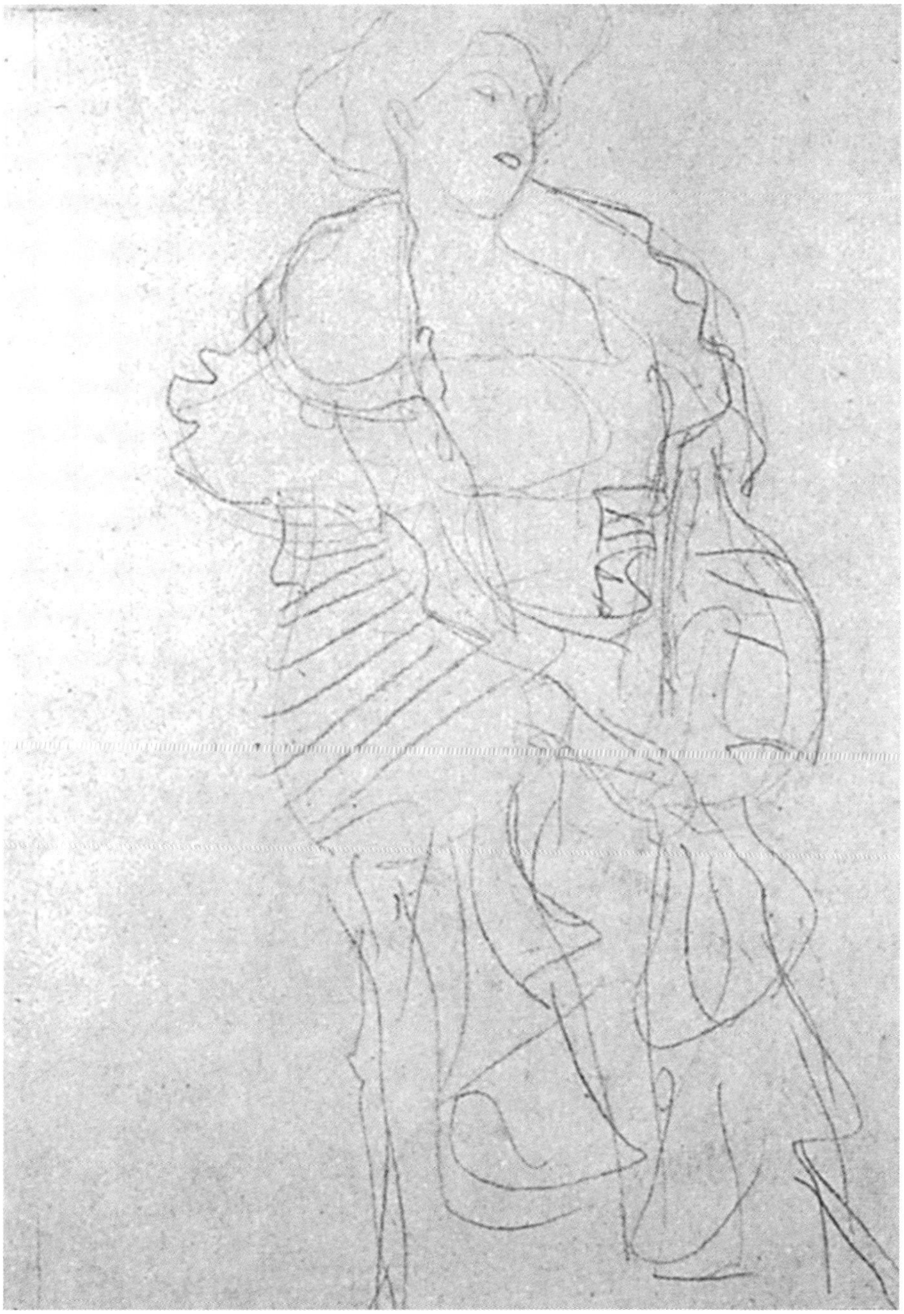

Szkic do *Portretu Herminy Gallia*
ok. 1903
Museum of Art, Cleveland (Ohio)

*Portret Herminy Gallia* mimo wspomnianych analogii z *Portretem Sereny Lederer* nosi cechy dzieła modernistycznego: sylwetka modelki inspirowana jest zarówno przez Art Nouveau, jak i popularne wówczas wizerunki japońskich gejsz, a harmonijna całość przywodzi na myśl portrety osób z wyższych sfer autorstwa Jamesa McNeilla Whistlera.

Obraz pierwotnie znajdował się w posiadaniu rodziny Gallia, następnie (do roku 1976) należał do profesora Hansa Jahre z Wiednia, po czym wzbogacił kolekcję National Gallery w Londynie.

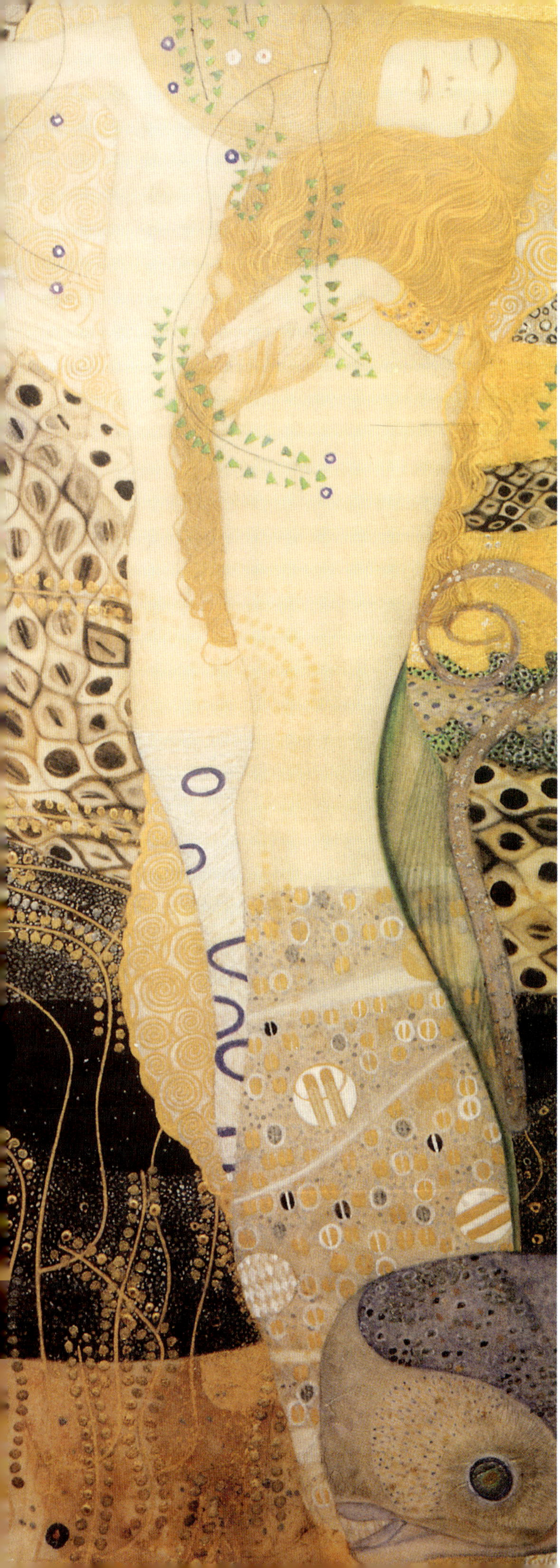

Węże wodne I/Przyjaciółki
1904–1907
Technika mieszana na pergaminie, 50 x 20 cm
Österreichische Galerie, Wiedeń

Kończąc *Portret Herminy Gallia* (1904), Gustav Klimt rozpoczął pracę nad dwoma bardzo różnymi, zarówno jeśli chodzi o tematykę, jak i formę, dziełami. Oba noszą tytuł *Węże wodne*, chociaż znane są również jako *Przyjaciółki* ze względu na dostrzeżone przez krytyków podobieństwo do obrazu *Przyjaciółki* z lat 1916–1917.

*Węże wodne I* zostały wystawione w 1907 roku w wiedeńskiej Galerie Miethke oraz później, w 1911 roku, z płótnem *Siostry* w pawilonie austriackim na Międzynarodowej Wystawie w Rzymie. Wykonane akwarelą oraz gwaszem, ozdobione płatkami złota i srebra na pergaminie, poruszają jeden z najgorętszych tematów tamtej epoki: miłość oraz związki intymne między kobietami. *Węże wodne I i II* skupiają się bez reszty na kobiecej przyjaźni. Klimt często zajmował się tym najwyraźniej fascynującym go zjawiskiem, zarówno we wcześniejszej twórczości (*Wzburzona woda, Nimfy, Złote rybki*), jak i w ostatnich swoich dziełach.

Ponieważ w owym czasie dużą popularnością w Wiedniu cieszyły się psychoanalityczne teorie Freuda dotyczące podświadomości albo wypartych erotycznych potrzeb, a jednocześnie gibkie podwodne stwory tradycyjnie uważano za istoty hermafrodyczne, dzieło to można interpretować dwojako.

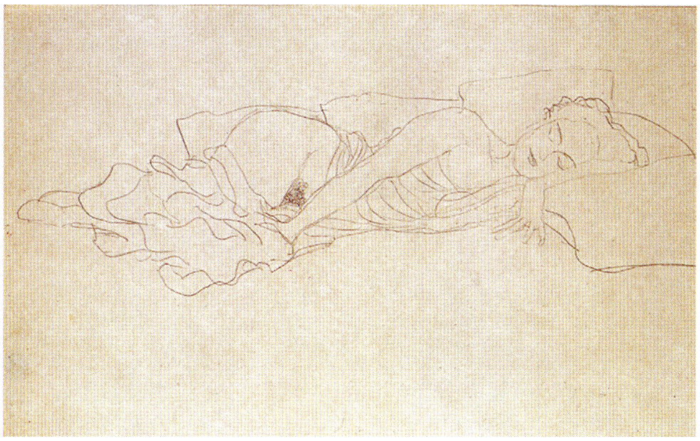

PÓŁAKT – LEŻĄCA KOBIETA
STUDIUM DO *WĘŻY WODNYCH II/PRZYJACIÓŁEK*
ok. 1904
Grafit, 34,9 x 55,1 cm
Historisches Museum, Wiedeń

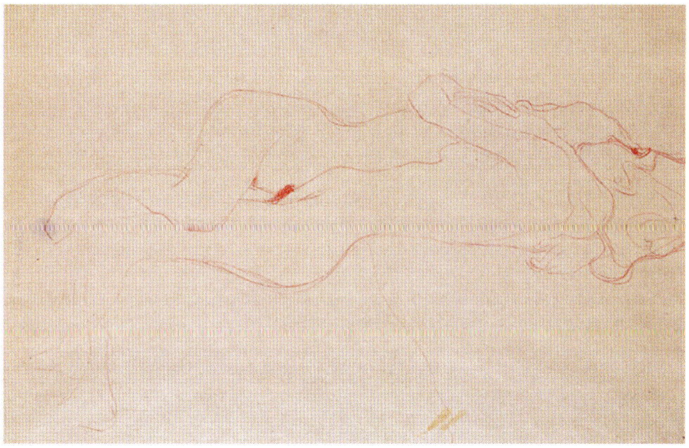

PRZYJACIÓŁKI W UŚCISKU
STUDIUM DO *WĘŻY WODNYCH II/PRZYJACIÓŁEK*
Kredka, 35 x 55 cm
Historisches Museum, Wiedeń

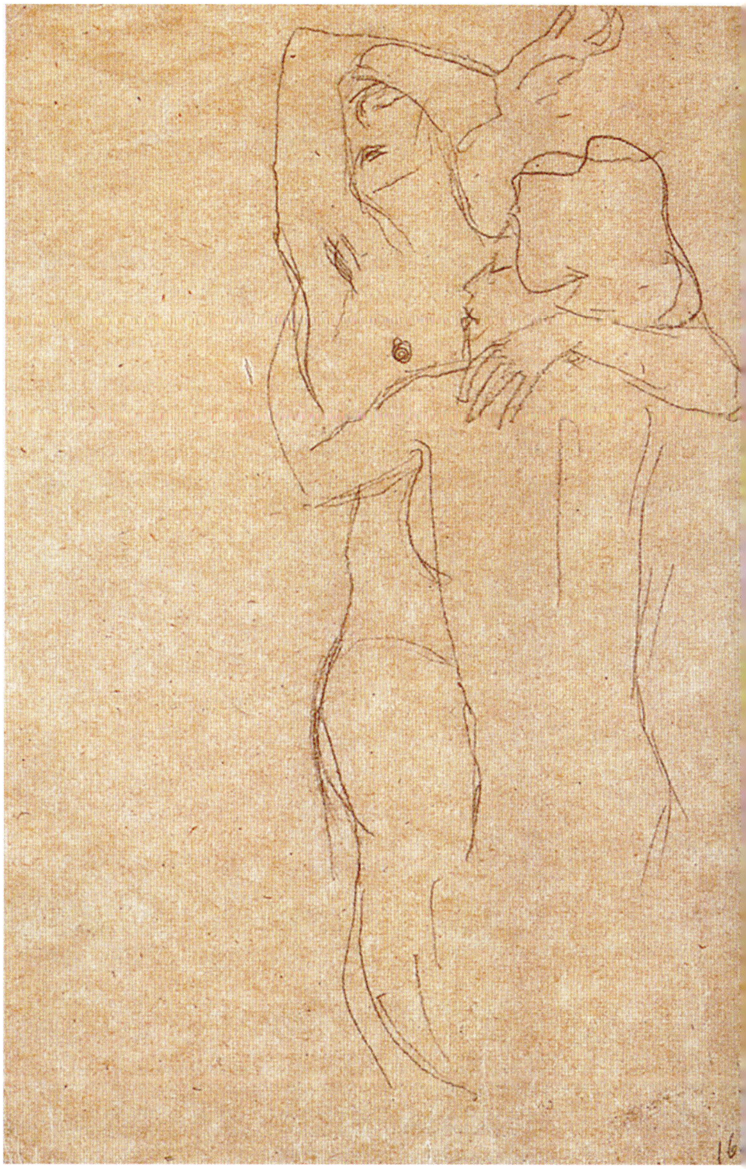

PRZYJACIÓŁKI W POZYCJI Z PRZODU I Z TYŁU
STUDIUM DO *WĘŻY WODNYCH I/PRZYJACIÓŁEK*
ok. 1903–1904
Czarny pastel, 45,2 x 31,2 cm
Historisches Museum, Wiedeń

Z jednej strony jako materializację czystego instynktu, nieposkromionych sił ukrytych w zakamarkach ludzkiego umysłu, z drugiej zaś jako symbol delikatnej kobiecej seksualności. Obraz utrzymany jest w onirycznym klimacie. Nakładające się na siebie warstwy tła dają wrażenie wodnej głębiny zamieszkanej przez nimfy, których stylizowane sylwetki falują zgodnie z ruchem wody.

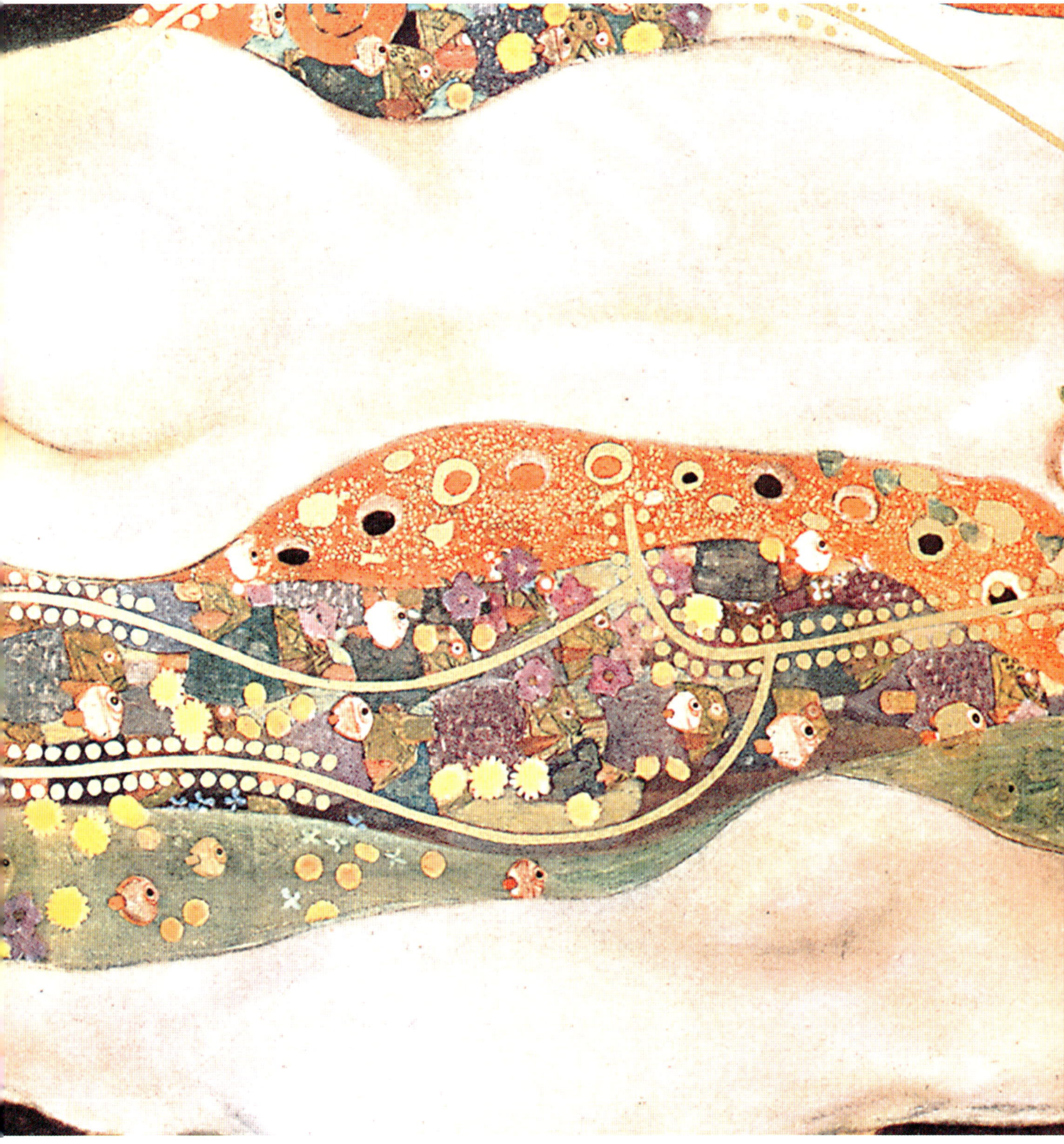

**Węże wodne II/Przyjaciółki**
1904–1907
Olej na płótnie, 80 x 145 cm
Zbiory prywatne

*Węże wodne II* mimo zastosowania odmiennej techniki (olej na płótnie), powielają charakterystyczne elementy pierwszej wersji. Od razu też narzuca się skojarzenie z wcześniejszą *Wzburzoną wodą* (1898). Nimfy unoszą się na falach beztrosko,

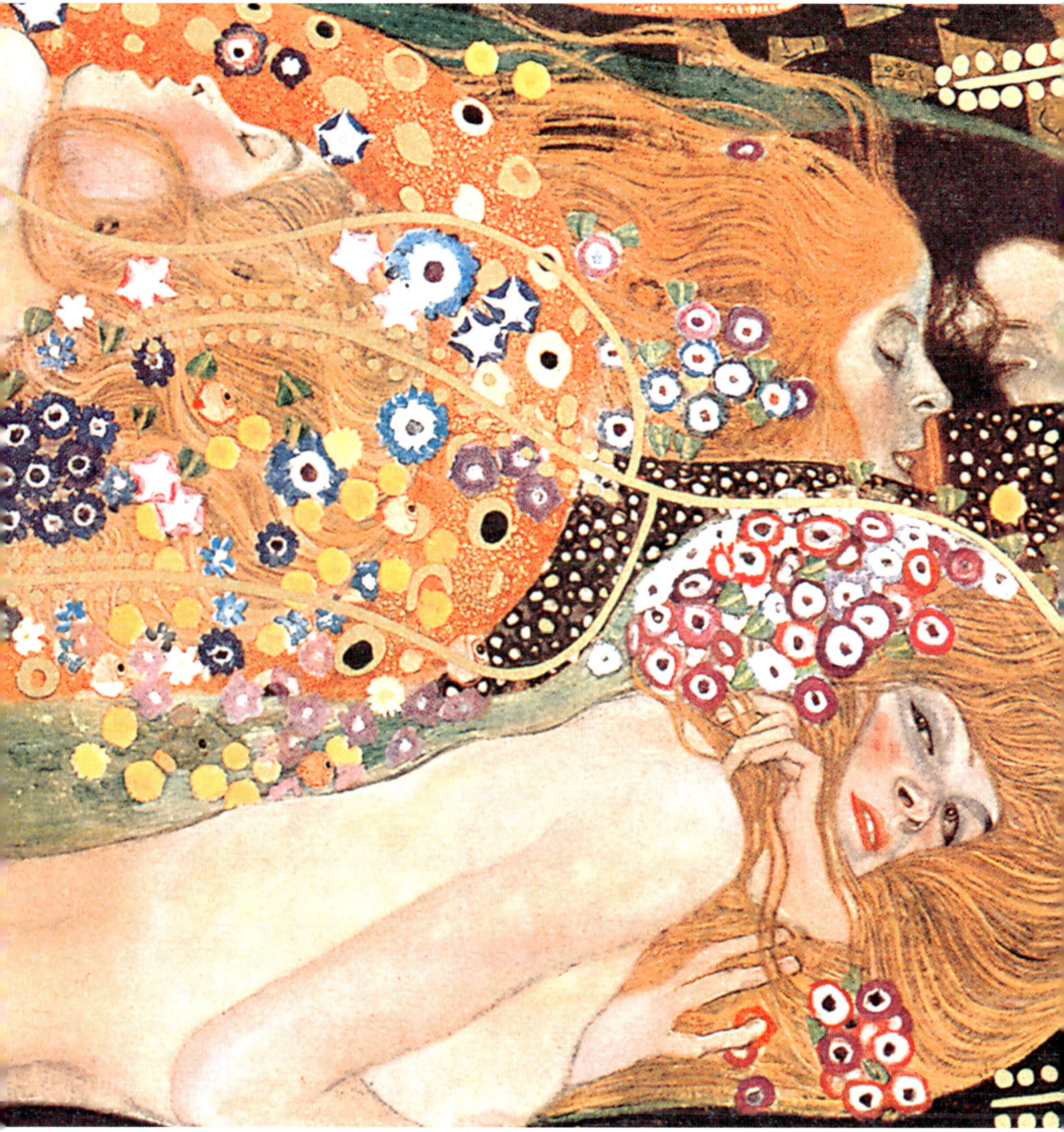

jakby pogrążone w półśnie, stapiając się z przepływającą wodą, która zostawia w ich włosach złote algi i kwiaty o intensywnych barwach. Tylko rozchylone usta i przymrużone oczy wskazują na ekstatyczny stan.

Ostateczne wersje obu obrazów kipią wprost erotyzmem, podobnie jak wstępne studia i szkice, których jedynym motywem kompozycyjnym są zmysłowe kobiety przedstawione w pojedynkę lub parami.

**Trzy okresy życia kobiety**
1905
Olej na płótnie, 180 × 180 cm
Galleria d'Arte Moderna, Rzym

Rok 1905 w karierze Klimta przebiegał bardzo burzliwie. Wtedy właśnie artysta zażądał od Ministerstwa Kultury i Oświaty zwrotu szkiców do paneli przeznaczonych do auli Uniwersytetu Wiedeńskiego. Ponadto znowu odrzucono jego kandydaturę na profesora w Katedrze Malarstwa Akademii Sztuk Pięknych, a narastający w łonie Secesji Wiedeńskiej konflikt, w który Klimt był silnie zaangażowany, skończył się rozłamem ugrupowania.

Mimo tych niesprzyjających okoliczności w owym roku powstały *Trzy okresy życia kobiety* oraz *Portret Margaret Stonborough-Wittgenstein*, a artysta rozpoczął pracę nad mozaikami do fryzu w brukselskim Pałacu Stockleta.

W *Trzech okresach życia kobiety* Klimt podejmuje temat swoich poprzednich dzieł, *Nadziei I* (1903) oraz *Nadziei II* (1907–1908). Trzy figury alegoryczne na ciemnym tle uosabiają trzy etapy kobiecej egzystencji: po prawej stronie młoda kobieta z kwiatami we włosach i dziewczynką w ramionach ukazuje spokojne i szczęśliwe oblicze. Po lewej stojąca bokiem staruszka dramatycznym gestem zakrywa twarz.

Aby wyraźniej pokazać kontrast między poszczególnymi etapami życia, Klimt naturalistycznie przedstawił odrażającą starość, natomiast rumianą młodość i dziecięcą niewinność ujął nader delikatnie.

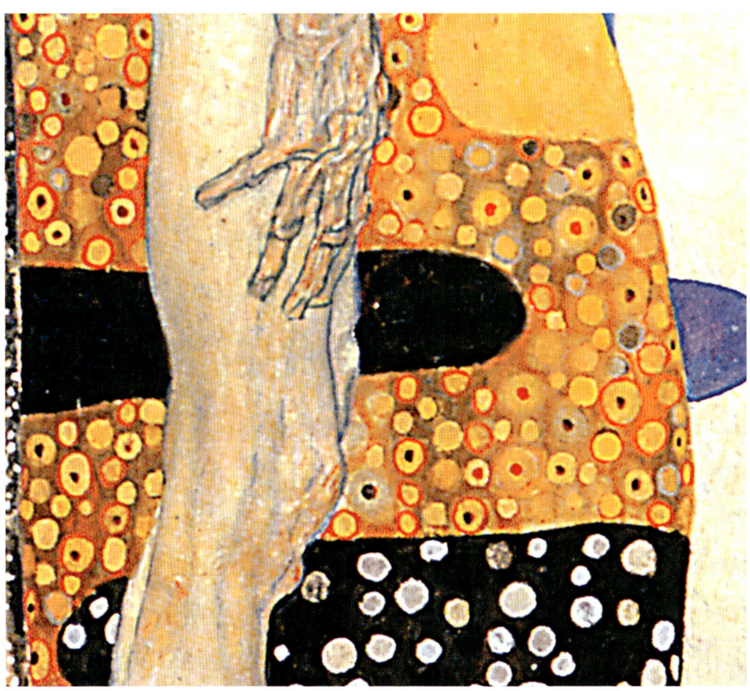

Trzy okresy życia kobiety (fragment)

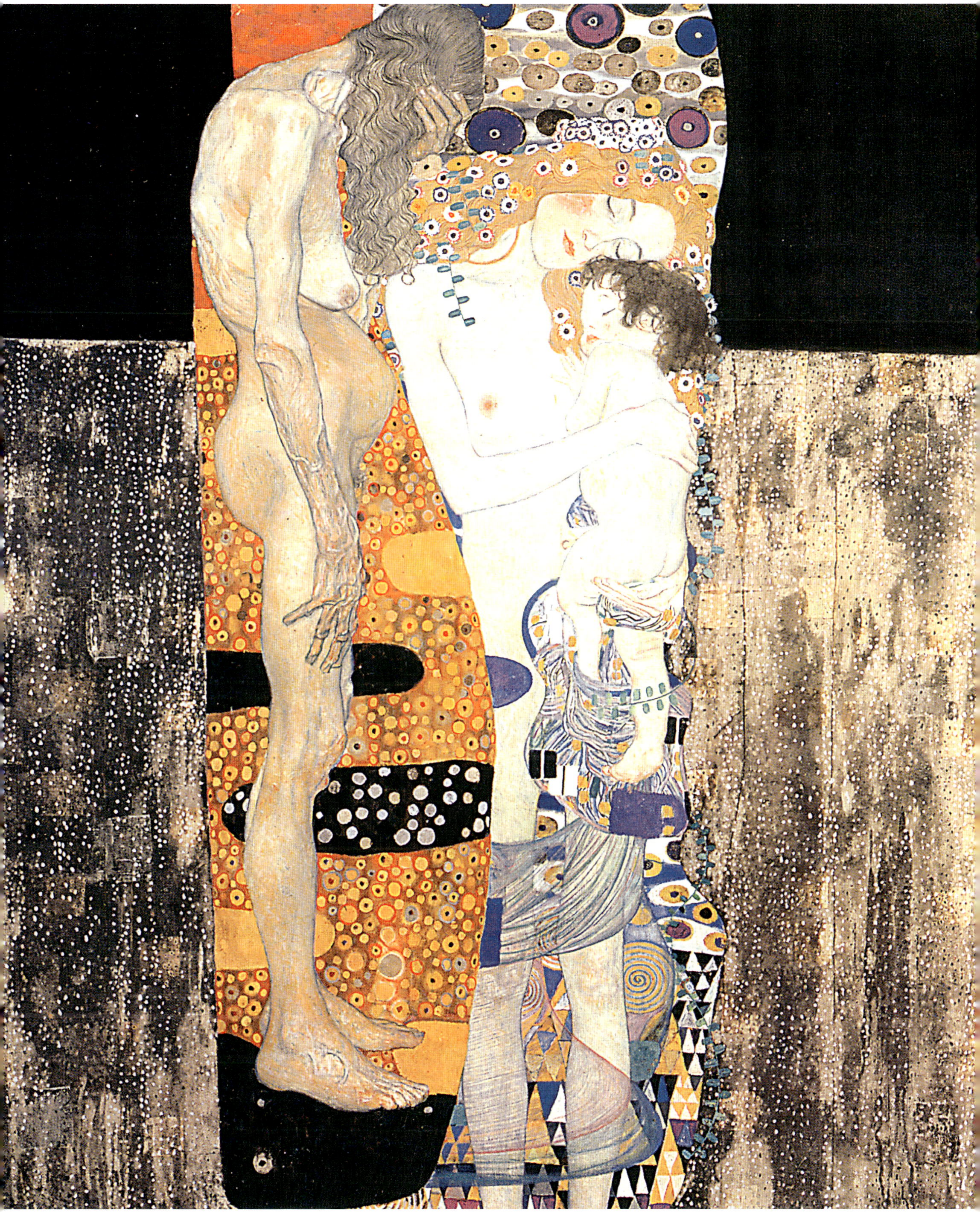

Istnienie wyraźnego podziału zostaje zaakcentowane również gestami postaci: młoda kobieta opiera policzek na główce dziewczynki i obie mają zamknięte oczy, jakby trwały w życiodajnym śnie, natomiast stara kobieta ręką i włosami zasłania twarz, a jej ciało z profilu nosi ślady nieubłaganego upływu czasu – obwisłe piersi, rozdęty brzuch, żylaste ręce i stopy. Logika wskazywałaby że człowiek przechodzi od stadium niewinności oraz fizycznej i intelektualnej pełni do nieuchronnie powiązanego ze starością stanu degradacji życiowych funkcji. Jednak podobnie jak w późniejszym obrazie *Śmierć i Życie* (1916) twarz śpiącego dziecka zdradza już oznaki niepokoju przed jednakowym dla wszystkich

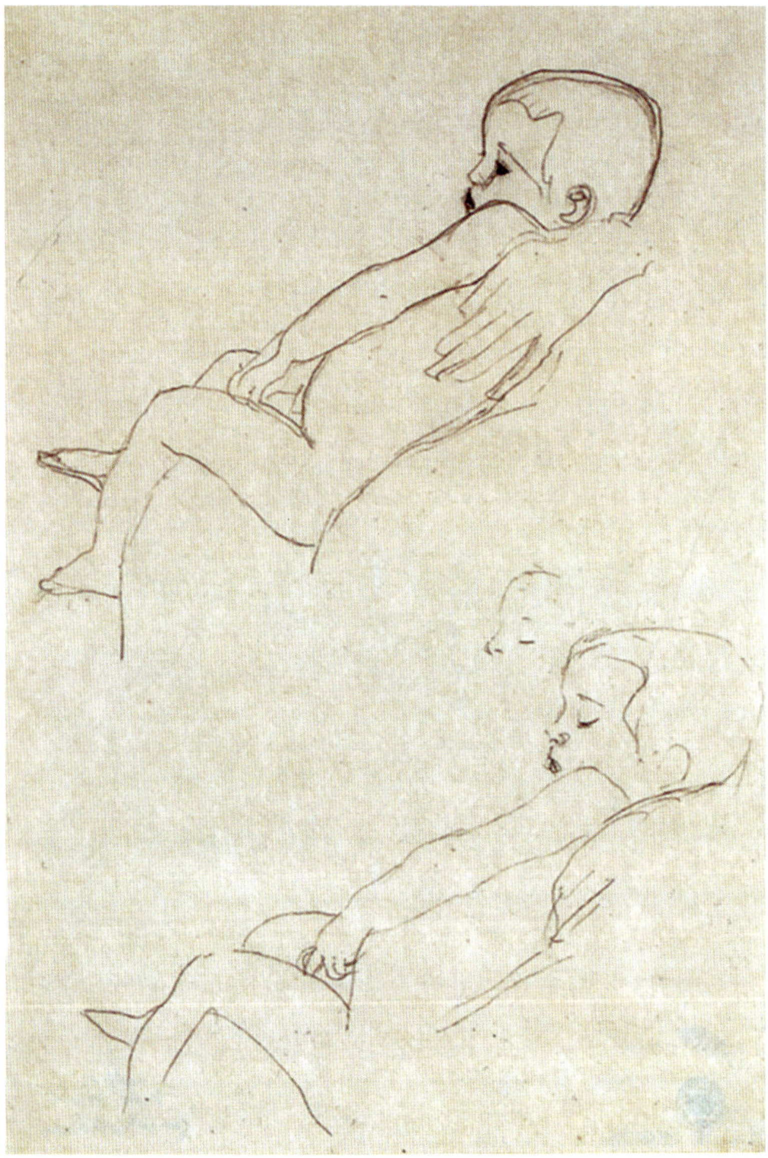

STUDIUM POSTACI DZIECKA DO *TRZECH OKRESÓW ŻYCIA KOBIETY*
ok. 1904
Czarny pastel, 55 x 35 cm
Historisches Museum, Wiedeń

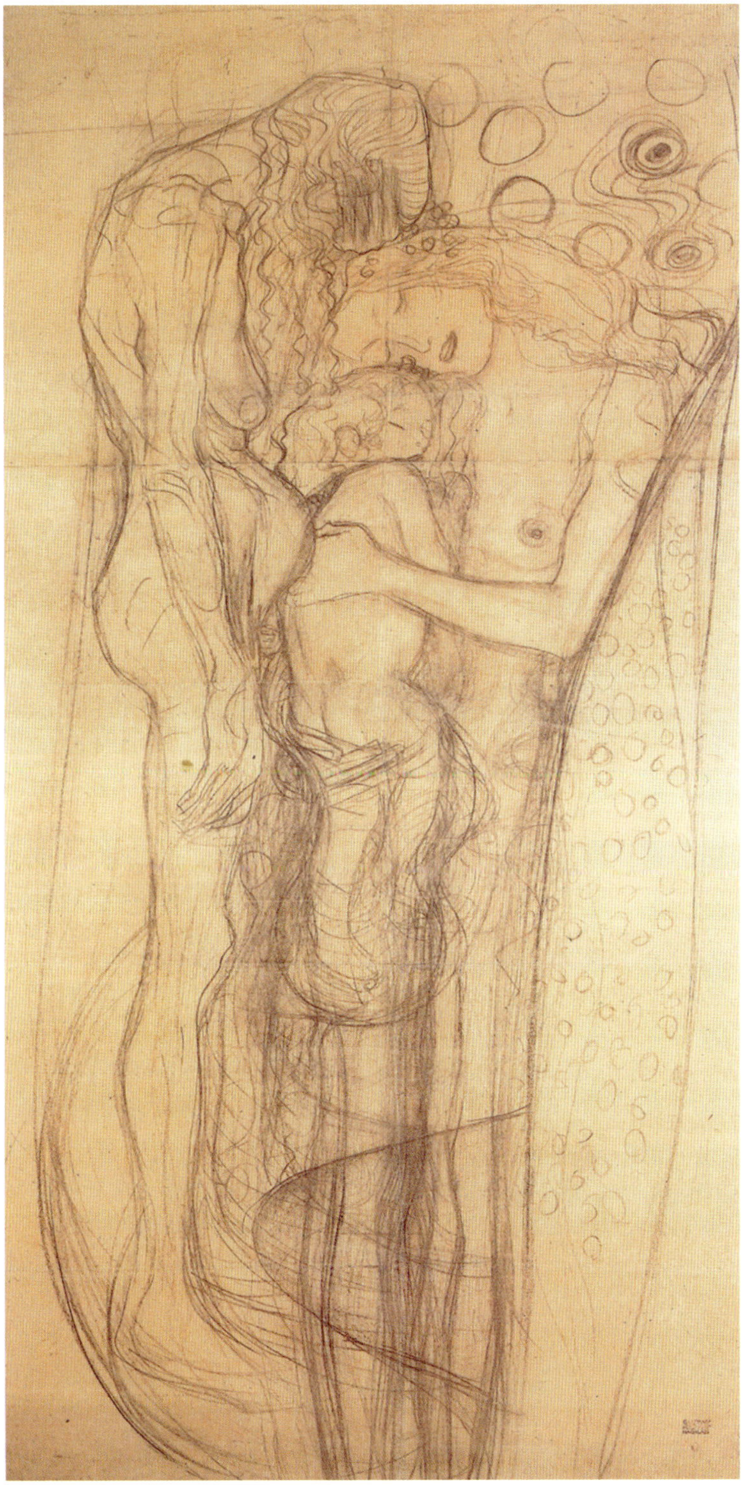

STUDIUM DO *TRZECH OKRESÓW ŻYCIA KOBIETY*
ok. 1905
Czarna kredka,
182,5 x 90 cm
Zbiory prywatne

przeznaczeniem, czyli życiem, a potem nieuchronną śmiercią. Dzieło zostało po raz pierwszy wystawione w 1905 roku na II Wystawie Deutscher Künstlerbund w Berlinie razem z płótnem *Pocałunek* (1907–1909). Obydwa obrazy mają wiele cech wspólnych, zarówno jeśli chodzi o środki wyrazu, jak i kompozycję (rozmieszczenie postaci i uległa postawa młodej kobiety); były również prezentowane razem przy innych okazjach. *Trzy okresy życia kobiety* zostały nagrodzone złotym medalem na Międzynarodowej Wystawie Sztuki w Rzymie w 1911 roku.

Portret Margaret Stonborough-Wittgenstein
1905
Olej na płótnie, 180 x 90 cm
Neue Pinakothek, Monachium

Na przełomie XIX i XX wieku w Wiedniu wielką rolę w rozwoju kultury odgrywały zamożne familie, których członkowie dla prestiżu sponsorowali twórczość artystyczną. Należała do nich rodzina Stockletów, Ledererów czy ród Gallia. Nie mniejsze zasługi na tym polu mieli Wittgensteinowie – wielbiciele muzyki, częstokroć grający na instrumentach. Ludwig Wittgenstein (1889–1951), jeden z najwybitniejszych wówczas filozofów zajmujący się lingwistyką i logiką, przyczynił się także do ożywienia kulturalnego w tamtej epoce.

Hermine Wittgenstein, również będąca malarką, żywiła szczery podziw dla twórczości Gustava Klimta. Jej ojciec Karl, widząc fascynację córki, w znacznej mierze sfinansował prace wykończeniowe w zaprojektowanej przez Josepha Marię Olbricha siedzibie Secesji Wiedeńskiej.

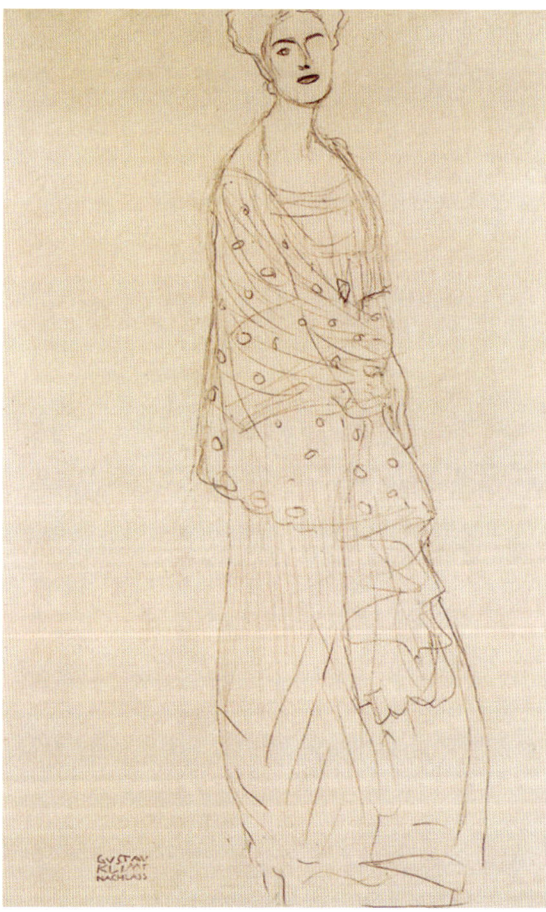

*Portret Margaret Stonborough-Wiittgenstein*, łączący tradycję z nowoczesnością jak wszystkie portrety Klimta w tamtym okresie, był eksponowany na II Wystawie Deutscher Künstlerbund w Berlinie jesienią 1905 roku. Niewzruszona postawa i twarz portretowanej każą wierzyć, że ta kobieta pozostanie wiecznie taka sama, jakby za sprawą artysty czas się dla niej zatrzymał. W tle widać częste na portretach Klimta ornamenty, tym razem geometryczne i podobne do tych, którymi Josef Hoffmann zdobił fasady projektowanych budynków.

W późniejszym *Portrecie Fritzy Riedler* (1906) ta zapożyczona od członka Secesji Wiedeńskiej oraz założyciela Wiener Werkstätte ornamentacja została jeszcze silniej wyeksponowana. Charakterystyczne wzory pojawiają się na obiciu fotela, na którym siedzi modelka, oraz w aureoli wokół jej głowy.

Jednakże ani w jednym, ani w drugim przypadku ornamentacja nie odgrywa tak wielkiej roli, jak w *Portrecie Emilie Flöge* (1902) czy też *Portrecie Adele Bloch-Bauer* (1907). Suknie tamtych pań były dwuwymiarowe, opinały ciało i wyraźnie kontrastowały z wyeksponowanymi dłońmi i twarzami portretowanych.

Studium do *Portretu Margaret Stonborough-Wittgenstein*
1904–1905
Czarny pastel, 54,5 x 33,7 cm
Leopold Museum, Wiedeń

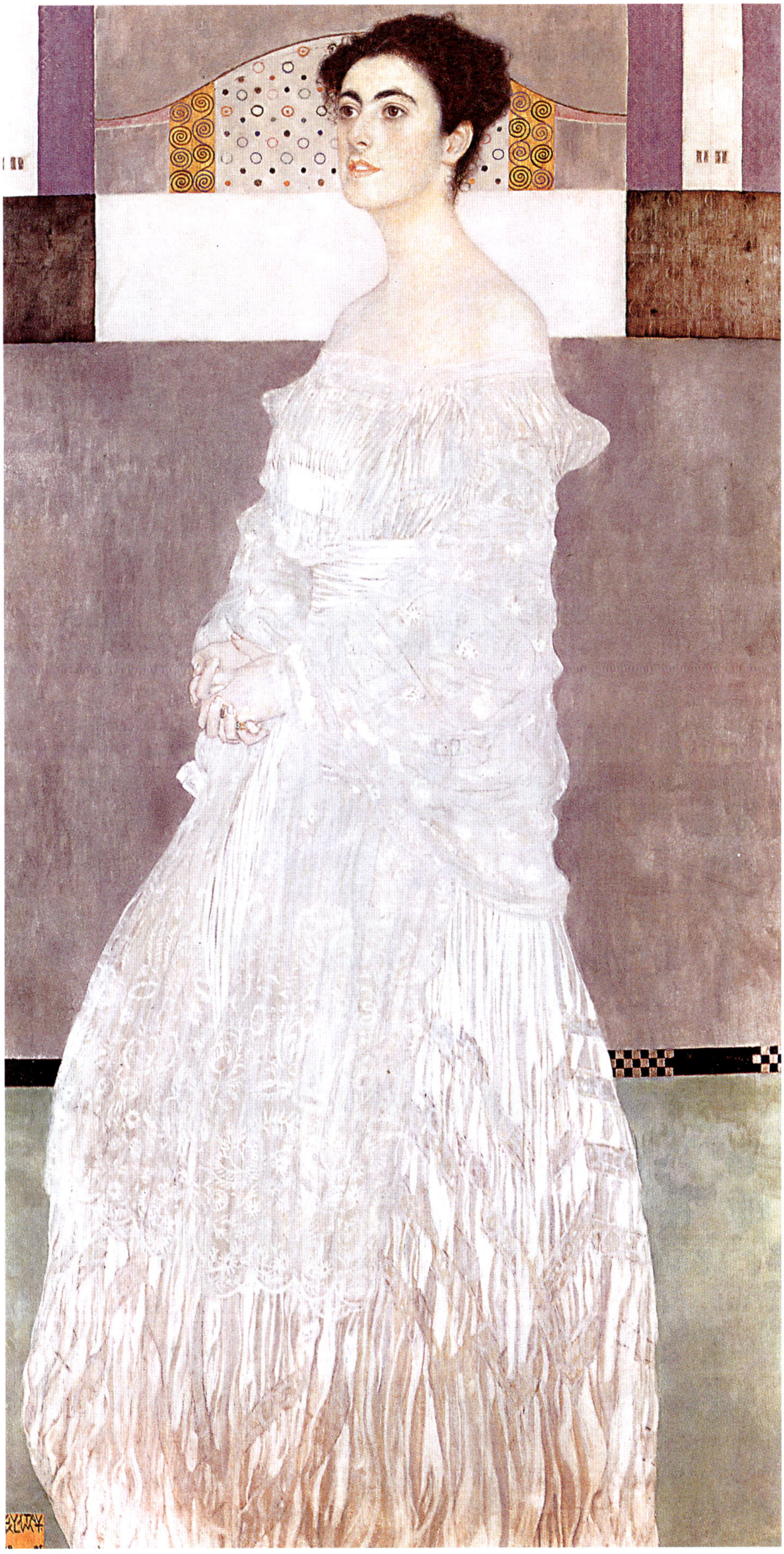

Portret Fritzy Riedler
1906
Olej na płótnie, 153 x 133 cm
Österreichische Galerie, Wiedeń

*Portret Fritzy Riedler* porównywany bywa z *Portretem Sonji Knips*, ponieważ na obydwu modelki są podobnie upozowane. Odświętnie ubrane spoczywają w fotelach po prawej stronie obrazu z rękoma na kolanach. *Portret Fritzy Riedler* wydaje się szczególnie interesujący ze względu na motyw wpółprzymkniętych oczu na obiciu fotela oraz ornamentów na ścianie w głębi. Klimt był pod wrażeniem podróży do Rawenny, którą odbył po raz pierwszy w 1903 roku.

Kompozycja, motywy, geometryzacja wynikają z fascynacji mozaiką i sztuką bizantyjską. Nieco trójkątne popiersie to zapewne wynik inspiracji barokowymi portretami Velázqueza, m.in. słynnym *Las Meninas*.

Dzieło to jest jednym z pierwszych zaliczanych do „złotego okresu" twórczości Klimta. W owym czasie artysta często stosował do dekoracji tła oraz przestrzeni złote zdobienia.

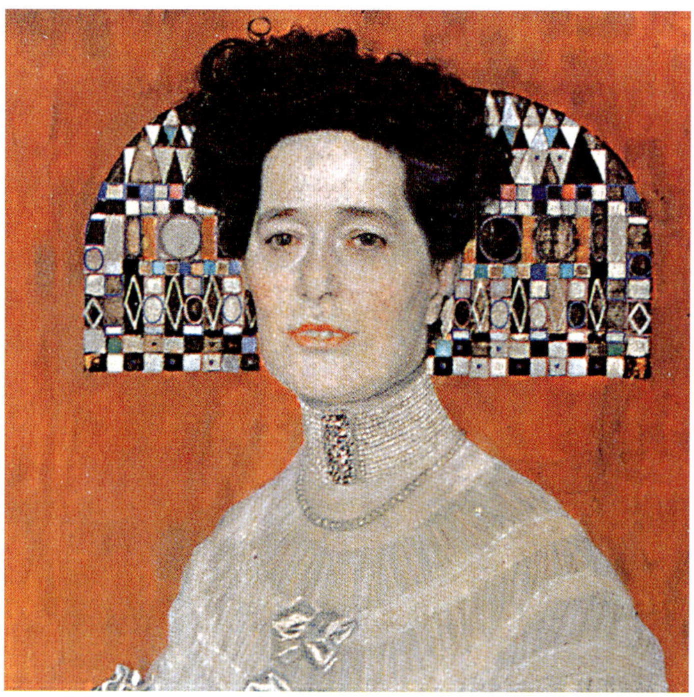

Portret Fritzy Riedler (fragment)

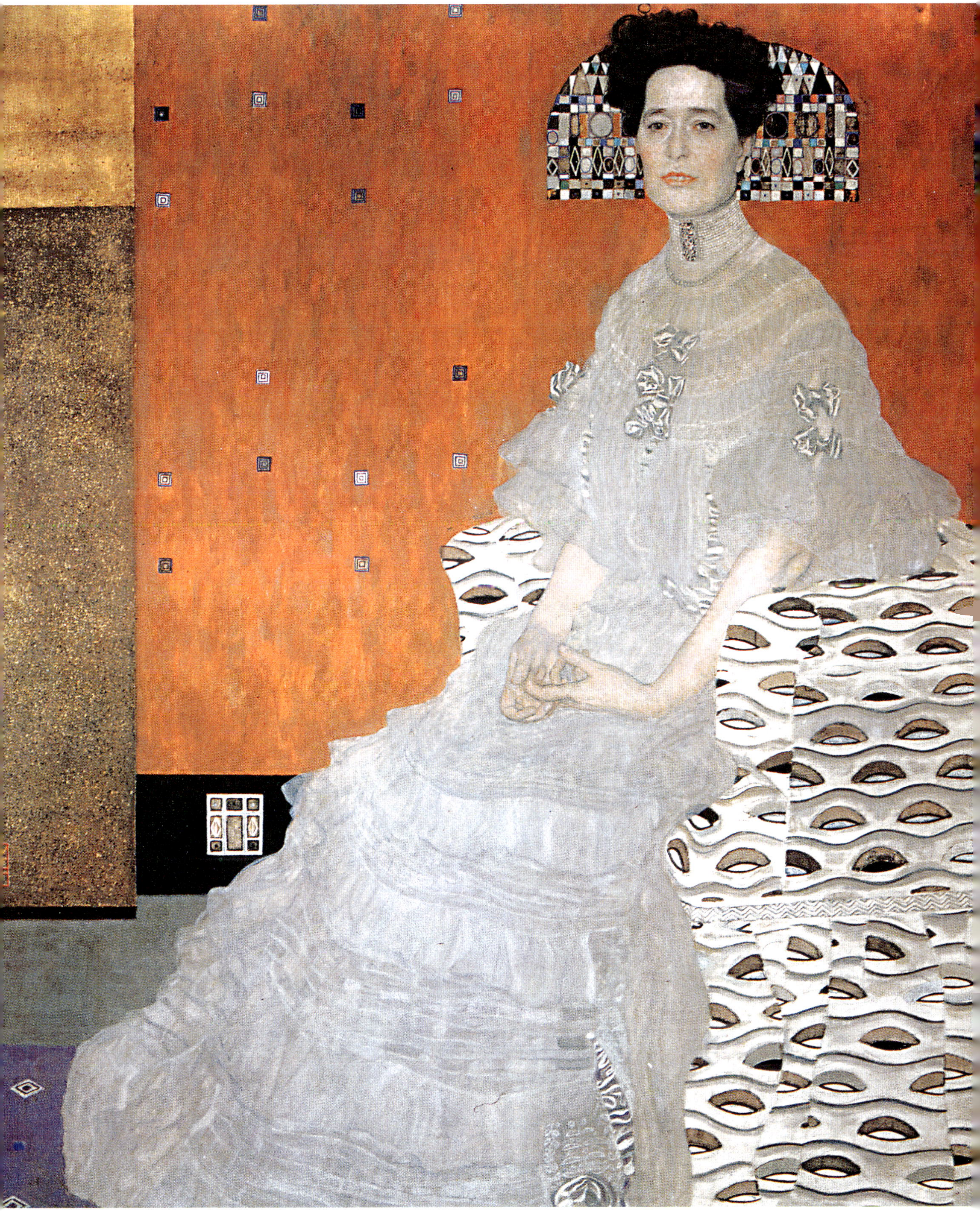

Ogród wiejski ze słonecznikami/Słoneczniki
1905–1906
Olej na płótnie, 110 x 110 cm
Österreichische Galerie, Wiedeń

Od czasu namalowania pierwszego pejzażu w 1898 roku natura wielokrotnie inspirowała Gustava Klimta. Niektóre motywy, na przykład drzewa owocowe (*Jabłoń I* i *Jabłoń II*, 1912; *Grusza*, 1903), buki (*Las bukowy I*, 1902; *Las bukowy II*, 1903), brzozy (*Las brzozowy*, 1903) czy sosny (*Las sosnowy I*, 1901), tworzyły całe serie, w których malarz zmieniał tylko punkt widzenia, kolorystykę lub światło.

Wiele z tych dzieł powstało podczas wakacji, które Klimt spędzał nad jeziorem Atter z Emilie Flöge i jej rodziną. W latach 1905–1906 Klimt przebywał przez dłuższy czas w Litzlberg w okolicach jeziora Atter. To właśnie wtedy powstało płótno *Ogród wiejski ze słonecznikami*; uwiecznił na nim fragment posiadłości, w której zatrzymał się z przyjaciółmi. Dzieło odznacza się typową dla Klimta ornamentyką, polegająca na użyciu dekoracyjnych tkanin lub jak w tym przypadku – motywów roślinnych. Umiłowanie przyrody, będącej inspiracją elementów dekoracyjnych, było cechą typową dla europejskiego modernizmu. Oswajał on ludzi z masowo produkowanymi przedmiotami codziennego użytku i niejako uczłowieczał związany z nowoczesnością proces uprzemysłowienia. Motywy roślinne pozwalały na bardziej dynamiczną, a zarazem przepełnioną symboliką stylizację opartą na grze wznoszących się i opadających linii.

Stopniowo i jednocześnie z ewolucją, którą zaobserwować można w portretach i obrazach alegorycznych, dokonywały się zmiany w malowanych przez Klimta pejzażach. Stawały się one coraz bardziej dekoracyjne, co zresztą zbiegało się z tendencjami artystycznymi epoki. *Ogród wiejski ze słonecznikami* jest typowym reprezentantem gatunku – różnokolorowa kaskada kwiatów w centrum kompozycji rozciąga się aż do bocznych krawędzi obrazu. Poprzedza namalowany rok później (1906–1907) *Słonecznik*, w którym styl ornamentalny osiąga maksimum ekspresji. Dzieło to dowodzi nieustannie dokonującej się ewolucji w twórczości artysty.

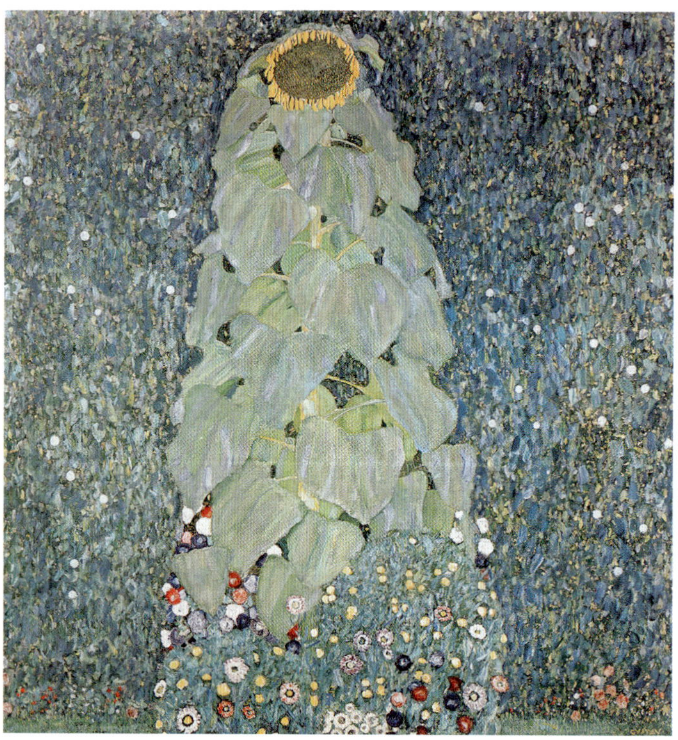

Słonecznik
1906–1907
Olej na płótnie, 110 x 110 cm
Österreichische Galerie, Wiedeń

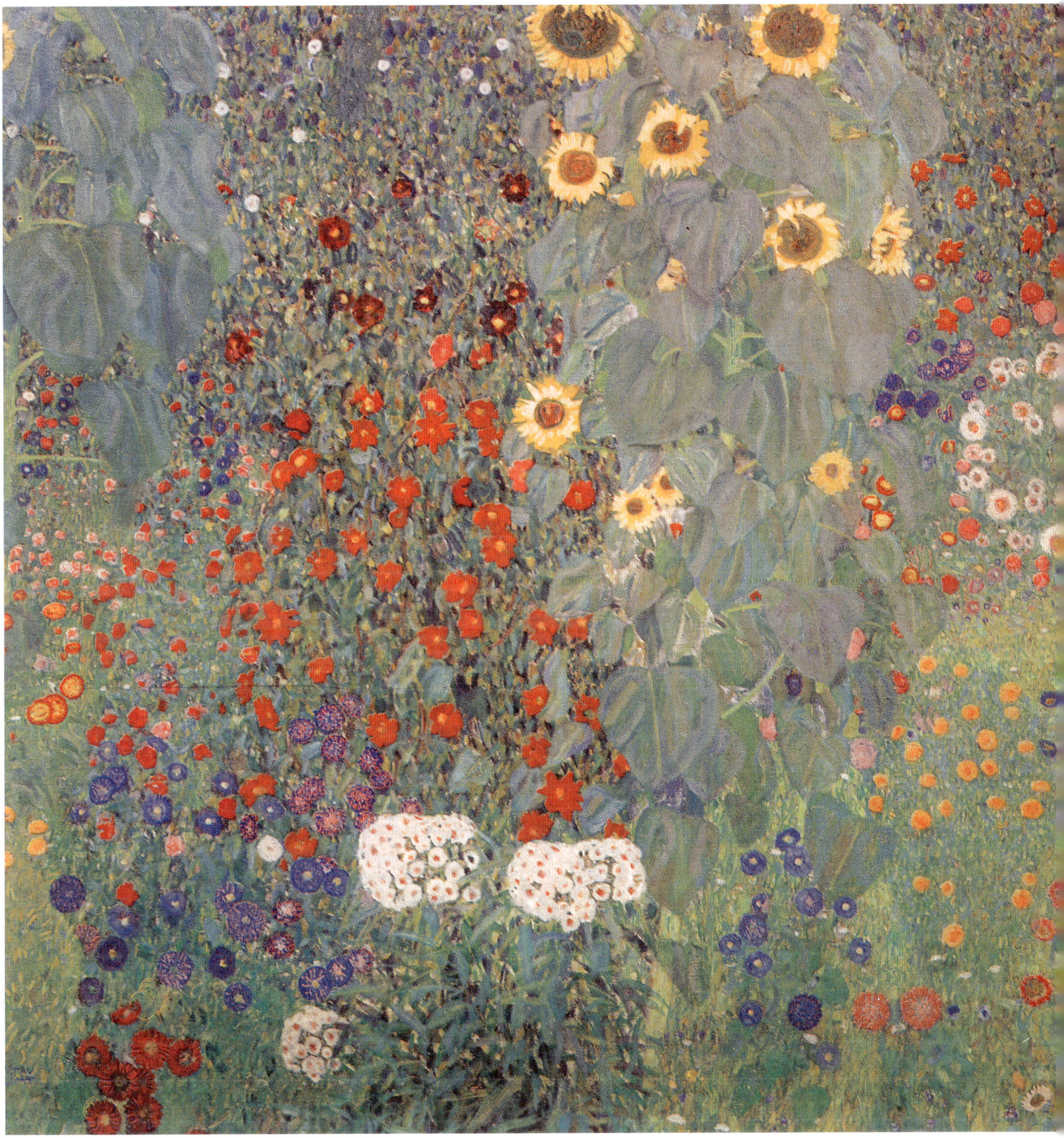

Przyroda do tego stopnia zdominowała kompozycję, że można by w tym przypadku mówić raczej o portrecie natury niż o pejzażu. Znajdujący się w samym centrum słonecznik jest obiektem pierwszoplanowym i przybiera kształt piramidy dominującej nad całością. Dekoracyjny charakter tła kontrastuje ze słonecznikiem, jeszcze silniej podkreślając jego imponujące rozmiary; podobną rolę odgrywają drobne kwiatki w dolnej części obrazu, które jak należy wnosić z odmiennego stylu, zostały domalowane później (około 1912 roku).

Łąka maków
1907
Olej na płótnie, 110 x 110 cm
Österreichische Galerie, Wiedeń

Pejzaże mają w twórczości Klimta szczególne znaczenie i stanowią czwartą część jego spuścizny malarskiej. Nie zachowały się żadne szkice, co tłumaczy metoda pracy Klimta: w terenie używał szkicowników, które w większości zaginęły. Czasami także dopracowywał pejzaże w swoim wiedeńskim studiu, posługując się fotografiami. Warto odnotować, że w pozostałej twórczości Klimta pejzaż nie odgrywał istotnej roli, rzadko bywał tłem malowanych postaci; i *vice versa* – jego pejzaże zwykle pozbawione są narracji i przeważnie nie ma na nich ludzi.

Większość pejzaży namalował w formie kwadratu, który ułatwiał zrównoważenie

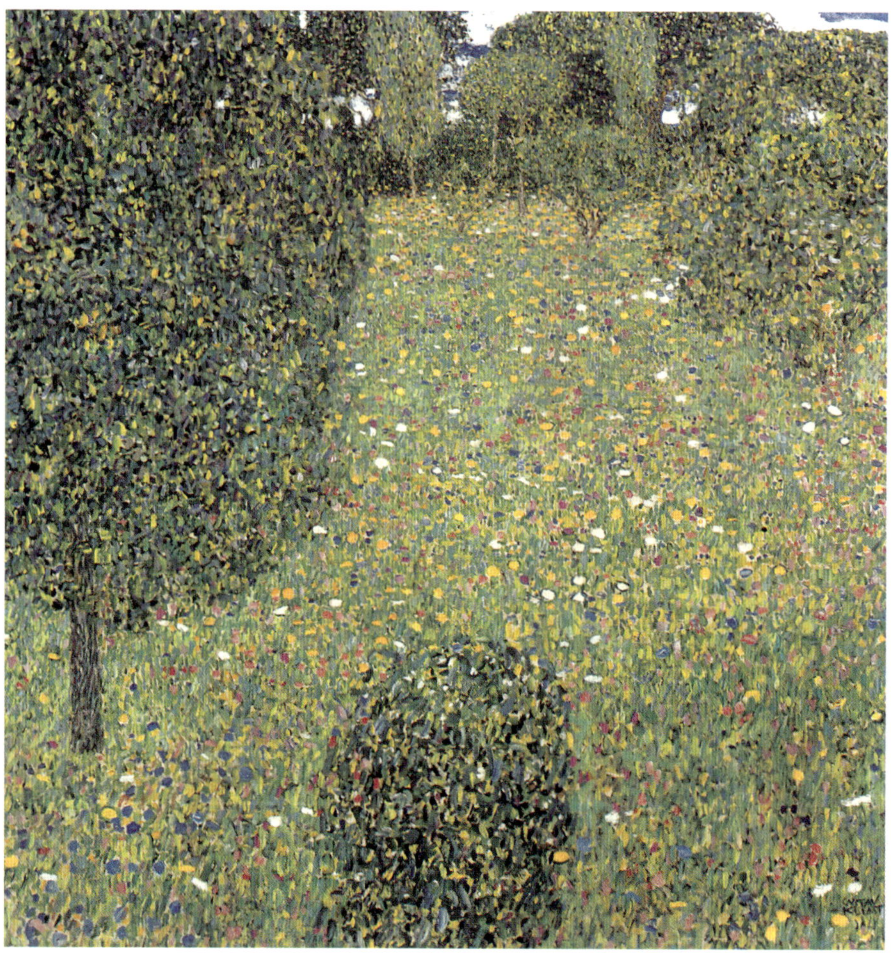

Kwitnąca łąka
1906
Olej na płótnie, 110 x 110 cm
Zbiory prywatne, Nowy Jork

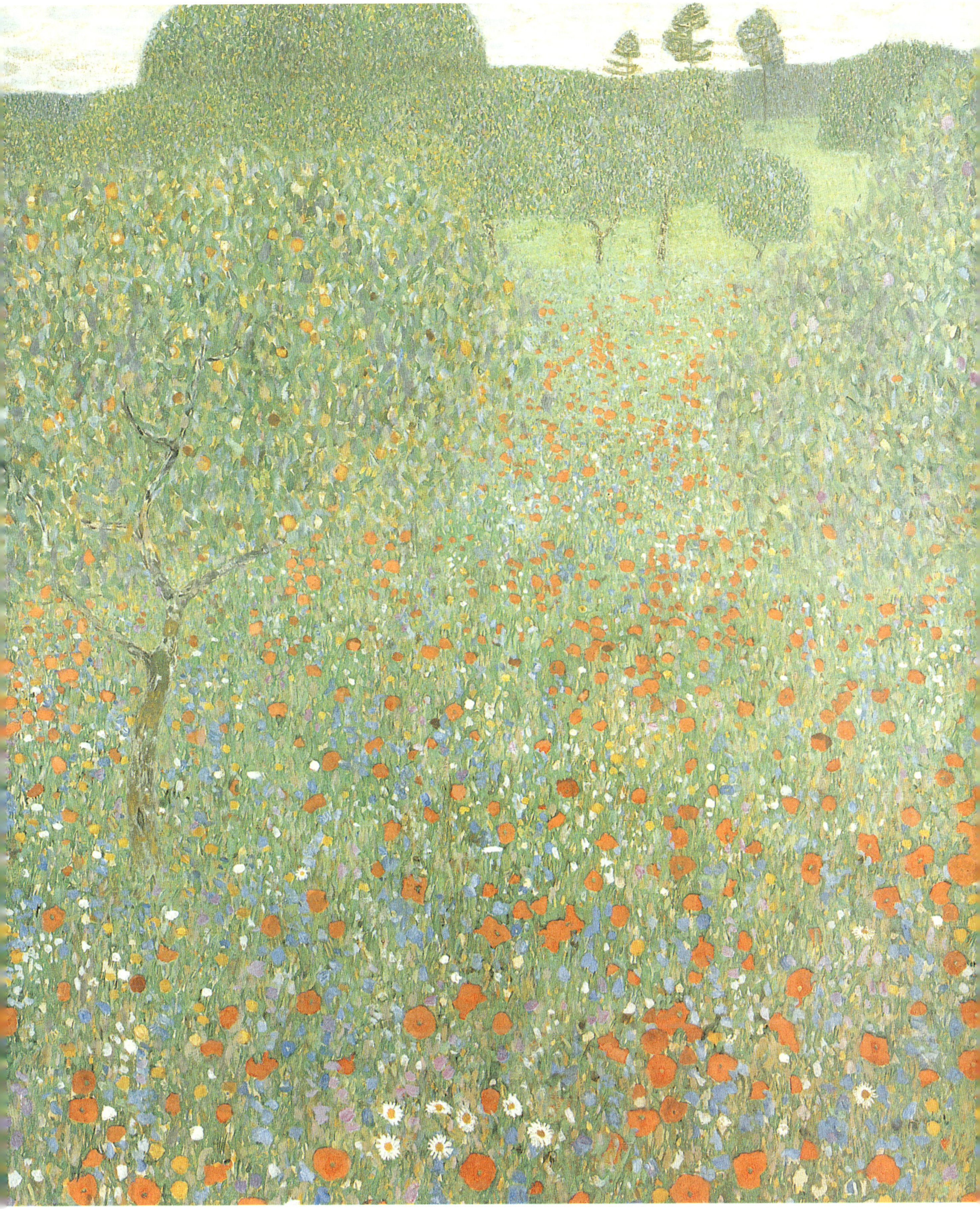

kompozycji i nie wymagał horyzontalnej ani wertykalnej orientacji. Przyrody na tych obrazach nie zakłóca żaden ruch, a światło podkreśla niezakłócony spokój. Pobudki, które skłoniły Klimta do malowania pejzaży, pojawiły się stosunkowo późno – dopiero w roku 1897, gdy regularnie wyjeżdżał z rodziną Flöge nad jezioro Atter. Magia jego pejzaży, ich niezwykła lekkość tkwi w doborze detali, grze światła oraz kompozycji opartej na planie kwadratu.

RÓŻE WŚRÓD DRZEW
1904
Olej na płótnie
110 x 110 cm
Musée d'Orsay, Paryż

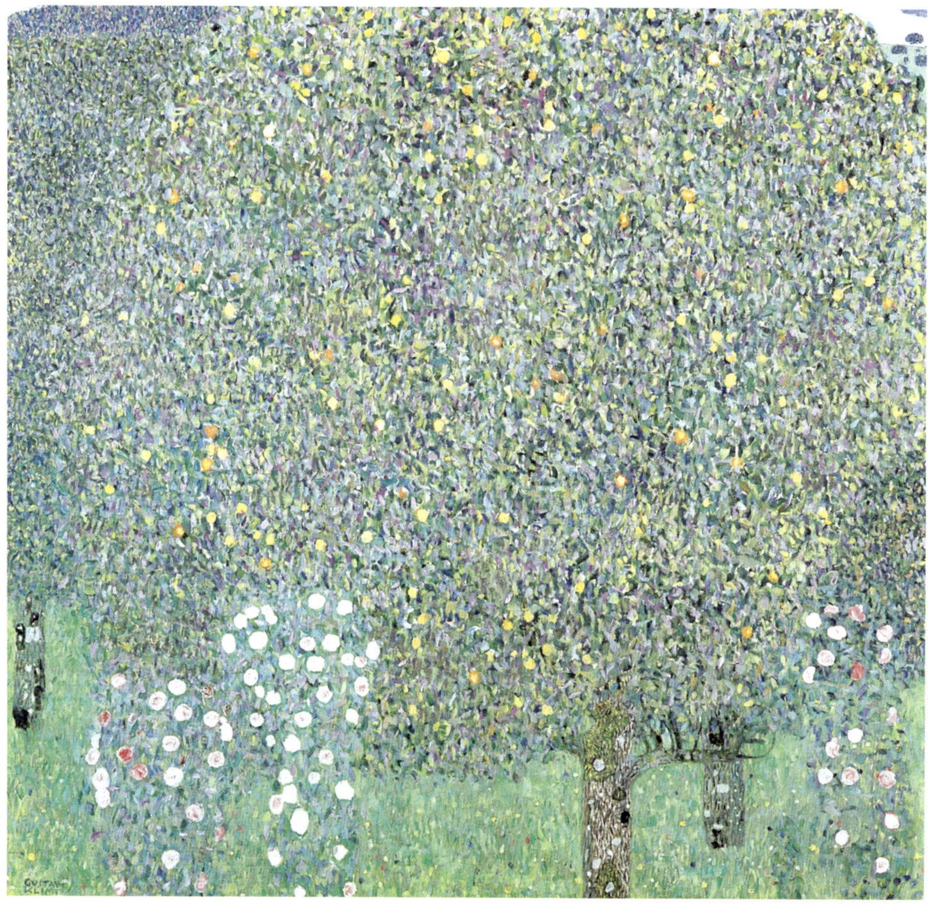

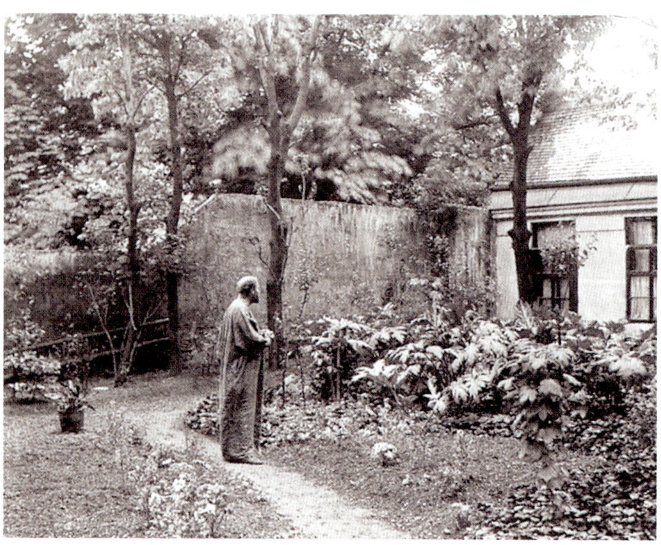

GUSTAV KLIMT W OGRODZIE PRZED SWOIM ATELIER
FOTOGRAFIA WYKONANA PRZEZ MORIZA NÄHRA
ok. 1912–1914

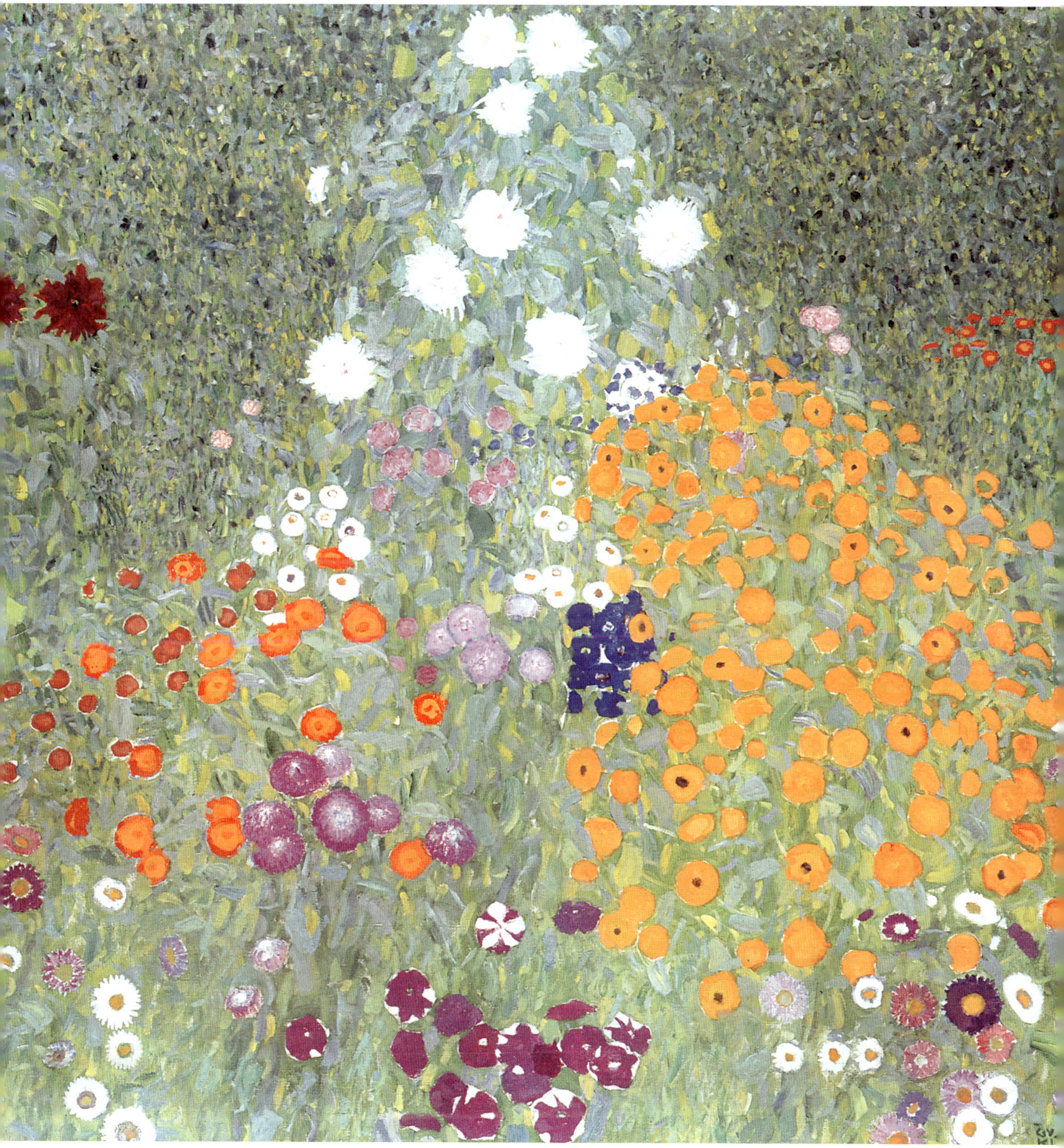

Ogród
1905–1906
Olej na płótnie
98,7 x 99,4 cm
Carnegie Museum of Art, Pittsburg (Pensylwania)

**Portret Adele Bloch-Bauer I/Złota Adela i Portret Adele Bloch-Bauer II**
1907 i 1912
Olej na płótnie, 138 x 138 cm
Österreichische Galerie, Wiedeń

Klimt sportretował Adele Bloch-Bauer dwukrotnie: w 1907 oraz w 1912 roku. Te dwa płótna są świetnym przykładem ewolucji jego malarstwa. W realizacji *Portretu Adele Bloch-Bauer I* (1907) zastosował podobne zabiegi formalne, jak w słynnym *Pocałunku* (1907–1909). Twarz i dłonie modelki, pozbawione ornamentów i złota oraz namalowane naturalistycznie, są głównym środkiem ekspresji, a przy tym ujawniają osobowość portretowanej, czyniąc z obrazu wybitne dzieło sztuki. Wyeksponowane dłonie wydają się niemal fetyszem.

Suknia okrywająca ciało pokryta złotymi ornamentami, podobnie jak w *Pocałunku*, zlewa się w jedno z płaskim tłem. Obraz zaliczany jest do „złotego okresu" twórczości Klimta, zainspirowanego podróżą w 1903 roku do Rawenny, gdzie oczarowały go bizantyjskie mozaiki kościołów San Vitale i San Apollinare.

*Portret Adele Bloch-Bauer II* (1912) to płótno namalowane w tzw. stylu ornamentalnym i wyraźnie odróżnia się od wcześniejszych dzieł artysty. Po raz pierwszy modelka całym ciałem zwrócona jest do widza. Ponadto Klimt zastosował nową technikę malarską: pociągnięcia pędzlem były płynne i delikatne, jakby pieścił postać modelki, a kolory rozświetlał jasnymi akcentami. Innowacją było także użycie w tle motywów orientalnych, które Klimt znał wprawdzie wcześniej, ale których nigdy dotąd nie stosował.

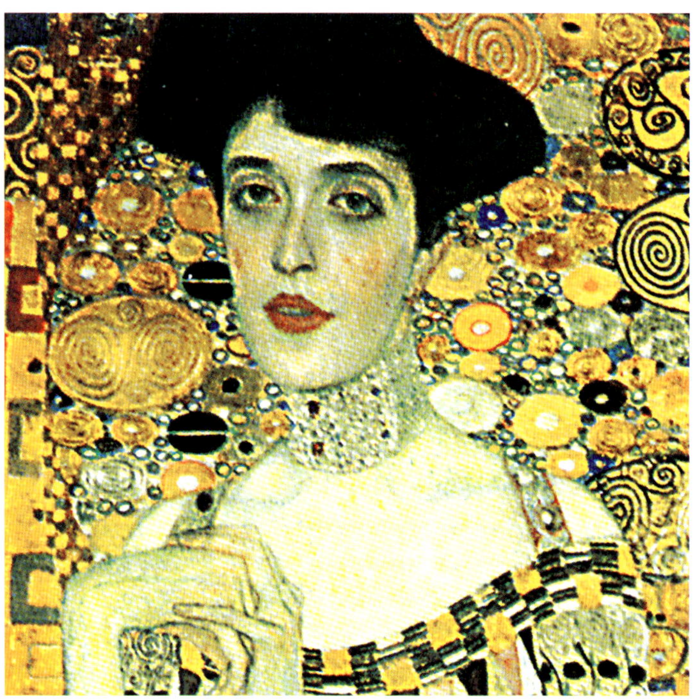

Portret Adele Bloch-Bauer I (fragment)

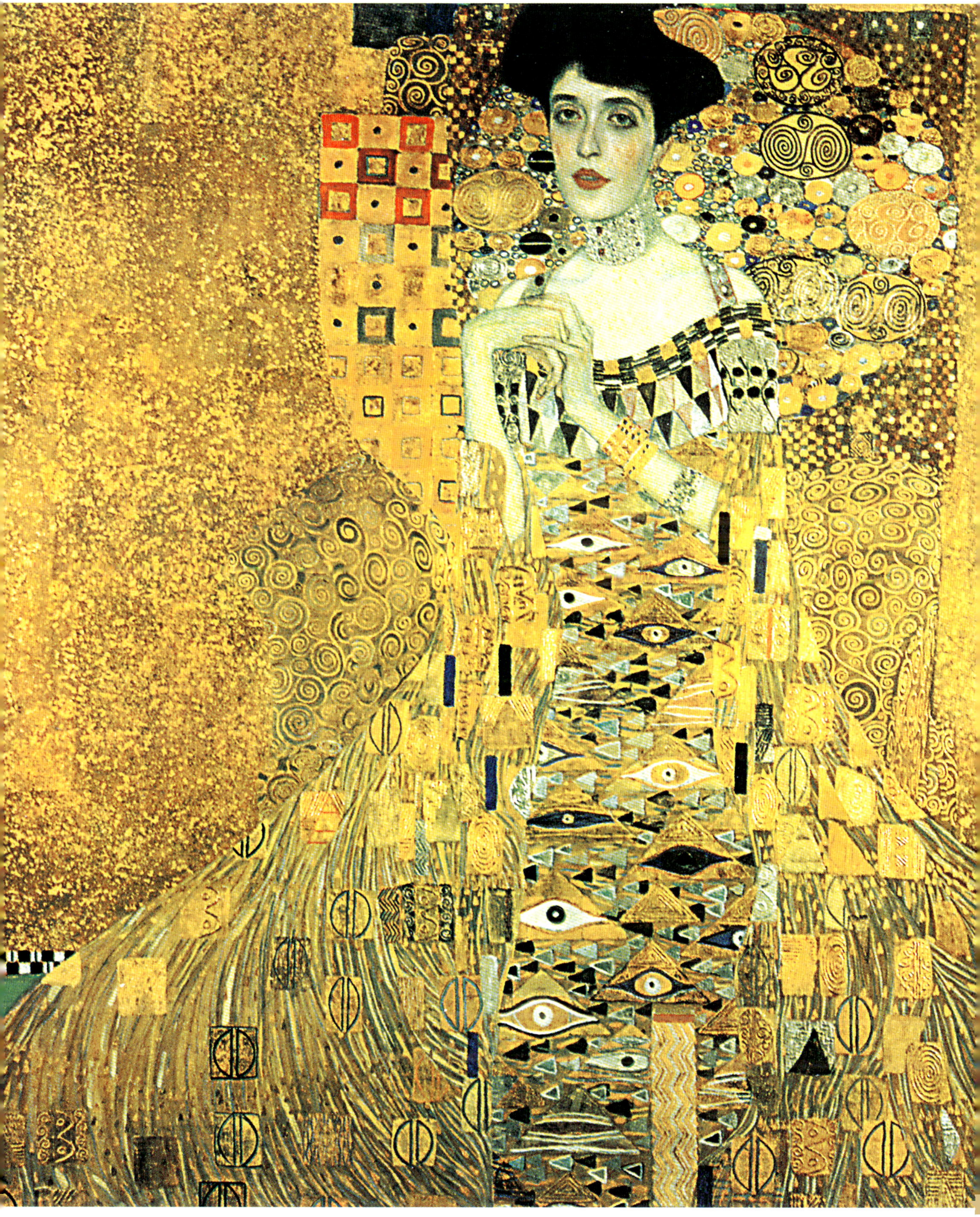

Umieścił je później na portretach baronowej Elisabeth Bachofen-Echt oraz Friedericke Marii Beer. Źródłem inspiracji stała się dlań VI Wystawa Secesji Wiedeńskiej w styczniu 1900 roku poświęcona sztuce japońskiej. Klimt posiadał imponującą kolekcję obrazów koreańskich, z których motywy często przenosił na tło portretów. W 2006 roku *Portret Adele Bloch-Bauer I* sprzedano na licytacji za rekordową sumę 135 mln dolarów; to jeden z najdroższych obrazów świata.

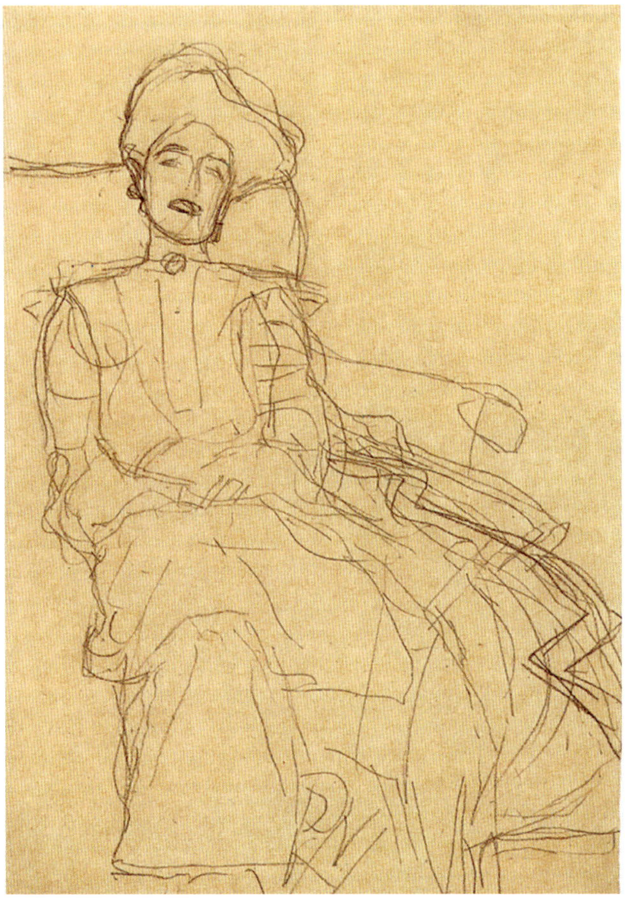

STUDIUM DO *PORTRETU ADELE BLOCH-BAUER II*
ok. 1911
Grafit, 56,7 x 37,2 cm
Queen's University, Ontario

STUDIUM DO *PORTRETU ADELE BLOCH-BAUER I*
ok. 1903
Czarny pastel, 45 x 32 cm
National Gallery, Ottawa

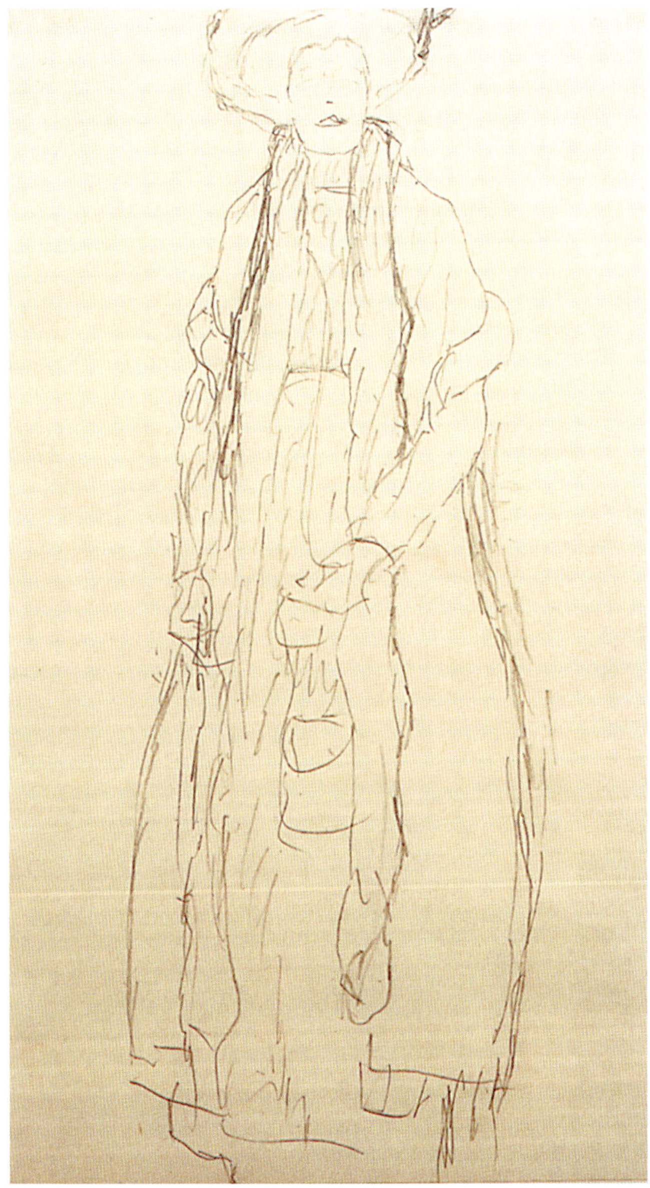

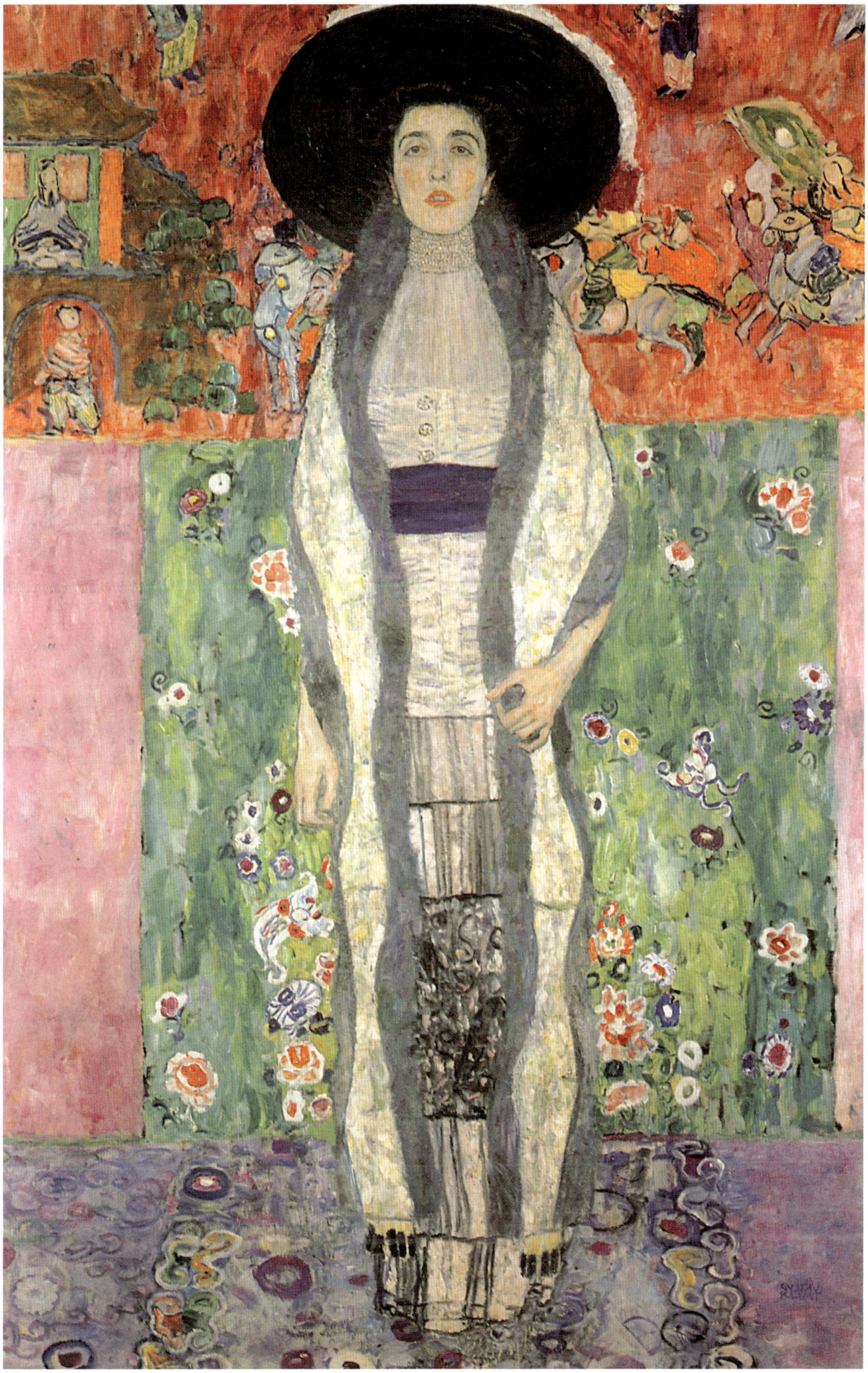

Portret Adele Bloch-Bauer II
1912
Olej na płótnie, 190 x 120 cm
Österreichische Galerie, Wiedeń

Fryz w Pałacu Stocleta
1905–1911
Tempera, akwarela, złota i srebrna farba, kredki, ołówek, biel gwaszowa, pigment, płatki złota i srebra na papierze
193 x 115 cm
Österreichische Museum für Angewandte Kunst, Wiedeń

Zaprojektowany przez Klimta fryz miał dekorować salę jadalną w pałacu belgijskiego bankiera Adolphe'a Stockleta w Brukseli. Siedzibę wybudował sam Josef Hoffmann. Pierwsze projekty architektoniczne datowane są na rok 1905. Klimt najprawdopodobniej przyjechał do Brukseli w 1906 roku, gdyż w 1907 miał już gotowe wstępne szkice fryzu, a około 1911 dekoracja pałacu dobiegła końca. Nie ma dokładnych informacji na temat przebiegu prac konstrukcyjnych ani udziału Klimta w malowaniu fryzu. Koncepcja architektoniczna oraz artystyczna Pałacu Stockleta była dla obu artystów zadaniem prestiżowym, szansą urzeczywistnienia marzeń o dziele sztuki integralnej i niepoddającej się naciskom finansowym, politycznym ani obowiązującym kanonom.

Idea sztuki integralnej była dla Klimta ważniejsza niż piastowanie funkcji publicznych czy wystawianie własnych obrazów. Paradoksalnie artyście udało się zrealizować swoje marzenie w Brukseli, daleko od Wiednia, i to dzięki mecenasowi sztuki.

Pałac Stockleta umożliwił mu urzeczywistnienie marzenia o zniesieniu podziału na sztukę użytkową i wysoką. Wkład Klimta ograniczył się do wykonania serii rysunków o różnorodnej treści z zastosowaniem tempery, akwareli oraz złotej i srebrnej farby; ostateczny wygląd fryzu był dziełem grupy rzemieślników z Warsztatów Wiedeńskich.

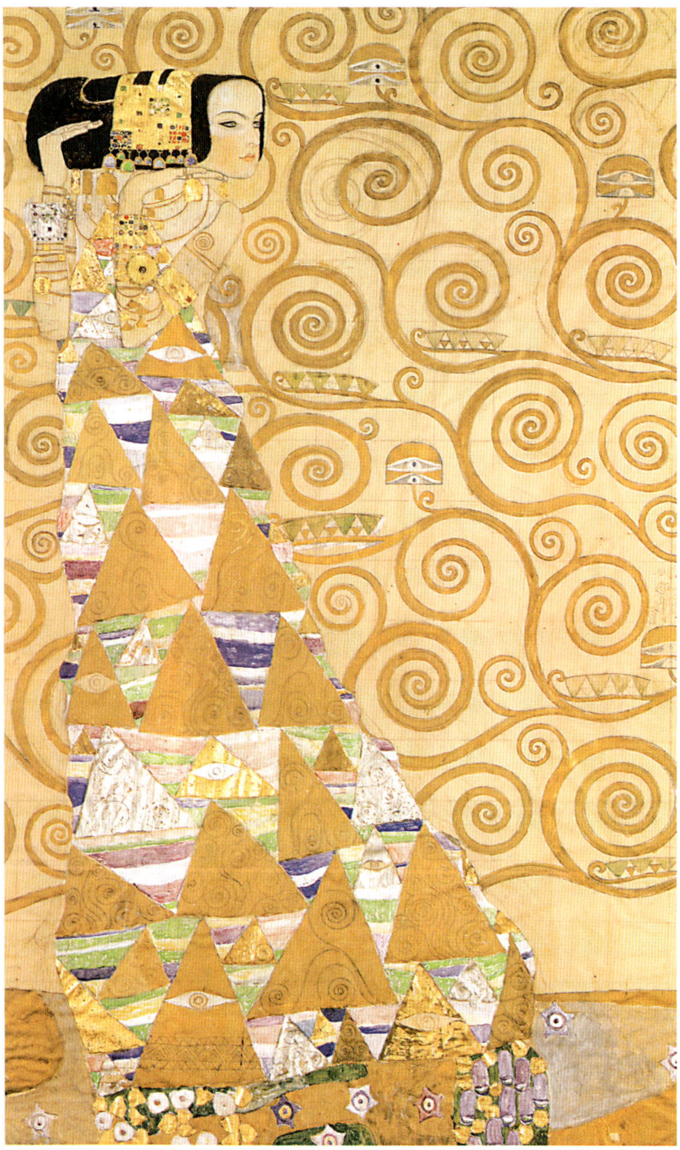

Oczekiwanie
Szkic do *Fryzu w Pałacu Stockleta*
1905–1909
Österreichische Museum für Angewandte Kunst, Wiedeń

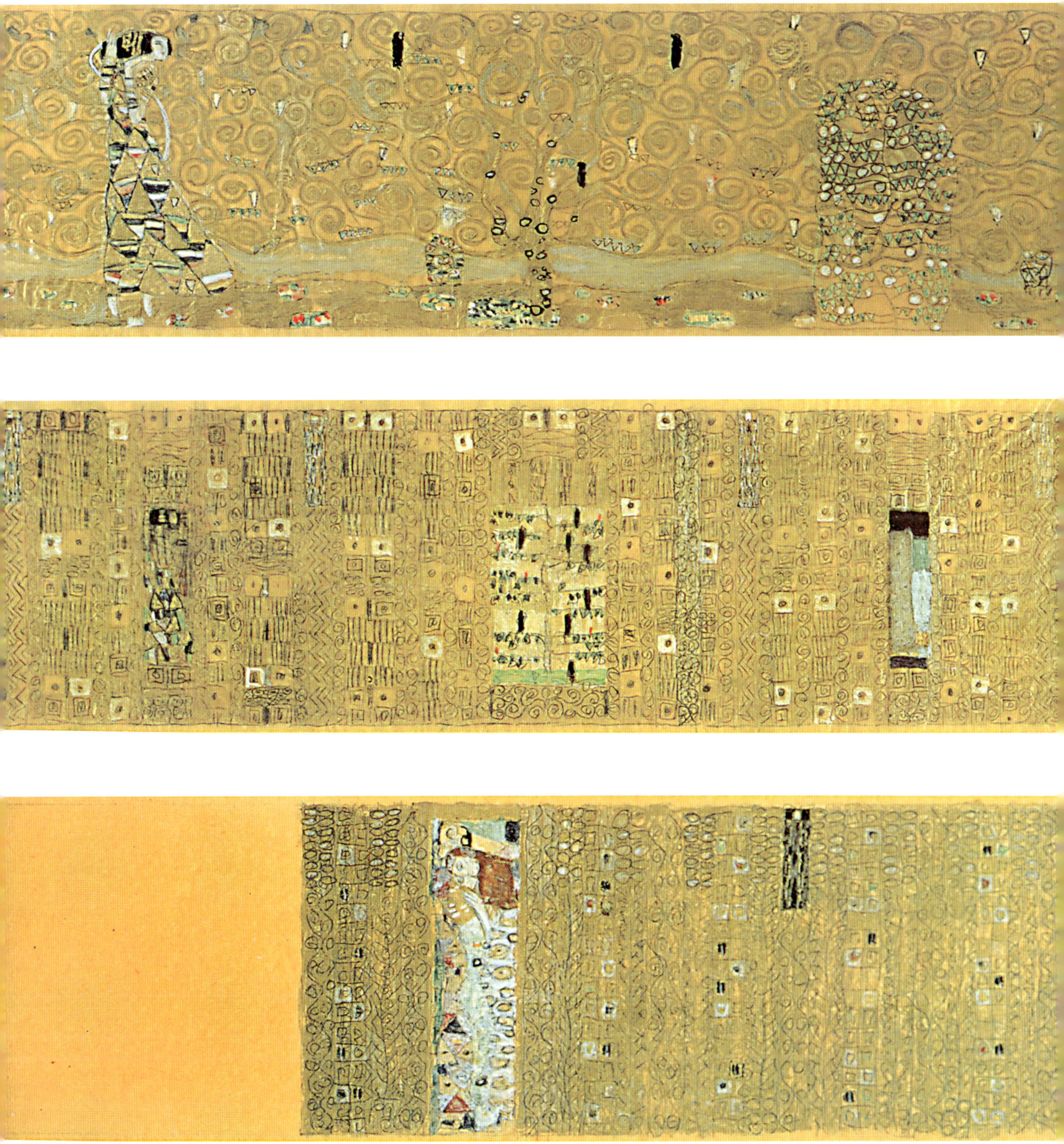

Trzy rysunki wykonawcze do fryzu zdobiącego ściany sali jadalnej w Pałacu Stockleta w Brukseli
1905–1911
Grafit i akwarela, 22 x 75,3 cm (każdy)
Österreichische Museum für Angewandte Kunst, Wiedeń

To niejednoznaczne dzieło doczekało się wielu interpretacji. Spiralne motywy, pośród których umieszczono postaci ludzkie, to nawiązanie do biblijnego Drzewa Życia. Można by rzec, że jest to ogród sztuk i miłości, który w przeciwieństwie do ogrodu pałacowego będzie stale kwitnący. W środkowej części fryzu pień drzewa wypuszcza również spiralne gałęzie.

Para z części fryzu zatytułowanej *Spełnienie* powstała w tym samym okresie, co kochankowie z *Pocałunku* i ma z nimi wiele wspólnego pod względem formalnym. Gdyby nie kontrastowe barwy strojów, te dwuwymiarowe postaci zlałyby się z motywami ornamentalnymi tła obrazu. Zacieranie się granicy między postacią a tłem jest też wynikiem doboru szlachetnych materiałów, takich jak marmur, miedź, złoto, kamienie półszlachetne, ceramika, korale etc. Para ze *Spełnienia* jest alegorią Miłości, natomiast kobieca postać nazywana *Tancerką* – personifikajca Sztuki.

We *Fryzie w Pałacu Stockleta* dostrzec można typowe dla tamtego okresu twórczości Klimta cechy. Pozbawione ornamentów twarze i dłonie to elementy pełne ekspresji, ujawniające osobowość postaci.

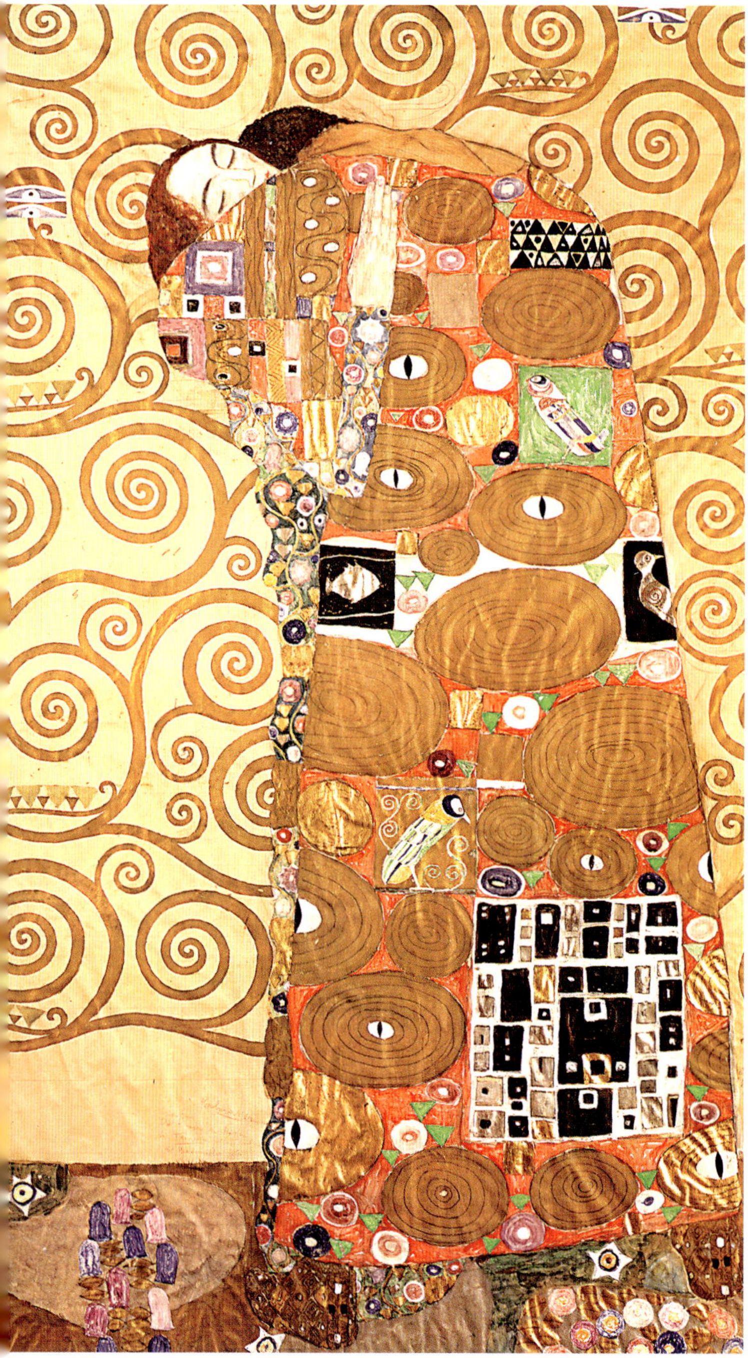

SPEŁNIENIE
SZKIC DO *FRYZU W PAŁACU STOCKLETA*
1905–1909
Tempera, akwarela, złota i srebrna farba, kredki, ołówek, biel gwaszowa, pigment, płatki złota i srebra na papierze
194 x 121 cm
Österreichische Museum für Angewandte Kunst, Wiedeń

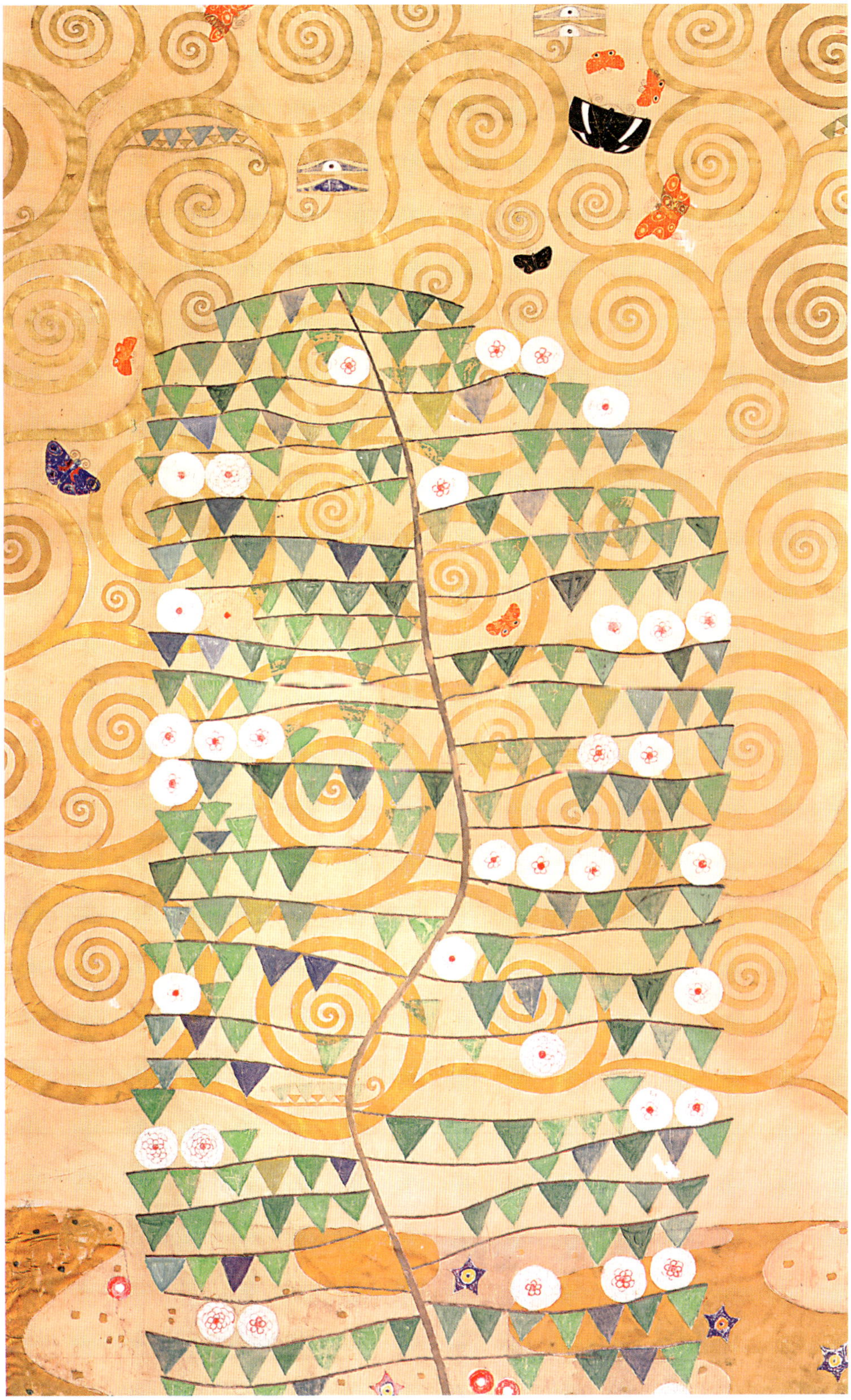

DRZEWO ŻYCIA (DETAL Z PRAWEJ STRONY FRYZU)
SZKIC DO *FRYZU W PAŁACU STOCKLETA*
1905–1909
Tempera, akwarela, złota i srebrna farba, kredki, ołówek, biel gwaszowa, pigment, płatki złota i srebra na papierze
194 x 118 cm
Österreichische Museum für Angewandte Kunst, Wiedeń

Dłonie odgrywają na fryzie bardzo ważną rolę. Artysta dodatkowo podkreślił ich znaczenie i wyeksponował, pozbawiając je ornamentów, co niejako oddziela je od reszty tła.

Trójka bohaterów fryzu nie jest zwrócona w stronę oglądającego. Postać z malowidła *Oczekiwanie* ma wzrok utkwiony w przestrzeni poza obrazem. Kobieta ze *Spełnienia* z zamkniętymi oczyma zwraca głowę ku mężczyźnie, który trzyma w objęciach ukochaną. Tak więc elementem przyciągającym uwagę widza staje się mozaikowa forma dzieła. Postaci ludzkie schodzą na dalszy plan, a odbiorcę urzeka jakością i różnorodnością surowców, przepychem bogato zdobionej powierzchni i kunsztem wykonawców sama mozaika.

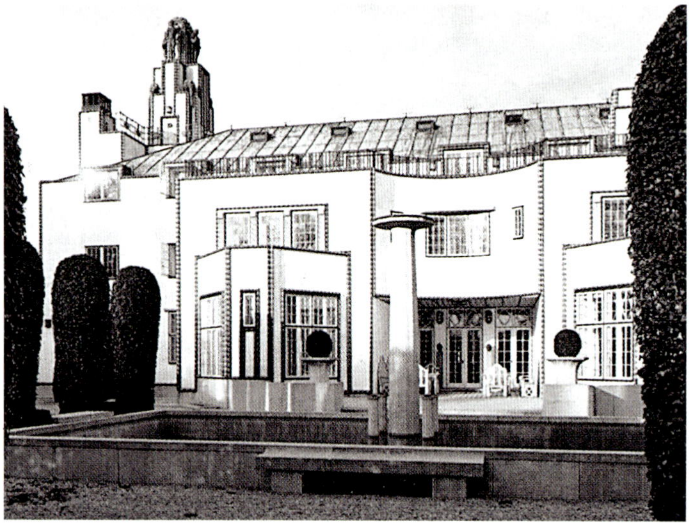

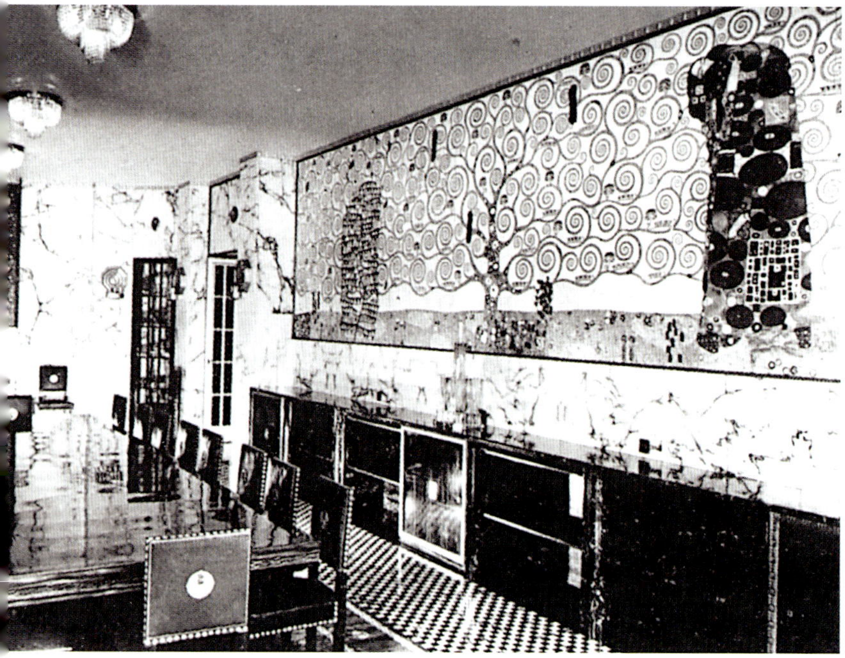

FASADA PAŁACU STOCKLETA ORAZ SALA JADALNA UWIECZNIONE NA FOTOGRAFIACH Z EPOKI

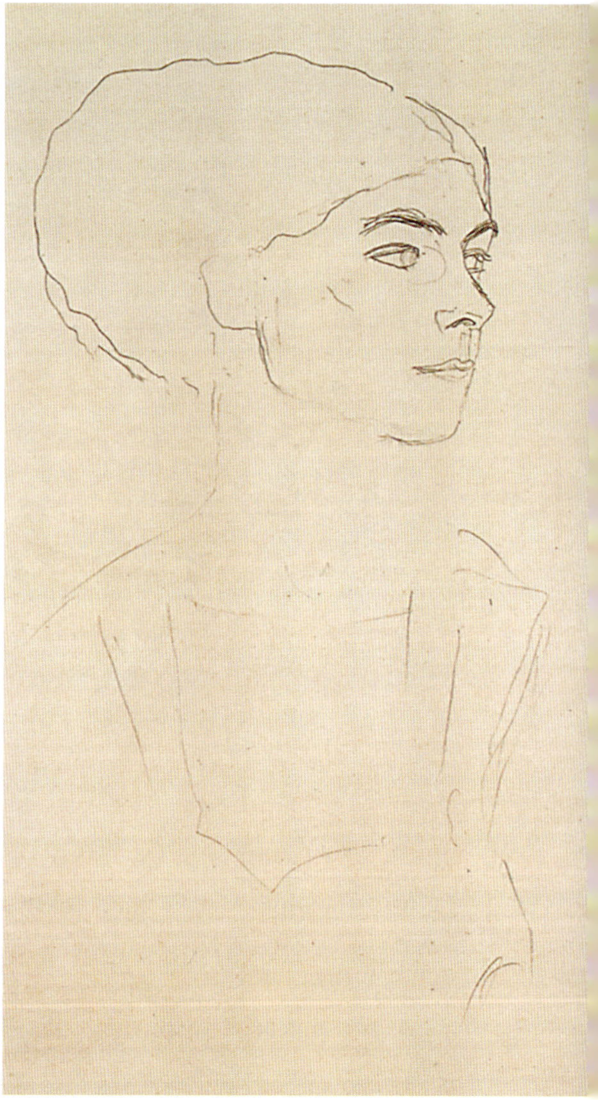

SZKIC GŁOWY
PRAWDOPODOBNIE STUDIUM DO EPIZODU *OCZEKIWANIE Z FRYZU W PAŁACU STOCKLETA*
ok. 1908
Grafit, 49,4 x 33,6 cm
Graphische Sammlung Albertina, Wiedeń

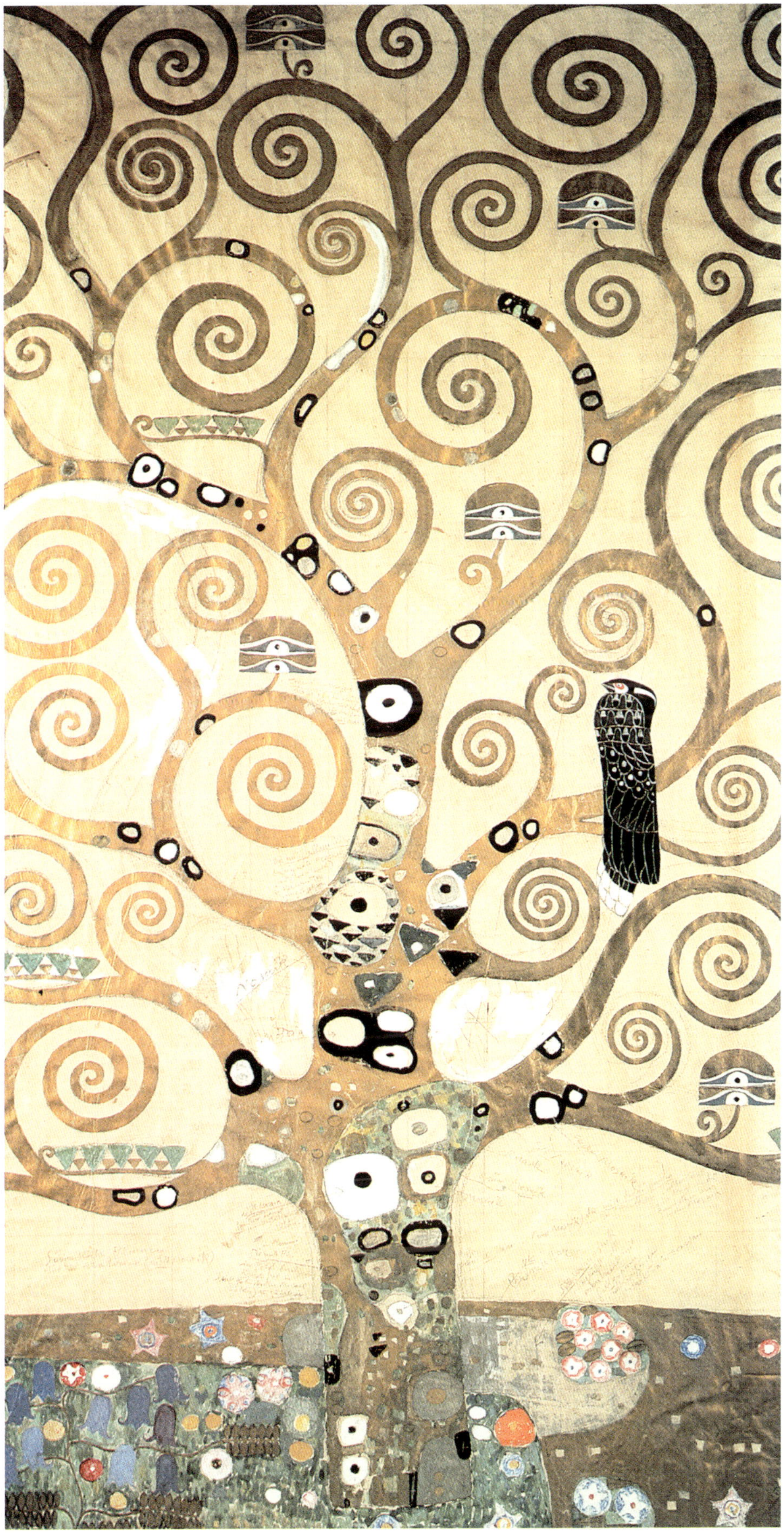

DRZEWO ŻYCIA
(CZĘŚĆ CENTRALNA)
SZKIC DO *FRYZU*
*W PAŁACU STOCKLETA*
1905–1909
Tempera, akwarela,
złota i srebrna farba,
kredki, ołówek, biel
gwaszowa, pigment,
płatki złota i srebra
na papierze
195 x 115 cm
Österreichische
Museum für Angewandte
Kunst, Wiedeń

DAMA Z BLADĄ TWARZĄ
1907–1908
Olej na płótnie, 80 x 40 cm
Zbiory prywatne

To wyjątkowy obraz w twórczości Klimta. W przeciwieństwie do innych portretów, w których kolor oraz motywy dekoracyjne odgrywały istotną rolę, *Damę z bladą twarzą* cechuje surowa prostota. Czerń wokół twarzy modelki podkreśla dodatkowo jej bladość. Tło po lewej stronie jest gładkie, neutralne. Natomiast po prawej namalowana została subtelna mozaika złożona z małych kwadracików. Figury geometryczne stanowiące tło obrazu były rozpowszechnione wśród secesjonistów oraz francuskich modernistów. Rok później Klimt namalował słynną *Damę w kapeluszu z piórami*, zupełnie odmienną, jeśli chodzi o dobór ornamentów.

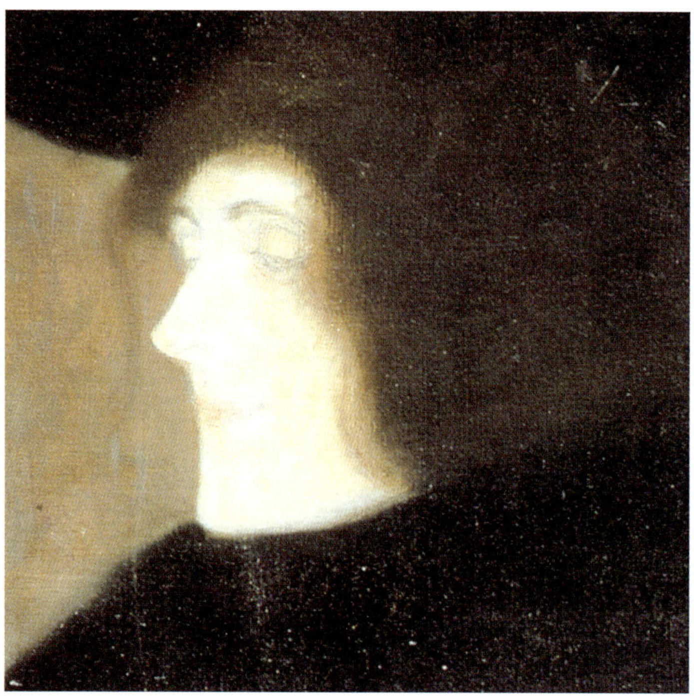

DAMA Z BLADĄ TWARZĄ (FRAGMENT)

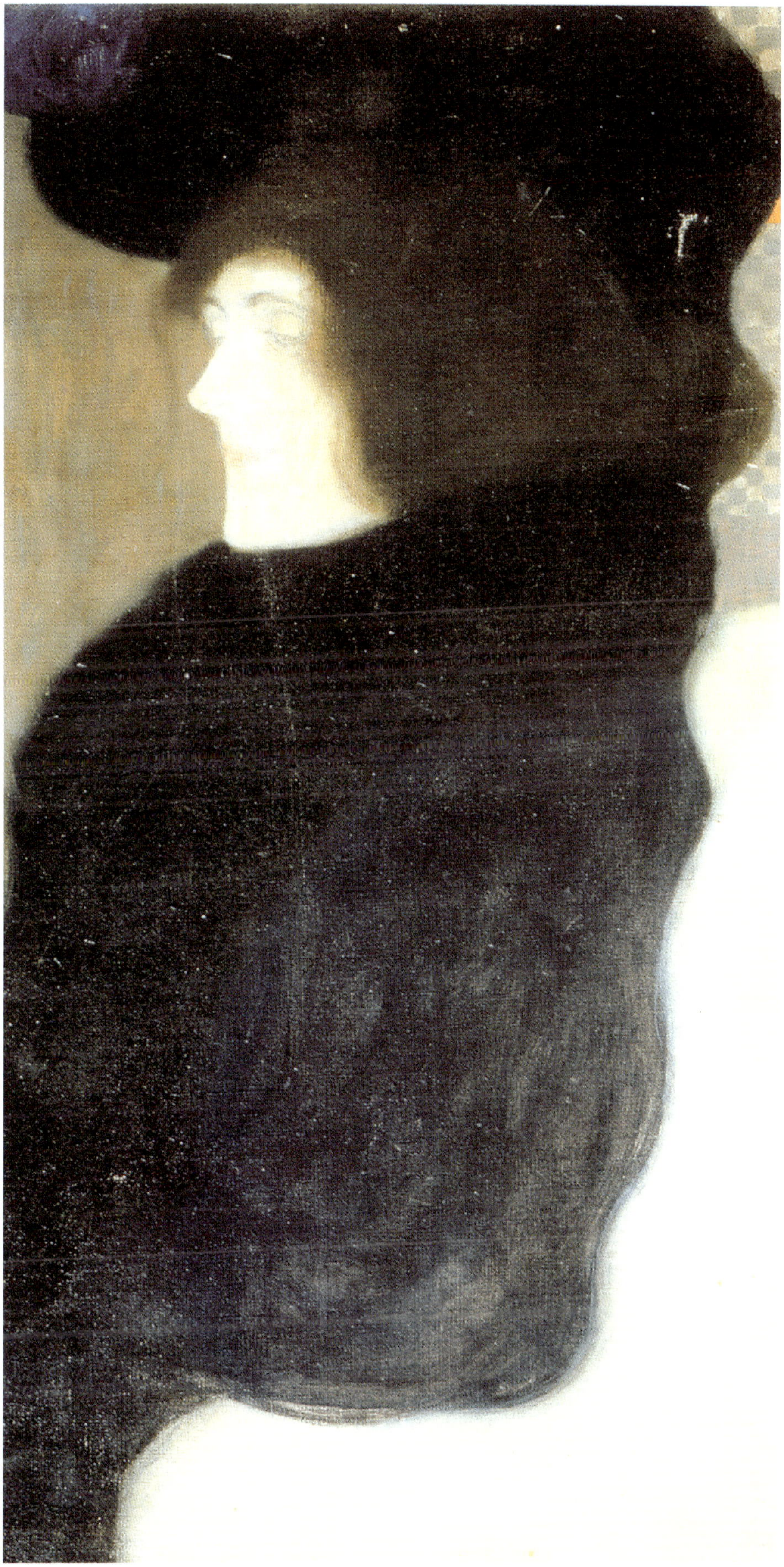

**Danae**
1907–1908
Olej na płótnie, 77 x 83 cm
Galerie Würthle, Wiedeń

Miłość Danae i Zeusa nawiedzającego ją w łożu pod postacią złotego deszczu była częstym motywem w twórczości mistrzów malarstwa. Interpretacja Klimta okazała się jednak dość specyficzna. Jego dzieło, pozbawione narracji i jakby zatrzymane w czasie, przedstawia akt miłosny, którego owocem był mityczny Perseusz.

Obraz został zaprezentowany na pierwszej wystawie Kunstschau w 1908 roku w otoczeniu dzieł innych artystów, którzy krótko przedtem wystąpili z Secesji Wiedeńskiej, i wywołał niezwykle żywą reakcję. Krytyk sztuki Eduard Pötzl pisał: „Danae prezentuje wdzięki już nie na stojąco, nie na siedząco czy też w pozycji leżącej. Nie. Obraz jest po prostu wulgarny. Dla tej Danae mit jest tylko przykrywką. Takiej pozycji żadna kobieta nie chciałaby przyjąć dobrowolnie, żadna nie odsłoniłaby ud i piersi. Dopełnieniem całości są jak zwykle ornamenty z masy perłowej oraz oka z pawich piór. To dla mnie nie do zniesienia. Sądzę, że to nienormalne."

Głównymi elementami geometrycznej kompozycji są tutaj eliptyczne formy oraz faliste ornamenty, które w połączeniu ze złotym kolorem nasączają obraz erotyzmem. Wybór momentu, w którym ciałem kobiety wstrząsa spazm rozkoszy wyraźnie widoczny na twarzy i znajdujący odbicie w rozczapierzonych palcach, podkreśla jej seksualność i mocno erotyczny charakter sceny. Złoty deszcz spada między nogi zwiniętej w kłębek nagiej Danae, zapładniając ją. Falujące rude włosy, udo zajmujące prawie czwartą część płótna oraz brodawka piersi stanowiąca punkt centralny obrazu ukazują potęgę kobiecości. Jedynie czarny prostokąt w lewym rogu sugerować może obecność pierwiastka męskiego.

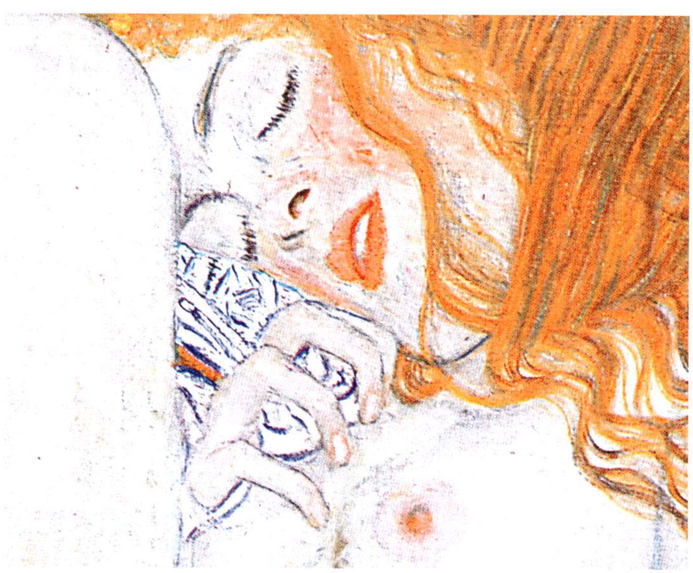

**Danae (fragment)**

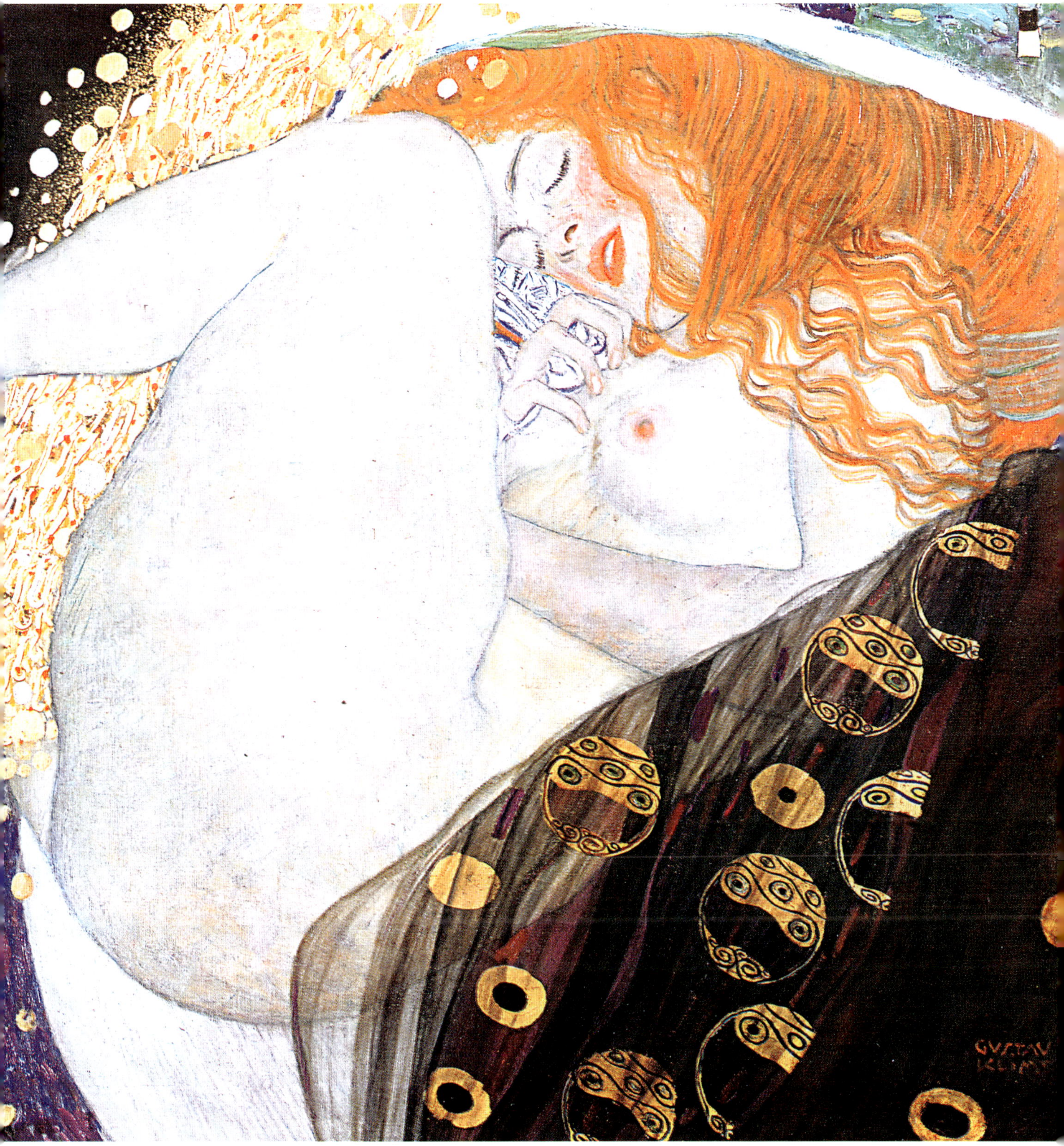
GUSTAV
KLIMT

Pocałunek
1907–1909
Olej na płótnie, 180 x 180 cm
Österreichische Galerie, Wiedeń

To dzieło ze „złotego okresu", w którym Klimt z lubością zdobił obrazy złotą farbą, a także płatkami złota. Możliwe, iż swą popularność *Pocałunek* zawdzięcza właśnie użyciu cennego kruszczu, przywołującego skojarzenia z magią i motywami religijnymi. Barokowy przepych złoceń idealnie współbrzmi z tematem obrazu. W tym okresie twórczości Klimt spłycał perspektywę i stosował ornamenty dwuwymiarowe. Na pokrytym dywanem kwiatów występie skalnym poświata otacza dwoje pochłoniętych sobą bez reszty kochanków, nie dopuszczając do nich nikogo z zewnątrz. To odosobnienie oraz niewidoczna twarz odwróconego mężczyzny wyrażają potrzebę odseparowania się od ludzi. Przylegające do siebie idealnie ciała kochanków i brak kontaktu z rzeczywistością mogą symbolizować trudne do osiągnięcia w realnym świecie szczęście.

Stroje postaci bardzo się różnią. Mężczyznę okrywa płaszcz z motywem surowych białych, czarnych i szarych prostokątów, który kontrastuje z wielobarwnymi kwiatami w kształcie kół oraz miękkimi fałdami na sukni kobiety. Choć kochankowie są spleceni w uścisku i w strojach obojga dominuje złota barwa, Klimt wyraźnie ich rozdzielił, stosując odmienną ornamentykę. Tylko twarze, dłonie, nogi i stopy kobiety przedstawione są naturalistycznie.

Na tym obrazie inicjatywa należy do mężczyzny. To on ujmuje w dłonie twarz kobiety, przybliżając jej usta do pocałunku, podczas gdy jego partnerka pozostaje bierna, klęcząc na znak uległości. Z zachowanych szkiców wynika, że Klimt pragnął przedstawić kobietę, która podporządkowuje się mężczyźnie. Artysta wykonał wiele rysunków, aby osiągnąć zamierzony efekt.

Bezsprzecznie *Pocałunek* pozostaje najbardziej popularnym i rozpoznawalnym obrazem Klimta, pełnym przy tym harmonii i spokoju.

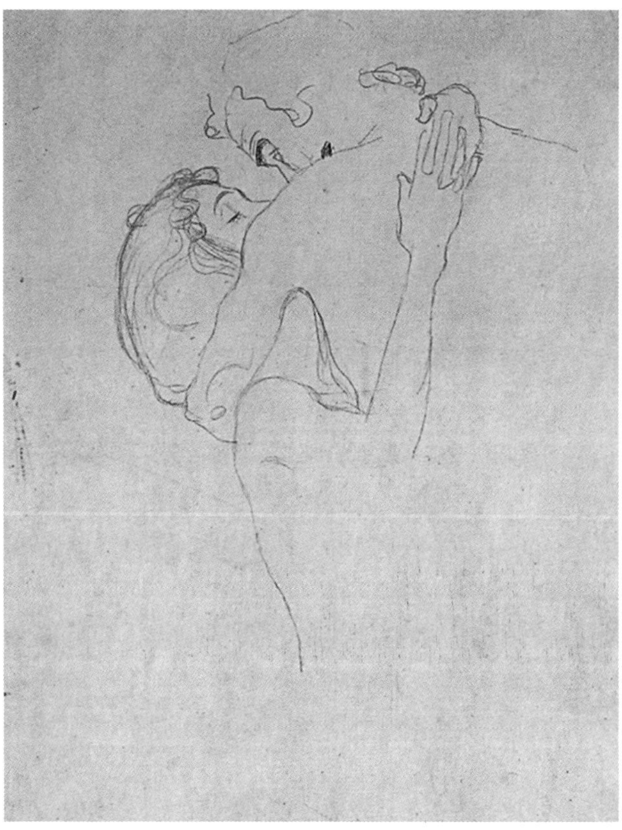

Para kochanków w miłosnym uścisku
Studium do *Pocałunku*
ok. 1908
Grafit, 54,9 x 34, 9 cm
Historisches Museum, Wiedeń

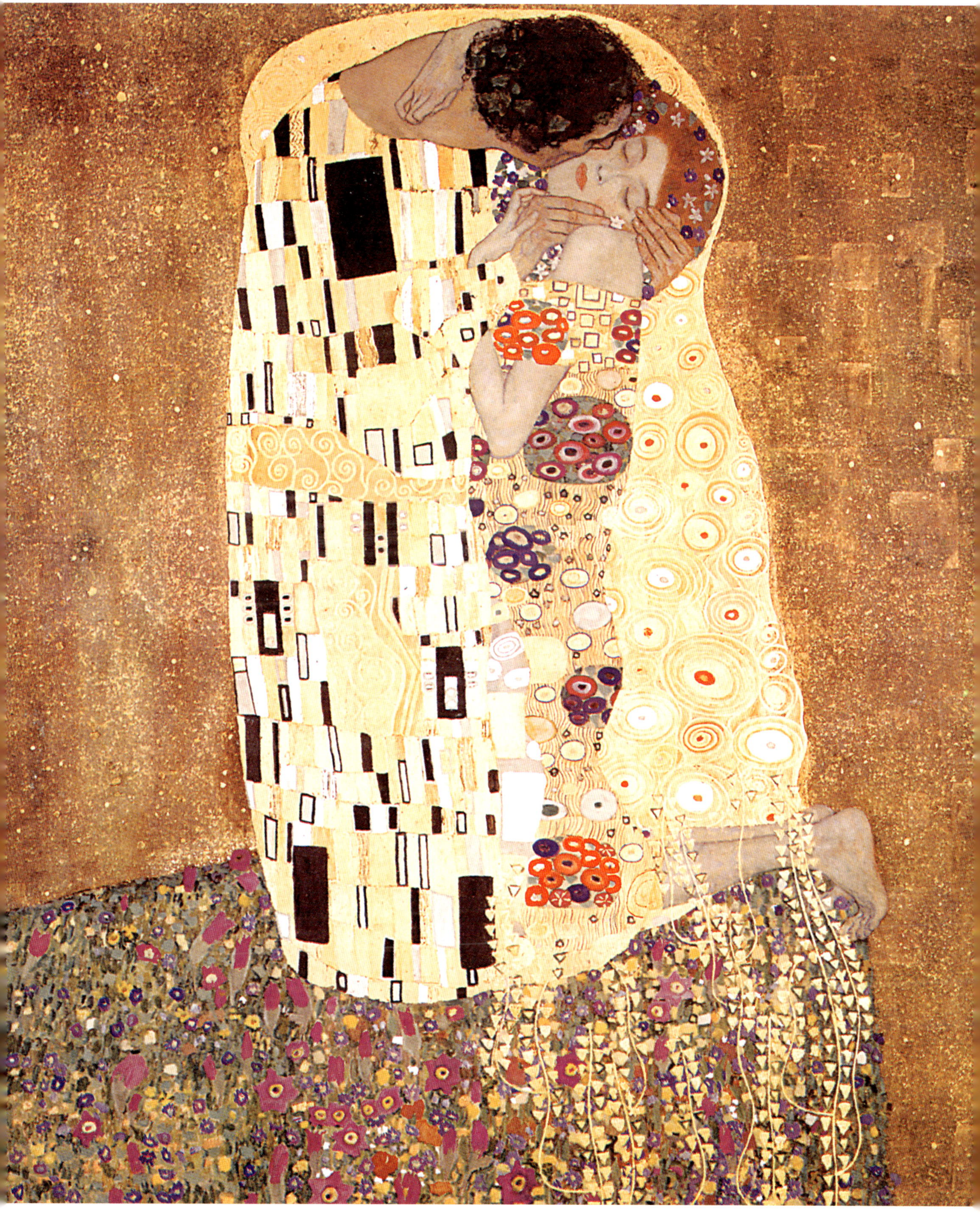

Zamek Kammer nad Attersee I
1908
Olej na płótnie, 110 x 110 cm
Národni Galerie, Praga

Klimt zaczął malować pejzaże nad jeziorem Atter, gdzie począwszy od 1900 roku spędzał każde wakacje w towarzystwie rodziny Flöge. W liście do Marie Zimmermann z 1903 roku tak relacjonował przebieg zwykłego letniego dnia: „Rano wstaję wcześnie, zwykle około szóstej. Jeśli jest ładna pogoda, idę do pobliskiego lasu i tam maluję pełne słońca zagajniki bukowe, przeplatane od czasu do czasu drzewami iglastymi.

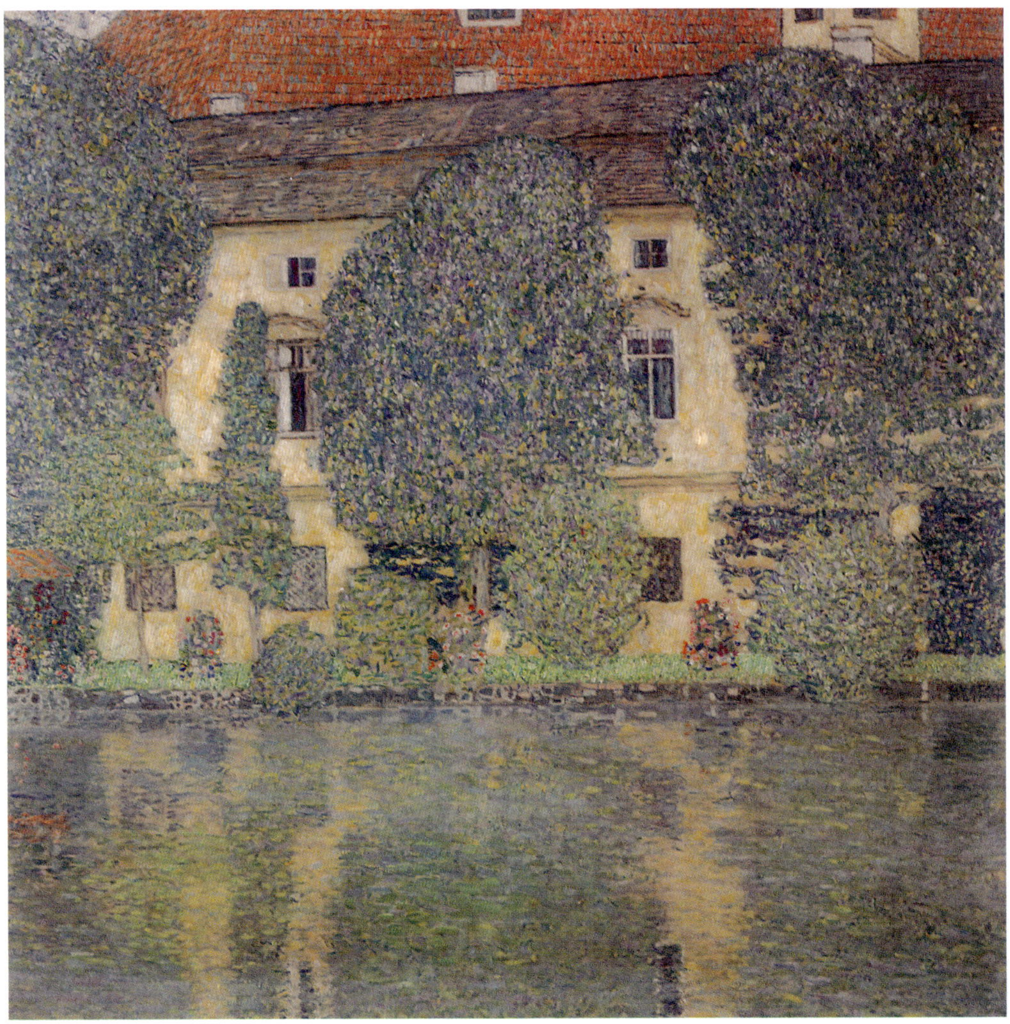

Zamek Kammer nad Attersee III
1910
Olej na płótnie, 110 x 110 cm
Österreichische Galerie, Wiedeń

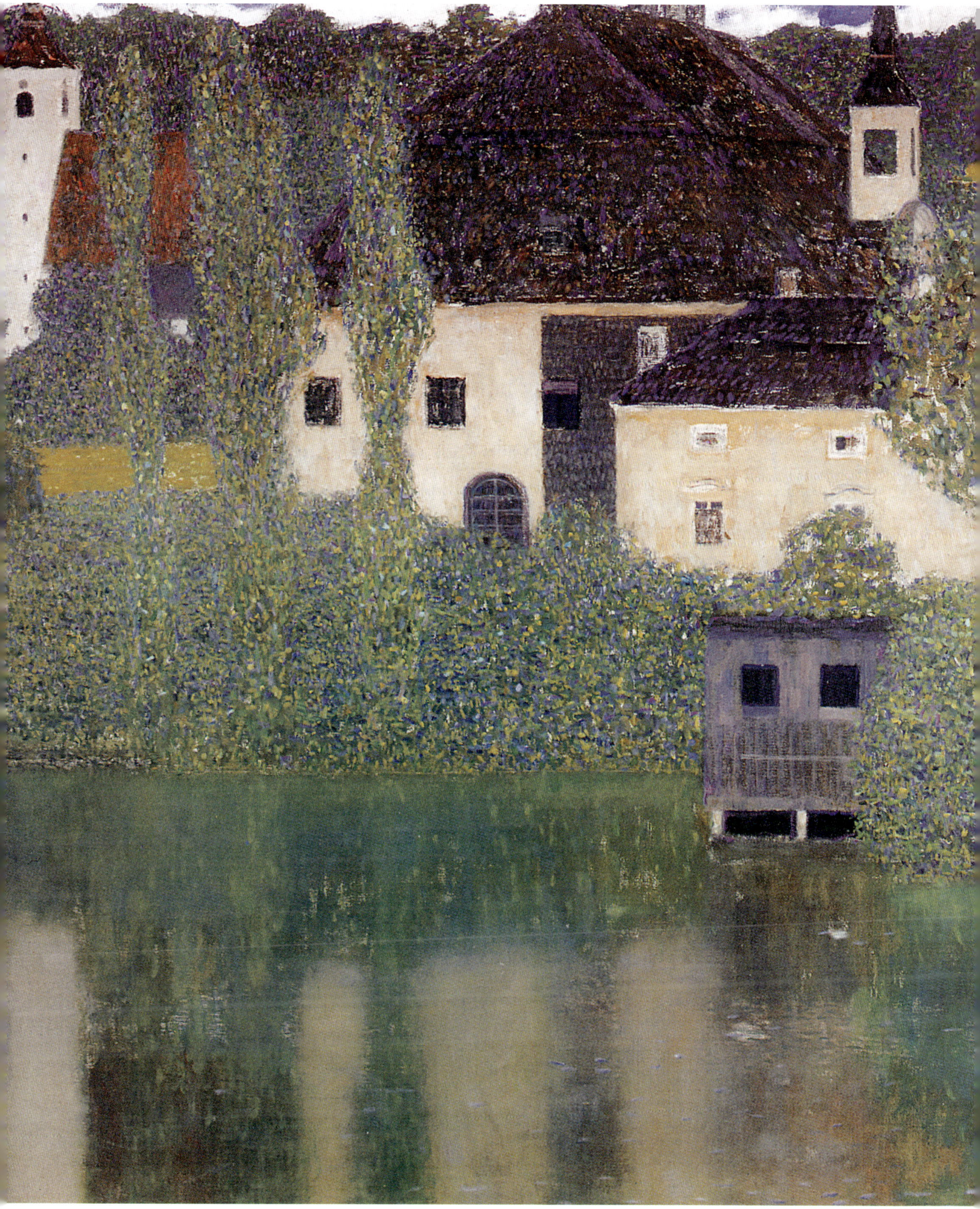

Tym zajmuję się do ósmej, a następnie wspólnie zjadamy śniadanie. Potem przychodzi pora na kąpiel w jeziorze, oczywiście, z zachowaniem ostrożności. Później jeszcze trochę maluję: w słoneczną pogodę pejzaże jeziora, a w czasie deszczu widoki z okna mojego pokoju (...). Przed podwieczorkiem lub po nim zwykle ponownie kąpię się w jeziorze. Po podwieczorku wracam do malowania, na przykład wielkiej topoli o zmierzchu tuż przed burzą. (...) Czasami zmieniam rozkład zajęć i pływam łódką; wiosłując, staram się rozruszać zastałe mięśnie... Pogoda tu jest zmienna – niby gorąco, ale często pada.

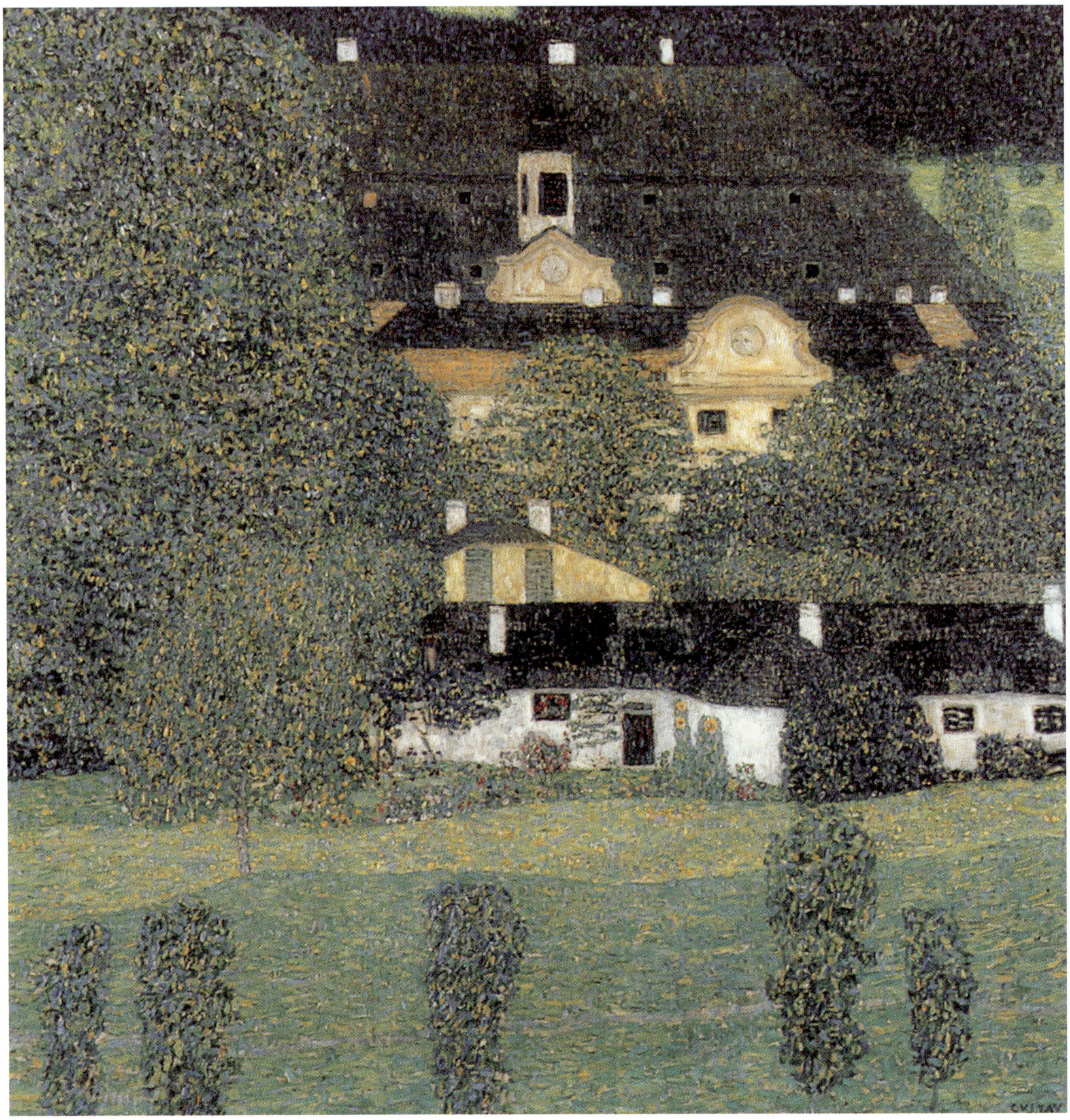

**Zamek Kammer nad Attersee II**
1910
Olej na płótnie, 110 x 110 cm
Zbiory prywatne

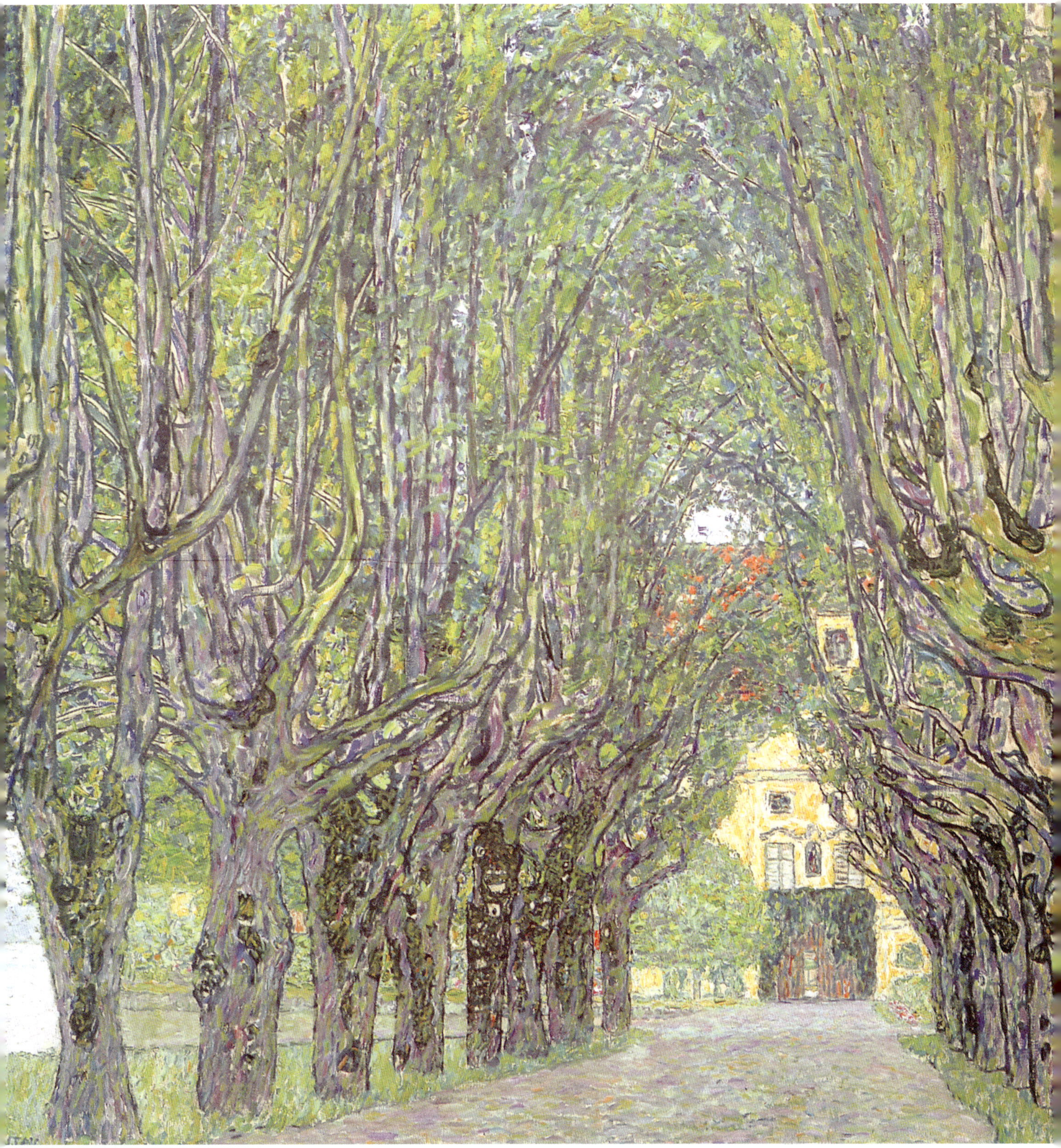

**Aleja parkowa wiodąca do zamku w Kammer**
1912
Olej na płótnie, 110 x 110 cm
Österreichische Galerie, Wiedeń

Jestem jednak przygotowany do pracy w każdych warunkach, i to niezwykle mnie cieszy." W niektórych pejzażach przedstawionych na poprzednich stronach można dostrzec wpływ postimpresjonistów; z kolei poskręcane konary drzew przywodzą na myśl obrazy Van Gogha. Wszystkie powstały podczas corocznych letnich wypraw nad jezioro Atter z rodziną Flöge, z którą Klimta łączyły zażyłe stosunki, zwłaszcza ze sportretowaną przez niego w 1902 roku Emilie.

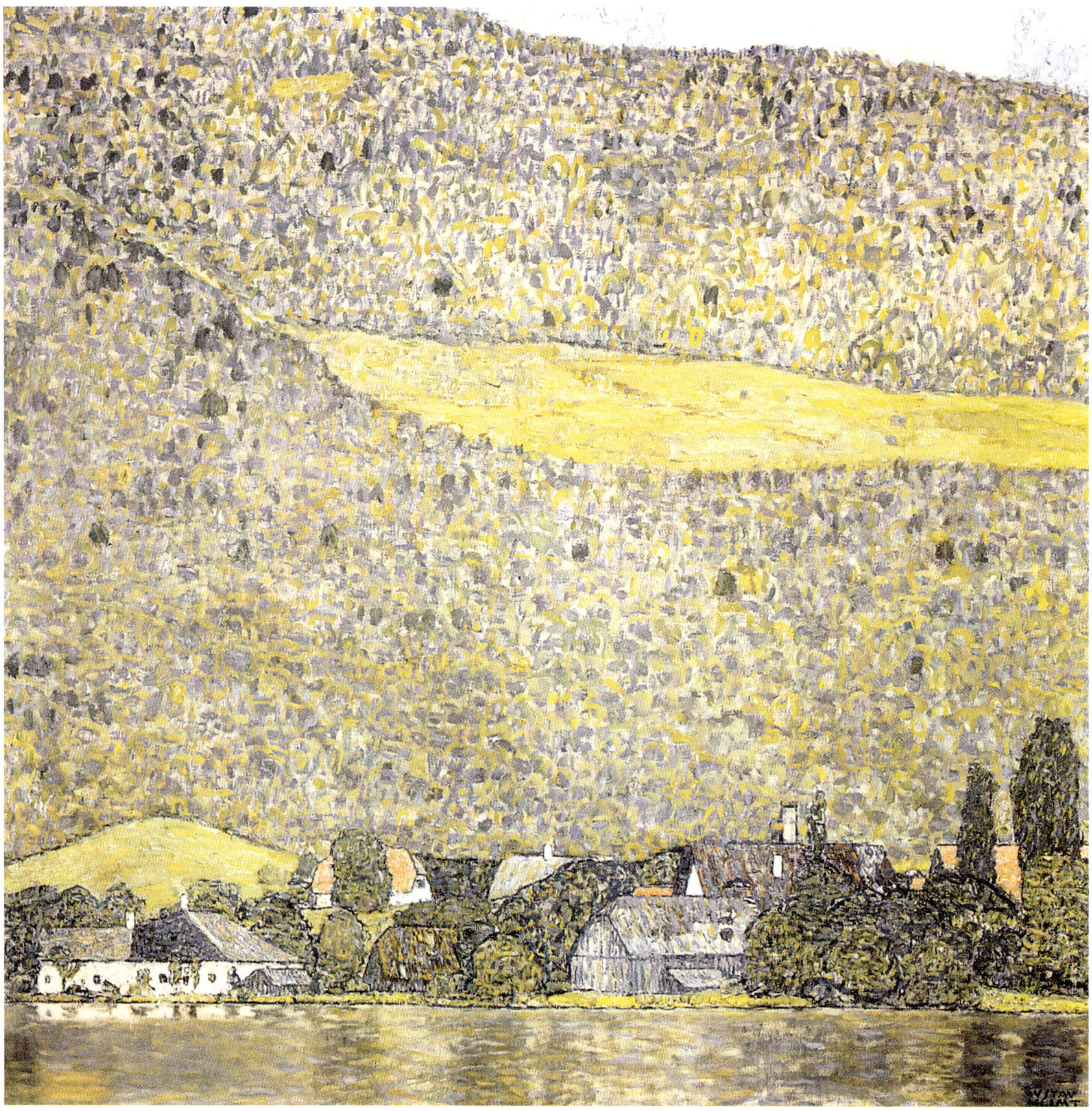

UNTERACH NAD ATTERSEE
1915
Olej na płótnie, 110 x 110 cm
Salzburger Landessammlungen Rupertinum, Salzburg

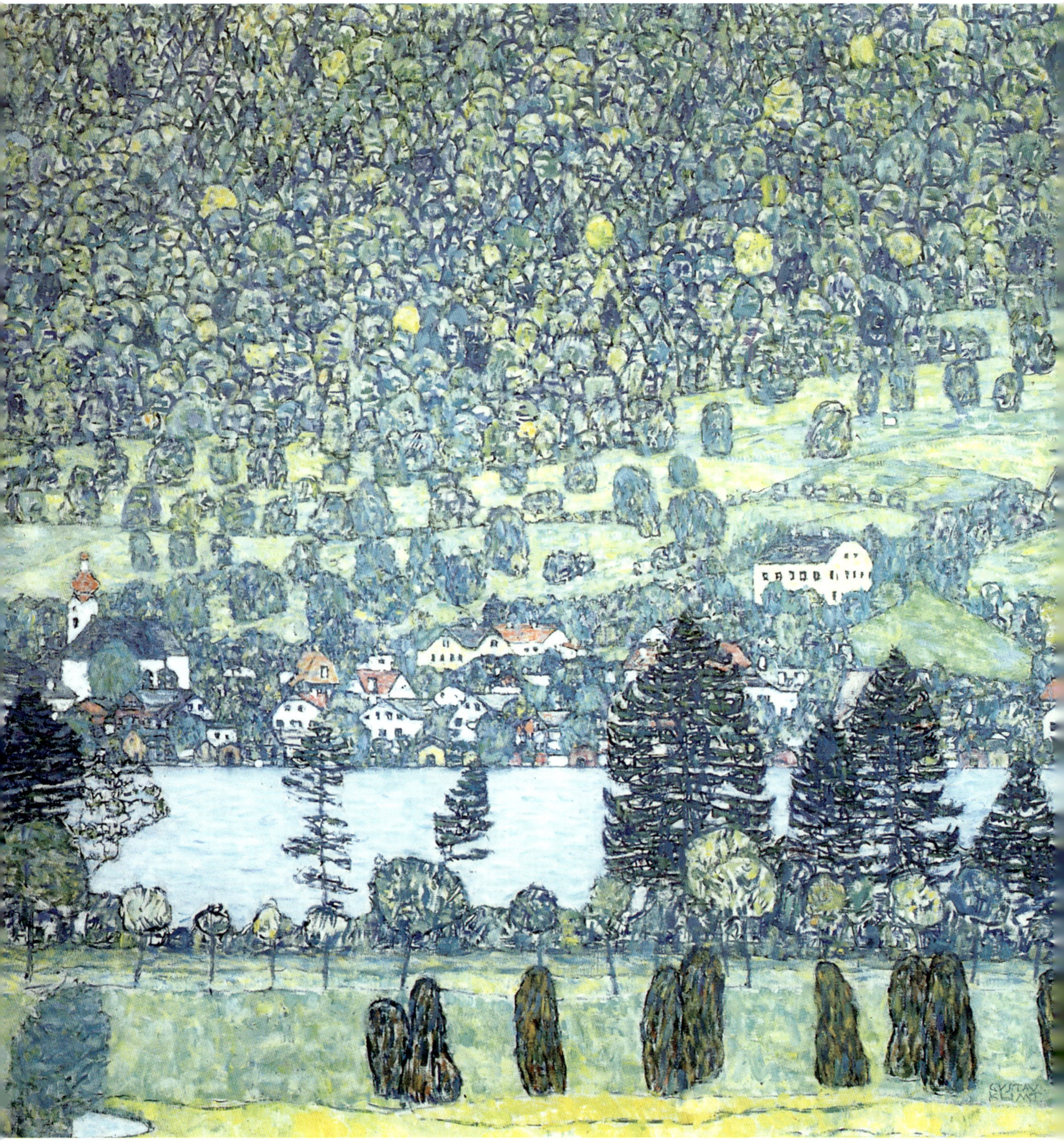

**UNTERACH NAD ATTERSEE**
1917
Olej na płótnie, 110 x 110 cm
Zbiory prywatne

**Park**
1909–1910
Olej na płótnie, 110 x 110 cm
Museum of Modern Art, Nowy Jork

Lata 1909–1910 były bardzo ważne dla Gustava Klimta. W 1909 roku odbyła się latem wystawa wiedeńskiej Kunstschau, podczas której Klimt wystąpił w roli przewodniczącego, a także zaprezentował drugą wersję świeżo ukończonej *Judyty II/Salomei*. Wystawa odbiła się szerokim echem w kręgach kulturalnych Wiednia na początku wieku. Swoje prace prezentowali na niej wybitni artyści, tacy jak Edvard Munch, Paul Gaguin, Vincent van Gogh, Henri Matisse oraz nabiści, a wśród nich Pierre Bonnard, Felix Valloton i Edouard Vuillard.

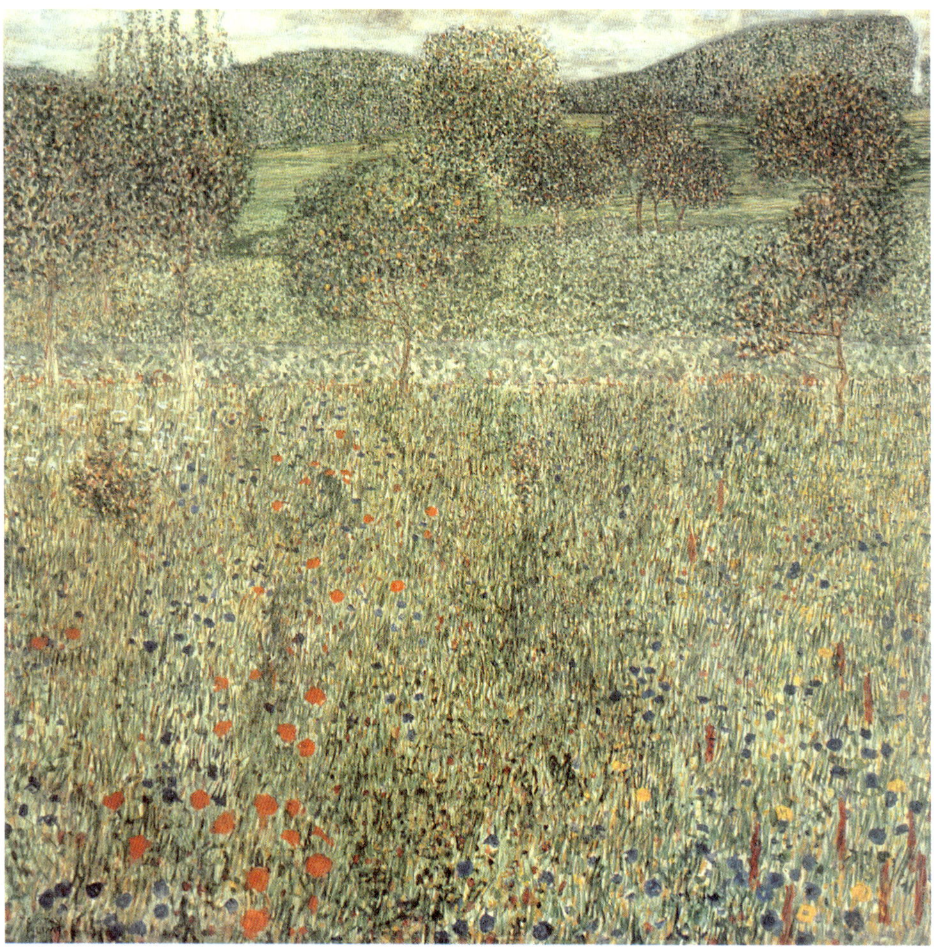

**Kwitnąca łąka**
ok. 1905–1906
Olej na płótnie, 98,7 x 99,4 cm
Carnegie Museum of Art, Pittsburg (Pensylwania)

Wystawa była przeglądem ówczesnych kierunków artystycznych – pojawiły się na niej dzieła symbolistów, ekspresjonistów, postimpresjonistów, fowistów oraz nabistów.

Ponadto w 1909 roku Egon Schiele założył *Neukunstgruppe* (Grupę Nowej Sztuki), by z przyjaciółmi torować drogę nowym tendencjom.

Wiedeń tętnił życiem kulturalnym. Epoka różnorodności kierunków artystycznych była okresem gorączki twórczej również dla Klimta. W owym roku podróżował do Paryża oraz do Madrytu i uczestniczył w XVIII Wystawie Secesji Berlińskiej, a także w Międzynarodowej Wystawie Sztuki w Monachium. Rok 1910 był równie intensywny – artysta między innymi wziął udział w IX Biennale w Wenecji oraz w dorocznym Przeglądzie Secesji Berlińskiej.

*Park* powstał na przełomie 1909 i 1910 roku, podobnie jak *Zamek Kammer nad Attersee II* i *Staw w Kammer nad Attersee*. Zarówno pod względem kompozycyjnym, jak i formalnym dzieła uwidaczniają indywidualny styl Klimta, właściwy także pozostałym jego pejzażom. Przyroda dominuje na płótnie i wypełnia całą jego powierzchnię. Pokazana z bardzo bliskiej perspektywy zajmuje pierwszy (i jedyny) plan obrazu, dlatego każdy jej fragment oddany jest niezwykle dokładnie. Malarz wiernie odtworzył faktury poszczególnych roślin, grę światła i cienia oraz wzajemne zależności. Jego wizja przypomina powiększenie w mikroskopie lub lunecie – artysta posługiwał się nią czasami, by wychwycić interesujące go szczegóły.

Klimt dążył do pokazania przyrodniczego uniwersum, które bujnością i atmosferą spokoju przypomina dziewiczą naturę, wolną od ingerencji człowieka. Na tych płótnach próżno szukać śladu ludzkiej obecności – domów, zagród czy zamków – choć umieszczał je na innych pejzażach.

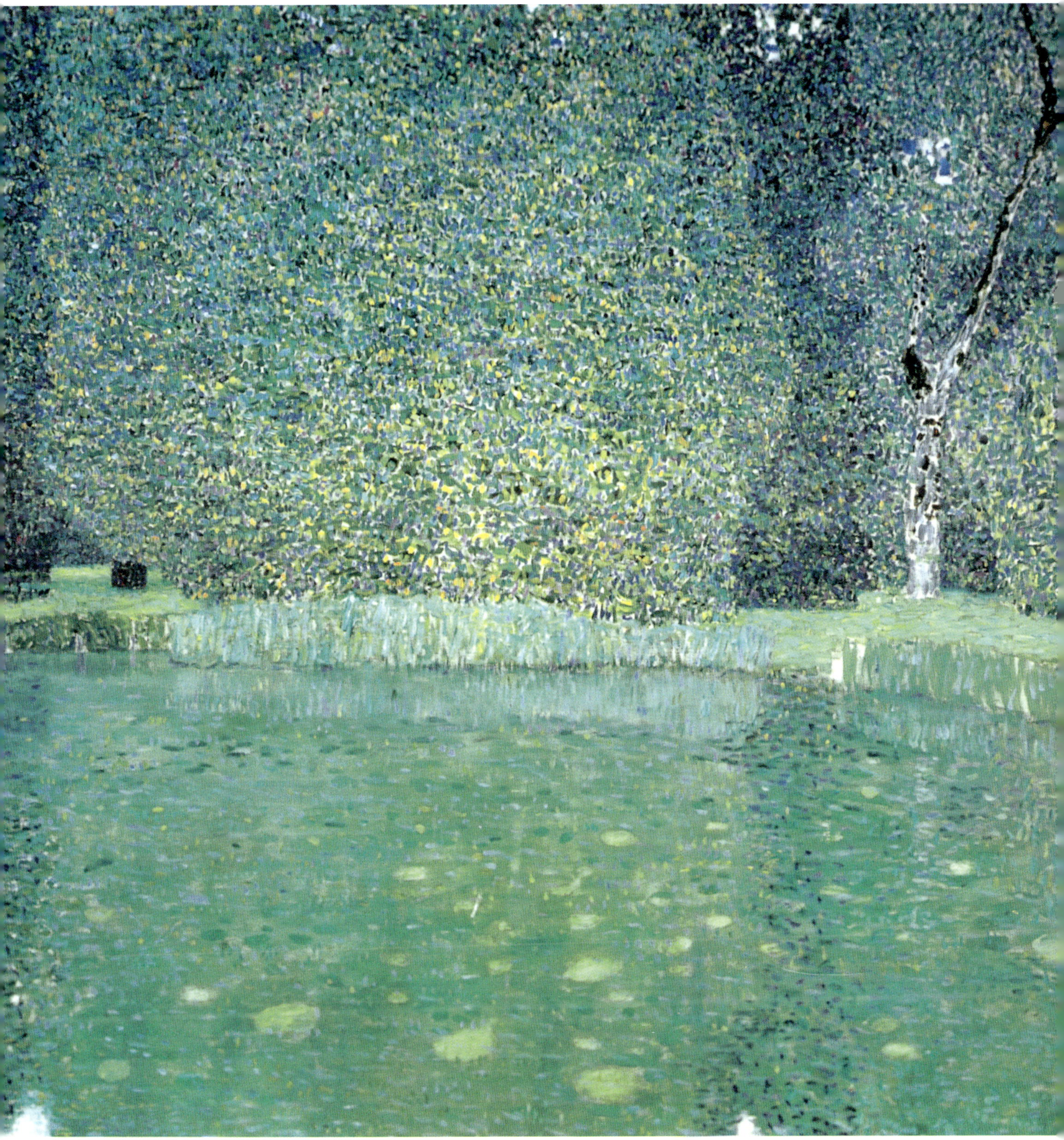

Staw w Kammer nad Attersee
1909–1910
Olej na płótnie, 110 x 110 cm
Zbiory prywatne

Dama w kapeluszu i boa z piór
1909
Olej na płótnie, 69 x 55 cm
Österreichische Galerie, Wiedeń

W 1909 roku Gustav Klimt udał się do Paryża, gdzie dokładnie przestudiował twórczość Toulouse-Lautreca. Na odbywającej się tam wówczas Wystawie Sztuki zetknął się z obrazami Bonnarda, Matisse'a i Muncha. Styl Klimta znów wyraźnie ewoluował: porzucił złote zdobienia, które przyniosły mu sławę, na rzecz bardziej surowej ornamentyki (choć za parę lat powrócił do żywych kolorów). Kobiety na jego obrazach z tego okresu przywodzą na myśl kurtyzany z płócien Toulouse-Lautreca.

W *Damie w kapeluszu i boa z piór* oraz *Damie w kapeluszu z piórami* Klimt postawił na surową kompozycję. Damy z bujnymi rudymi włosami nie pozują portreciście – wyglądają naturalnie. Jedna z nich odsłania tylko część twarzy, druga zaś z głową wspartą na ręku oddaje się zadumie. Niektórzy krytycy uważają, że kobiety te są bardziej prawdziwe niż ustawione w nienaturalnie statycznych pozach modelki z wcześniejszych portretów Klimta.

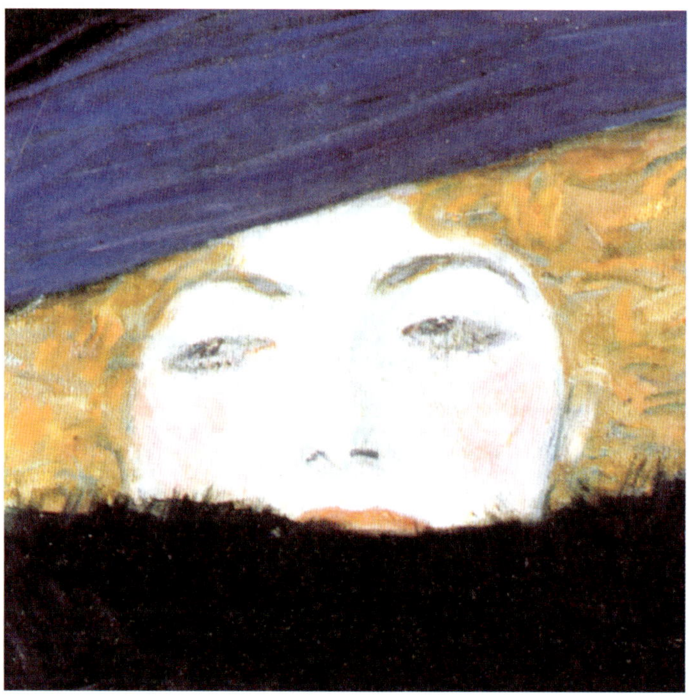

Dama w kapeluszu i boa z piór (fragment)

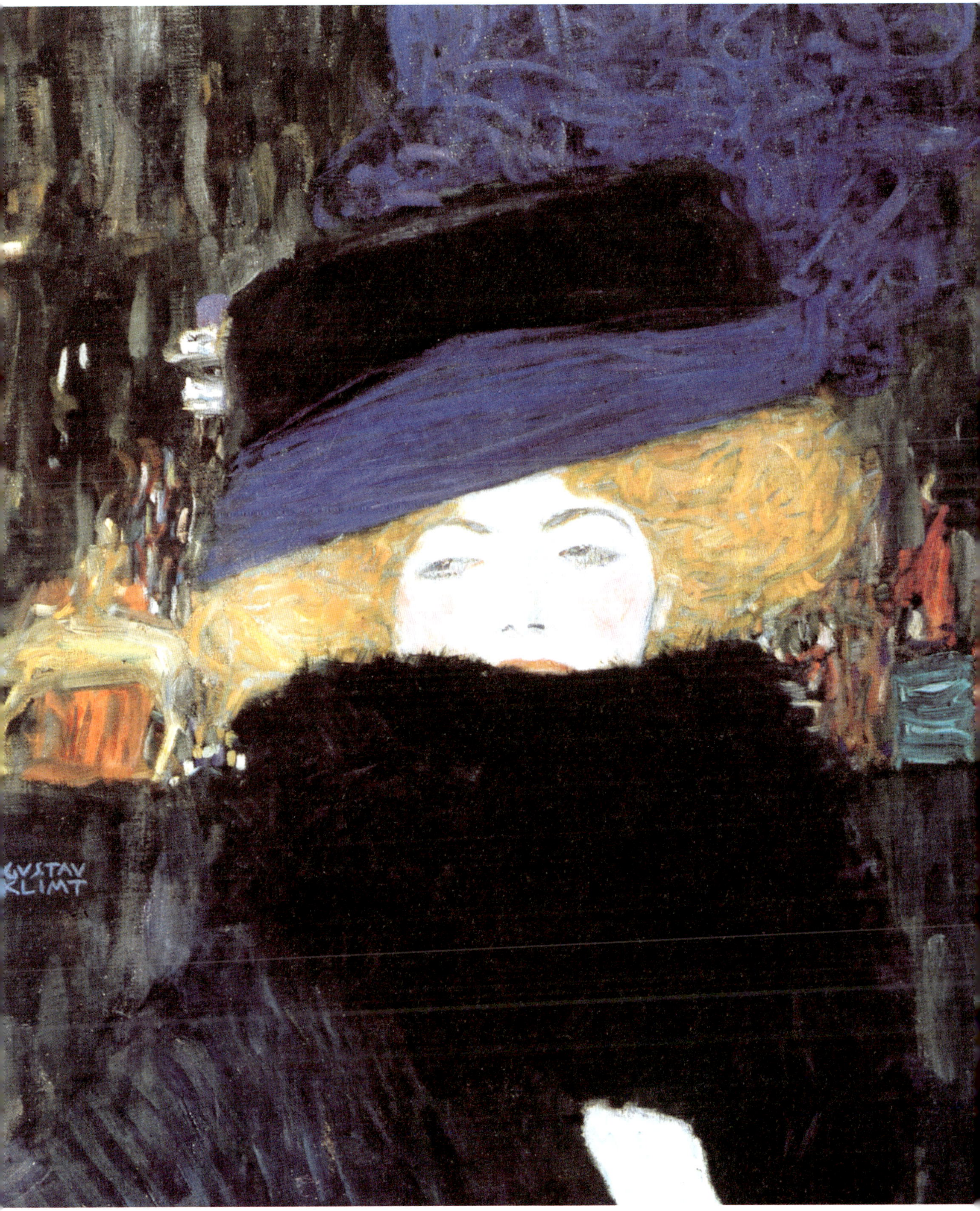
GUSTAV
KLIMT

W tym czasie Klimt odszedł już od dawnego ornamentalnego stylu. Te dwa płótna przedstawiają anonimowe kobiety. Nie są to damy z wyższych sfer. Zdaniem niektórych krytyków przypominają *femmes fatales* z takich obrazów jak *Judyta I i Judyta II*, ale są bardzo eleganckie.

Niewątpliwe ich wykwintne kapelusze pochodziły z salonu mody sióstr Flöge albo Klimt zaobserwował je na głowach wytwornych dam, spacerując po Paryżu. W artykule, który ukazał się w 1909 roku w czasopiśmie „Illustriertes Wiener Extrablatt", napisano: „Ta nowa wiedeńska dama, której babciami są Judyta i Salome, jest odkryciem czy też może kreacją Klimta: słodka i uwodzicielska, zachwycająca i grzeszna, intrygująca i zdeprawowana."

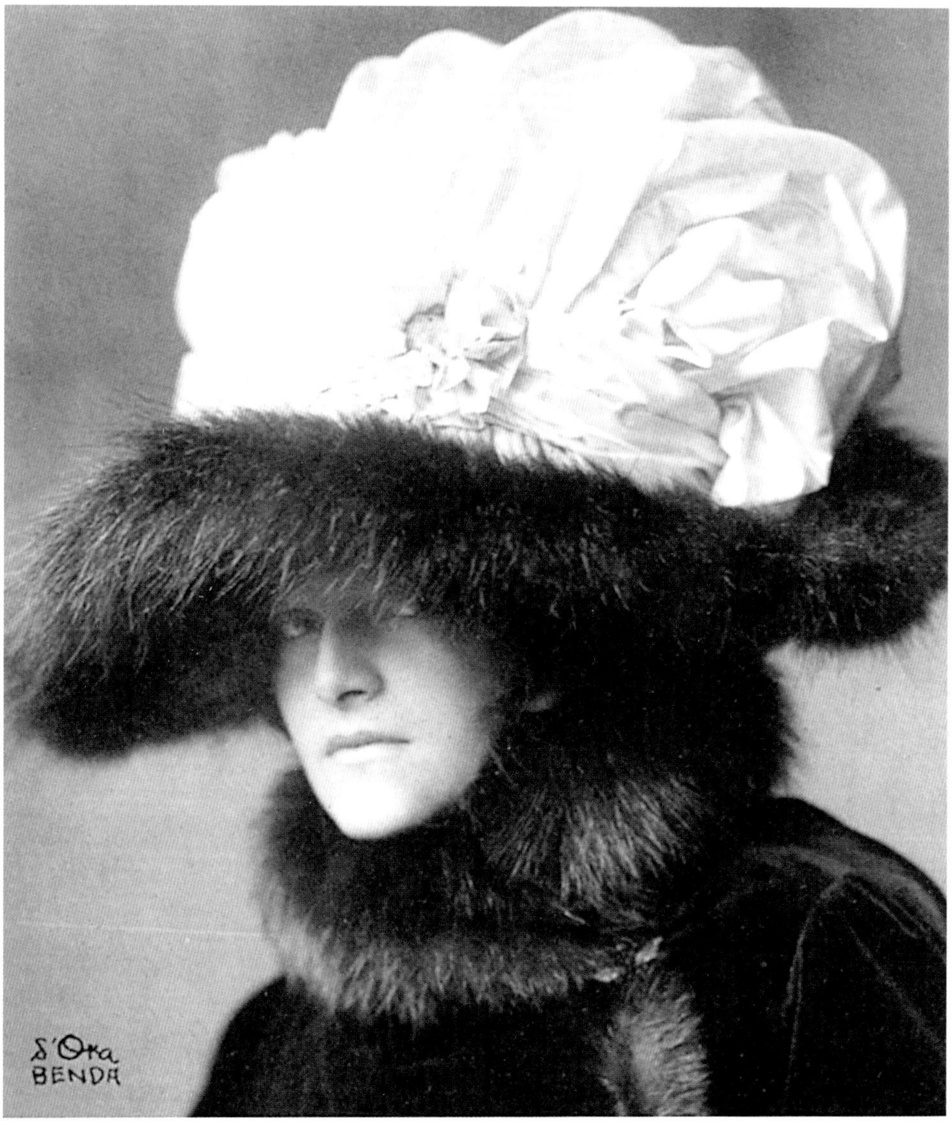


**Nakrycie głowy zaprojektowane przez Rudolfa Krisera**
Fotografia ze studia Madame d'Ora, 1910
Zbiory austriackie, Wiedeń

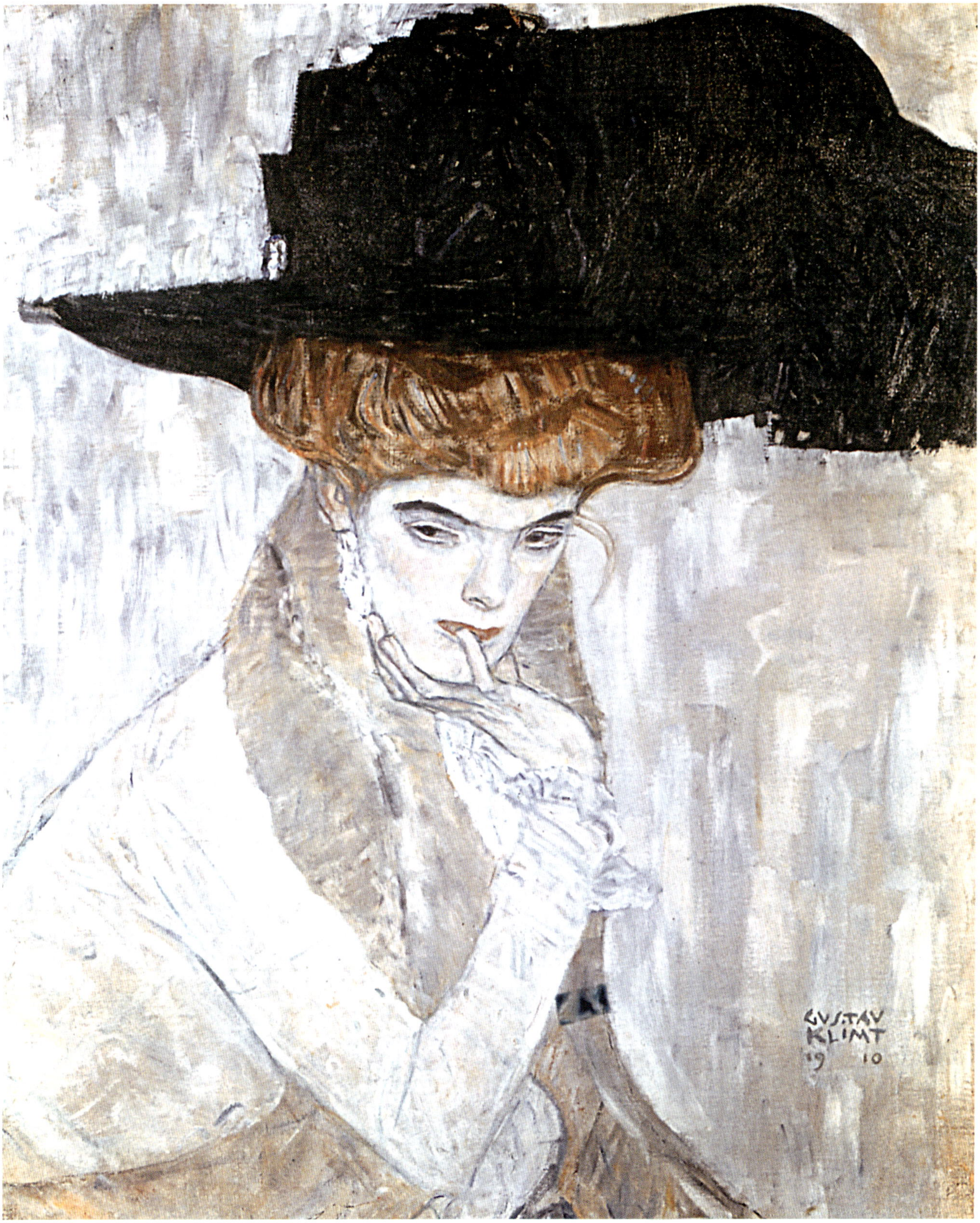


**Dama w kapeluszu z piórami**
1910
Olej na płótnie, 79 x 63 cm
Zbiory prywatne

**Dom wiejski w Górnej Austrii**
1911–1912
Olej na płótnie, 110 x 110 cm
Österreichische Galerie, Wiedeń

Rok 1911 obfitował w ważne wydarzenia zarówno w życiu osobistym, jak i zawodowym Klimta. Na Międzynarodowej Wystawie Sztuki w Rzymie malarz otrzymał główną nagrodę za *Śmierć i Życie* (1908–1911). Pierwsze miejsce zajął *ex aequo* z Szinyei Merse i Ignacio Zuloagą. Korzystając z nadarzającej się okazji, Klimt zwiedził najbardziej znane miasta Włoch, m.in. Florencję. Nie była to jego jedyna podróż tego roku. Wiedziony chęcią poznania oraz w poszukiwaniu inspiracji artysta udał się również do Madrytu, Paryża i Brukseli. W podróży do Brukseli towarzyszył mu malarz Fritz Wärndorfer. Wybrali się tam, by dopatrzeć instalacji paneli mozaiki na ścianach sali jadalnej pałacu Stockleta; Klimt pracował nad tą dekoracją w latach 1905–1909.

Po powrocie do Wiednia artysta przeniósł atelier do centrum, na ulicę Feldmühlgasse 11. Tam kontynuował pracę z dotychczasowym zapałem. W latach 1911–1912 namalował drugą wersję *Portretu Adele Bloch-Bauer* oraz dokonał zmian na innych płótnach, m.in. w *Śmierci i Życiu* zastąpił złote tło niebieskim.

W tym samym czasie namalował także *Dom wiejski w górnej Austrii*, obraz nabyty w 1912 roku przez dyrektora wiedeńskiej Österreichische Galerie w Wiedniu, w której można podziwiać go do dziś. Według wielu znawców przedmiotu na płótnie Gustav Klimt uwiecznił usytuowany między jeziorami Mond i Atter w górnej Austrii, dokładniej w regionie Baumgarten, budynek z czasów kolonialnych, w którym spędzał letnie wakacje w 1911 roku. Środki formalne oraz symbolika przypominają pozostałe pejzaże namalowane podczas letnich wypadów Klimta nad jezioro Atter.

Po raz kolejny artysta wybrał formę kwadratu o boku długości niespełna metra, podobnie jak w przypadku płócien przedstawiających krajobrazy z zamkiem Kammer (*Zamek Kammer nad Attersee I* i *II*, 1909–1910) oraz pejzaży poświęconych wyłącznie przyrodzie w różnych ujęciach (*Park*, 1909–1910; *Jabłoń*, 1912). Nie tylko format, ale również język artystyczny *Domu wiejskiego w górnej Austrii* są typowe dla symbolizmu.

Zarówno w bujnej roślinności, jak i ukrytym w jej gąszczu domu dla artysty liczyły się przede wszystkim detale. Dzięki nim Klimt nadawał roślinom i przedmiotom indywidualny charakter. Każdy szczegół jest ważny w tym kunsztownym dziele. Intencją malarza było wywołanie wrażenia spokoju i harmonii właściwych przyrodzie, zawieszenia w czasie.

Gustav Klimt zawsze podporządkowywał krajobrazy idei naczelnej: niezakłócony spokój dziewiczej przyrody należącej do świata zewnętrznego wobec człowieka skłaniać miał oglądającego do zadumy i pogrążenia we własnych myślach. Brak linii horyzontu sprawia, że zieleń wprost piętrzy się przed oczami; piękno natury góruje nad wszystkim – nawet dom, widomy znak obecności człowieka schodzi na drugi plan. Wszechogarniający spokój wprawia widza w zdumienie: oto coś, co wydawało mu się bliskie i swojskie, jawi się jako niedostępne i tajemnicze.

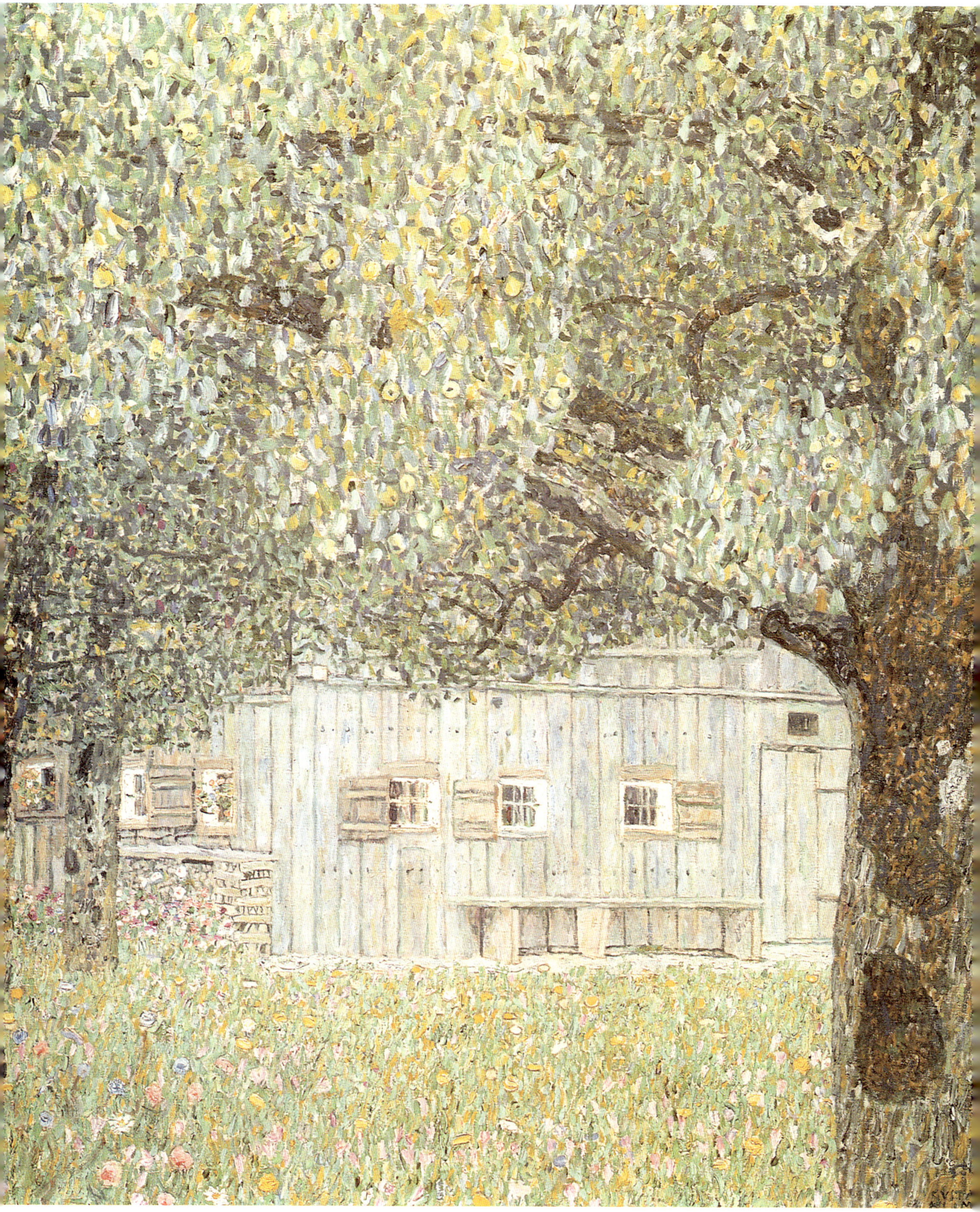

Portret Mädy Primavesi
1912
Olej na płótnie, 150 x 110,5 cm
Metropolitan Museum of Art, Nowy Jork

Bankier i finansista Otto Primavesi, jak i cała jego rodzina należeli do grona znajomych Klimta. Artysta co drugi rok odwiedzał regularnie Primavesich w rezydencji znajdującej się w miejscowości Olmütz (Ołomuniec) na Morawach, na terenie dzisiejszych Czech. Podziw dla sztuki Otto Primavesi wyrażał w dotacjach przekazywanych na rzecz Wiener Werkstätte, których zadaniem było kształcenie rzemieślników. Powstałe w 1902 roku z inicjatywy Josefa Hoffmanna warsztaty bliskie były także Klimtowi, który współpracował z architektem w wykończeniu pałacu Stockleta w Brukseli.

Każdego roku Primavesi z małżonką wydawali uroczystą kolację dla znajomych. Wśród zaproszonych oprócz Klimta znajdowali się również Josef Hoffmann i rzeźbiarz Anton Hanak.

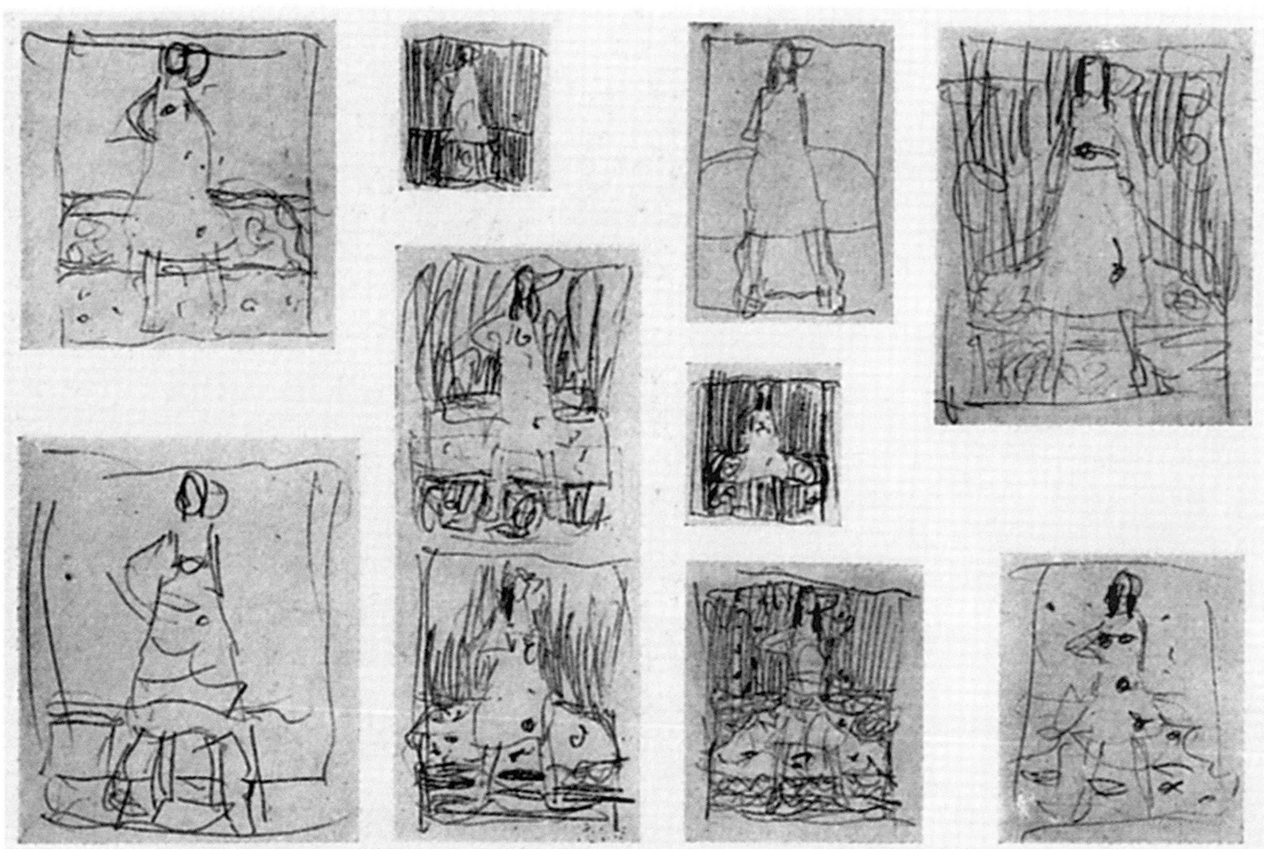

Szkice do *Portretu Mädy Primavesi*
ok. 1923
Grafit
Zbiory prywatne

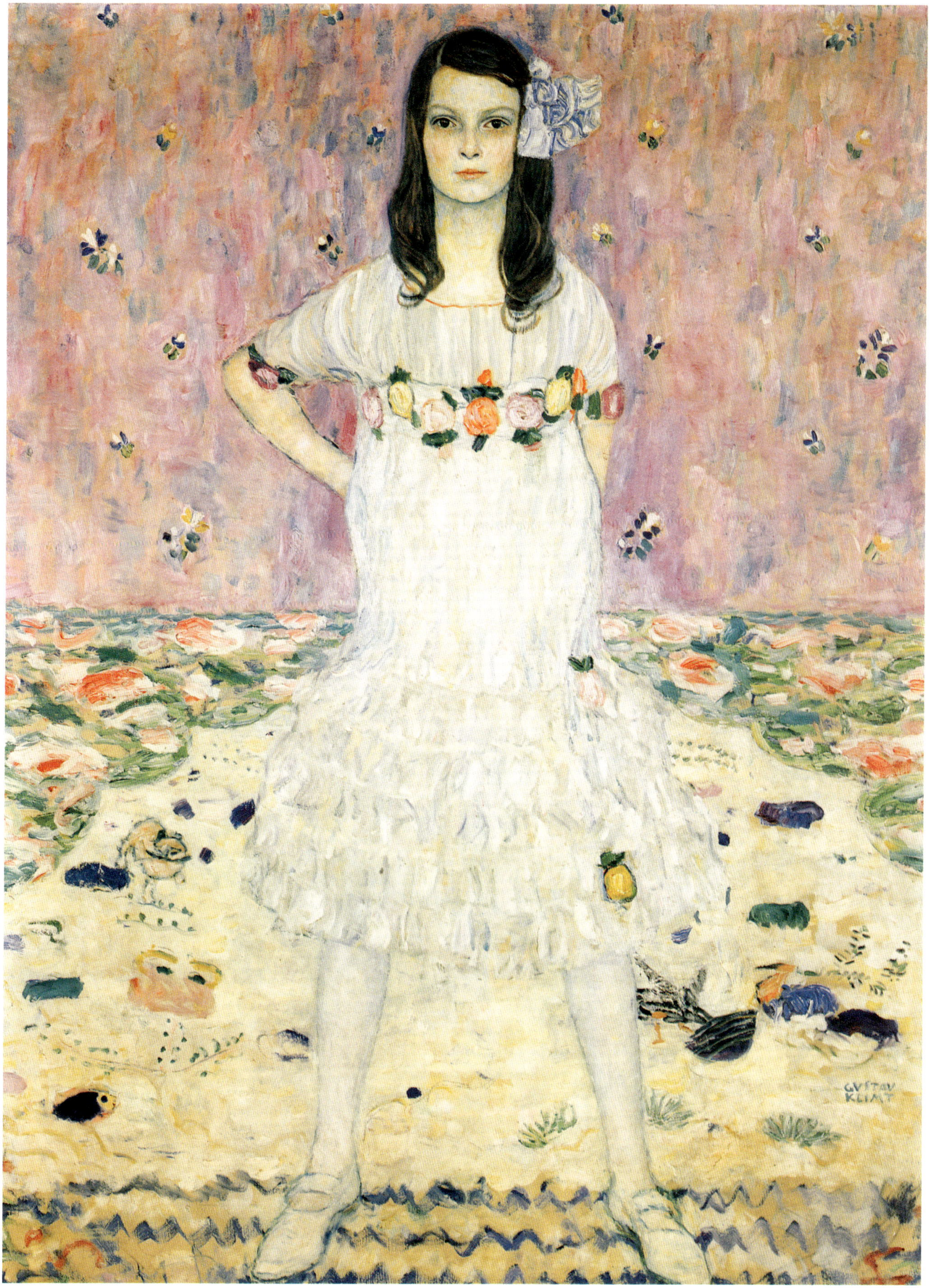
GUSTAV
KLIMT

Przez dwa lata, w 1917 i w 1918 roku, Klimt spędzał w Olmütz także Nowy Rok. Być może za namową Hoffmanna rodzina Primavesi nabyła kilka najwybitniejszych dzieł malarza, m.in. pejzaż z jeziorem Atter oraz rzeźbę głowy – jedną z jego nielicznych prób rzeźbiarskich. Klimt wykonał także na zamówienie portrety Eugenii Primavesi, żony Ottona, oraz jego córki Mädy.

Ten ostatni należy do najbardziej osobistych dzieł malarza. Odzwierciedla osobowość młodej kobiety, pełnej temperamentu, a przy tym nieśmiałej. Podobnie jak Adele Bloch-Bauer z drugiej wersji portretu Mäda zwrócona jest przodem do widza; tło obrazu pozostaje pod wyraźnym wpływem twórczości fowistów.

Tworząc portret jej matki, Klimt bawił się kolorami: kwiaty na sukni zlewają się z tymi w tle obrazu. Zastosował także zabieg znany z *Portretu Fritzy Riedler*, otaczając głowę modelki aureolą kwiatów. Klimt znów powrócił do tak charakterystycznego dla jego portretów ornamentalizmu.

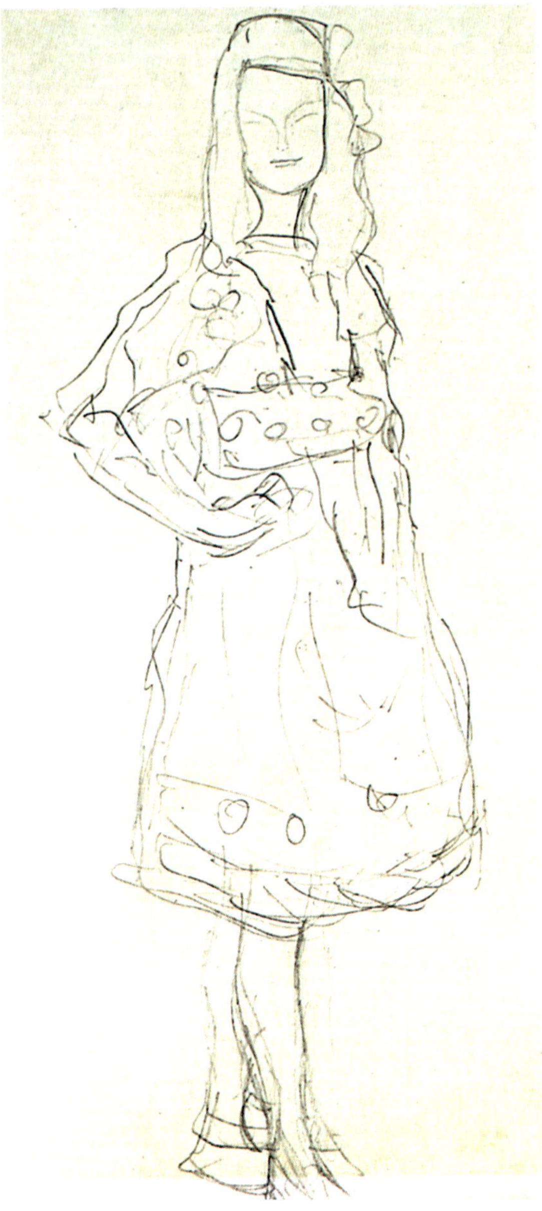

STUDIUM DO *PORTRETU MÄDY PRIMAVESI*
ok. 1912
Grafit, 55,8 x 36,6 cm
Historisches Museum, Wiedeń

EDVARD MUNCH
Czwórka dzieci doktora Maxa Lindego
1903
Olej na płótnie
Museum für Kunst und Kulturgeschichte, Lubeka
Wszyscy wielcy mistrzowie tamtej epoki malowali portrety na zamówienie dla zamożnych rodzin

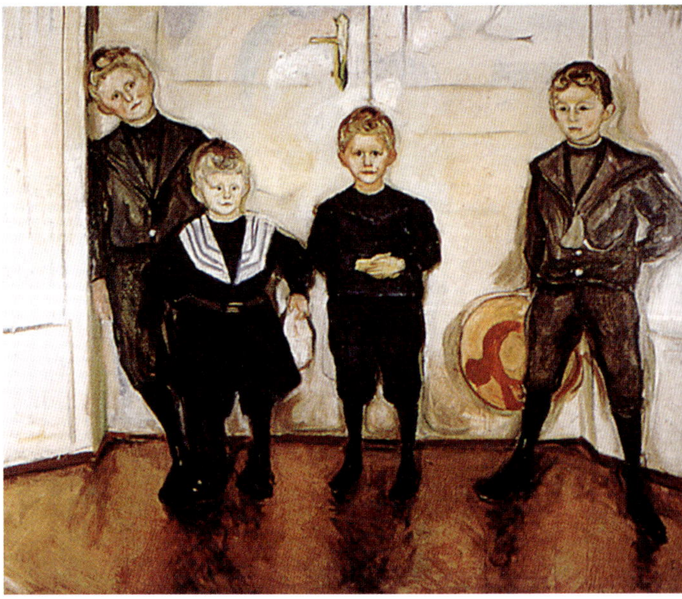

FOTOGRAFIA MÄDY PRIMAVESI
WYKONANA W 1907 ROKU
Zbiory prywatne

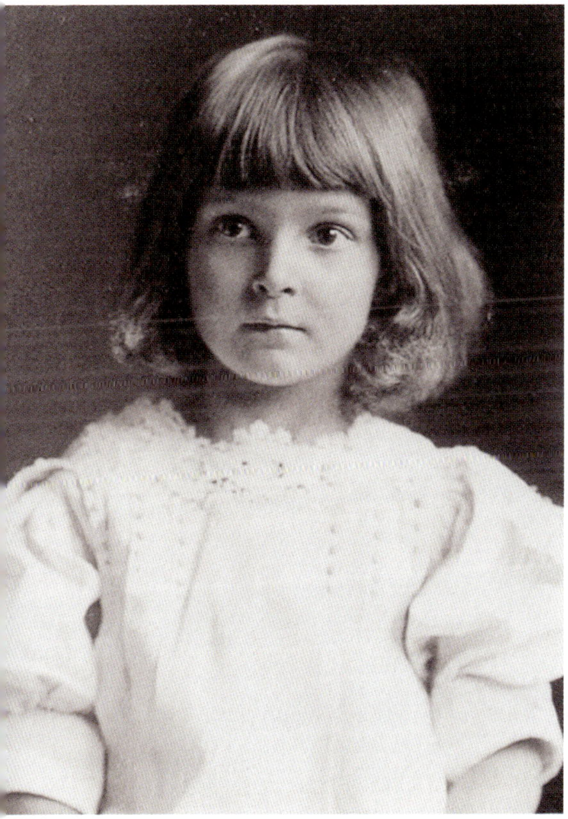

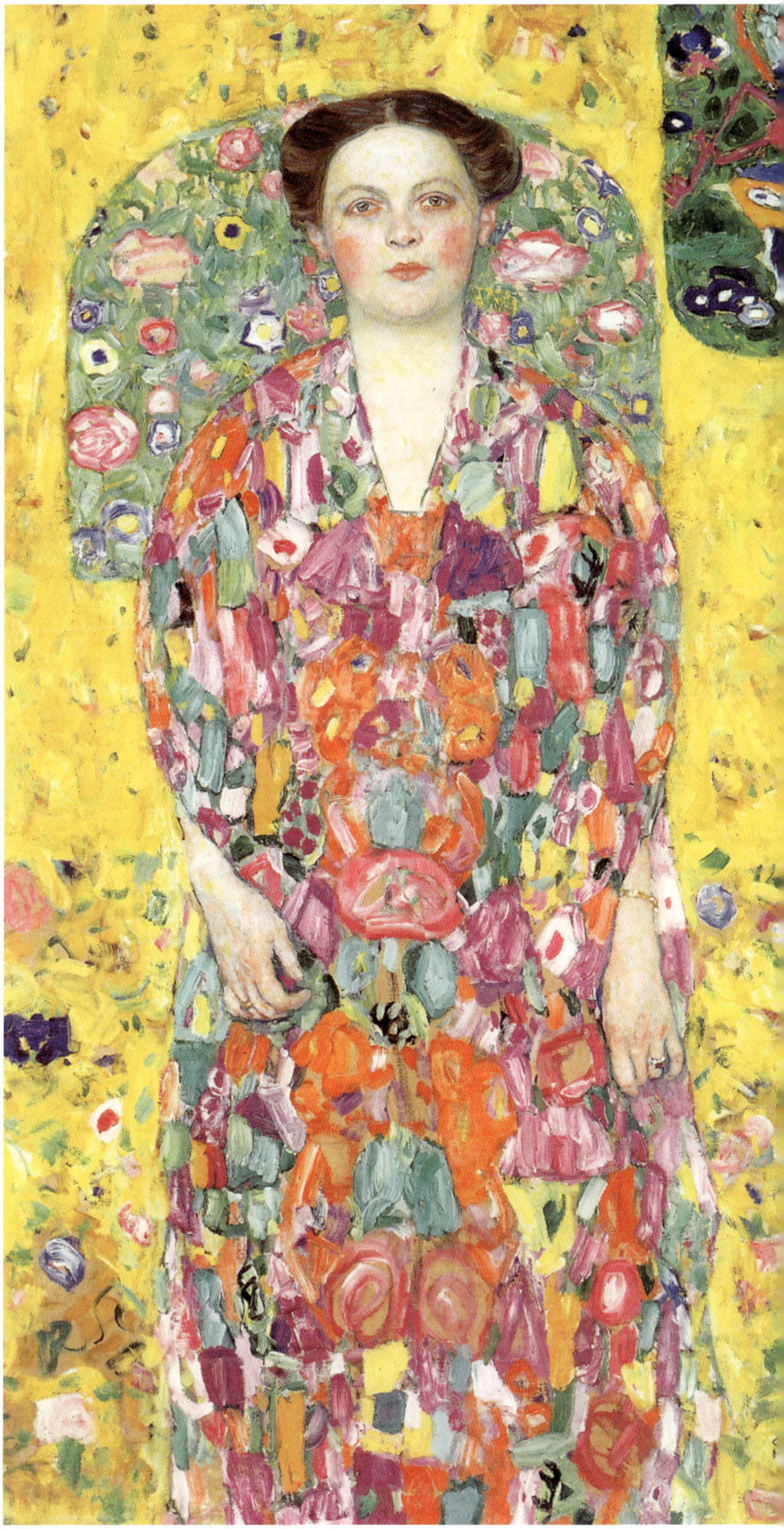

PORTRET EUGENII PRIMAVESI
1913
Olej na płótnie, 140 x 84 cm
Miejskie Muzeum Sztuki, Toyota (Japonia)

**Ria Munk na łożu śmierci**
1912
Olej na płótnie, 50 x 50,5 cm
Dover Street Gallery, Londyn

W latach 1910–1912 wiele dzieł poświęcił Gustav Klimt przemijaniu, naturalnemu procesowi w życiu człowieka. *Kobieta z dziećmi* (1910), *Śmierć i Życie* (1911, druga wersja z 1916) oraz *Ria Munk na łożu śmierci* (1912) wpisują się w krąg tych zainteresowań malarza. W swojej twórczości Klimt zawsze usiłował zgłębić fundamentalne prawdy o ludzkiej egzystencji, interpretując je na wiele sposobów (np. w *Trzech okresach życia kobiety*, 1905).

Obraz *Ria Munk na łożu śmierci* jest jednak wyjątkowy: w innych dziełach Klimta śmierć przybierała postać alegorii lub metafory, była częścią życiowego cyklu; w tym przypadku pokazana została wprost, bez odniesień do życia, które nadawało jej sens.

Oprócz omawianego obrazu w spuściźnie Klimta znajdują się zaledwie dwa tego typu płótna zachowane w wiedeńskim Historisches Museum (*Julius Lott na łożu śmierci*, 1883, i *Rudolf von Eitelberger na łożu śmierci*, 1885). Portrety takie cieszyły się w XX wieku dużą popularnością: zleceniodawcy pragnęli uwiecznić ostatnie minuty życia ukochanej osoby, najlepiej na płótnie. Zadaniem artysty było uchwycenie momentu między ostatnim tchnieniem a nadejściem śmierci. Obraz Klimta mimo przygnębiającego tematu zachwyca subtelnością i pogodą umierającej.

Ria Munk była siostrzenicą Sereny Lederer sportretowanej przez artystę w 1899 roku, a jej mąż August należał do grona mecenasów Klimta. Język formalny, którym posłużył się artysta, malując umierającą, wyraźnie odwołuje się do symbolizmu, dzięki któremu Klimt odnalazł wreszcie swój styl. Ten wiodący wówczas prąd literacki i artystyczny wykreował archetyp kobiety tajemniczej i nieodgadnionej. Cechami tymi Klimt obdarzył Riję Munk, przemieniając ją na spotkanie ze śmiercią w unoszącą się w nurcie przeznaczenia Ofelię. Głowa portretowanej spoczywa na udekorowanej kwiatami poduszce, a na jej twarzy gości melancholia.

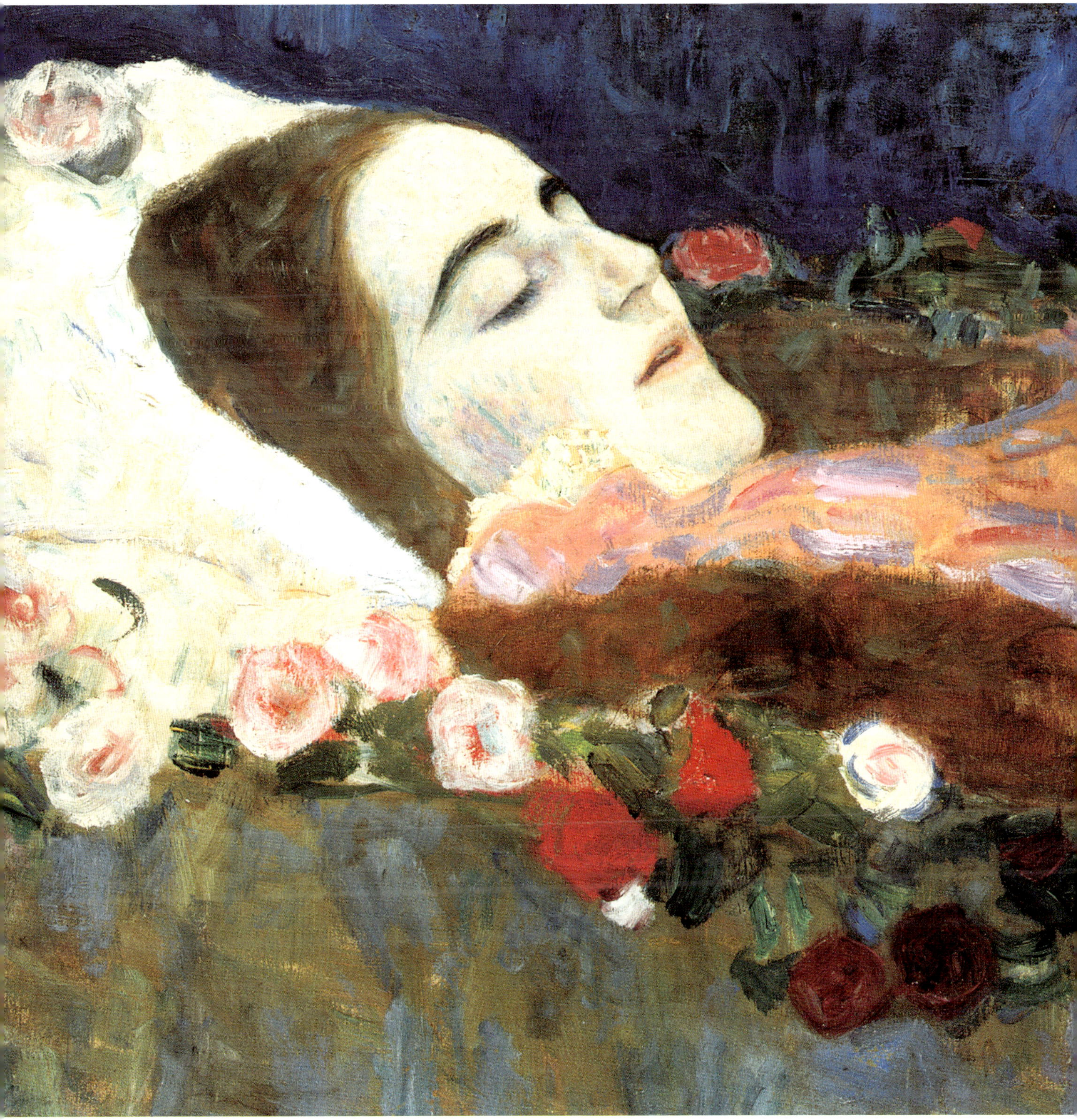

Śmierć i Życie
Pierwsza wersja sprzed 1911, druga – 1916
Olej na płótnie, 178 x 198 cm
Kolekcja doktora Rudolfa Leopolda, Wiedeń

Dzieło powstawało bardzo długo. Klimt rozpoczął prace na *Śmiercią i Życiem* w latach 1908–1911 roku. Był to gorący okres w rozwoju artystyczno-kulturalnym Wiednia, obfitujący w wydarzenia wielkiej wagi. W 1908 i 1909 roku stolica gościła dwie kolejne wystawy Kunstschau, na których zaprezentowali swoje dzieła przedstawiciele uznanych już nurtów (Vincent Van Gogh, Edvard Munch, Paul Gauguin, Jan Toorop), a także artyści nowej generacji zwiastujący przełom w sztuce (m.in. Oskar Kokoschka).

Owe lata w życiu Klimta to okres bardzo intensywnej działalności twórczej. Artysta nie tylko wystawiał swoje wcześniejsze dzieła, takie jak *Prawoznawstwo* (1897–1898), ale także nowo powstałe (*Judyta II*, 1909); uczestniczył też w wielu ważnych wydarzeniach. W 1910 roku na IX Biennale w Wenecji zaprezentował obraz *Matka z dziećmi* (1909–1910). Rok później Gustav Klimt zdobył, ex aequo z Ignacio Zuluagą oraz Szinyei Merse, główną nagrodę za *Śmierć i Życie*. Mimo licznych wyrazów uznania płótno pozostało w pracowni malarza, nie znajdując nabywcy. To skłoniło Klimta do naniesienia w nim pewnych poprawek. W 1915 roku odświeżył płótno i dostosował do swojego nowego języka artystycznego. Ostateczną wersję zaprezentował publiczności na wystawie Secesji Berlińskiej w styczniu 1916 roku.

Obraz *Śmierć i Życie* wpisuje się w poczet typowych dla Klimta dzieł poświęconych ulotności ludzkiej egzystencji. *Trzy okresy życia kobiety* z 1905 roku stanowiły zapowiedź tej tematyki, ukazując przemijanie mniej dosadnie, bo w sposób alegoryczny. Ikonograficzną inspiracją *Śmierci i Życia* był zapewne powszechny w sztuce germańskiej taniec śmierci, który Klimt zinterpretował na nowo. Z prawej strony kompozycji w grupie postaci znajduje się para kochanków w uścisku (motyw często powtarzający się u Klimta, np. na fresku *Tęsknota za szczęściem znajduje uśmierzenie w poezji* lub w późniejszym *Pocałunku*) oraz cztery kobiety będące alegoriami poszczególnych etapów życia.

Naprzeciw tych zbitych w gromadkę i splątanych postaci, jakby somnambulików zmierzających ku przeznaczeniu, stoi złowieszcza śmierć – zamiast głowy ma trupią czaszkę, a na stroju czarne krzyże; czeka w bezruchu, gotowa zaatakować. Klimt przedstawił ścieranie się dwóch światów, dwóch najważniejszych ludzkich instynktów, które symbolizują Eros i Tanatos. Ten motyw często pojawił się w jego twórczości i zapewne dlatego artysta zastosował typowe dla siebie zabiegi formalne.

Zarówno szaty postaci symbolizujących miłość do życia (Eros), jak i tunika, w którą przyodziana jest śmierć (Tanatos), pokrywają gęsto ornamenty, przez które postaci wydają się dwuwymiarowe. Tło, pierwotnie złote, zostało w 1915 roku przemalowane na kolor niebieskozielony (kojarzony z łonem matki), co wyróżnia *Śmierć i Życie* spośród innych alegorycznych przedstawień Klimta zdominowanych przez złoto.

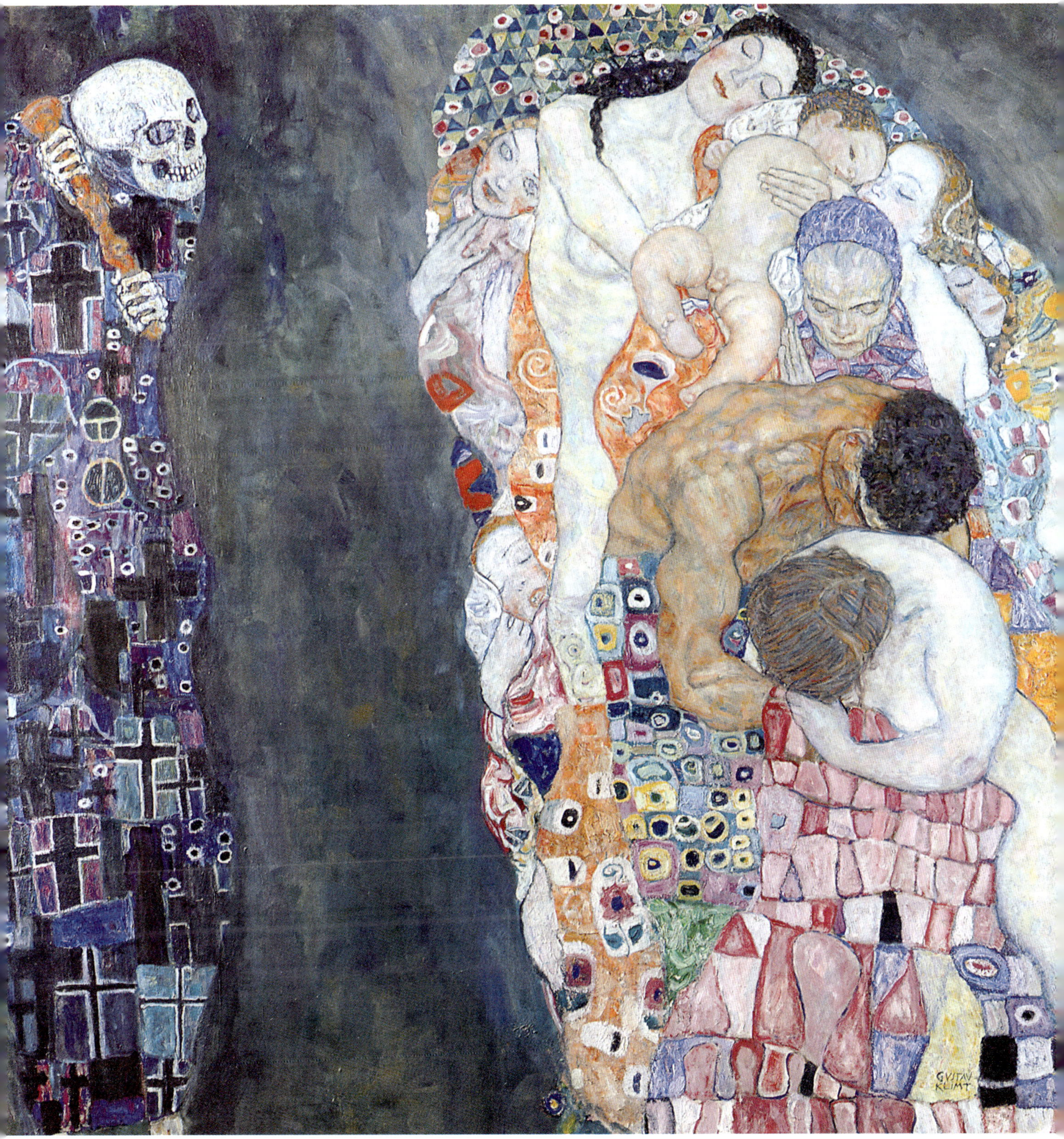
GVSTAV
KLIMT

**Panna**
1912–1913
Olej na płótnie, 190 x 200 cm
Národni Galerie, Praga

*Panna* z jej alegorycznym przesłaniem wyróżnia się spośród innych powstałych w tamtym czasie dzieł. W owych latach Gustav Klimt poświęcał *gros* uwagi pejzażom. Przedstawiały one różne aspekty natury: drzewa owocowe, pola i łąki oraz krajobrazy znad Attersee. Choć *Panna* odbiegała tematycznie od jego prac z tego okresu, wpisywała się w repertuar malarski Klimta zarówno pod względem języka formalnego, jak i treści.

*Panna* łączy w sobie dwa charakterystyczne dla twórczości wiedeńskiego mistrza elementy: fascynację kobiecością oraz metaforę. Jądrem obrazu są tonące w powodzi tkanin splecione ze sobą i wpisane w owal kobiece ciała. Kontrastem dla tej kolorowej i kłębiącej się masy pośrodku obrazu jest tło, a w zasadzie trzy rogi kompozycji, przynoszące ciemność i uspokojenie.

Dekoracyjny charakter dzieła tkwi w pełnych przepychu wzorzystych tkaninach okrywających ciała niewiast, podobnie jak w większości portretów kobiecych (*Portret Emilie Flöge*, 1902, czy *Portret Adele Bloch-Bauer I*, 1907) i alegorycznych

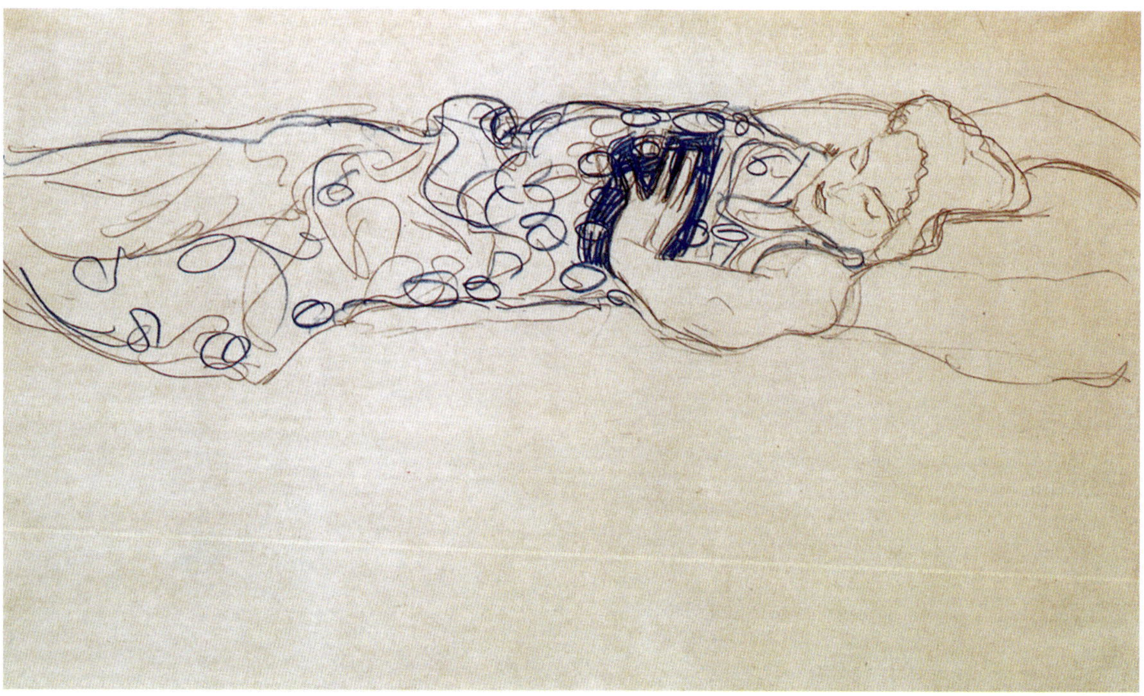

**Śpiąca kobieta**
**Studium do *Panny***
ok. 1913
Grafit i niebieski ołówek, 37,2 x 56 cm
Historisches Museum, Wiedeń

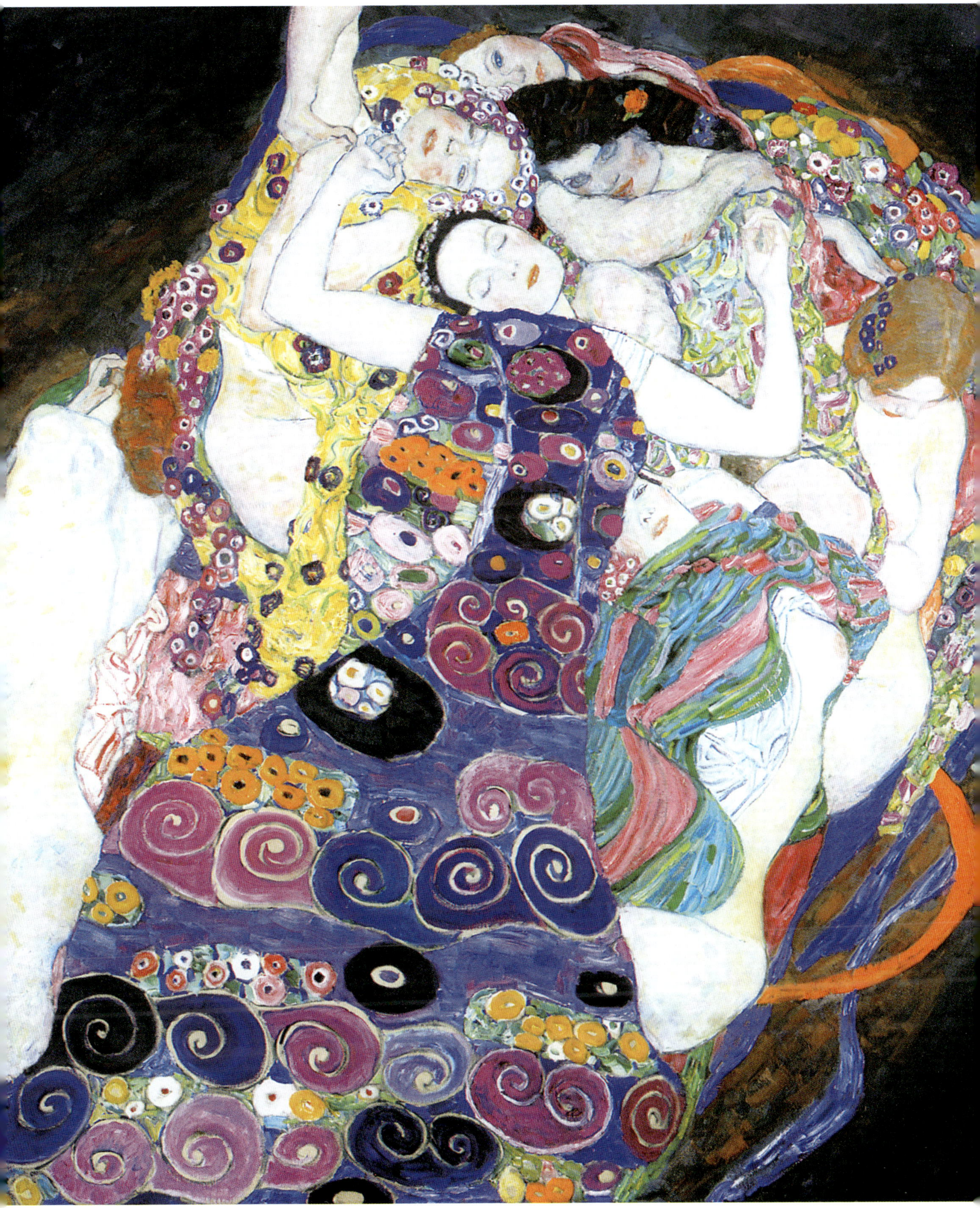

kompozycji Klimta, takich jak *Pocałunek* (1907–1908), *Nadzieja II* (1907–1908) oraz *Śmierć i Życie* (1911–1916). Wrażenie ciągłego ruchu tkanin potęguje przemieszanie motywów roślinnych z kwiatami we włosach kobiet. Na spłaszczonej powierzchni wszystko to razem tworzy kompozycję, z której wyłaniają się splątane fragmenty ciał i rozanielone z rozkoszy kobiece oblicza. Niewiasty kłębią się wokół rozpostartych ramion dziewicy z centrum obrazu. Zastygła w zmysłowym uniesieniu młoda dziewczyna budzi skojarzenia z fantastycznymi stworami zamieszkującymi wodne głębiny (*Węże wodne I* i *II*, 1904–1907) i mitologiczną postacią z obrazu *Danae* (1907–1908), interpretowanego przede wszystkim jako erotyk. W świecie Klimta *sacrum* nie istniało bez *profanum*. Uduchowienie współwystępowało z erotyzmem i zmysłowością.

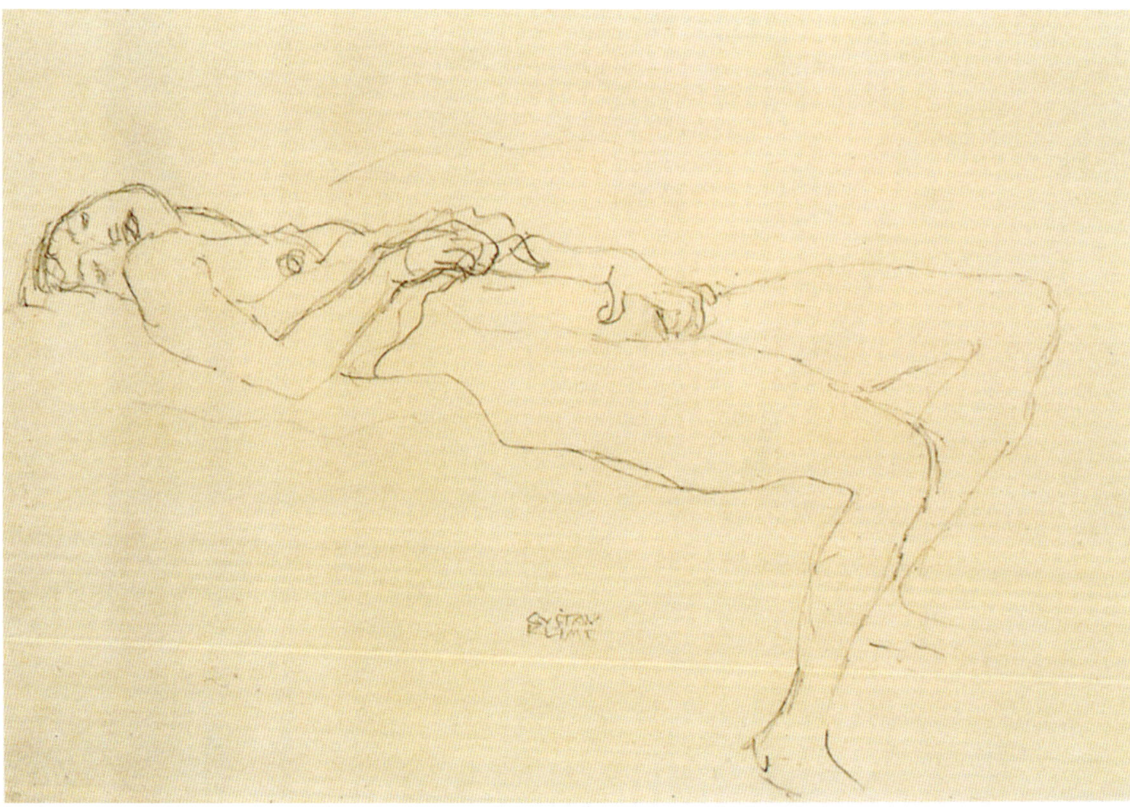

AKT – LEŻĄCA KOBIETA
STUDIUM DO *PANNY*
ok. 1913
Grafit, 37,5 x 57 cm
Metropolitan Museum of Art, Nowy Jork

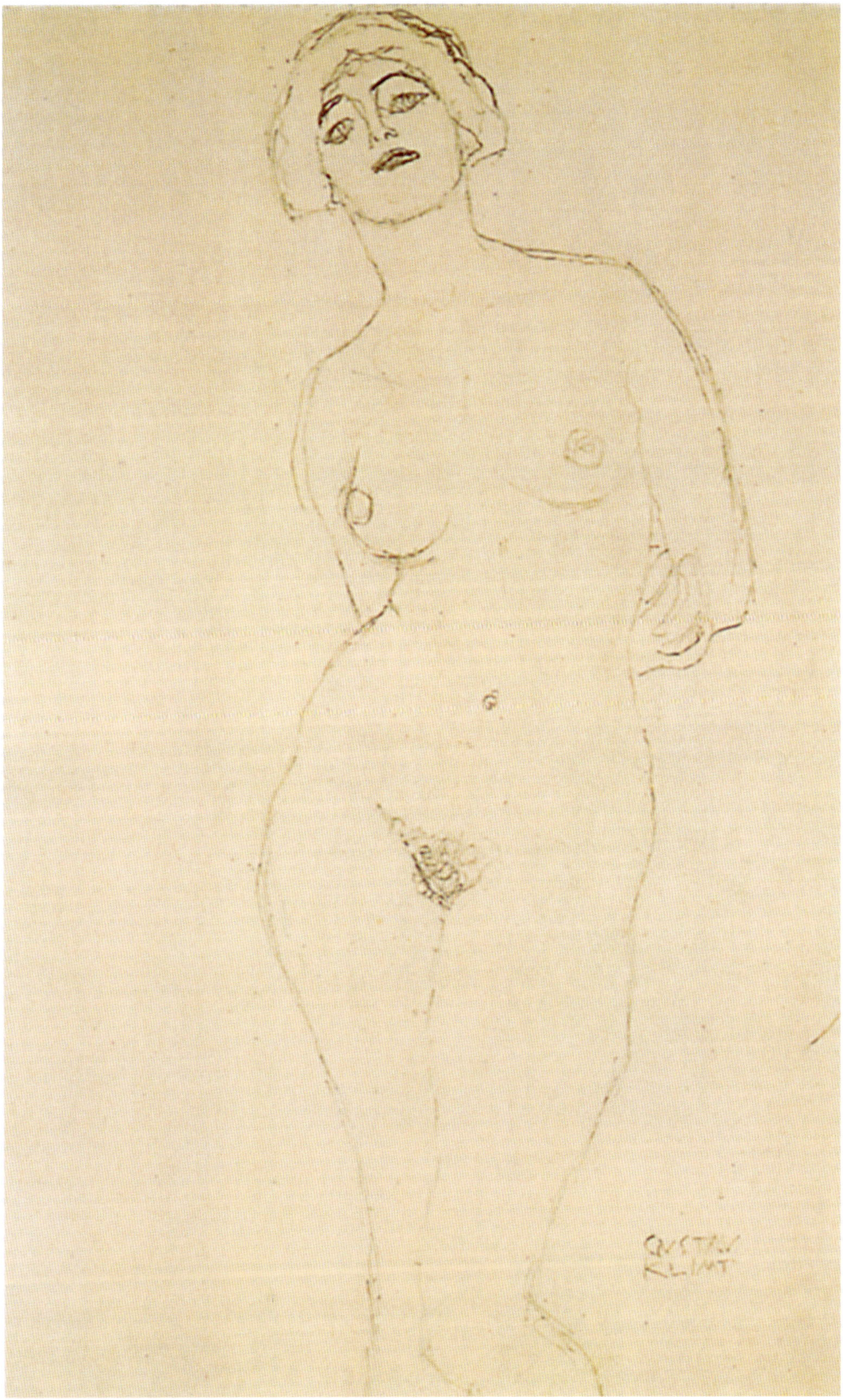


AKT – KOBIETA Z RĘKOMA SKRZYŻOWANYMI NA PLECACH
STUDIUM DO *PANNY*
ok. 1913
Grafit, 56,4 x 36,9 cm
Graphische Sammlung Albertina, Wiedeń

**Jabłoń I**
1912
Olej na płótnie, 110 x 110 cm
Österreichische Galerie, Wiedeń

Klimt namalował pierwszy pejzaż w 1900 roku podczas letniej wyprawy nad jezioro Atter. Od tamtej pory gatunek ten zagościł na stałe w jego twórczości. Szczególne miejsce wśród pejzaży zajmują płótna, które Klimt poświęcił drzewom. Różnią się one pod względem formalnym od reszty pejzaży, przedstawiających rozbudowane sceny i zawierających więcej elementów krajobrazu (oprócz drzew na przykład łąki i kwiaty). Klimt przeważnie umieszczał linię horyzontu bardzo wysoko, eksponując dzięki temu pierwszy (i jedyny) plan wypełniony bujną roślinnością w pobudzających zmysły barwach.

W przedstawieniach drzew Klimt zaznaczał linię horyzontu i umieszczał ją niżej. Ta niewielka z pozoru zmiana pozwalała na uzyskanie zupełnie odmiennego efektu. Drzewo, gałęzie i liście wypełniają całe płótno. Nie ma miejsca na żadne elementy dekoracyjne oprócz kwiatów. W prześwitach między gałęziami uginającymi się pod ciężarem dojrzałych owoców widać w głębi pnie innych drzew. Obniżona linia horyzontu pozbawia je kontekstu – teren, na którym rosną, przestaje być istotny. Podobny zabieg formalny Gustav Klimt stosował we wszystkich pejzażach z drzewami

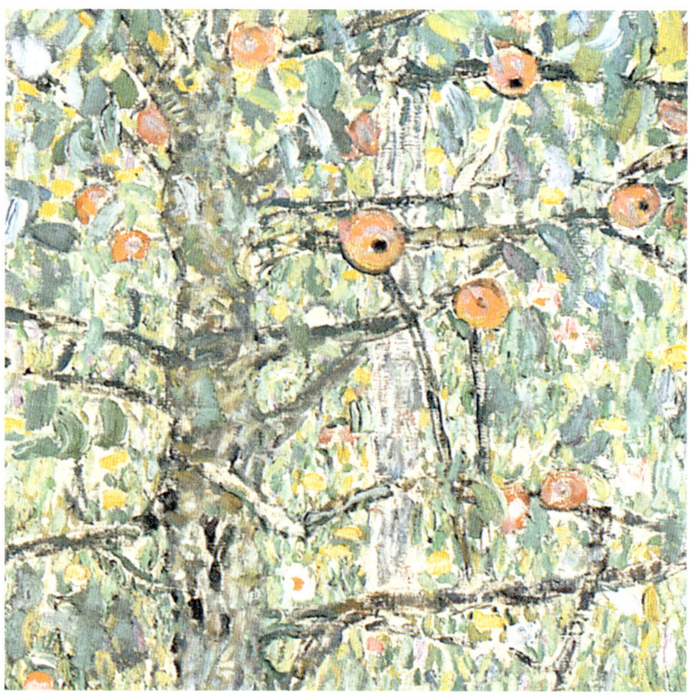

**Jabłoń I (fragment)**

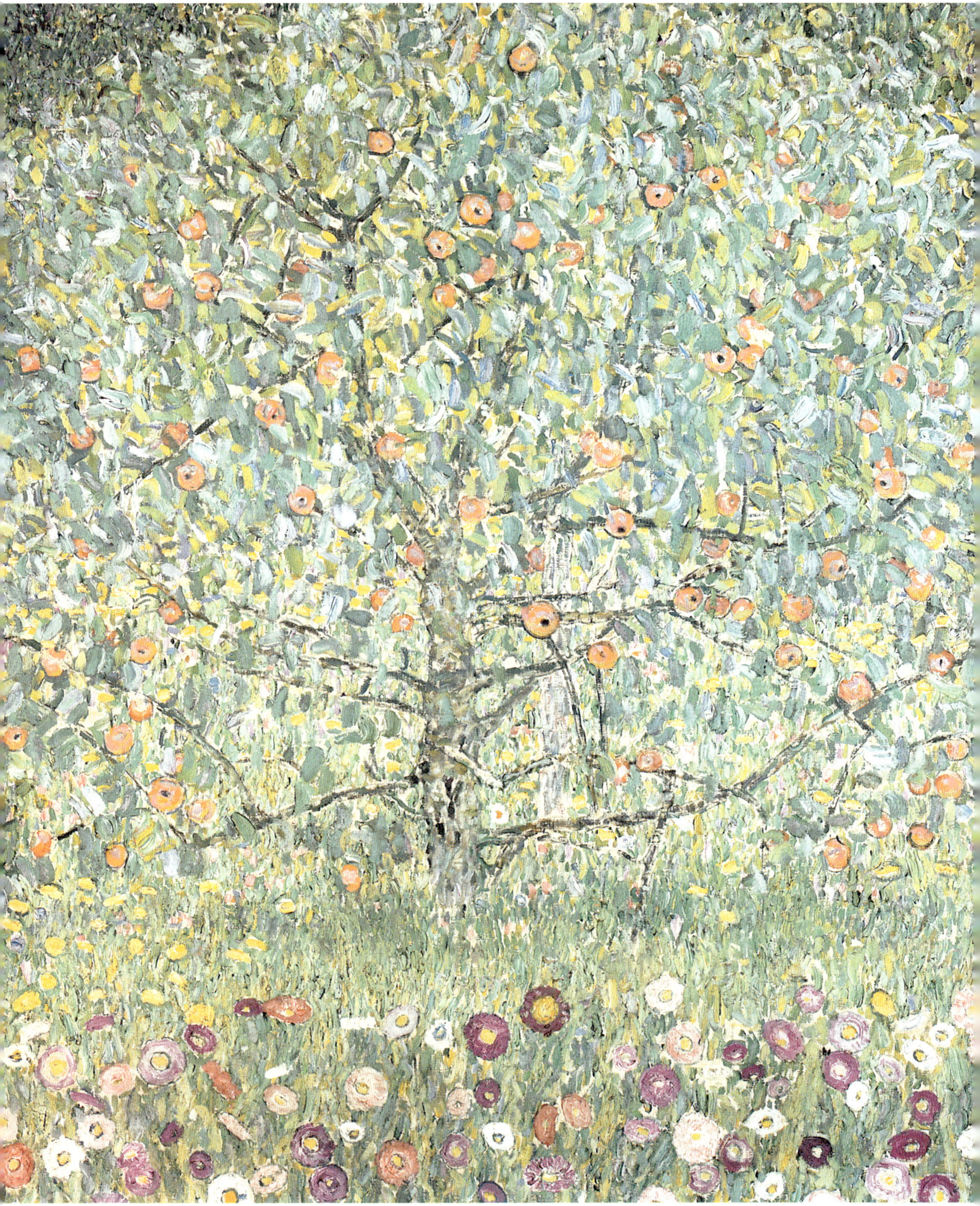

(*Dom wiejski z brzozami, Las bukowy, Las brzozowy*), choć efekt najwyraźniej widać na płótnach przedstawiających drzewa owocowe. Pierwszym z tej serii był *Sad* z 1901 roku, a następnie *Grusza* z 1903 oraz dwie wersje *Jabłoni* wykonane w latach 1912 i 1916. W dwóch ostatnich płótnach, szczególnie w drugiej wersji z 1916 roku, Klimt okazał się dojrzałym twórcą. Drobne, ale dynamiczne pociągnięcia pędzlem, zarówno na ledwie zarysowanym tle, jak i w kształcie drzewa na pierwszym planie, przypominają technikę stosowaną przez impresjonistów. Jak z tego wynika, malarz był otwarty na wszelkie kierunki artystyczne, jeśli tylko wzbogacały jego stylistykę. Dzięki mistrzowskiemu opanowaniu techniki mógł czerpać inspirację i pomysły z różnych źródeł, uzyskując każdorazowo znakomity efekt.

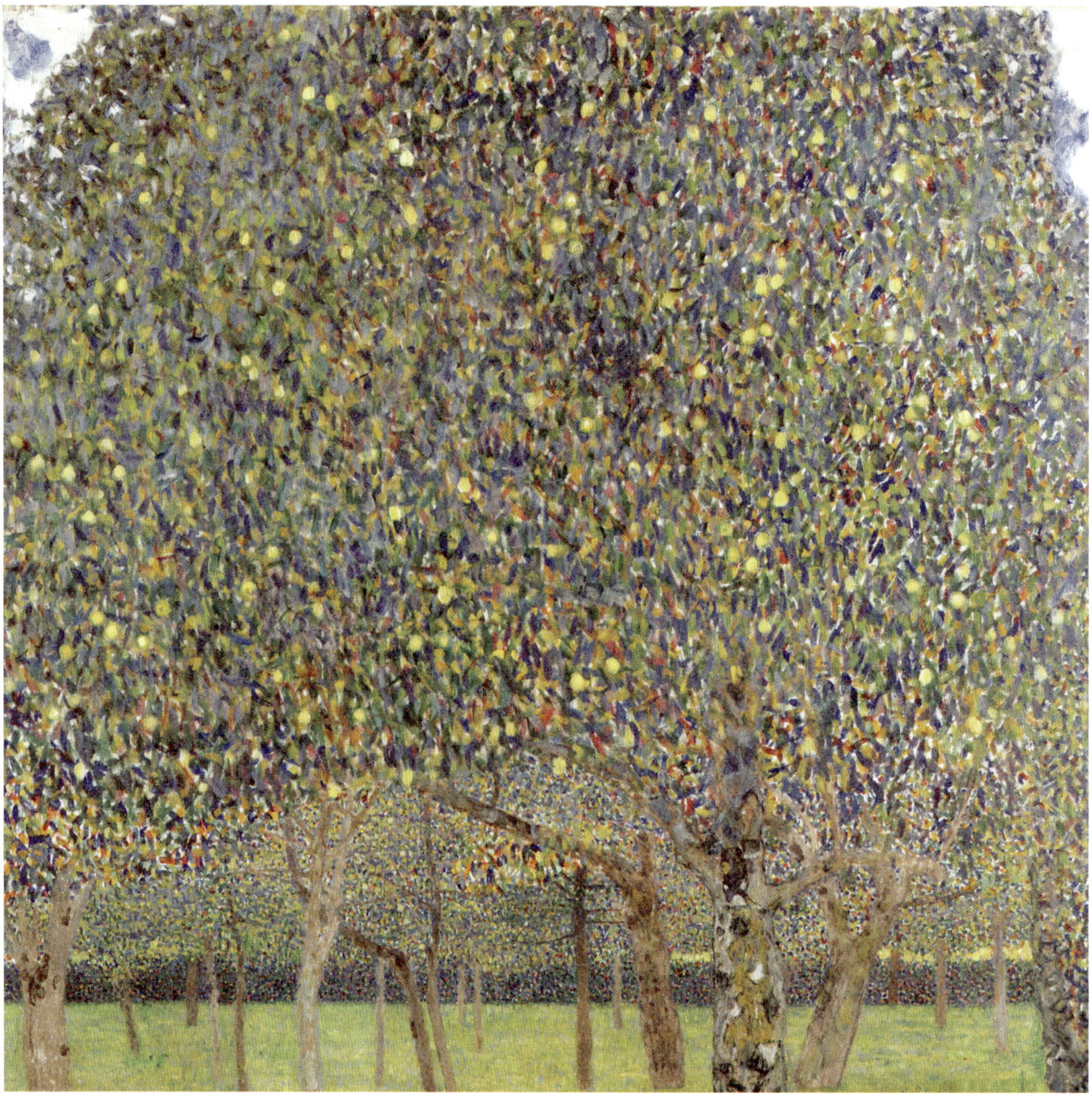

GRUSZA
1903
Olej na płótnie, 101 x 101 cm
Busch-Reisinger Museum, Harvard University

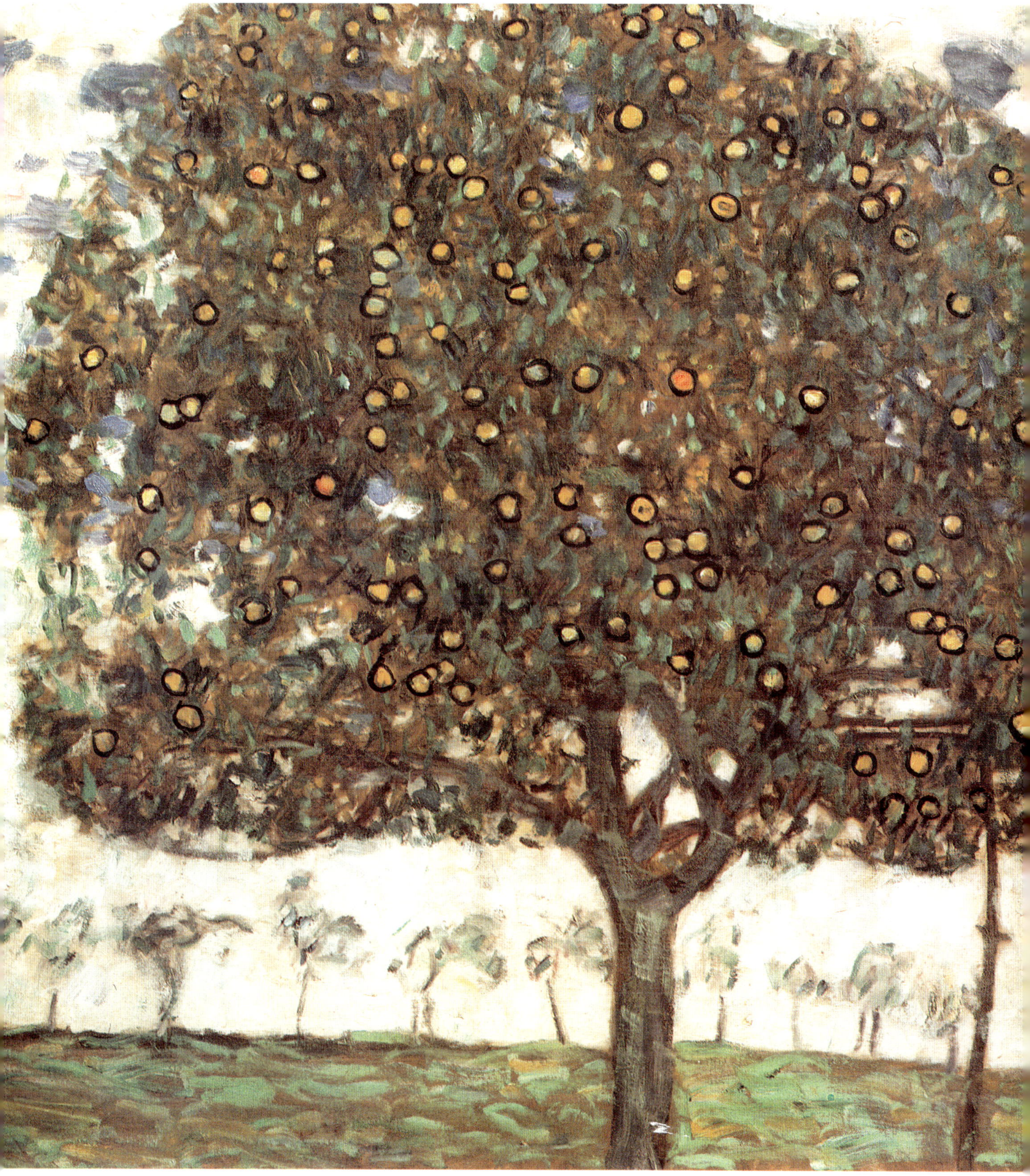

JABŁOŃ II
ok. 1916
Olej na płótnie, 80 x 80 cm
Österreichische Galerie, Wiedeń

**Kościół w Cassone nad jeziorem Garda**
1913
Olej na płótnie, 110 x 110 cm
Zbiory prywatne

W 1913 roku Gustav Klimt uznał, że czas wreszcie spędzić letnie wakacje gdzie indziej niż nad Attersee. Wybrał Lombardię, a konkretnie okolice alpejskiego jeziora Garda, uważanego za największe we Włoszech i położonego na granicy trzech prowincji: Trydentu, Werony i Brescii. Klimt nie zwalniał tempa pracy, choć w roku 1913 miał liczne zawodowe obowiązki. Uczestniczył w obchodach z okazji powstania Ligi Artystów Austriackich w Budapeszcie i w III wystawie Deutscher Künstlerbund zorganizowanej przez Kunsthalle w Mannheim; był jurorem w konkursie artystycznym Carla von Reininghausa i Rudolfa Junga, którego laureatem został Egon Schiele. W tym samym roku Klimt ukończył jednak płótno *Panna* (1912–1913), rozpoczął pracę nad Portretem *Mädy Primavesi* (1913) oraz namalował kilka pejzaży, w tym także omawiany *Kościół w Cassone nad jeziorem Garda*. Od początku kariery Gustav Klimt był całkowicie oddany sztuce – podporządkował jej całkowicie życie prywatne. Jego przebogata twórczość obejmowała zarówno dzieła alegoryczno-symboliczne, jak i portrety osób z bliskiego otoczenia oraz pejzaże inspirowane pięknem przyrody dostrzeganym podczas letnich wypadów na łono natury.

Po raz kolejny Klimt posłużył się formą kwadratu i zrezygnował z osi kompozycyjnej; były to zabiegi charakterystyczne dla malowanych przezeń pejzaży. Sceny uchwycone w całkowitym bezruchu oraz gra barw i światła sprawiają, że z jego pejzaży emanuje spokój. Artysta zmierzał każdorazowo do uchwycenia chwili, wrażenia zawieszenia w czasie. Natura, podziwiana i uwieczniana na sztalugach podczas letnich wycieczek w plener, sprzyjała wewnętrznemu skupieniu i zadumie, których Klimt potrzebował po szaleńczej pracy w zgiełku secesyjnego Wiednia.

W odróżnieniu od innych pejzaży z tego okresu twórczości, w których przejawy ludzkiej obecności były ledwie zauważalne (*Dom wiejski w górnej Austrii*, 1911–1912) lub całkiem nieobecne (*Jabłoń I*, 1912), w *Kościele w Cassone nad jeziorem Garda* to, co naturalne, współistnieje z tym, co jest dziełem człowieka (domy, kościół). Skupiska drzew i domów ściśnięte zostały na zboczu góry, którą oglądał widz lub artysta. Piętrowe ułożenie elementów, do którego Klimt powrócił w późniejszym okresie życia bardziej rygorystycznie (*Unterach nad Attersee*, 1917), to zabieg mający na celu geometryzację przestrzeni, a w rezultacie uporządkowanie elementów krajobrazu. Koncepcja pejzażu przechodzi kolejny etap ewolucji, coraz bardziej oddalając się od impresjonistycznego rozedrgania materii w stronę uwielbianej przez kubistów linearności.

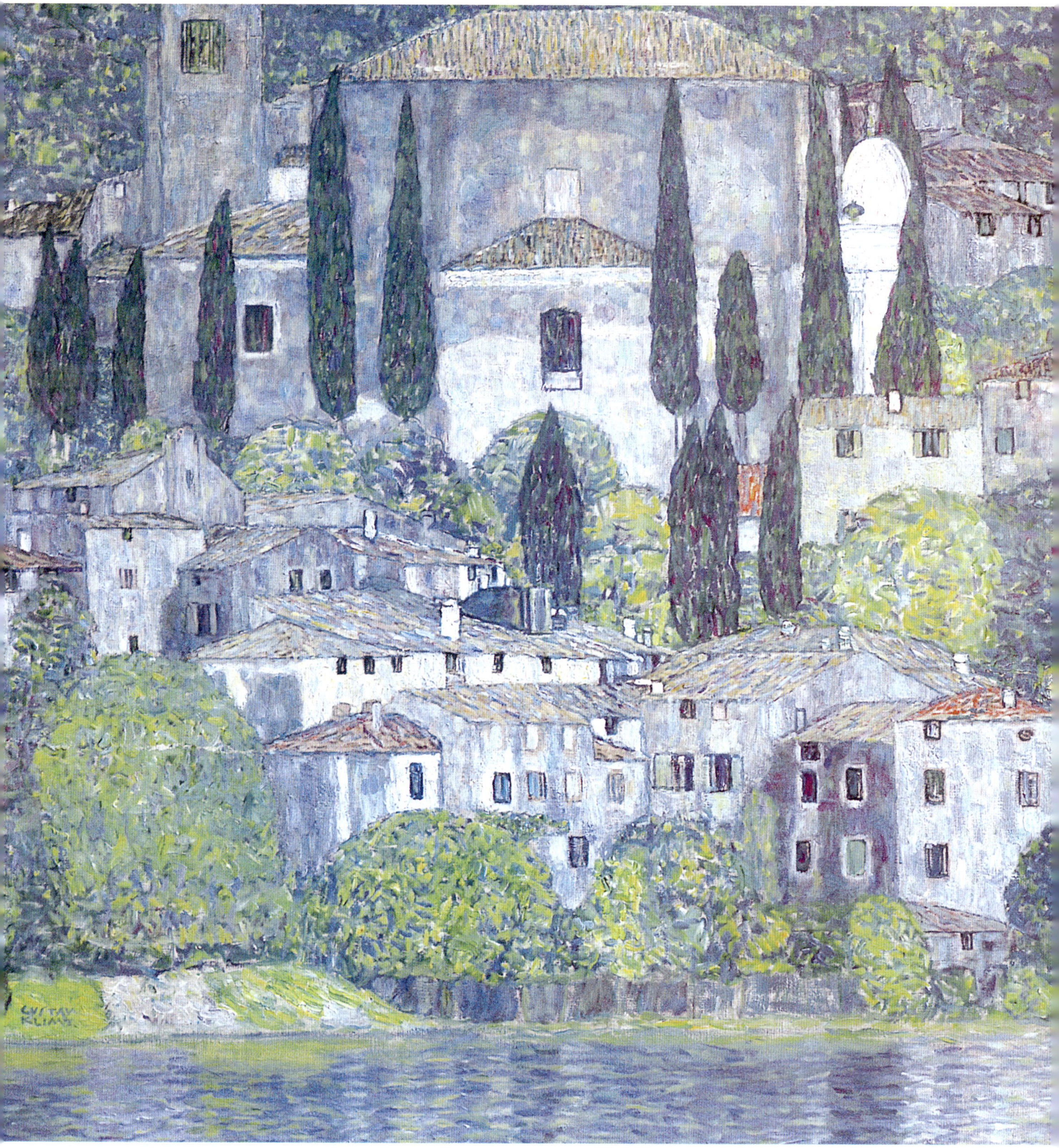
GUSTAV
KLIMT

Portret baronowej Elisabeth Bachofen-Echt
ok. 1914
Olej na płótnie, 180 x 128 cm
Zbiory prywatne

W portretach kobiet z wyższych sfer namalowanych w ostatnim etapie twórczości Gustav Klimt zdobił tło elementami sztuki orientalnej. Sięgnął po zabieg prawdopodobnie podpatrzony podczas wyprawy do Paryża na obrazach Vincenta van Gogha lub Claude'a Moneta. Tło stanowiące wielobarwną paletę wypełnił motywami zapożyczonymi ze sztuki japońskiej, chińskiej i koreańskiej: to wojownicy, ptaki, kwiaty, konie...

Moda na orientalizm wywierała wpływ zarówno na życie prywatne, jak i artystyczne epoki. Na omawianym portrecie wyraziste postaci kobiet i mężczyzn zaczerpnięte ze sztuki chińskiej niepokoją widza, utrudniają skupienie na konkretnym punkcie obrazu. Modelka, Elisabeth Bachofen-Echt, była córką Augusta i Sereny Ledererów (jej matkę sportretował Klimt w 1899 roku). Po jej twarzy zwróconej przodem do widza błąka się ledwo dostrzegalny uśmiech. Postać eleganckiej kobiety emanuje świeżością. Ponieważ jej ciało okrywa biała suknia, niektórzy znawcy sztuki sądzili, że portret przedstawia Elisabeth jako pannę młodą; przypuszczenie to nie znalazło jednak potwierdzenia.

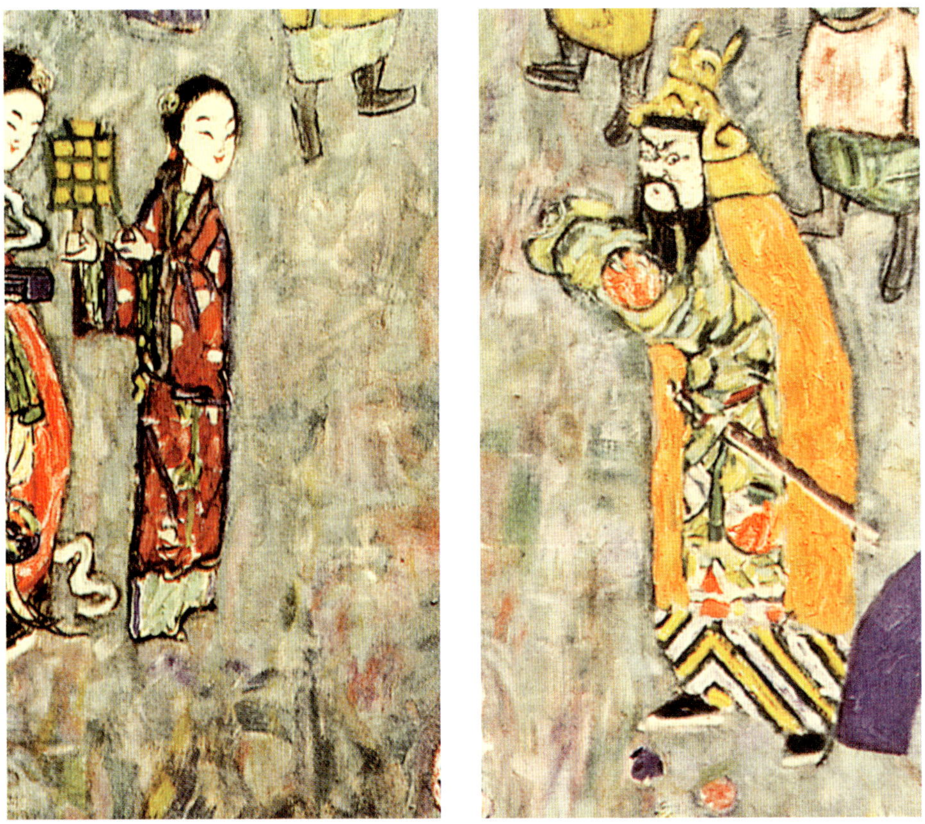

Portret baronowej Elisabeth Bachofen-Echt (fragmenty)

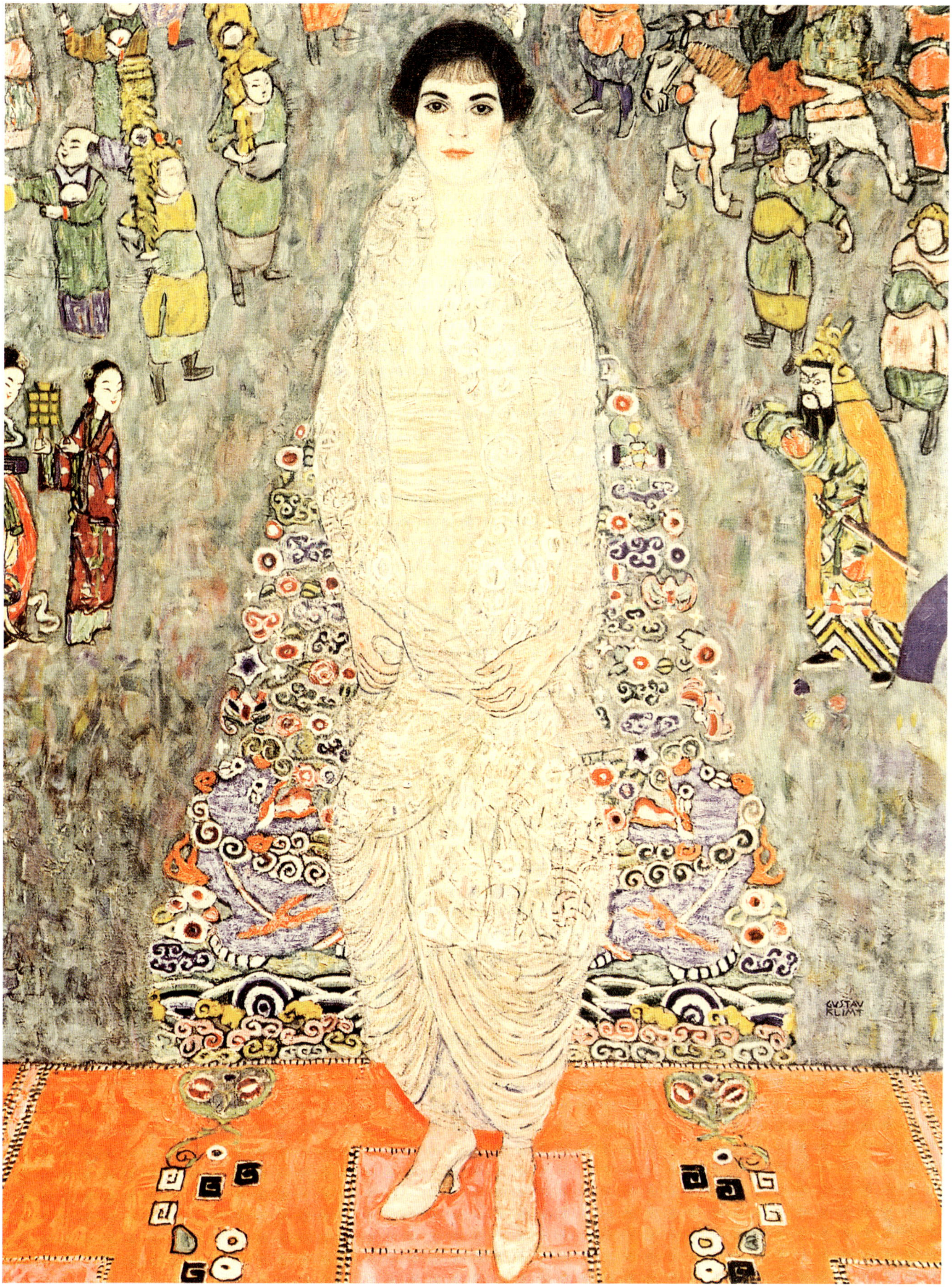
GUSTAV
KLIMT

Półakt – leżąca kobieta
1914–1915
Niebieska kredka, papier, 37,1 x 55,8 cm
Historisches Museum, Wiedeń

Jeszcze za życia Gustava Klimta niektórzy krytycy uznali jego rysunki za najbardziej wartościową część twórczości. I dziś wielu miłośników sztuki podziela to zdanie. Jednakże jako rysownik i grafik Klimt był najmniej znany współczesnym. Choć niektóre prace pokazywano na wystawach lub ukazały się w formie ilustracji w czasopiśmie „Ver Sacrum" czy innych publikacjach, przeważnie stanowiły szkice do malowanych płócien i nigdy nie opuściły

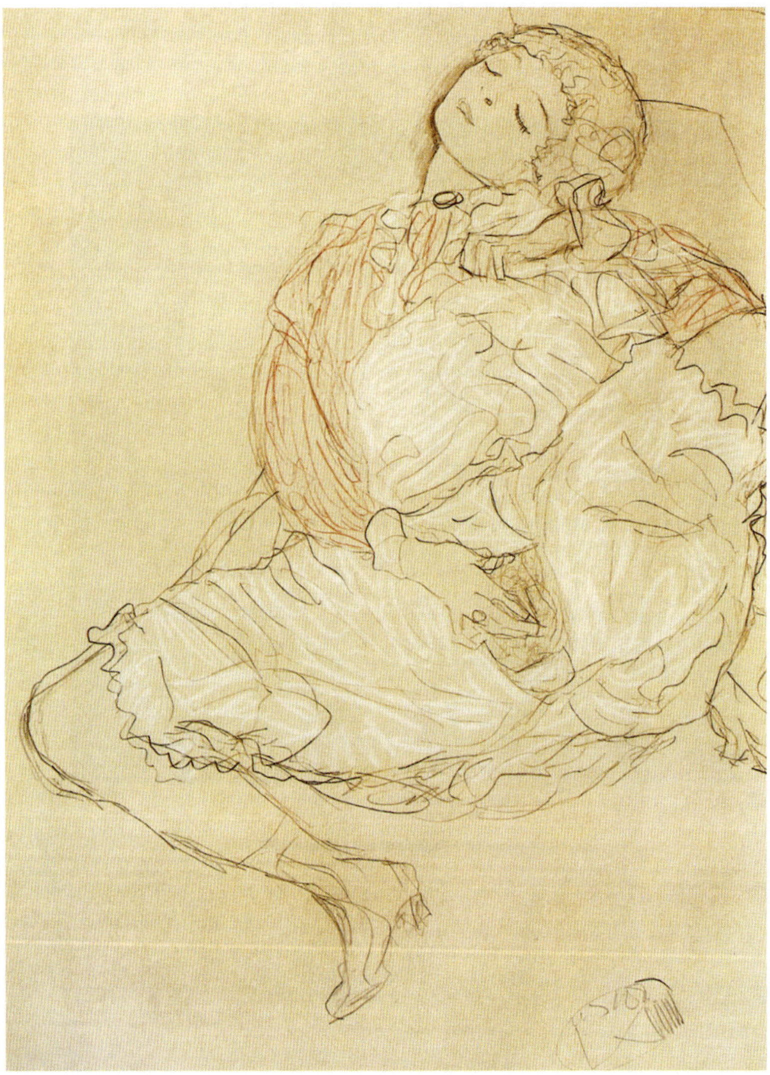

Kobieta siedząca w rozkroku
1916–1917
Czarna kredka i czerwony wosk z białym wzmocnieniem na papierze
57 x 38 cm
Zbiory prywatne

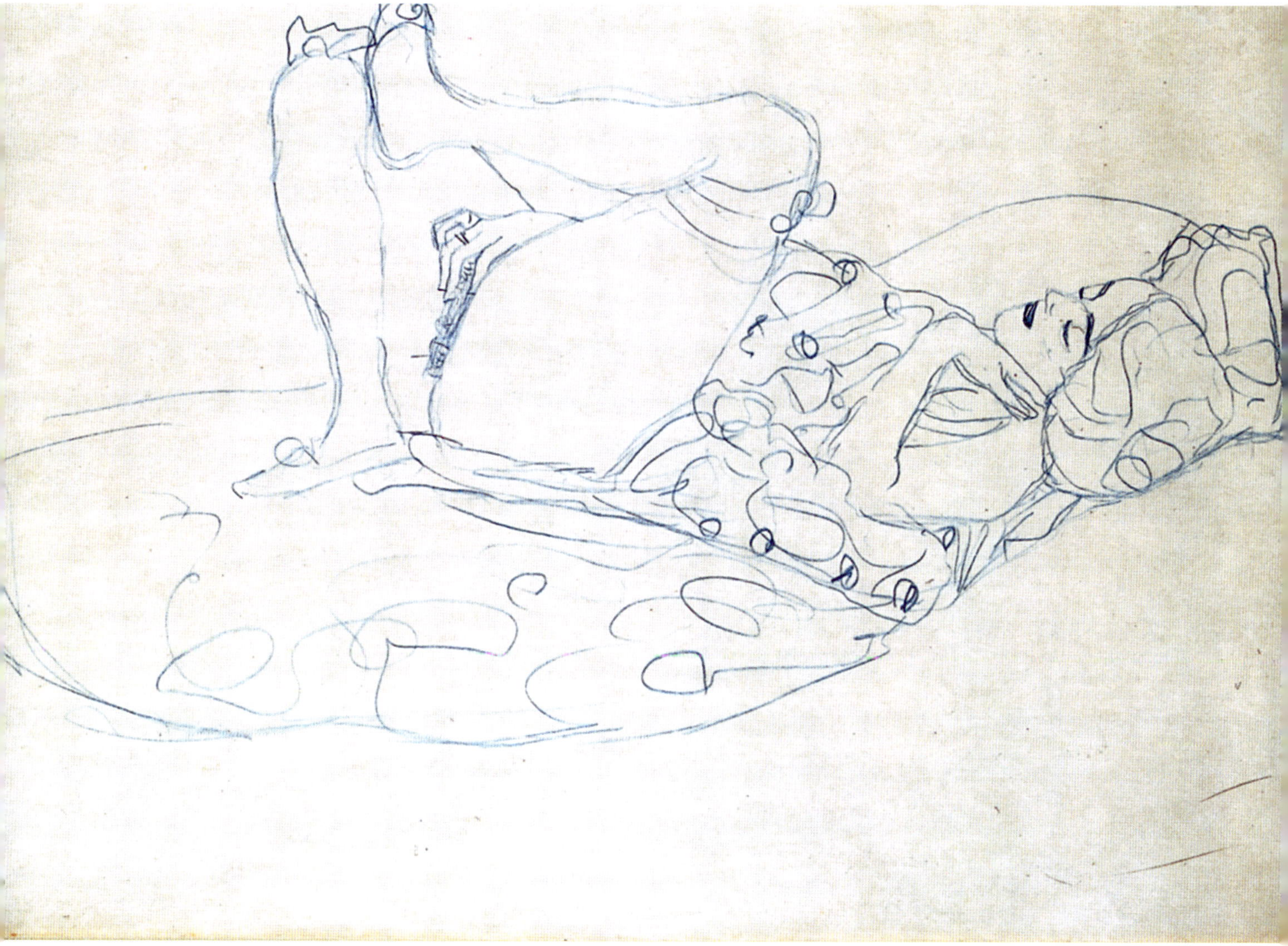

pracowni artysty. Właśnie z tego powodu dopiero po śmierci artysty stworzyła się możliwość badań nad grafikami Klimta. W 1918 roku, jeszcze przez śmiercią malarza, marszand Gustav Nebehay zaaranżował wystawę jego rysunków. Znalazła się na niej tylko część prac ze zbioru liczącego (według różnych szacunków) około czterech tysięcy szkiców. Famę malarza aktów Klimt zawdzięczał głównie dziełom uważanym za wyraz sprzeciwu wobec norm moralnych epoki. One też świadczą, jak ważną rolę w emancypacji kobiet odegrała sztuka Klimta.

Malarz traktował rysunki w sposób dwojaki: były dlań wstępnymi studiami do obrazów oraz dekoracyjnych malowideł albo też samodzielnymi dziełami, w których wyrażał osobiste obsesje lub tworzył wizję pełnej zmysłowości kobiety. W owych rysunkach, skierowanych zdaniem niektórych krytyków głównie do męskiej publiczności, daje się zauważyć brak kontekstu, który usprawiedliwiałby ich obsceniczny charakter. Nie odwołują się do motywów literackich czy też mitologicznych, które w jego dziełach dziewiętnastowiecznych, na przykład w *Danae*, wymagały scen erotycznych.

Rezygnacja z narracji historycznej lub alegorycznej pozbawia także rysunki kontekstu czasowego. Najczęściej przedstawiają kobiety w sytuacjach bardzo intymnych i z bliskiej perspektywy, silnie akcentując tzw. wstydliwe części ciała. Innym razem kreska w akcie kobiety jest nieciągła, co wzmacnia erotyczny i seksualny charakter chwili uchwyconej na rysunku.

Artysta był wnikliwym obserwatorem stanów psychicznych podczas aktu miłosnego; jego grafiki zawierają całą gamę odczuć seksualnych – uniesienie, uległość, spełnienie... Widzowi nie pozostaje nic innego, jak poddać się erotycznej wizji świata stworzonego przez Klimta z maestrią.

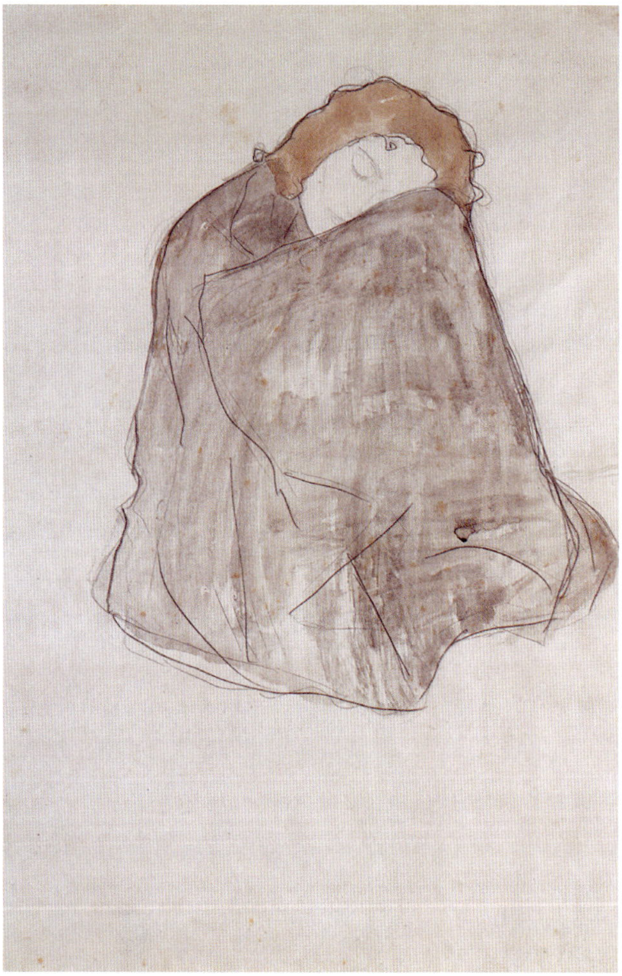

SKULONA POSTAĆ KOBIECA
ok. 1909
Czarna kredka, wosk oraz szary i brązowy gwasz na papierze
54,9 × 34,8 cm
Historisches Museum, Wiedeń

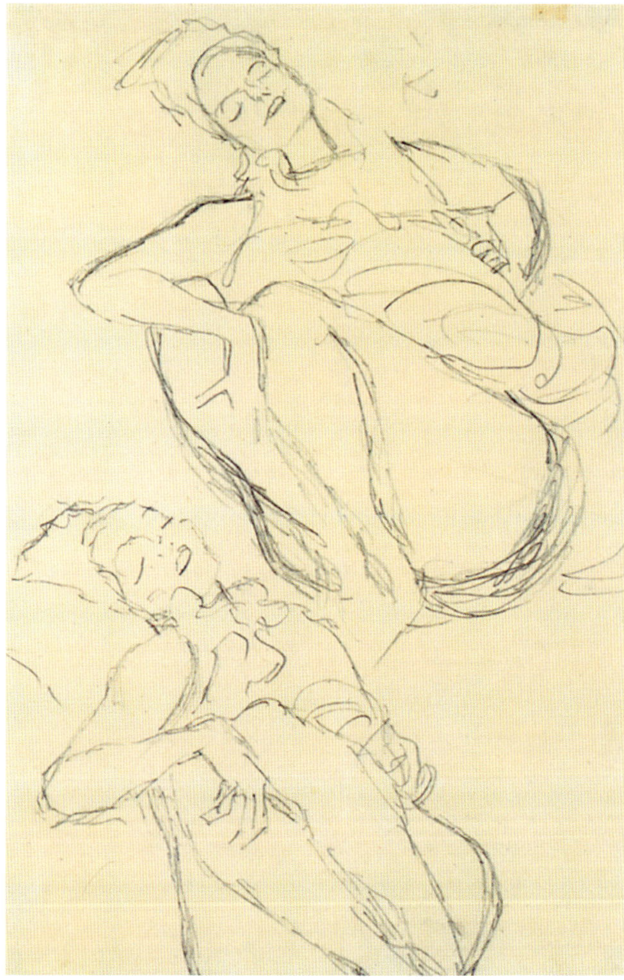

DWIE LEŻĄCE KOBIETY
1914–1915
Czarna kredka na papierze, 54 x 35,3 cm
Metropolitan Museum of Art, Nowy Jork

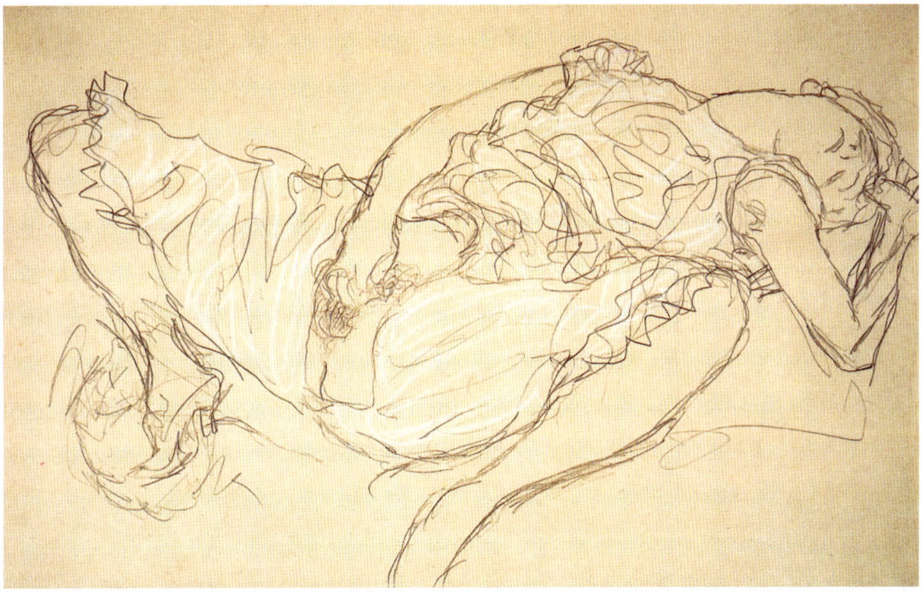

**Akt – kobieta leżąca w bieliźnie**
1916–1917
Czarna i biała kredka na papierze
37 x 56,4 cm
Leopold Museum, Wiedeń

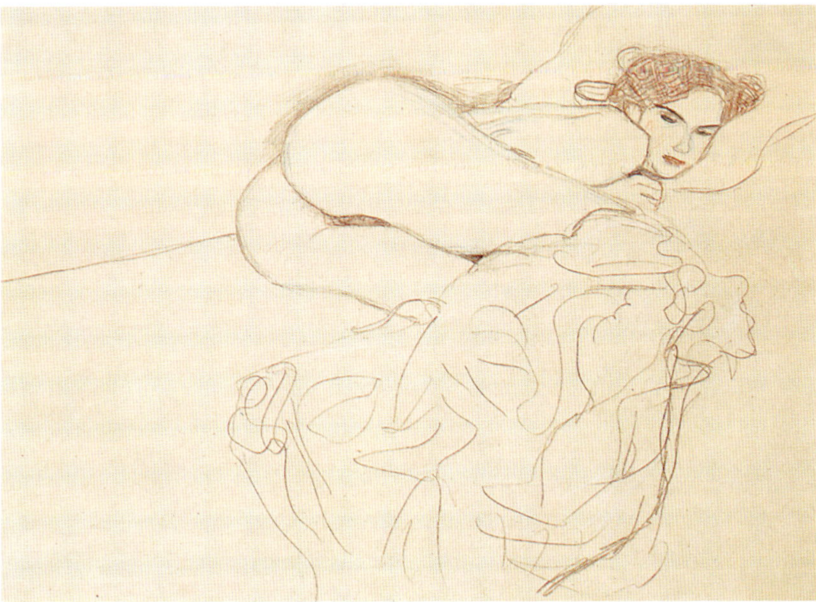

**Akt – kobieta leżąca z nogami podciągniętymi do góry**
1912–1913
Czarna, niebieska i czerwona kredka z białym wzmocnieniem na papierze
37 x 55,8 cm
Historisches Museum, Wiedeń

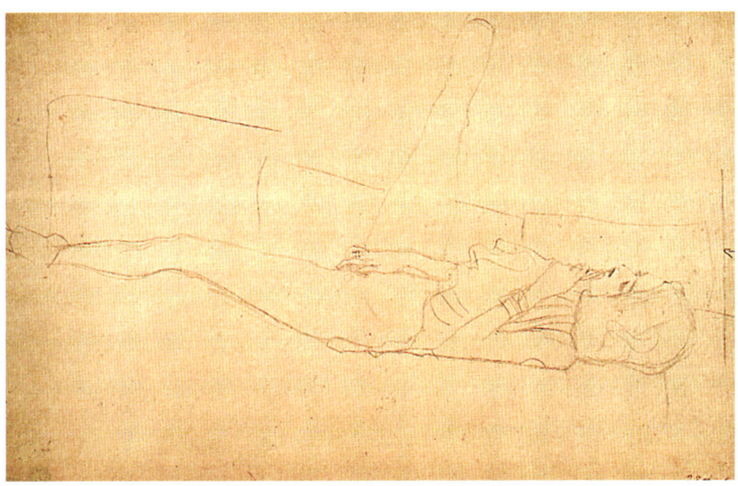

**Akt – leżąca kobieta z uniesioną do góry prawą nogą**
1904
Czarna kredka na papierze
35 x 55 cm
Graphische Sammlung Albertina, Wiedeń

**Przyjaciółki**
1916–1917
Olej na płótnie, 99 x 99 cm
Zniszczony podczas pożaru zamku Immendorf w 1945 roku

*Przyjaciółki* to jedno z dzieł ukończonych przed ostatnimi w życiu Gustava Klimta podróżami. Od lata do Bożego Narodzenia 1917 roku artysta zwiedził Morawy, Tyrol oraz Rumunię. Płótna z tego okresu wyraźnie inspirowała słowiańska sztuka ludowa. Charakteryzują je śmiała i dynamiczna kreska oraz intensywne barwy. Do tej grupy zaliczyć trzeba *Niemowlę* (1917–1918) oraz dwa dzieła niedokończone: *Panna młoda/Orszak ślubny* (1917–1918) oraz *Adam i Ewa* (1917–1918). Wypracowany przez Klimta indywidualny język malarski sprawił, że dzieło pełne jest zmysłowości. Uzyskał ten efekt dzięki formalnej koncepcji postaci stworzonej zgodnie z założeniami naturalizmu oraz bogatej ornamentyce.

Obraz *Przyjaciółki* spłonął w pożarze zamku Immendorf w 1945 roku (podobnie jak inne dzieła z tamtego okresu, m.in. *Ogrodowa ścieżka z kurami* z 1917). Pojawił się w nim motyw bardzo częsty w poświęconych kobietom obrazach Klimta, a jest nim miłość lesbijska. Wcześniejsze dzieła, takie jak *Węże wodne* (1904, 1907), znane również pod tytułem *Przyjaciółki*, oraz większość rysunków ze spuścizny malarza wyraźnie świadczą o jego fascynacji zmysłowością i erotyzmem w związkach między kobietami.

*Przyjaciółki* są kulminacją twórczości poświęconej przez Klimta tej tematyce. Ciała kobiet przywierają do siebie, a ich faliste kontury sugerują więź erotyczną. Ciepłe odcienie czerwieni potęgują wrażenie łączącej kobiety bliskości – w tej tonacji utrzymane jest tło obrazu, policzki kobiet oraz suknia jednej z nich.

W tym dziele ornamentalna stylizacja typowa dla portretów Klimta osiąga apogeum: dekoracyjne motywy zwierzęce rodem ze sztuki orientalnej, rozpościerające się po lewej stronie niczym arras, z bliska okazują się częścią sukni zrzuconej już prawie przez kobietę. Pełna przepychu suknia z pięknej tkaniny jednej kobiety walczy o lepsze z nagością drugiej. Obraz jest w równej mierze zmysłowy, co egzotyczny.

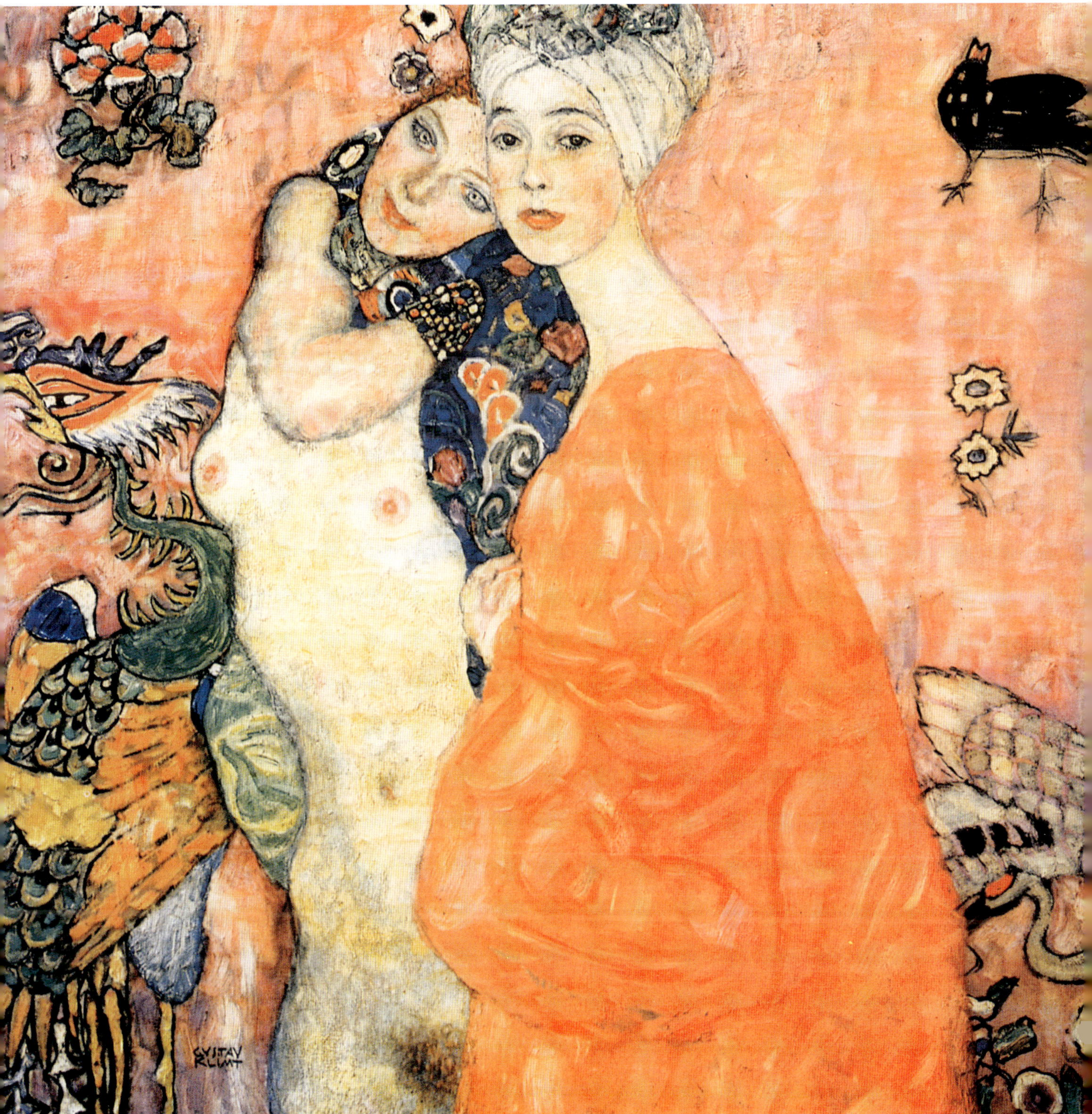
GUSTAV
KLIMT

**Portret Friederike Marii Beer**
1916
Olej na płótnie, 168 x 130 cm
Zbiory prywatne

Spośród ostatnich namalowanych przez Klimta portretów ten zaliczono do wybitnych. Friederike Maria Beer była przyjaciółką artysty Hansa Böhlera; około 1914 roku sportretował ją także Egon Schiele.

Inspiracją tła tego obrazu była koreańska waza ceramiczna, którą Klimt miał w swoich zbiorach. W kompozycji nawiązał do tzw. *horror vacui* charakterystycznego dla sztuki orientalnej.

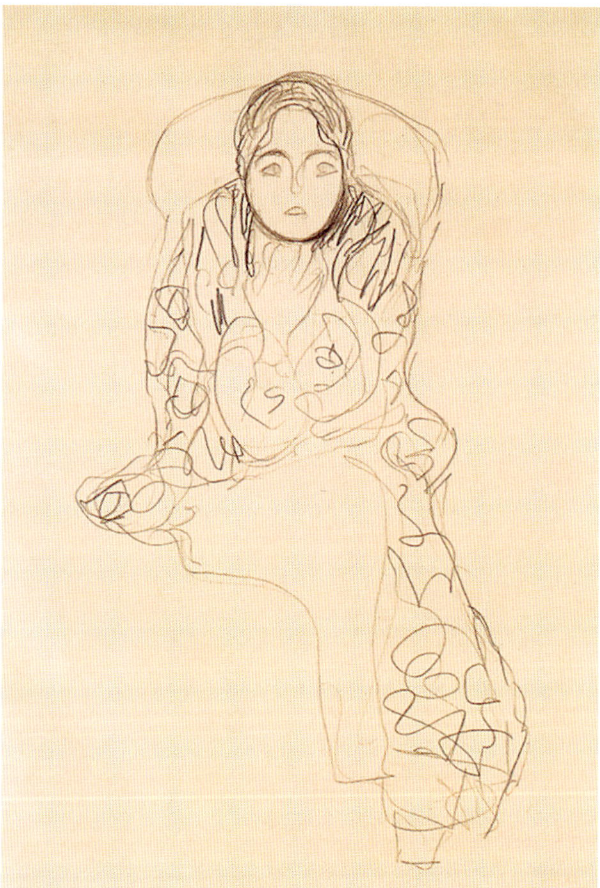

**Siedząca kobieta**
**Studium do Portretu Friederike Marii Beer**
1916
Czarna kredka na papierze
57 x 37,4 cm
Graphische Sammlung Albertina, Wiedeń

Malarz kolekcjonował dzieła sztuki wschodniej oraz prymitywnej. Przechowywał je w przestronnej pracowni przy ulicy Feldmühlgasse, do której przeniósł się w 1914 roku po wyburzeniu dawnej siedziby przy Josefstädterstrasse. Zgodnie z zachowanym do dziś rejestrem w jego atelier znajdowały się chińskie i japońskie parawany, wschodnia ceramika oraz rzeźbione figurki, często pojawiające się na obrazach, na przykład na drugim portrecie Adele Bloch-Bauer oraz w tle wizerunku baronowej Bachofen-Echt. Motywy orientalne na *Portrecie Friederike Marii Beer* według portretowanej przeniósł Klimt z koreańskiej wazy, która stanowiła chlubę jego kolekcji.

Zastosowanie motywów orientalnych jako dekoracji nasuwa na myśl twórczość Vincenta van Gogha. Klimt zafascynowany był dziełami holenderskiego mistrza od czasu, gdy ujrzał je na VI Wystawie Secesji Wiedeńskiej. Może to dziwne, że od wystawy obrazów Van Gogha do pojawienia się motywów orientalnych na portretach Klimta minęło tak wiele czasu, ale artysta zwykle długo dojrzewał do wykorzystania cudzych pomysłów we własnych dziełach, albowiem interpretował je na swój sposób. Na przykład wpływ mozaiki, z którą zetknął się podczas podróży do Rawenny w 1903 roku, stał się dostrzegalny dopiero w jego obrazach powstałych cztery lata później.

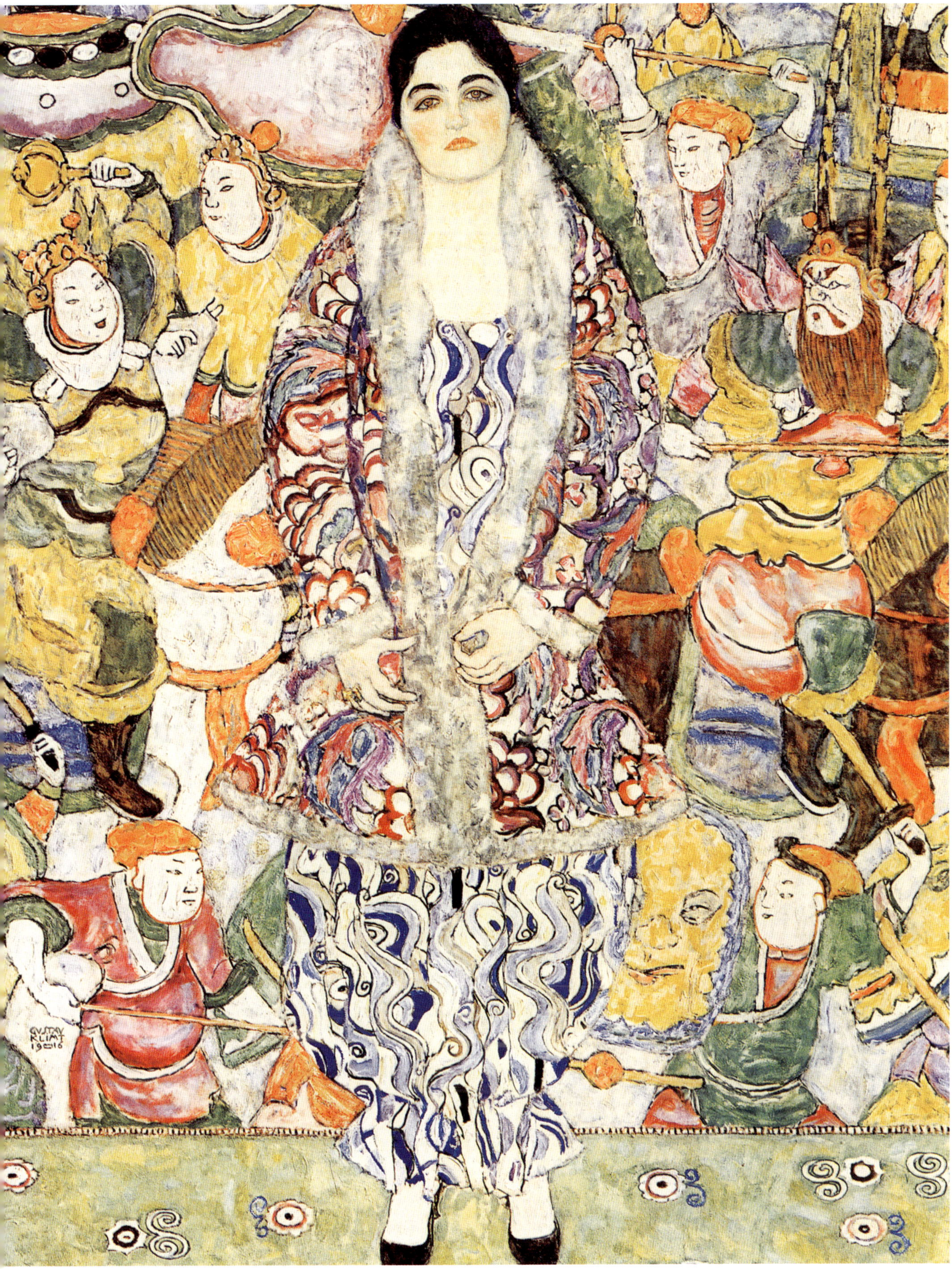
GUSTAV
KLIMT
1916

**Portret damy (Marii Munk?) – niedokończony**
1917–1918
Olej na płótnie, 180 x 90 cm
Neue Galerie, Linz Wolfgang Gurlitt Museum

W latach 1916–1918 Gustav Klimt rozpoczął pracę nad wieloma dziełami, których niestety, nie ukończył przed śmiercią. Wśród nich znajdują się dwa omawiane płótna: *Tancerka* i *Portret damy*, którego pierwowzorem, jak stwierdziła w 1974 roku historyk sztuki Alexandra Comini, była Maria Munk. Oba obrazy, nazywane niekiedy artystycznym testamentem Gustava Klimta, noszą wiele cech wspólnych. W gąszczu pozbawionym materialnej struktury Klimt wyodrębnił kontury za pomocą zapożyczonej ze szkicu kreski oraz dynamicznych pociągnięć pędzlem. Jeśli pominąć rysunki, techniką tą posługiwał się niezwykle rzadko, może nawet nigdy, we wcześniejszej twórczości.
Klimt był otwarty na wszelkie innowacje, uprawiał jednak wciąż te same gatunki i wracał do tematów, które go fascynowały od wczesnej młodości, a były to portrety kobiece (*Przyjaciółki, Portret Johanny Staude*) oraz alegorie (*Adam i Ewa, Panna młoda*).

W *Tancerce* oraz *Portrecie damy* dostrzec można cechy, które nie występują we wcześniejszych portretach. Głowa kobiety z *Portretu damy* wyraźnie uwidacznia linię szkicu, dzięki czemu widać, jak Klimt pracował: po prostu nakładał na siebie kolejne warstwy farby. W obu portretach umiejętnie stosowane innowacje oraz przemyślana koncepcja pozwoliły na uzyskanie charakterystycznego dla obrazów mistrza efektu subtelnej metafory.

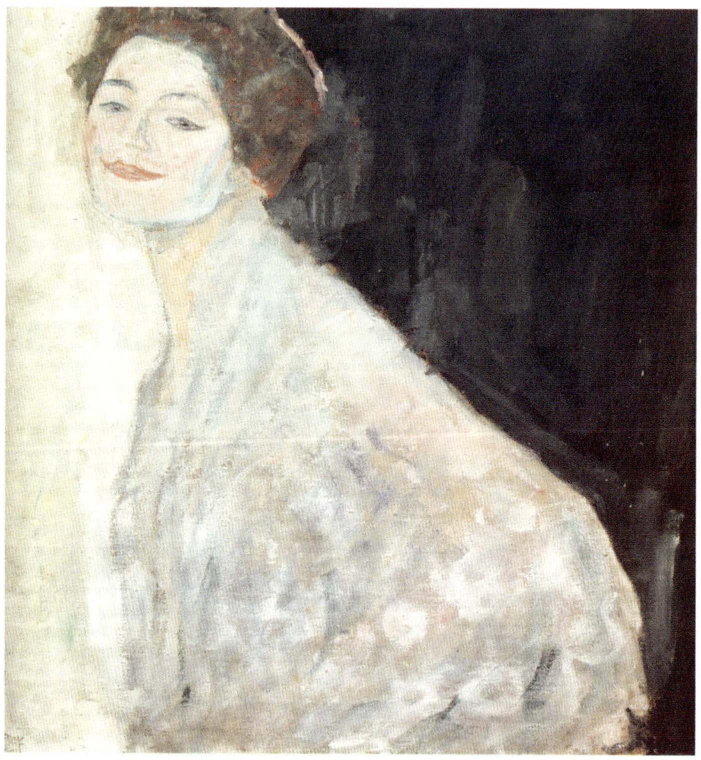

**Portret damy w bieli**
1917–1918
Olej na płótnie, 70 x 70 cm
Österreichische Galerie, Wiedeń

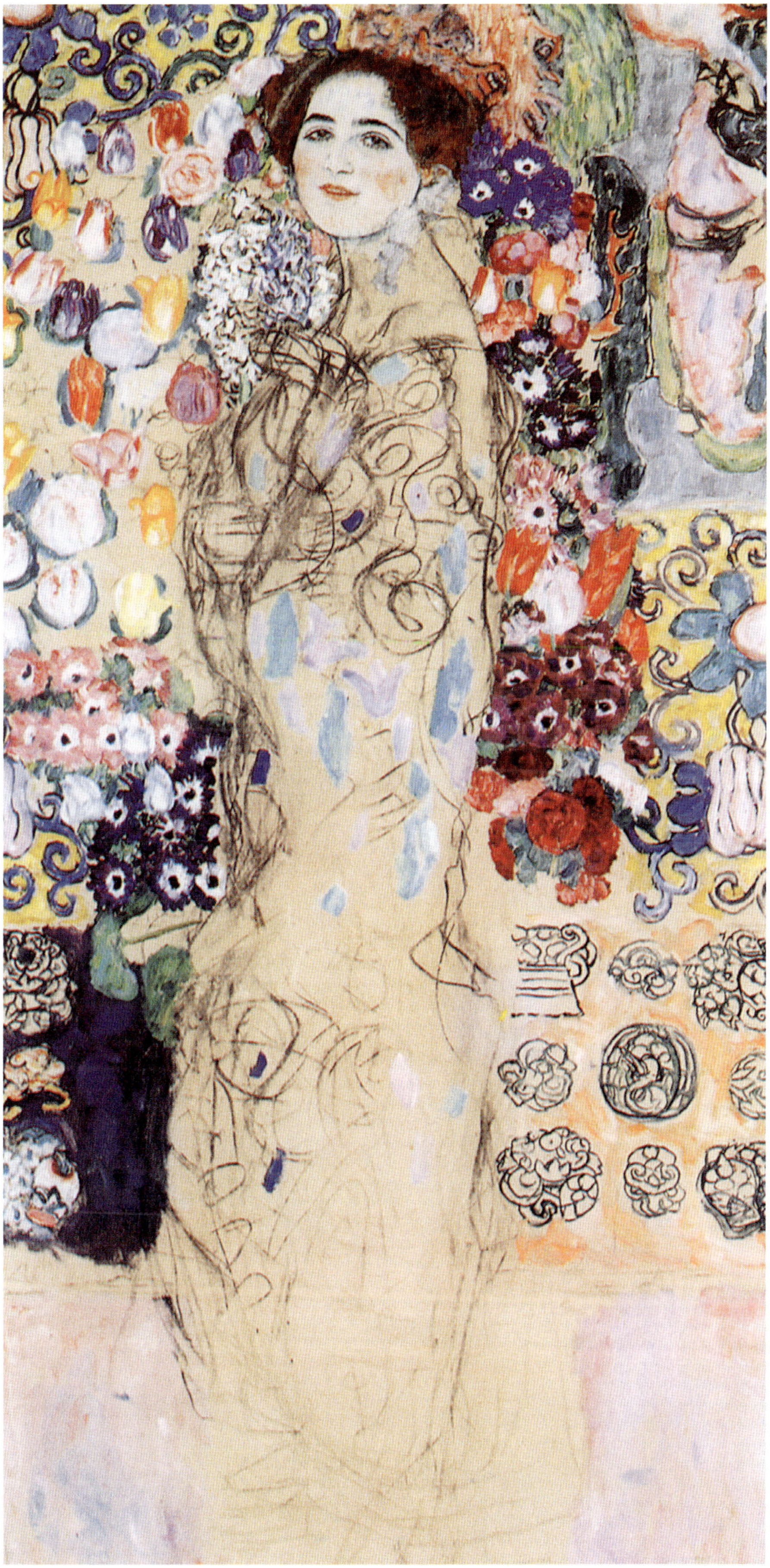

TANCERKA
1916–1918
Olej na płótnie, 180 x 90 cm
Zbiory prywatne

*Tancerka* oraz wcześniej omawiany *Portret damy (Marii Munk?)* to apogeum twórczości Klimta portrecisty. Wizerunki wiedeńskich dam z wyższych sfer przyniosły mu uznanie ówczesnych elit oraz krytyków. Także współczesnemu miłośnikowi sztuki twórczość Klimta kojarzy się głównie z portretami kobiet. Koncepcja formalna obu płócien jest taka sama: malarz wykorzystuje do dekoracji motywy kwiatowe oraz elementy inspirowane sztuką orientalną. Ornamentalny styl jest widoczny w każdym szczególe: w tkaninach okrywających postaci, dodatkach i tle. On sprawia, że obrazy pełne są zmysłowości, a ciała modelek – eteryczne, zmysłowe i wyrafinowane, choć dwuwymiarowe – stapiają się z tłem. W poprzednich latach Klimt przedstawiał kobiece universum, stosując te same zabiegi, co wyraźnie widać w jego dziełach, takich jak *Portret Emilie Flöge* (1902), dwie wersje *Portretu Adele Bloch Bauer* (1907, 1912) czy *Portret Eugenii Primavesi* (1913–1914). Wyjątek stanowił wczesny *Portret Sonji Knips* (1898).

Niektórzy z badaczy dopatrywali się we wprowadzeniu niekonwencjonalnej perspektywy wpływów kubizmu. Ten bardzo ekspansywny w ówczesnej Europie nurt proponował nową koncepcję przestrzeni, co oznaczało rewolucję w malarstwie.

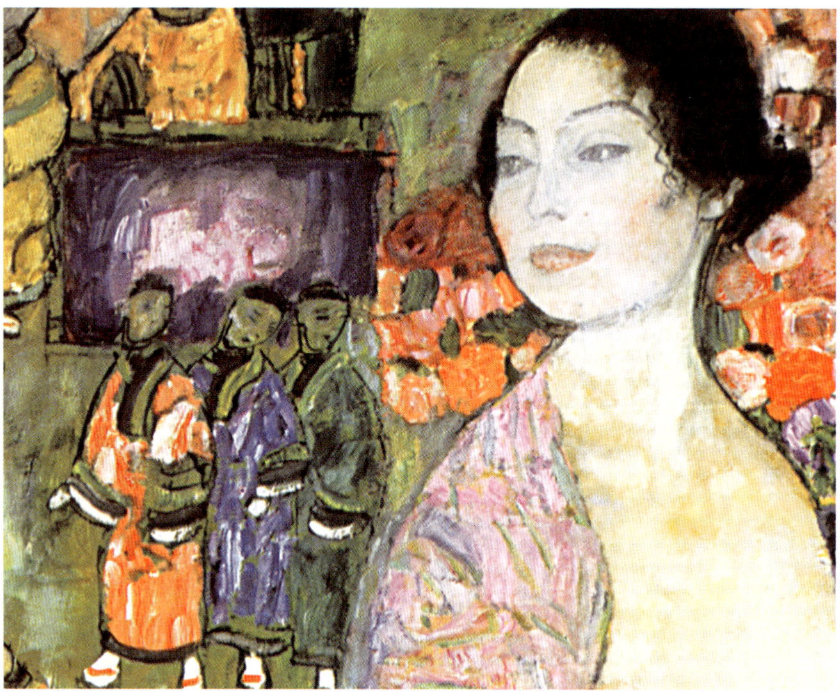

TANCERKA (FRAGMENT)

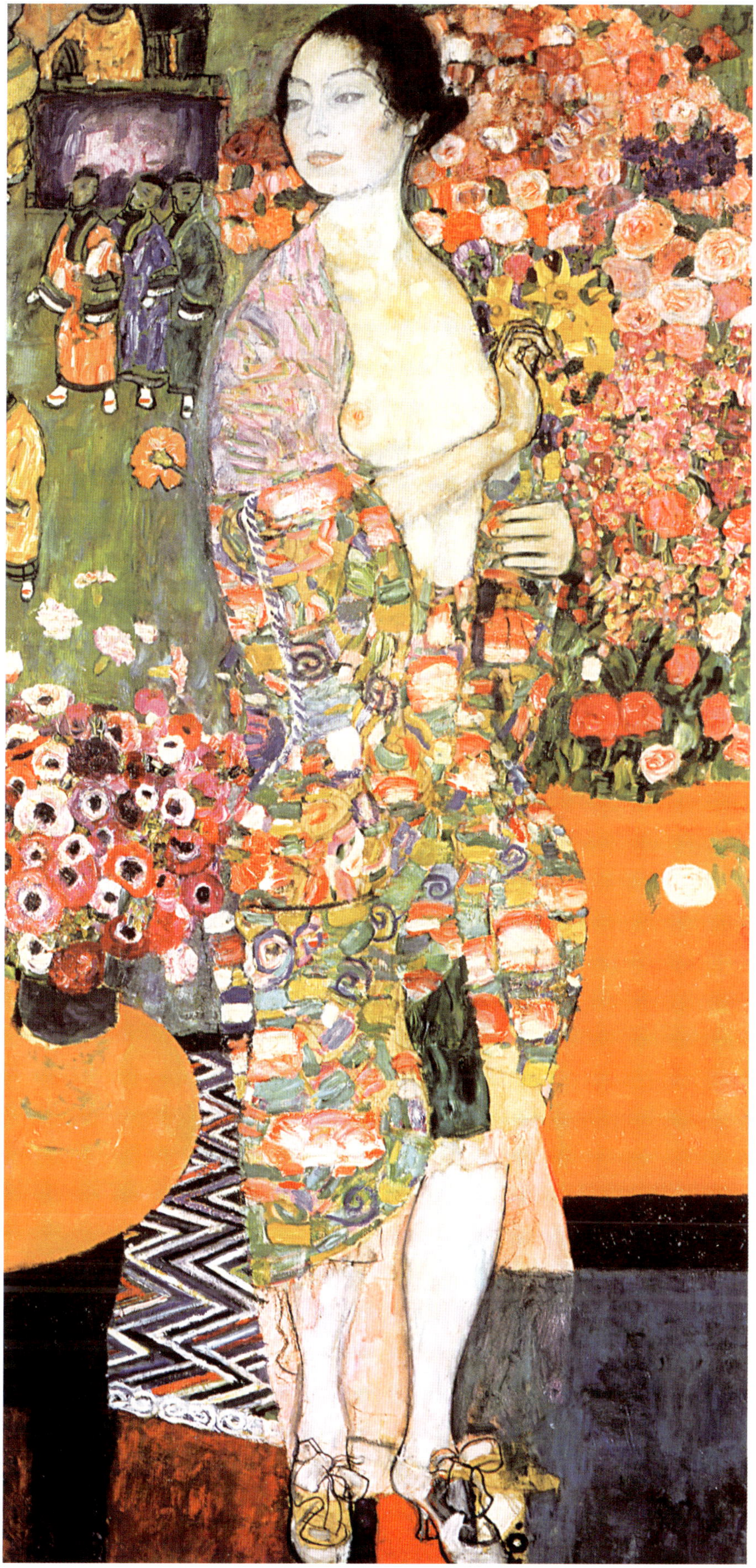

**Ogrodowa ścieżka z kurami**
1917
Olej na płótnie, 110 x 110 cm
Zniszczony podczas pożaru zamku Immendorf w 1945 roku

Od 1897 roku Gustav Klimt każdego lata towarzyszył rodzinie Flöge w letnich wyprawach nad jezioro Atter lub jego okolice. Piękno tamtejszej przyrody tak bardzo inspirowało malarza, że pejzaż na stałe wszedł do repertuaru jego twórczości. Klimt do końca życia malował obrazy natury w najróżniejszych ujęciach tematycznych. Przedstawiały one zabudowania nad brzegiem jeziora (*Zamek Kammer nad Attersee I*, 1908; *Domy w Unterach nad brzegiem jeziora Atter*, 1916), odwzorowane w najdrobniejszych szczegółach drzewa owocowe (*Jabłoń I*, 1912; *Jabłoń II*, 1916), łąki (*Kwitnąca łąka*, 1909–1910), parki (*Park*, 1909–1910) i inne elementy środowiska naturalnego, jednak rzadko pojawiały się na nich zwierzęta. Wyjątek stanowią *Ogrodowa ścieżka z kurami* oraz wcześniejszy *Ogród z kurami/Po deszczu* (1899) i *Krowy w oborze* (1900–1901).

Pejzaże Klimta powstawały od razu na płótnie, nie używał szkicownika. Wszystkie mają formę kwadratu, w większości pozbawione są osi strukturalnej oraz emanuje z nich spokój i harmonia.

*Ogrodowa ścieżka z kurami* z 1917 roku była prawdopodobnie jednym z ostatnich namalowanych przez Klimta pejzaży. Obraz, który spłonął podczas pożaru na zamku Immendorf w 1945 roku, przedstawia ogród przed domem należącym do rodziny Weissenbach nad brzegiem jeziora Atter – malarz spędził tam letnie wakacje w 1916 roku.

Podobnie jak na płótnie *Ogród z kurami w Santa Agatha/Po deszczu* z 1899 roku Klimt umieszcza zwierzęta na kliku różnych poziomach. Zestaw barw oraz pełniąca tutaj funkcję dekoracyjną roślinność, kreślona szkicową kreską i zdecydowanymi pociągnięciami pędzla, to cechy późnej twórczości Klimta. Podobne środki ekspresji stosował w malowanych pod koniec życia pejzażach, portretach (*Tancerka*,1916–1918) oraz obrazach alegorycznych (*Adam i Ewa*, 1917–1918).

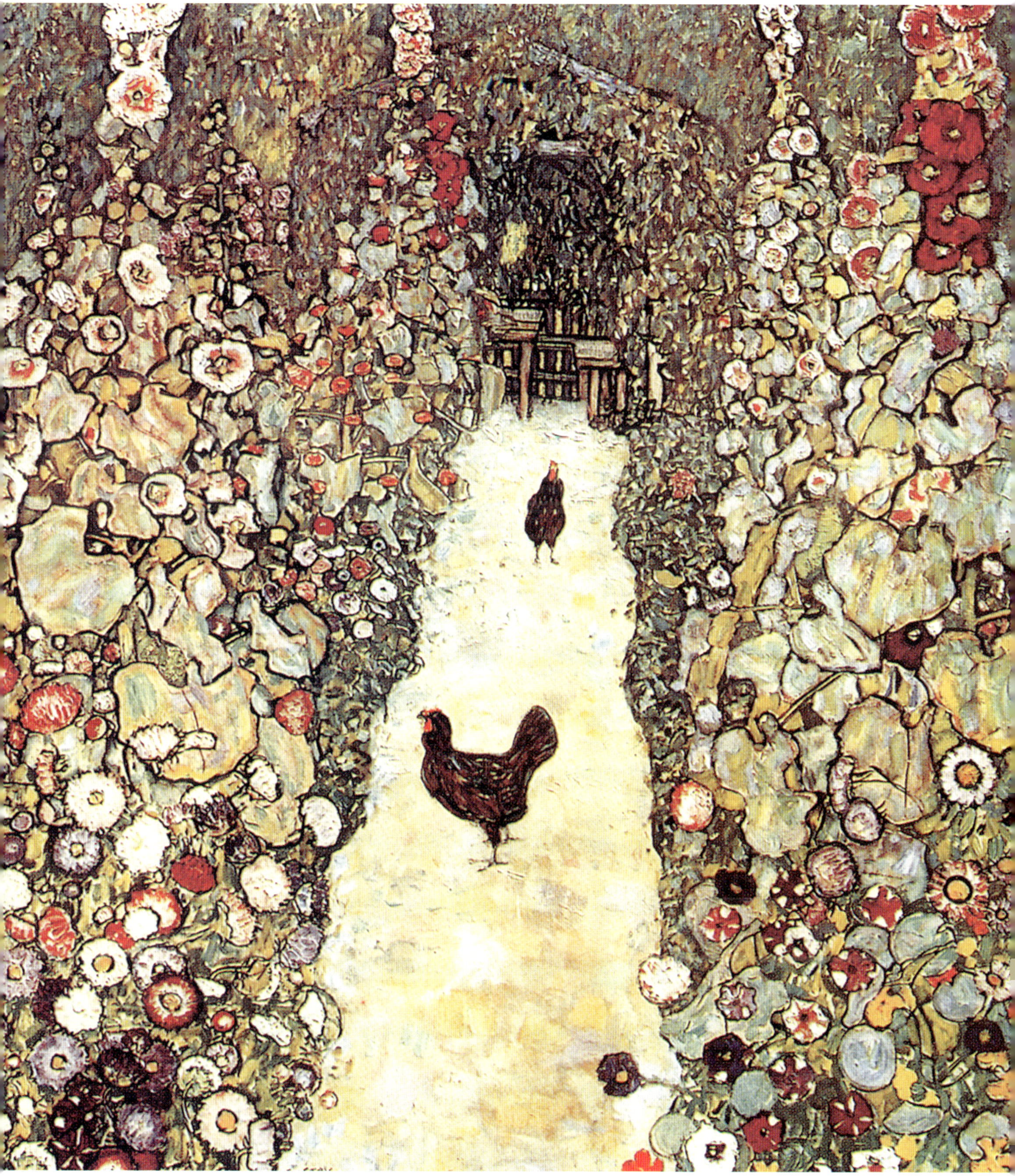

PORTRET JOHANNY STAUDE (NIEDOKOŃCZONY)
1917–1918
Olej na płótnie, 70 x 50 cm
Österreichische Galerie, Wiedeń

Dwa lata przed śmiercią, w 1916 roku, Gustav Klimt wziął udział w Wystawie Bund Österreichischer Künstler zorganizowanej przez członków Secesji Berlińskiej, na której swoje prace zaprezentowali także Oskar Kokoschka i Egon Schiele. Ci spadkobiercy secesji, a właściwie naśladowcy wykreowanego przez Klimta języka malarskiego, mieli już wkrótce stać się ekspresjonistami, przedstawicielami nurtu rozwijającego się w tym samym czasie, co secesja, pod szyldem niemieckiego ugrupowania Die Brücke.

Mimo różnicy wieku dojrzały Klimt oraz jego sukcesor i uczeń Egon Schiele, który w następnych latach z powodzeniem kontynuował dzieło mistrza, nawiązali owocną współpracę. Zachowało się wiele dowodów łączącej ich zażyłości. Wykonany przez Egona portret pośmiertny Klimta był wzruszającym dowodem przyjaźni, *Portret Johanny Staude* natomiast rezultatem wspólnych przemyśleń i koncepcji. Ten niedokończony portret, zarówno w zuchwałym spojrzeniu modelki, jak i pod względem kolorystyki oraz geometryzacji wzoru na jej sukni, zdradza wyraźnie wpływ języka malarskiego Egona Schiele. Bogactwo ornamentów oraz emanujący z obrazu erotyzm to jedyne, co pozostało ze starego stylu mistrza. W ostatnich dziełach swojego życia Klimt próbował ponownie uwspółcześnić swój język malarski: w obrazach *Adam i Ewa, Dziecko czy Panna młoda/Orszak ślubny* wzbogacił go wpływami kultury słowiańskiej, a w *Portrecie Johanny Staude* sięgnął po środki wyrazu do najnowszych nurtów.

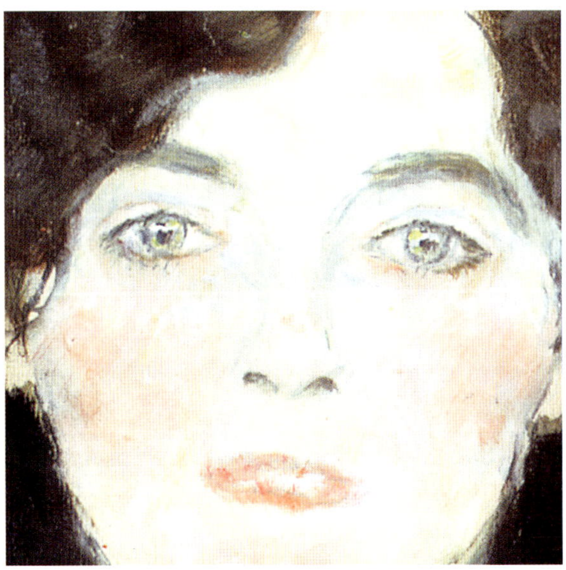

PORTRET JOHANNY STAUDE (FRAGMENT)

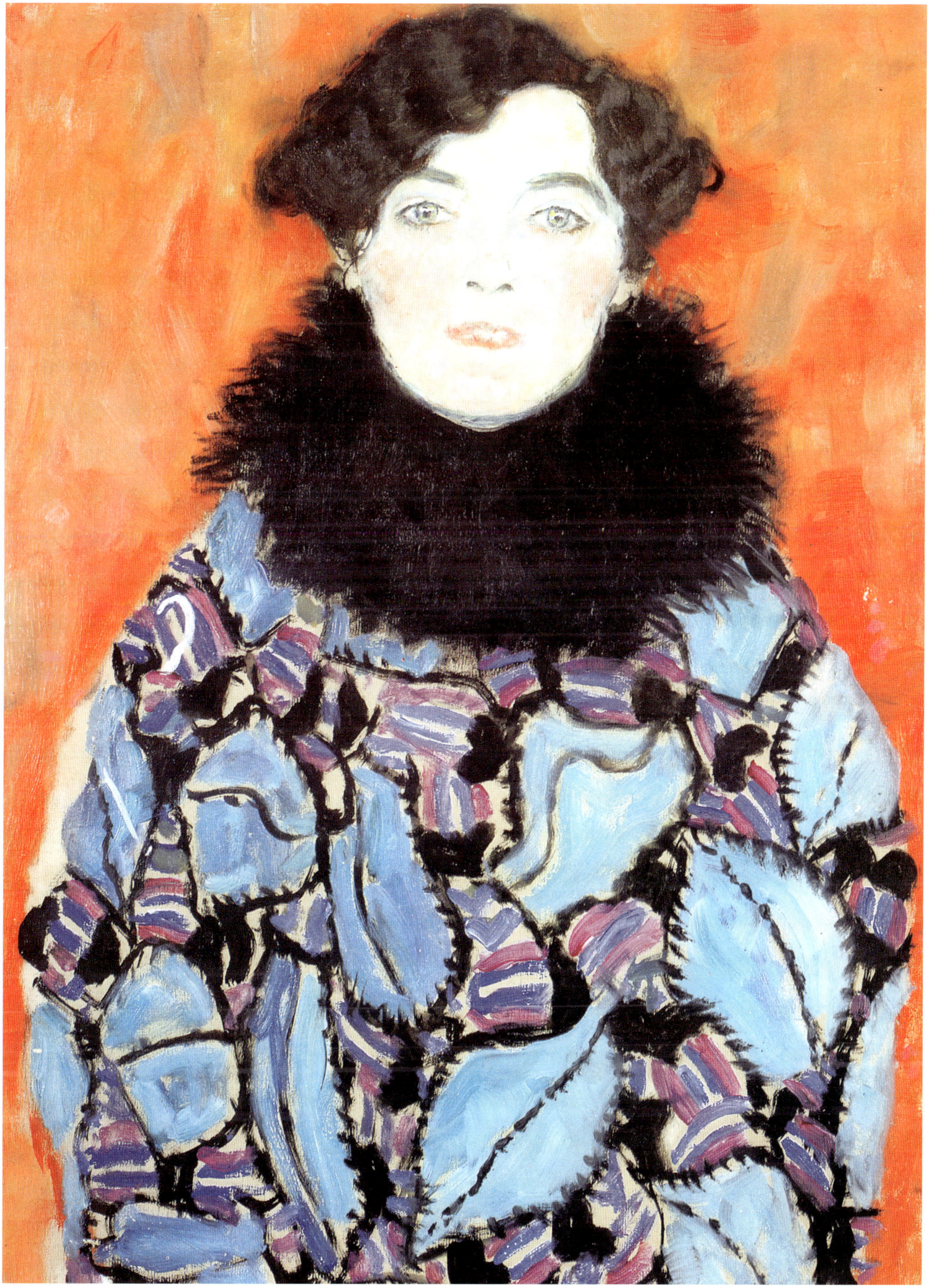

**Adam i Ewa (niedokończony)**
1917–1918
Olej na płótnie, 173 x 60 cm
Österreichische Galerie, Wiedeń

W 1917 roku Gustav Klimt zwiedził północną część Moraw, Tyrol oraz Rumunię. 6 lutego 1918 roku, wkrótce po powrocie z podróży, doznał udaru, w którego wyniku wkrótce zmarł. Przedtem jednak doczekał się wreszcie oficjalnego uznania dla swojego dojrzewającego przez wiele lat stylu oraz wpływu, jaki wywarł na świat sztuki. Artysta został mianowany honorowym członkiem Akademii Sztuk Pięknych w Wiedniu oraz akademii monachijskiej. Niewątpliwie Gustav Klimt, wznosząc się na wyżyny artystycznego kunsztu i zdobywając uznanie, pozostał twórcą niezależnym. Sam wypracował swój niepowtarzalny styl, który uczynił go jednym z najbardziej cenionych mistrzów malarstwa w historii sztuki. Do końca jednak eksperymentował z nowymi środkami wyrazu. Owocem odbytych w 1917 roku podróży było włączenie do twórczości gamy kolorystycznej oraz koncepcji światła rodem ze słowiańskiej sztuki ludowej. W wielu dziełach powstałych w latach 1917 i 1918 odnaleźć już można cechy nowego stylu. Są to m.in. *Dziecko*, *Panna młoda/Orszak ślubny* oraz *Adam i Ewa*. Ostatnie z wymienionych dzieł jest doskonałym przykładem połączenia starego stylu z nowym, typowym dla ostatnich przed śmiercią dzieł Gustava Klimta.

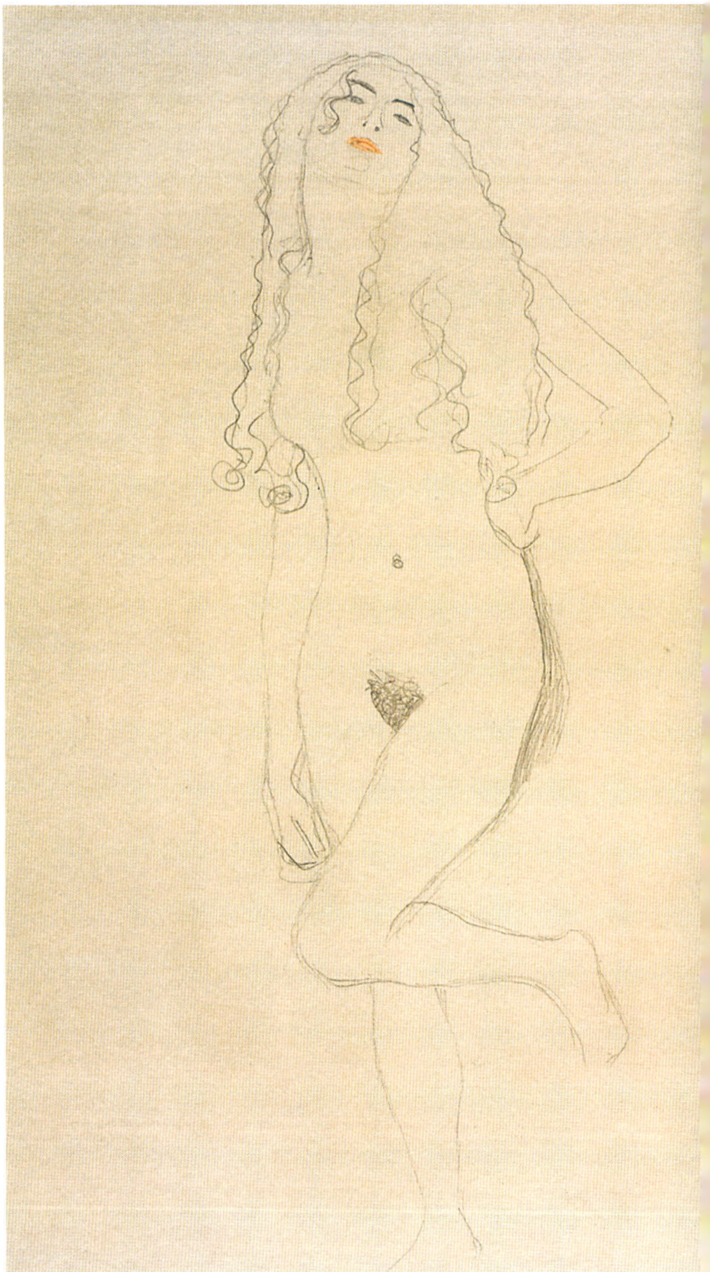

**Akt – stojąca kobieta**
1906–1907
Czarna i czerwona kredka na papierze, 55,8 x 37,2 cm
Kolekcja Sabarsky'ego, Nowy Jork

*Adam i Ewa* to kolejna interpretacja motywu obejmującej się pary, wcześniej występującego w twórczości Klimta wielokrotnie (*Tęsknota za szczęściem z Fryzu Beethovena, Trzy okresy życia kobiety, Obejmująca się para z Fryzu w Pałacu Stockleta, Pocałunek*). W tym przypadku jednak chodziło przecież o pierwszą parę w dziejach ludzkości. W obu sylwetkach zauważyć można stosowane już wcześniej zabiegi formalne. Tajemniczy uśmiech na twarzy Ewy przywodzi na myśl kobiety znane z obrazów *Trzy okresy zycia kobiety* (1905) oraz *Panna* (1912–1913). Adam otaczający ciałem partnerkę zastygł w pozycji przywodzącej na pamięć postać stojąca na lewo od alegorii Prawa na malowidle *Prawoznawstwo* (1903–1907). Gustav Klimt chętnie powracał do motywów używanych na etapie kształtowania własnego stylu, interpretując je na nowo w dojrzałych dziełach. W płótnie *Adam i Ewa* bez trudu dostrzec można cechy wcześniejszej jego twórczości, ale także, choć dzieło nie zostało ukończone, niedawno zasymilowane wpływy kultury słowiańskiej.

Artysta w sposób dość swobodny podszedł do koncepcji anatomicznej postaci; twarze są delikatne i naiwne, niczym w twórczości ludowej; żywe barwy i ciemne tło tworzą kontrastowe zestawienie. Jak widać, Gustav Klimt nigdy nie stracił chęci czy też instynktu poszukiwania nowej drogi, ciągłego doskonalenia i rozwijania swojego warsztatu.

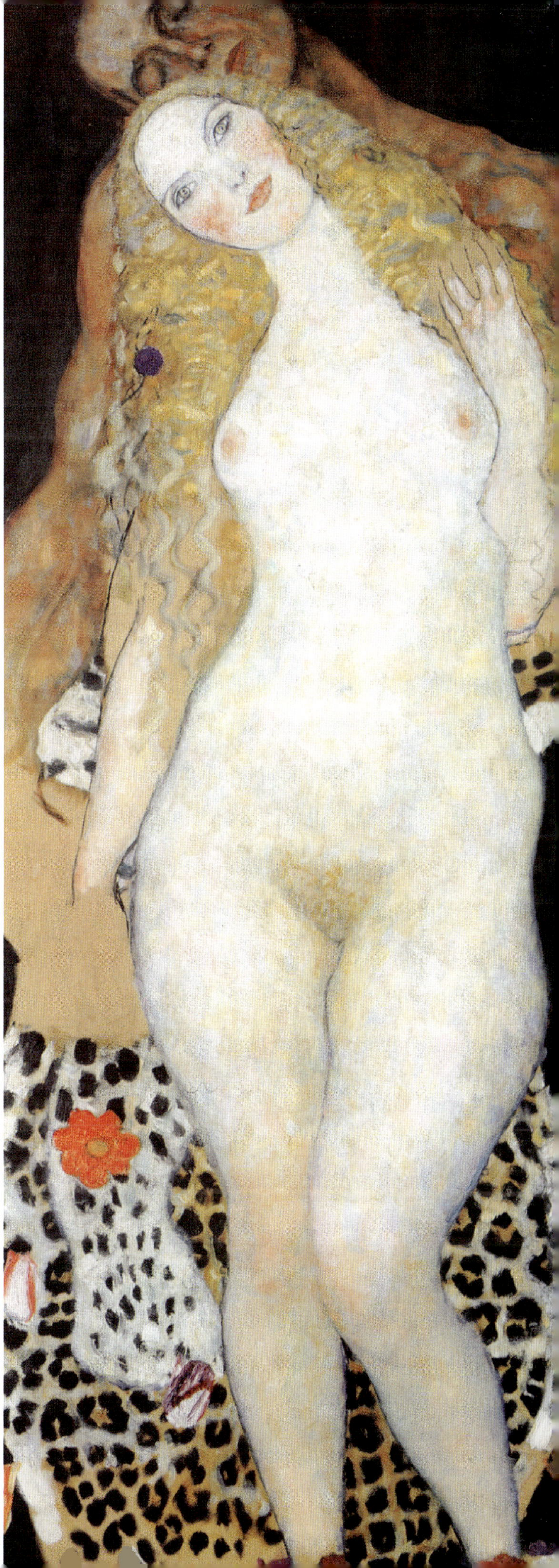

Niemowlę/Kołyska
(niedokończony)
1917–1918
Olej na płótnie, 110 x 110 cm
National Gallery of Art, Waszyngton

W przeważającej mierze twórczość Klimta związana jest z fascynacją kobietami. Przez całe życie były one dla malarza niewyczerpanym źródłem natchnienia, mężczyzn zaś portretował niezwykle rzadko (*Pianista Joseph Pembauer, Schubert przy fortepianie* czy *Aktor Josef Lewinsky w roli Carlosa*). Pomijając pomniejsze dzieła (*Troje dzieci z kwiatami*, 1896), dzieci również tylko incydentalnie występują na obrazach artysty. Na płótnach *Trzy okresy życia kobiety* (1905), *Matka z dziećmi/Rodzina* (1909–1910) czy *Śmierć i Życie* (1908–1911) dziecko było jednym z elementów, częścią większej całości, i choć ważne dla przesłania, czasami wręcz niezauważalne.

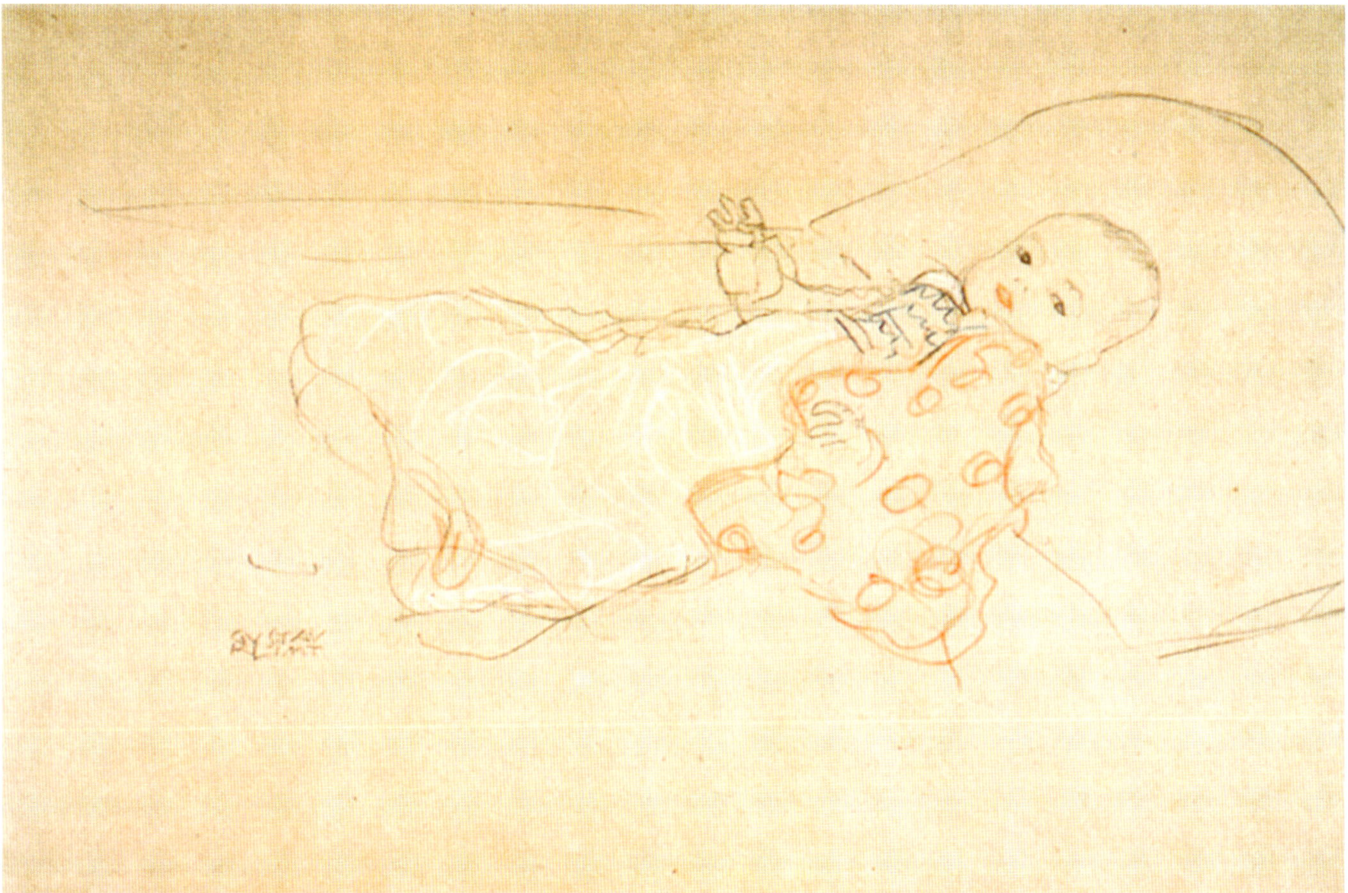

Dziecko/Niemowlę ubrane do chrztu
ok. 1917
Kolorowe kredki na papierze, 110 x 110 cm
Leopold Museum, Wiedeń

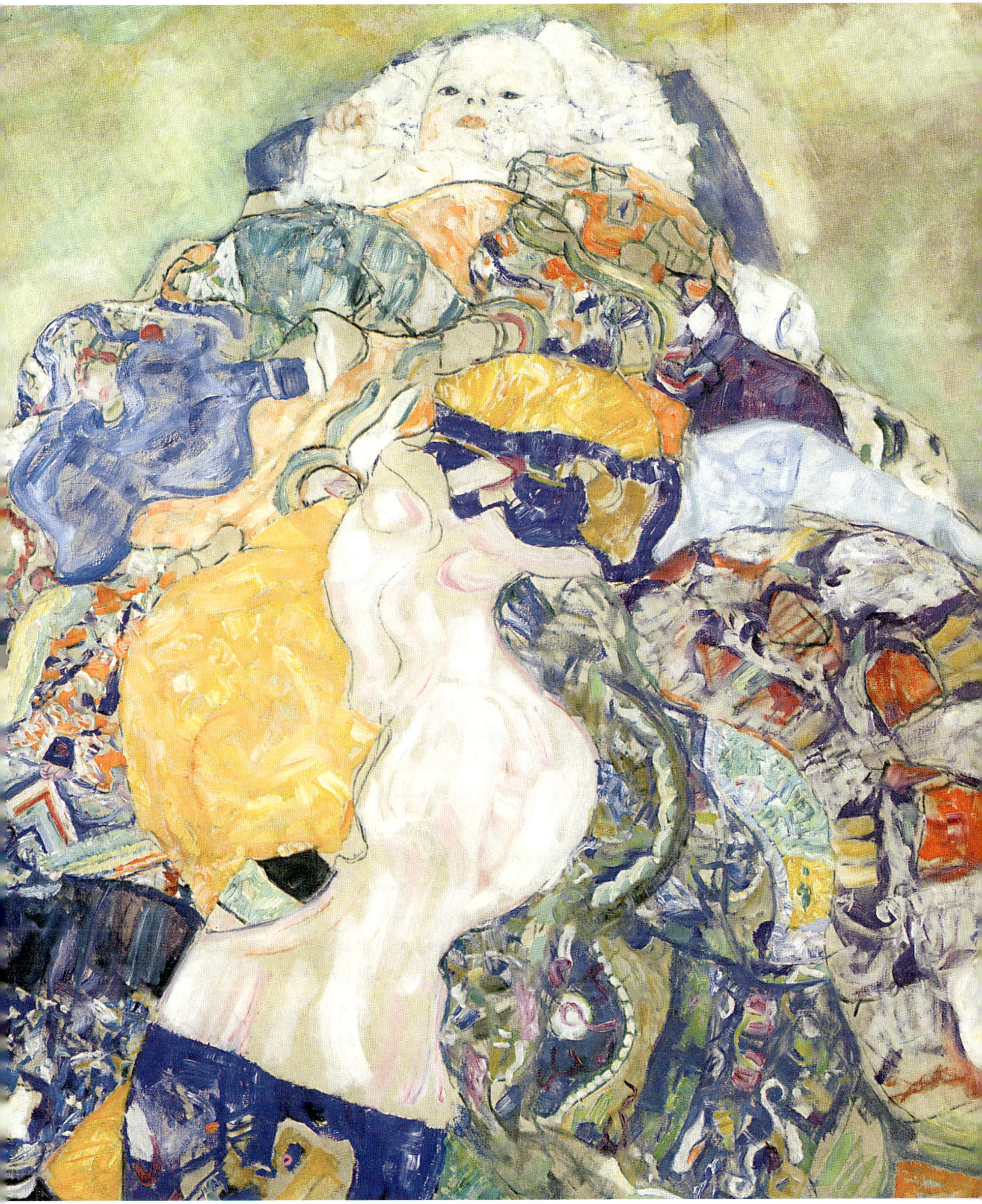

*Niemowlę* (1917–1918) nie zostało przez artystę ukończone. Najprawdopodobniej prace nad płótnem przerwała śmierć (zmarł w lutym 1918 roku). Obraz poświęcony jest, jak wskazuje tytuł, wyłącznie dziecku. Niemal całą jego przestrzeń wypełnia niemowlę, a raczej piernaty, którymi jest przykryte. Tworzą one coś w rodzaju piramidy wielobarwnych tkanin. Stożkowaty kształt bardzo dobrze wpisuje się w kwadratową kompozycję obrazu. Tylko w ten sposób Klimt mógł ująć na obrazie całość sceny, pokazując ją z bliska. Rozpasanie kolorów oraz gąszcz tkanin sprawia, że główka dziecka na wierzchołku piramidy niemal ginie w ornamentalnym przepychu. W ten sposób tytułowe niemowlę zostaje zepchnięte na dalszy plan. Prawdziwą intencją malarza było ukazanie kalejdoskopu kolorów i motywów dekoracyjnych, tak charakterystycznych dla jego ostatnich dzieł.

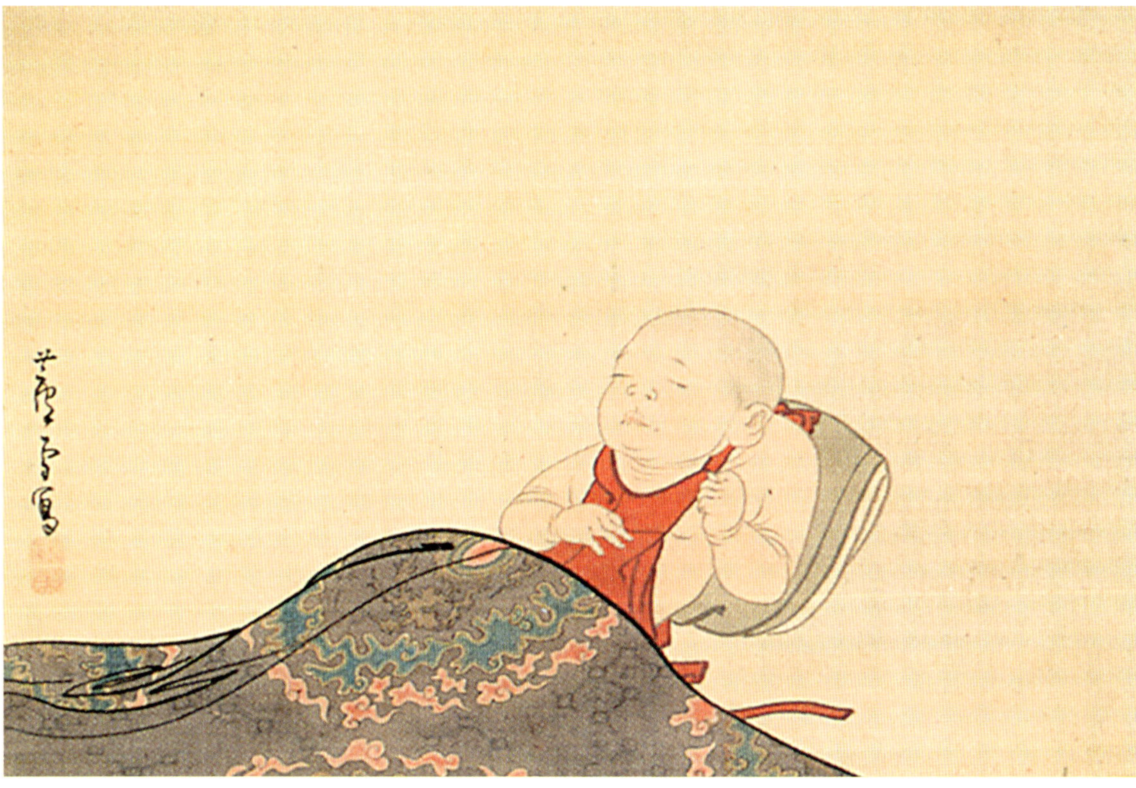

**NAGASAWA ROSETSU**
Chińskie dziecko pogrążone we śnie
XVIII wiek
Muzeum Zbiorów Cesarskich/Kunaicho Sannomaru Shozokan, Tokio

**PANNA MŁODA/ORSZAK ŚLUBNY (NIEDOKOŃCZONY)**
1917–1918
Olej na płótnie, 166 x 190 cm
Zbiory prywatne

Odchodząc z tego świata 6 lutego 1918 roku, Klimt pozostawił po sobie wiele nieukończonych dzieł. Ich niepełność oraz alegoryczny charakter sprawiają, że niełatwo poddają się interpretacji. Na płótnie *Panna młoda* artysta przedstawił kobiety w chwili erotycznego zaspokojenia – naturalne, pełne harmonii i szczęśliwe. Obraz przywodzi na myśl kłębowiska postaci znane z płócien *Trzy okresy życia kobiety* (1905) czy *Śmierć i Życie* (1916).

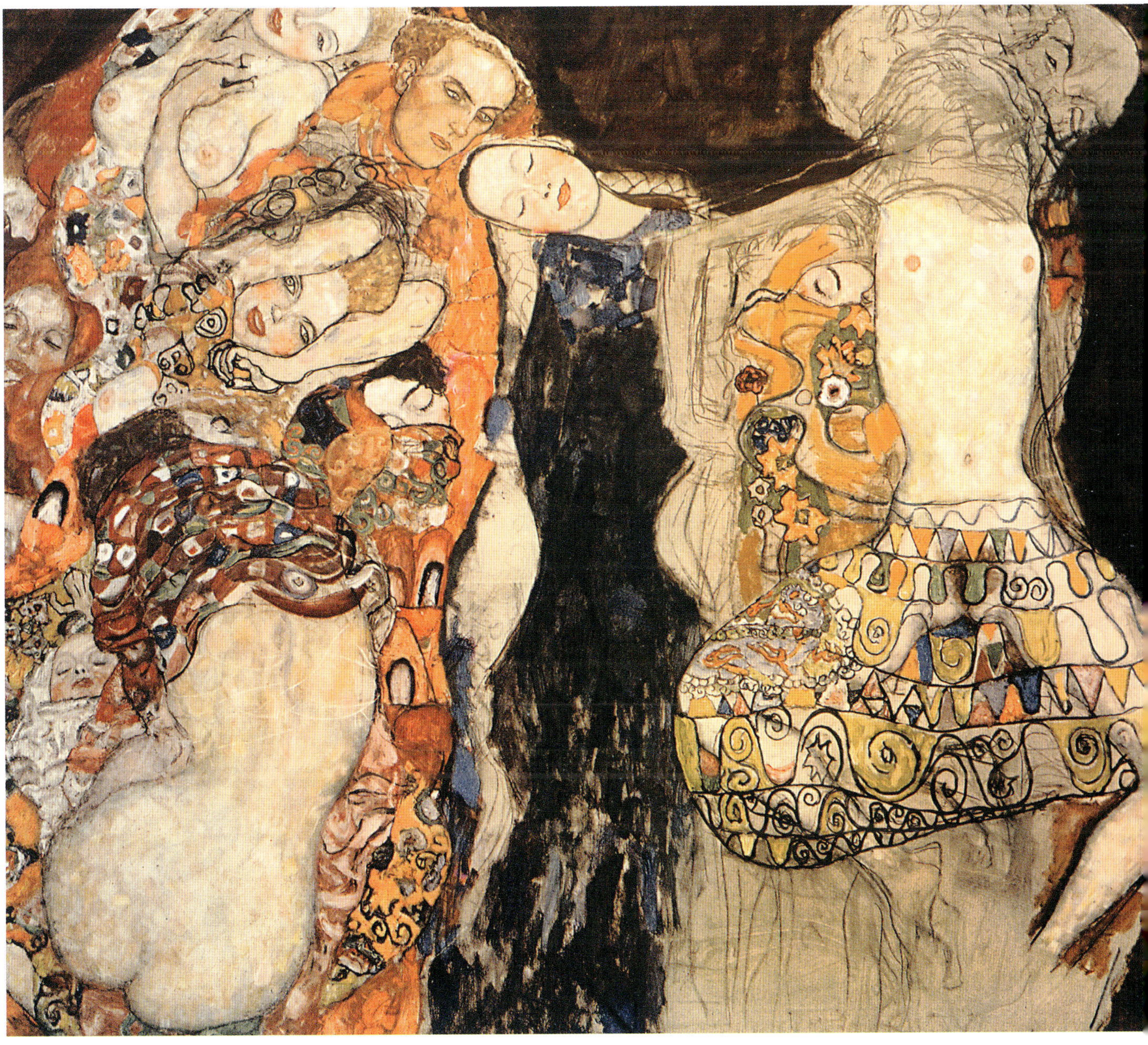

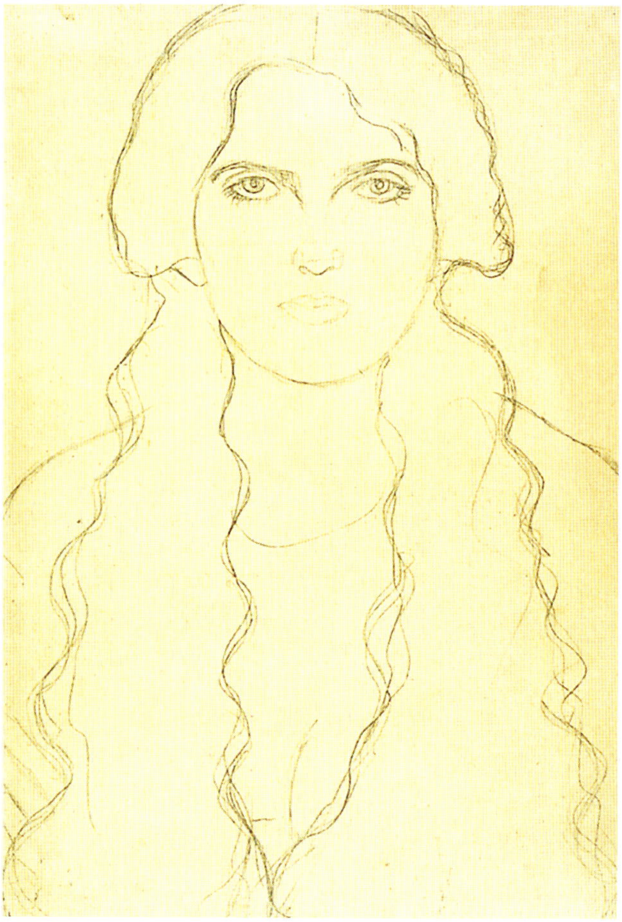

MŁODA KOBIETA Z ROZPUSZCZONYMI WŁOSAMI
STUDIUM DO *PANNY MŁODEJ*
1917–1918
Grafit, 56,7 x 37,3 cm
Oberösterreichisches Landesmuseum, Linz

STUDIUM DO *PANNY MŁODEJ*
1917–1918
Grafito, 56,6 x 37 cm
Graphische Sammlung Albertina, Wiedeń

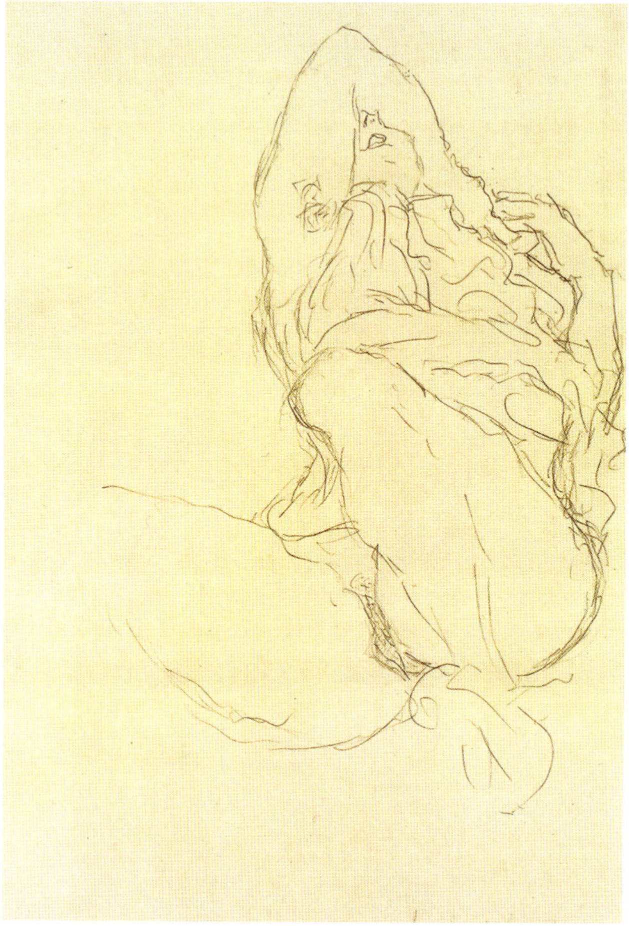

Podczas gdy wcześniejsze dzieła Klimta poddane były rygorom formalnym i miały jasny przekaz, te ostatnie cechuje duża swoboda stylistyczna, a intencje twórcy nie są jednoznaczne. W *Pannie młodej* oblubienica jest nie tylko bohaterką, ale i postacią alegoryczną. Natomiast mężczyzna, może chcąc pozostać anonimowy, ma oczy przymknięte, jakby chciał coś ukryć przed widzem. Wynurzające się z chaosu fragmenty ciał tworzą barwną plątaninę, hipnotyzują widza i przenoszą go do onirycznego świata Gustava Klimta.

# Indeks dzieł Gustava Klimta



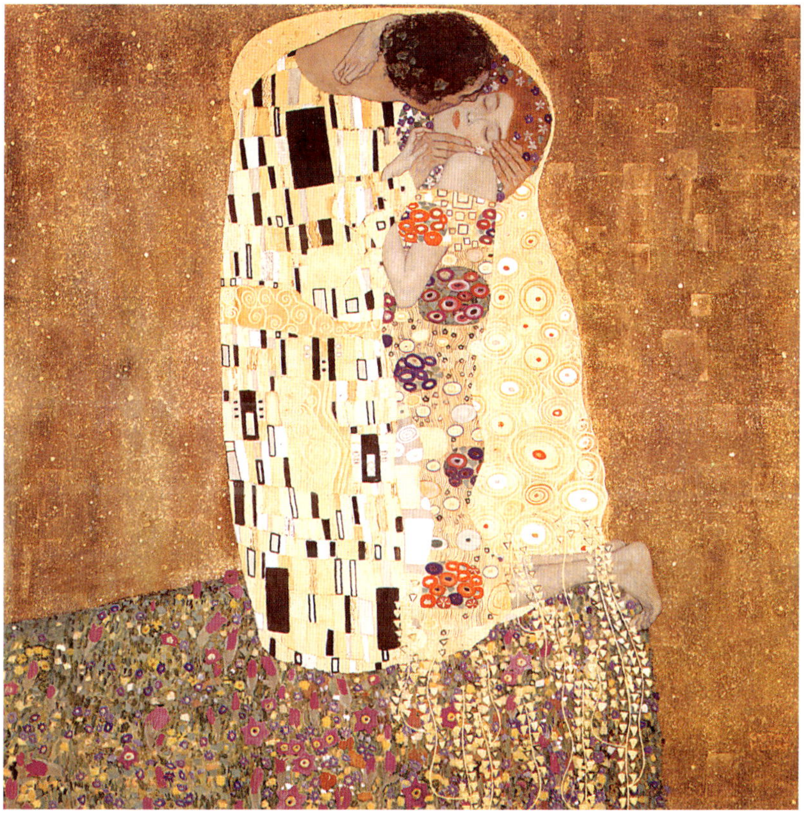

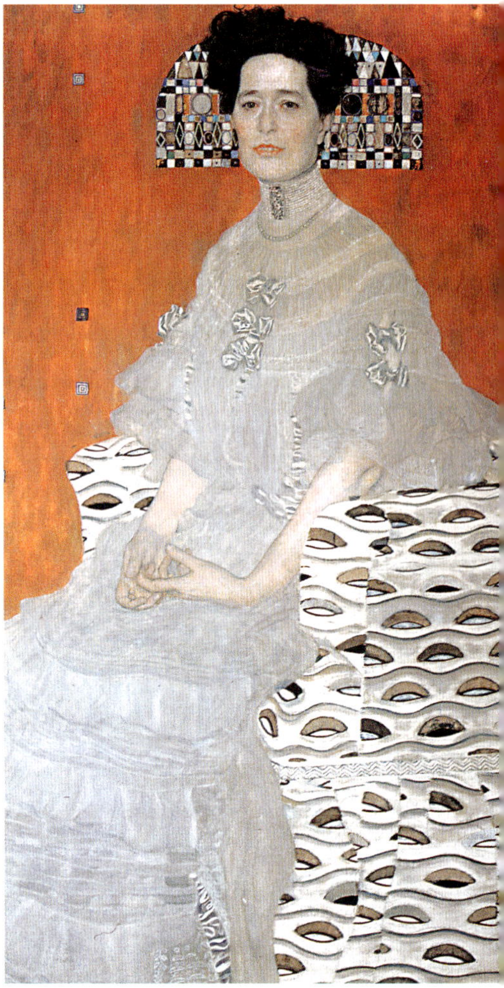



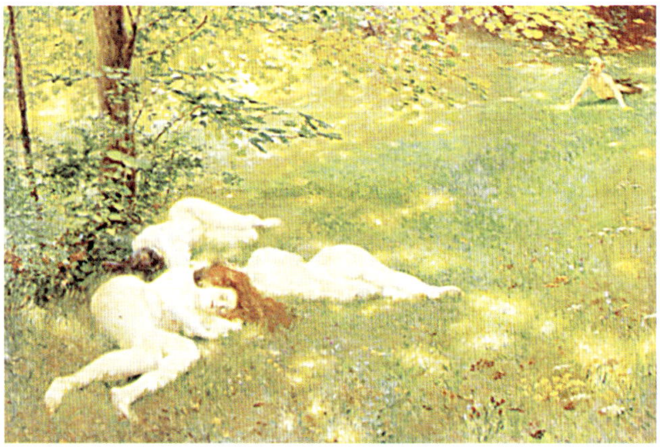

## Indeks dzieł innych artystów

# Pozostałe ilustracje



# Bibliografia


Bouillon Jean-Paul: *Diario Del Art Nouveau*: 1870–1914, Barcelona, Destino, 1990.
Cassou Jean: *Langui, Emile Y Pevsner, Nikolaus, Génesis Del Siglo Xx*, Barcelona, Salvat Editores, 1963.
Delevoy Robert L.: *Diario Del Simbolismo,* París, Ediciones Albert Skira, 1979.
Duncan Alastair: *El Art Nouveau*, Barcelona, Ed. Destino, 1995.
Fernández Polanco, Aurora, Fin De Siglo: *Simbolismo Y Art Nouveau*, Madrid, Historia 16, 1989.
Heard Hamilton George: *Pintura Y Rzeźba En Europa 1880–1940*, Madrid, Manuales De Arte Cátedra, 1980.
Hitchcock Henry–Russell: *Arquitectur: Siglos Xix Y Xx*, Madrid, Cátedra, 1981.
Janik Allan Y Toulmin Stephen: *La Viena De Wittgenstein*, Madrid, Taurus, 1983.
Lucie-Smith Edward: *El Arte Simbolista*, Barcelona, Ediciones Destino, 1991.
Mackintosh Alastair: *El Simbolismo Y El Art Nouveau*, Barcelona, Labor, 1975.
Ponente Nello: *Estructuras Del Mundo Moderno. 1850–1900*, Barcelona, Skira Carroggio, 1965.
Schorschke Carl Emil: *Viena Fin–De–Siècle: Política Y Cultura*, Barcelona, Gustawo Pili, 1985.
Vergo Peter: *Art In Vienna, 1898–1918. Klimt, Kokoschka, Schiele And Their Contemporaries*, Oxford, Phaidon, 1981.
Vv.Aa.: *Estetas Y Decadentes*, Madrid, J. Tablate Miquis, 1985.

**Literatura Poświęcona Twórczości Gustava Klimta**

Bäumer Angelica: *Gustav Klimt: Women*, Nueva York, Rizzoli, 1991.
Breicha Otto (Ed.): *Gustav Klimt – Die Goldene Pforte*, Salzburgo, 1978.
Comini Alessandra : *Gustav Klimt*, Londres, Thames And Hudson, 1981.
Clair Jean : *Le Nu Et La Norme: Klimt Et Picasso En 1907*, Paris, Gallimard, 1988.
Fischer Wolfgang Georg: *Gustav Klimt And Emile Flöge. An Artist And His Muse*, Nueva York, Overlook Press, 1992.
Hofmann Werner: *Gustav Klimt*, Londres, Studio Vista, 1972.
Metzger Rainer: *Gustav Klimt. Drawings & Watercolours, Thames & Hudson*, Londres, 2005.
Novotny Fritz Y Dobai Johannes: *Gustav Klimt*, Salzburgoo, Galerie Welz, 1975 (1ª Ed. 1967).
Strobl Alice: *Gustav Klimt: Drawings And Paintings*, Salzburgo, Verlag Galerie Wetz, 1968, 3 Vols.
Whitford Frank: *Klimt*, Barcelona, Ediciones Destino, 1992.
*La Obra Pictórica Completa De Klimt*, Barcelona, Noguer Rizzoli Editores, 1981.

**Katalogi**

Gustav Klimt–Egon Schiele: Nueva York, Guggenheim Museum, 1965.
Gustav Klimt. Egon Schiele: *Zum Gedächtnis Ihres Todes Vor 50 Jahren. Zeichnungen Und Aquarelle*, Viena, Albertina Graphische Sammlung, 1968.
Vienne 1880–1938, *L' Apocalypse Joyeuse*, Paris, Centre Georges Pompidou, 1986.
*Le Symbolisme En Europe*, Paris, 1976.
Vienna 1900. *Art, Architecture And Design*, Nueva York, Museum Of Modern Art, 1986.
*Simbolismo En Europa. Néstor En Las Hespérides*, Las Palmas De Gran Canaria, 1990.
Gustav Klimt. *Modernism In The Making*, Ottawa, National Gallery Of Canadá, 2001.

**Artykuły**

Brandstätter Christian: *Klimt Y La Moda*, Madrid, H. Kliczkowski.
Costantino Maria: *Klimt*, Madrid, Editorial Libsa, 1991.
Harris Nathaniel: *The Life And Works Of Klimt*, Italia, Parragón, 1994.
Néret Pilles: *Gustav Klimt 1862–1918*, Benedikt Taschen, 1993.
Partsch Susanna: *Klimt. Life And Work*, Barcelona, Cronion S.A., 1993.
Sármany–Parsons Ilona: *Gustav Klimt*, Nueva York, Crown Trade Paperbacks, 1987.

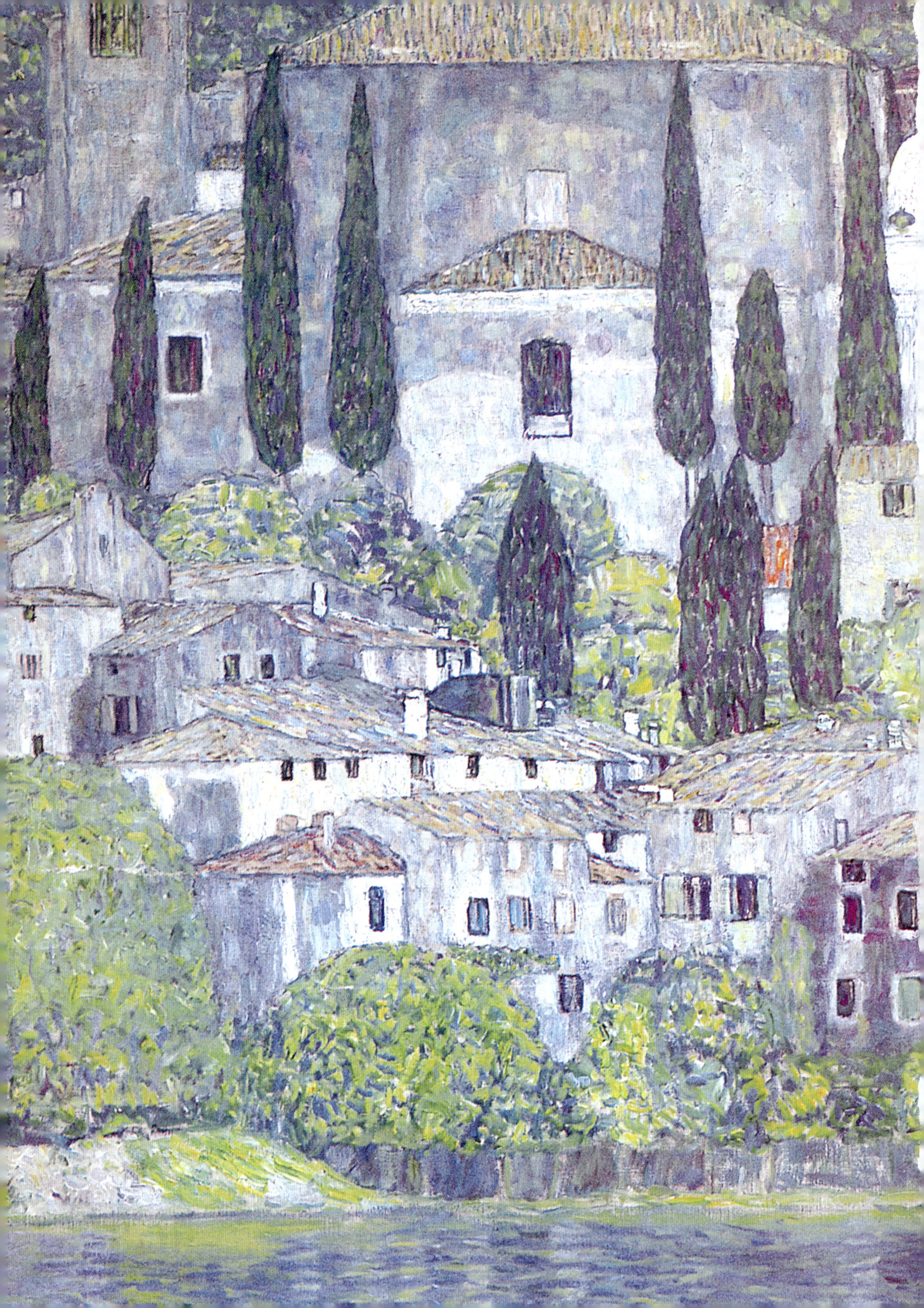